DAXUE TIYU YU
JIANKANG JIAOCHENG

# 大学体育与健康教程

主编 王 刚 芦秋菊

郑州大学出版社
郑州

#### 图书在版编目(CIP)数据

大学体育与健康教程/王刚,芦秋菊主编.—郑州:郑州大学出版社,2017.9(2021.9 重印)

ISBN 978-7-5645-4775-2

Ⅰ.①大… Ⅱ.①王… ②芦… Ⅲ.①体育-高等学校-教材 ②健康教育-高等学校-教材 Ⅳ.①G807.4 ②G647.9

中国版本图书馆 CIP 数据核字(2017)第 220142 号

| | |
|---|---|
| 郑州大学出版社出版发行 | |
| 郑州市大学路 40 号 | 邮政编码:450052 |
| 出版人:孙保营 | 发行部电话:0371-66966070 |
| 全国新华书店经销 | |
| 河南龙华印务有限公司印制 | |
| 开本:787×1092mm 1/16 | |
| 印张:20.25 | |
| 字数:508 千字 | |
| 版次:2017 年 9 月第 1 版 | 印次:2021 年 9 月第 4 次印刷 |

书号:ISBN 978-7-5645-4775-2　　　　定价:36.00 元

本书如有印装质量问题,由本社负责调换

# 作者名单

- 主　编　王　刚　芦秋菊
- 副主编　史鹏飞　马洪涛　卢军锋　张　淼
- 编　委　穆一哲　蔡爱华　郭小玲　王东坡
　　　　　李　晶　王　卿　于继洋　陈　晨
　　　　　周亚楠

# 前言

近几年,随着我国高校的规模不断扩大,我国高等教育的发展可谓日新月异,尤其是高等职业教育已成为我国高等教育的"半壁江山",成为高等教育中一支重要的新生力量。因此,积极构建具有高等职业院校体育教育特色的课程体系、教材体系、课程管理体系和教学运行体系是高等职业院校体育教育改革和创新的主要工作任务。

随着社会的发展和进步,人们越来越感觉到身体健康对成就事业和幸福生活的重要性。每一个进入高校学习的大学生,无不是经过艰苦的学习和激烈的竞争才获得这个机会的,其中相当一部分同学由于受应试教育的制约,失去了很多锻炼身体的机会,而导致健康受到不同程度的影响。很长一段时间以来,社会上有一种奇怪的现象:考大学前,拼命学习,牺牲健康;工作后,勤奋工作忙挣钱,忽视健康;及至退休后才花钱去买健康。既然健康对人如此重要,我们何不从现在做起,对此引起足够的重视,并身体力行地参与其中呢!

《中共中央国务院关于深化教育改革,全面推进素质教育的决定》中指出,"健康体魄是青少年为祖国和人民服务的基本前提,是中华民族旺盛生命力的体现。学校教育要树立健康第一的指导思想,切实加强体育工作"。根据《全国普通高等学校体育课程教学指导纲要》(教体艺〔2002〕13号)提出的体育教材"一纲多本"指导思想,遵循《以就业为导向,深化高等职业教育改革的若干意见》(教高〔2004〕1号)提出的以应用为特征来构建课程和教育内容体系,基础理论教学以应用为目的,知识以够用为度,加强课程教学的应用性、针对性和实用性的教材编写原则,按照《关于全面提高高等职业教育教学质量的若干意见》(教高〔2006〕16号)提出的高等职业院校需建立突出职业能力培养的课程标准,融"教、学、做"为一体,强化学生能力的培养的课程教学要求,在各级领导的支持与关心下,我们组织编写了这本高职实用体育教材。本书无论在体系、内容选择和版式等方面均具有鲜明的科学性、知识性、新颖性和实用性。

为了使本书符合时代发展要求,贴近学生,在编写过程中着重体现了以下几个特点。

第一,针对性强。本书的阅读对象主要是高职院校的大学生,所以编写的原则是有利于大学生的阅读和指导他们的学与练,处处以学生为本,有丰富的思想性;内容的选择上紧紧围绕"大学生""体育""健康",使学生感觉到有意义、有趣味、有指导性。

第二,框架体系和体例新颖。本书将关于健康知识的理论部分和体育项目技术部分的学练方法融为一体,信息量大,知识丰富,有利于不同层次学生的自主选择;既有一般常识的引入,又有较深知识的推介,使学生学习起来饶有兴趣。上篇的理论部分突出可读性,下篇的技术部分突出学练的导学性。

第三，具有鲜明的时代感。

第四，本书将教育部最新颁布的《普通高校体育课程指导纲要》和《学生体质健康标准（试行）》的精神融入其中，坚持"健康第一"的指导思想，从理论上引导大学生高度认识体育与健康的重要意义，从行动上着意培养大学生终身体育的意识和行为习惯，树立新型的健康观，力争在生理、心理、适应社会、道德水准等方面全面发展，成为21世纪人类社会的栋梁之材。

全书由河南艺术职业学院王刚、芦秋菊担任主编，并负责统一定稿。河南艺术职业学院史鹏飞、马洪涛，郑州电子信息职业技术学院卢军锋，河南财经政法大学张淼任副主编。河南艺术职业学院穆一哲、蔡爱华、郭小玲、王东坡、李晶、王卿、于继洋、陈晨、周亚楠参与编写。

本书可作为高职高专体育课程教材，也可作为普通高校其他类型院校公共体育教学的选用教材和体育爱好者的参考用书。

另外，在本书的编写过程中，我们参考和借鉴了大量的文献和最新成果，在此，表示由衷的谢意。

由于编者水平有限，不妥之处在所难免，敬请广大读者批评指正，我们将悉心修改、补充与完善。

编　者
2017年5月

## 上篇　体育理论篇

- 3　**第一章　健康与高校体育**
  - 3　第一节　健康的概念与评价
  - 11　第二节　影响健康的因素
  - 15　第三节　高校体育概述
  - 20　第四节　高校体育的实施途径
  - 23　第五节　大学生体质健康标准
- 35　**第二章　体育锻炼与心理健康**
  - 35　第一节　心理健康概述
  - 36　第二节　体育锻炼对个体心理健康的促进
  - 38　第三节　如何发挥体育锻炼的心理效应
- 41　**第三章　体育锻炼对人体各器官系统的作用**
  - 41　第一节　科学锻炼对神经系统的作用
  - 42　第二节　科学锻炼对循环系统的作用
  - 44　第三节　科学锻炼对呼吸系统的作用
  - 46　第四节　科学锻炼对运动系统的作用
- 48　**第四章　大学生与医疗康复体育锻炼**
  - 48　第一节　医疗康复体育概述
  - 50　第二节　特殊体质大学生的医疗康复体育处方
  - 54　第三节　大学生常见疾病的体育疗法
  - 61　第四节　大学生常见运动伤病的防治
  - 76　第五节　大学生健康与医疗康复

## 下篇　体育运动技能篇

- 99　**第五章　田径**
  - 99　第一节　田径运动概述
  - 101　第二节　短跑与中长跑
  - 105　第三节　跳高与跳远
  - 109　第四节　推铅球与掷标枪
  - 114　第五节　田径规则
- 118　**第六章　篮球**
  - 118　第一节　篮球运动概述
  - 118　第二节　篮球运动的基本技术
  - 128　第三节　篮球运动的集体战术

1

133　第四节　篮球运动的竞赛规则
- 139　**第七章　足球**
  139　第一节　足球运动概述
  139　第二节　足球运动的基本技术
  158　第三节　足球运动的基本战术
  161　第四节　足球运动的竞赛规则
- 166　**第八章　排球**
  166　第一节　排球运动概述
  166　第二节　排球运动的基本技术
  174　第三节　排球运动的基本战术
  175　第四节　排球运动的竞赛规则
- 178　**第九章　羽毛球**
  178　第一节　羽毛球运动概述
  180　第二节　羽毛球运动的基本技术
  185　第三节　羽毛球运动的基本战术
  186　第四节　羽毛球运动的竞赛规则
- 188　**第十章　乒乓球**
  188　第一节　乒乓球运动概述
  190　第二节　乒乓球运动的基本技术
  198　第三节　乒乓球运动的基本战术
  200　第四节　乒乓球运动的竞赛规则
- 203　**第十一章　网球**
  203　第一节　网球运动概述
  205　第二节　网球运动的基本技术
  210　第三节　网球运动的基本战术
  212　第四节　网球运动的竞赛规则
- 218　**第十二章　健美操**
  218　第一节　健美操概述
  219　第二节　健美操的基本动作
  224　第三节　健美操大众锻炼标准测试套路
- 245　**第十三章　武术**
  245　第一节　武术概述
  246　第二节　武术的基本动作
  263　第三节　少年拳（第二套）
  269　第四节　二十四式简化太极拳
  289　第五节　初级长拳
- 304　**第十四章　其他各项体育运动**

# 上篇 体育理论篇

# 第一章 健康与高校体育

**学习目标**
1. 增强学生体质,增进学生健康,提升学生体育素养,培养学生终身体育意识。
2. 通过本章的学习,让学生了解健康的定义与评价及高校体育的发展现状、目的和任务。

## 第一节 健康的概念与评价

### 一、健康的概念

（一）健康四维观

人类对健康的需要和认识,因所处的时代、环境和条件不同而不断变化、不断更新。从医学模式的演变过程来认识健康,概括起来可区分为神灵医学模式、自然哲学医学模式、机械论医学模式、生物医学模式、现代医学模式五个阶段。

在远古时代,人们认为生命系神所赐,患病是神的惩罚,保护健康和治疗疾病主要依赖求神问卜,祈求神灵对人保佑。此阶段为神灵医学模式阶段。

随着生产力的提高,人们对疾病与健康的认识也有了发展,将健康、疾病与人类生活环境相联系,凭经验来调整人体内外环境的平衡,以达到治疗疾病、保持健康的目的。这段时期为经验医学时期,也称为自然哲学医学模式阶段。

15世纪在欧洲兴起的文艺复兴运动,带来了社会变革。这时,是以机械论的观点和方法来观察并解决健康与疾病问题,这就是机械论医学模式阶段。它的贡献在于以机械唯物主义观点驳斥唯心主义生命观,并将试验方法引入医学,但未能从本质上全面解释生命现象,同时忽略了机体生存在生物环境与社会环境方面的复杂性,对疾病与健康的认识具有片面性。从18世纪下半叶到19世纪,自然科学有了明显的进步:显微镜的发明,促使了细胞学说的创立。生物科学和医学有了重大发展,使人类有可能以生物学观点进一步阐述生命现象,从器官和细胞来寻找患病时的组织损害或生物分子结构及生化代谢方面的变化,并逐步探明生命进程中许多内在复杂的联系。人们从这一角度来认识疾病与健康,做出诊断,提出治疗对策。此阶段为生物医学模式阶段。其健康观点是:人体器官发育良好,功能正常,体质健壮,精力充沛,有良好的劳动效能,没有病就是健康。这种观点在人类与疾病做斗争及指导、促进和保护人类健康的历史进程中发挥了重要的作用,做出了重大贡献。然而,生物医学模式是将人作为生物进行研究,在处理人体健康与疾病时,仅重视生物理化因素及躯体疾患,常常将人体结构及功能的完成程度作为衡量健康的唯一标准,而忽视了非生物因素对健康的重要作用。

进入20世纪,特别是20世纪50年代以后,越来越多的研究表明,人的健康与疾病不单纯受生物因素的影响,即使是以生物因素为主的传染病,也日益受社会心理因素和个人生活方式的制约。尤其是社会因素引起的非病菌性疾病如高血压、忧郁症、衰弱症等神经精神病症大幅度增加,而常规医疗手段又对此束手无策。原先的生物医学模式忽视了这些因素的作用,从而暴露了它的局限性。美国学者恩格尔(G. L. Engel)在20世纪70年代首先提出了生物医学模式应转向生物-心理-社会医学模式,亦称为现代医学模式。这一模式几乎概括了影响人类健康的各种因素,突出了社会心理因素在导致疾病中的作用,使人们对疾病和健康的总体认识有了根本的改变。健康是人类的一项基本需求和权利,也是社会进步的重要标志和潜在动力。这个时期的健康观念是:只有将生物、心理和社会三个方面有机结合,才能构成和提高一个人的生命质量,有效地保证健康幸福的生活。这就是健康三维观。

随着医学、自然科学的发展,社会的进步,文明程度和道德水平的提高,1989年世界卫生组织(WHO)根据现代人的状况,认为健康不仅仅是躯体没有疾病,而且还应具备心理健康、社会适应良好和道德健康,只有具备了上述四个方面的良好状态,才是一个完全健康的人,这就是健康四维观念。健康四维观把人们对健康的认识提高到一个崭新的水平,是对健康概念的新发展,它对健康内涵的表述更为精练、清楚和全面,对促进人类文明和进步将起到更加积极的作用。目前,世界各国学者公认它是一个全面的、明确的、广泛适用的、科学的健康概念。

WHO把道德纳入健康的范畴,强调健康的人或者希望自己健康的人,要注重自身道德的修养。它强调道德健康者应有以下特征:不采取损害他人利益的方式来满足自己的需要,具有辨别真伪、善恶、美丑、荣辱等能力,能按照社会行为的规范准则来约束自己与支配自己的思想和行为。这一健康新概念把健康的内涵扩大了,有利于人们注重身心健康,延年益寿。

为什么说道德健康有益于延年益寿呢?因为身体的健康在很大程度上取决于精神的健康,心情愉快是肉体和精神的最佳卫生法,经常保持心胸坦荡、精神愉快,才有可能健康长寿。乐观是养生的秘诀之一,常常忧思和愤怒,就会使健康的身体变得衰弱。道德健康的人具有正确的人生观、世界观和各种美德,无害人谋利之心;融洽的社会关系、良好的心理活动,可以使体内分泌出一些有益的激素、酶类与乙酰胆碱等,这些物质能把血液的流量及神经细胞的兴奋调节到最佳状态。同时,大脑中分泌出一种天然镇静剂,可使人获得内心的温暖,从而缓缓地解除心中的烦恼。科学家还发现,助人为乐、与人为善的行为有助于增强人体免疫系统功能,使神经系统及时沟通骨髓与脾脏,产生抗感染的细胞,从而免受多种疾病的侵袭,保持身体健康。反之,健康必定大受影响。美国耶鲁大学病理学家曾对7 000多人进行跟踪调查,结果表明,凡与人为善者其死亡率明显降低。密西根大学的研究人员对2 700位居民的健康状况进行的几十年跟踪调研表明,与他人融洽相处者预期寿命显著增加,在男性中尤其明显。巴西医学家马丁斯曾调查过583名被指控犯有贪污受贿、以权谋私等罪名的官员与同样人数的清廉者10年的健康状况,结果发现,前者60%的人生病或死亡,后者生病或死亡的人数仅占6%。最能使人短命的就是不好的情绪和恶劣的心境,如忧虑、颓丧、惧怕、贪求、怯懦等。

加中儿童健康基金会主席、世界知名儿科专家谢华真博士进一步拓展健康新理念,提出了"健商"这一全新的健康理论。他的观点是:健商(健商数)可以通过量表测出,它反映一个人的健康才智,是评估个人健康的全新方法。健商理论认为:一个人的情感、心理状态、生存环境和生活方式,都可以对健康产生直接影响。健商是一个人的一种特征,每人皆不相同,它使人的机体像钟摆一样,不停地运动。但是健商与智商的成因不同,它并不是由先天决定的。它可以通过知识教育来改善,通过意志力和情感智力的作用来提高。一旦健商得到提高,你就有能力比以前生活得更加健康富足。面对生活和健康方面的选择时,健商能帮助你做出明智的决定,比方说,你是否需要每天散步,或改变一下饮食,或探索一下对付压力的技巧,或进行新的体育锻炼等。然而,它的意义远远不止于此。谢华真博士还把健商提升到一种文化的高度,发展出健商文化。他认为健商文化最重要的一点是自我保健,在这个纷繁杂乱的世界上,"你要主宰你自己的健康命运,而不要把这一切都交给'专家'。因此,每一个人都应该了解必要的健康知识,掌握保持健康的技能,这样才能使自己永远健康"。他还特别强调,不能只认为健康就是没有病,而是要把健康看成身心全面健康的状态,它"包括你存在的所有方面——身体的、精神的、情感的、心灵的、环境的和社会的"。为此,他主张必须告别我们这个时代自我放纵的不健康的生活方式和习惯,从保持身心全面健康的角度去创造一种全新的生活和健康方式。健商强调通过自我保健取得最佳的健康,使身体达到最佳的状态。健商概念是一个引导人们迈向健康之路、取得身心健康的新理念。

(二)健康六要素观

健康是人对环境适应后所达到的一种生命质量,个体只有在躯体、情绪、智力、心理、社交和环境各方面达到完美状态才称得上真正的健康,躯体、情绪、智力、心理、社交、环境即健康六要素。

1. 躯体健康

躯体健康不仅指无病,还包括有充沛的体能。体能是一种满足生活需要和有足够的能量完成各种活动任务的能力。具备这种能力,就可以预防疾病,增进健康,提高生活质量。

2. 情绪健康

情绪涉及我们对自己的感受和对他人的感受。情绪健康的主要标志是情绪的稳定性。所谓情绪稳定性,是指个体应对日常生活中人际关系和环境压力的能力。当然,生活中偶尔情绪高涨或情绪低落均属正常,关键是在生活中大部分时间里要保持情绪稳定。

3. 智力健康

智力健康指在长期的学习和生活中,大脑始终保持活跃状态。有许多方法可以使大脑活跃敏捷,如听课、与朋友讨论问题和阅读报刊书籍。努力学习和勤于思考还能使人有一种成就感和满足感。

4. 心理健康

心理健康是个体在各种环境中能保持一种良好适应和效能的状态。其标准可概括为:智力正常、情绪健康、意志健全、人格健全统一、接纳自我、和谐的人际关系、适应能力强和心理行为符合年龄特征等。

5. 社交健康

社交健康指形成与保持和谐人际关系的能力,此能力使人在交往中有自信感和安全感。

与人友好相处,也使人少生烦恼,心情舒畅。

6. 环境优良

环境优良是指人生活的周围空间及所处的情况和条件,均处于适宜人生存与发展的良好状态。优越的环境应包括优美的自然环境和舒适的社会环境(政治、经济、文化、教育、宗教等)。

健康的六个要素相互联系、相互影响。例如,身体不健康会导致情绪不健康,缺乏心理上的健康会引起身体、情绪和智力的不健康等。

在人生命长河的不同时期,健康的某一要素可能会比另一些要素起更重要的作用,但长久地忽视某一要素就可能存在健康的潜在危险。只有每一健康要素平衡地发展,人才称得上处于完善状态,才能真正健康和幸福地生活,并享受美好人生。

随着社会的进步,人们还在不断地对健康赋予新的内涵。健康是现代社会最重要的目标,现代健康的概念不仅是指个体的健康,还应包括所有人群乃至全社会的健康。

(三)亚健康状态

亚健康是近年来新提出的概念。亚健康状态是介于健康与疾病之间的一种状态,又叫"第三状态"或"灰色状态",是指机体在内外环境不良刺激下引起心理、生理发生异常变化,但尚未达到明显病理性反应的程度。从生理学角度来讲,亚健康状态就是人体各器官功能稳定性失调尚未引起器质性损伤,医学检查所得各项生理、生化指标均无明显异常,医生无法做出明确诊断。在此状态下如能及时调控,可恢复健康状态,否则会发生疾病。亚健康状态基本上是由于机体组织结构的退化(老化)及生理功能减退所致,因而目前将人体衰老的表现也作为亚健康状态的一种类型。

亚健康在临床上常被诊断为疲劳综合征、内分泌失调、神经衰弱、更年期综合征等。它在心理上的具体表现是精神不振、情绪低沉、反应迟钝、失眠多梦、白天困倦、注意力不集中、记忆力减退、烦躁、焦虑、易惊等;在生理上则表现为疲劳、乏力,活动时气短、出汗,腰酸腿疼等。此外,还有可能出现心血管系统变化,如心悸、心律不齐等。

国内外研究表明,现代社会完全符合健康标准的人大约只有15%,有疾病在身的人大约有15%,其余近70%的人都处于不同程度的亚健康状态。打个比方,生命过程就像一个两头尖的橄榄,健康和疾病是两个尖端,中间突出部分就是处于健康与有病之间的亚健康状态。亚健康包含前后衔接的几个阶段,即:与健康紧邻的可称为"轻度身心失调",常表现为疲劳、失眠、胃口差、情绪不稳定等,占人群的25%~28%。这种失调者若持续发展,可进入"潜临床"状态。此时,已呈现出发展某些疾病的高危倾向,人群中这种状态的人超过1/3。他们除了表现为身心失调,还常伴有慢性咽痛、反复感冒、精力不支等。另有约10%的人处于潜临床和疾病之间,即"前临床"状态,他们已有了病变,但症状还不明显,已从健康转向疾病。

那么,造成亚健康的原因是什么呢?

1. 过度疲劳造成的精力、体力透支

生活、工作节奏加快,竞争日趋激烈,使人们用脑过度,身心长时期处于超负荷紧张状态,造成机体身心疲劳,表现为精力不足、注意力不集中、记忆力减退、睡眠质量不佳、颈背腰膝酸楚疼痛、性机能减退等。时间长了,就会造成内脏功能过度损耗,机能下降而出现亚健康状态。

2. 人的自然衰老

人体成熟以后，从30岁左右就开始衰老。到了一定程度，人的机体器官开始老化，出现体力不足、精力不支、社会适应能力降低等现象。譬如女性出现更年期综合征时，生理功能紊乱、精神和情绪躁乱；男子虽然更年期综合征状不明显，但是也会产生性机能减退、心情烦躁、精力下降等综合征状。这时人体是没有病变的，但是已经不完全健康，处于亚健康状态。

3. 现代身心疾病，如心脑血管病、肿瘤等疾病的前期

现在世界各国公布的死亡前三位病因，大多是心、脑血管疾病和肿瘤。在这些病发病前的长时期内，人体内脏系统虽然没有显著病变，但已经有功能性障碍，如胸闷、气短、头晕目眩、失眠健忘、心悸、无名疼痛等。各种化验手段都没有发现阳性结果，没有对症的药，也没有合理的解释。这时，机体就处于亚健康状态。

4. 人体生物周期中的低潮时期

即使是一个健康的人，在某一特定的时期也可能处于亚健康状态。人的体力、精力、情绪都有一定的生物节律，有高潮也有低潮，脑力和体力都有很大的反差。在低潮时期，就会表现出亚健康状态。

## 二、健康指标

健康指标是评价健康水平、健康教育工作计划和健康教育措施效果的依据。健康不仅是主观状态，而且是客观现实。不同年龄段、不同性别、不同地域与不同民族等使用的健康标准不同，现主要根据健康的概念和影响健康的因素，从整个健康工作的目标列出以下健康指标的内容。

（一）个体健康评价指标

1. 形态方面

形态方面包括身体生长发育方面的因素，如身高、体重、肩宽、胸围等。

2. 生理功能方面

生理功能方面包括生理机能方面的因素，如血压、脉搏、肺活量等。

3. 身体素质方面

身体素质方面包括力量、速度、灵敏度、耐力和柔韧性等。

4. 心理方面

心理方面包括人格、智力、情绪、情感、意志品质等，如个性倾向性的动机、兴趣、爱好，个性心理特征的能力、性格、气质等。

5. 社会方面

社会方面包括道德修养、行为模式、生活方式、人际关系等。

6. 疾病状况

疾病状况因疾病种类而异。

（二）群体健康评价指标

影响群体健康水平的因素很多，涉及面广，所以群体健康的评价指标也是多方面的。

1. 卫生政策

（1）正式把健康教育和健康促进目标纳入政府卫生事业发展规划。

(2)建立与健全健康教育协调组织。
(3)制定地区健康教育规划。
(4)建立与健全三级保健网。
(5)形成健康为人人、人人为健康的人人参与的新局面。

2. 社会经济指标
(1)人口自然增长率。
(2)人均国民生产总值。
(3)15岁以下文盲率。
(4)中小学入学率。
(5)人均住房面积或住房平均人数。
(6)大众传播媒介覆盖率。
(7)其他(如每人年平均收入、就业率、人均供热量和卫生设备等)。

3. 预防性卫生服务指标
(1)人均卫生费用。
(2)卫生费用占国民生产总产值的比率。
(3)每千人卫生人员数。
(4)每千人保健人员数和医生人数。
(5)各种卫生服务利用指标。
(6)卫生保健知识水平。

4. 健康状况指标
(1)死亡统计指标。
(2)出生生育指标。
(3)生长发育指标。
(4)疾病和健康缺陷指标。
(5)行为因素指标。
(6)其他(如自杀率、吸毒成瘾率、犯罪率、肥胖症率等)。

### 三、健康状况的自我测量与评价

健康测量就是运用定量和定性的方法,对人体生长发育水平、生理和心理状态及对社会的适应能力进行测定。健康评价是根据可靠有效的评价理论、评价标准和方法,对受试者的健康状况做出判断。健康测量与健康评价,既有联系又有区别,健康测量是对人体健康事实的描述,健康评价则是对健康测量结果的判断。健康测量与评价的种类很多,下面仅介绍两种既科学又简单的综合测量与评价方法,供大学生进行健康自测时参考。

(一)健康自测12项

美国加利福尼亚的医生设计出一组专项测试,能知道你是不是关心自己的健康。
(1)坚持健康的生活方式,保持优美的体形。
(2)保持乐观,任何争吵或纠纷都不是忧郁和苦闷的理由。
(3)每天全力以赴地投入工作。
(4)追求充实的精神生活:读书、看戏、参观展览。

(5)性格的显著特点是待人富有同情心。

(6)身体能适应周围环境的任何变化。

(7)高高兴兴进行体育锻炼,从事一定的体力劳动。

(8)紧张工作之后或生病之后,很快就恢复。

(9)会自我分析感情和行为,毫不犹豫做出决定。

(10)很快忘记扫兴的事,振作精神。

(11)尽量做对社会有益的事,哪怕一点点也好。

(12)幽默感——生活的最好助手。

以上所列12项中,如果有6项跟你一致,你的健康就有了可靠的保证,并能在今后很长一段时间里保持良好的自我感觉。

如果7项或7项以上对你来说是否定的,就应尽快改变自己对健康的态度,学会得到健康和保持健康。

(二)健康生活方式问卷

健康人最重要的标志,就是有健康的行为方式。那么,怎样才能知道自己的生活方式是否符合健康的要求呢?心理学家编制了许多组问题供你进行自测。每组问题有三种回答,你只须根据自己属于哪种情况,从中选择一种,然后进行计算,就可以看出你的生活方式是否符合健康、文明的要求,这对提高你的工作效率和健康地生活是有益的。

(1)如果你早上必须早点起床,你就:

a.调好闹钟　　　　　b.要求别人叫醒　　　　c.听其自然

(2)早上醒来后,你是:

a.立即从床上跳下来开始工作

b.不慌不忙地起床,做一些轻松体操,然后开始工作

c.发现时间还早,还可以再睡几分钟,就继续躺在被窝里磨时间

(3)在通常情况下,你的早餐是:

a.稀饭干粮　　　　　b.牛奶面包　　　　　　c.不吃不喝饿一顿

(4)每天上班,你的习惯是:

a.准时赶到工作地点

b.可稍早稍晚,前后相差半小时左右

c.灵活掌握

(5)午饭时间你总是:

a.急匆匆在食堂凑合一顿就算完事

b.慢慢吞吞,有时还少量喝点酒

c.从从容容坐下来吃饭,饭后还小憩片刻

(6)不管工作多忙、事情多烦、责任多重,你和同事总是尽可能地有说有笑,这种情况:

a.每天都有　　　　　b.有时存在　　　　　　c.很少出现

(7)如果在工作中发生争论或矛盾,你对付的办法是:

a.争论不休　　　　　b.反应冷漠　　　　　　c.明确表态

(8)每天下班后,你回家的时间是:
a. 不超过20分钟　　　　b. 在1小时之内　　　　c. 在外面泡1小时以上
(9)业余时间你是:
a. 会见朋友和参加社交活动
b. 参加各项体育运动、娱乐活动或看电影
c. 从事家务劳动
(10)对待探亲访友和接待来客,你的态度是:
a. 可以增长见识,排除杂念,积极休息
b. 浪费时间又赔钱
c. 讨厌
(11)晚上睡觉时间你总是:
a. 在同一时间　　　　b. 凭自己高兴　　　　c. 事情做好之后
(12)如果有假期,你是怎样使用的:
a. 集中一次过完
b. 一半安排在夏季,一半在冬季
c. 待家中有事时再使用
(13)运动在您生活中所占的地位:
a. 只是喜爱看别人运动
b. 常在空气新鲜的地方做做操、打打拳
c. 不喜欢运动,自己也从不运动
(14)最近两个星期内(即使只有一次)你曾经:
a. 到外面游玩过　　　　b. 参加过体力劳动或运动　　　　c. 散步4千米以上
(15)暑假你是这样度过的:
a. 消极休息　　　　b. 做点体力劳动　　　　c. 散散步,也参加体育活动
(16)你的自尊心的表现方式是:
a. 不惜任何代价要达到目的
b. 深信努力将会结出果实
c. 用各种方式向别人暗示,要他们对你做出正确评价

请开始计分,首先对照表1-1-1,查出每道题的得分。例如,第一道题选择第二种情况"要求别人叫醒"得20分,其他各题以此类推。然后,把每道题的得分相加得出总分,根据总分数的多少,就可知道你的生活方式是否符合健康的要求。

表1-1-1　健康生活方式得分统计

| 选项 | 题号 | | | | | | | | | | | | | | | |
|---|---|---|---|---|---|---|---|---|---|---|---|---|---|---|---|---|
| | 1 | 2 | 3 | 4 | 5 | 6 | 7 | 8 | 9 | 10 | 11 | 12 | 13 | 14 | 15 | 16 |
| a. | 30 | 20 | 10 | 0 | 0 | 30 | 0 | 30 | 10 | 30 | 30 | 20 | 0 | 30 | 0 | 0 |
| b. | 20 | 30 | 30 | 30 | 10 | 20 | 0 | 10 | 20 | 0 | 0 | 30 | 30 | 30 | 20 | 30 |
| c. | 0 | 0 | 0 | 20 | 30 | 0 | 30 | 0 | 30 | 0 | 10 | 0 | 30 | 30 | 30 | 10 |

评价：

400～480分：可以肯定地说，你是一个善于生活、工作和休息的人。你不必担心刻板、规律的生活会变得单调，相反，充沛的精力和健康的体魄会使生活过得更加丰富多彩、更有意义和富有创造性。

280～400分：能在工作繁忙的情况下掌握恢复工作能力的艺术，只要根据自己的机体特点更加合理地安排工作和生活，还是有提高效率和创造性的潜力。

160～280分：你处在"中游"水平。但是，如果长此以往，可以说将很少有可能健康地工作和生活。但从现在开始注意还不晚！要改变那些有害的不卫生习惯和生活方式，请接受忠告，不要把可以防患于未然的事放到明天去做。

160分以下：你的状况不佳。如果你已经感到身体不舒服，特别是心血管系统不太正常的话，很可能是那些有害于健康的生活方式造成的。在这种状况下，需要彻底改变现在的生活习惯，抵制恶习，把健康夺回来，还为时不晚。

# 第二节　影响健康的因素

健康是一个复杂的概念，受遗传、生活环境、行为与生活方式和运动等多种因素的制约和影响。影响健康的因素可归纳为以下几种。

## 一、人体的生物学因素

人体是一个极为复杂的有机体。在影响和制约人体健康的诸多生物学因素中，主要有遗传和心理两种因素。

（一）遗传因素

后代形成和亲代相似的多种特征称为遗传特征。遗传不仅使后代在形态、体质及性格、智力、功能等方面和亲代相似，而且还把亲代的许多隐性的或显性的疾病传给了后代。现代医学研究发现，遗传病有两三千种之多，不仅种类多，而且发病率高（约占一般病的20%）。对于遗传病，可用一些治疗方法来纠正或缓解某些临床症状或防止某些遗传病的发生，但至今还没有有效的根治方法。遗传病不仅影响个体终身，而且是重大的社会问题。现在世界上许多国家大力发展康复医学，遗传性残疾人是重要的康复对象。对于遗传病，最重要的还是预防，如提倡科学婚姻，用法制来控制近亲结婚等。

（二）心理因素

心理因素和身心健康的关系可以从以下三个方面来分析。

1. 消极的心理因素能引起许多疾病

我们祖先在两千多年前就发现了情绪对身心健康的影响，如《黄帝内经》中多处提到了"怒伤肝""悲伤脾""恐伤肾"。现代医学心理学的研究也证明了许多疾病的发生、发展与心理因素有关，如心血管病、高血压、肿瘤等。大量的临床实践也证明，消极的情绪（如悲伤、恐惧、紧张、愤怒、焦虑等）能引起各器官系统的功能失调，导致失眠、心动过速、血压升高、尿急、月经失调等症状。在我国癌症普查中还发现心理因素与食道癌、子宫颈癌的发病有密切

2. 积极的心理状态是保持和增进健康的必要条件

心理是对客观的反映,积极、乐观、向上的情绪是人适应环境的良好表现。心理变化会引起一系列的生理变化,消极的心理状态会使各器官系统功能失调;积极的情绪状态则会保证各器官系统功能的协调和稳定,使器官系统生理功能提高,从而提高人体的免疫能力。

3. 心理因素在治疗中的作用

心理因素在治疗中的作用主要表现在两个方面:一方面是在疾病治疗中要打消顾虑,树立和疾病做斗争的坚定信念,积极与医护人员配合,以保证治疗效果;另一方面对由心理因素、情绪因素引发的疾病要坚持"心理治疗",即消除致病的消极心理因素。

### 二、环境因素

随着医学模式和疾病谱的演变,环境对人体健康的影响越来越突出。深入了解环境,认识环境与人体健康的关系,自觉地保护环境,是开展健康教育的基础。环境可分为自然环境和社会环境两种。

(一)自然环境

1. 影响人体健康的自然环境因素

人类与自然环境之间有着极为密切的关系。自然环境为人类生存和发展提供了条件,同时,人类的生活和生产活动还不断改造环境,创造有利于自身生存和发展的环境条件。另外,人类在改造环境的过程中,又不断把大量的废弃物带给了环境,造成环境的污染,对人体健康产生不良影响,甚至危及生命。研究表明,影响人体健康的自然环境因素大致可分为以下三类。

(1)化学性因素。化学性因素指向环境直接排放有毒的化学物质,或者是由于化学反应在环境中生成有害的产物,例如汞、镉、砷、氰化物、酚、多氯联苯、化学农药等。

(2)物理性因素。物理性因素指放射性物质的辐射、机械振动、噪声、废热等。

(3)生物性因素。生物性因素指各种病菌、病毒、寄生虫卵等。

这三类因素中以化学性因素影响最大,当这些有害因素进入大气、水和土壤时,便造成自然环境的污染。环境污染会直接、间接或潜在地对人体健康产生危害。

2. 自然环境污染引起的疾病

(1)传染病。传染病在历史上曾给人类造成重大威胁,如经水传播的伤寒、霍乱、痢疾,经蚤类传播的鼠疫,经空气传播的SARS等。许多传染病至今仍在某些国家流行。

(2)公害病。公害病是环境污染造成的地区性中毒性疾病,这类疾病是环境污染所造成的严重后果。例如,日本熊本县水俣湾沿岸地区汞污染引起的"水俣病",美国洛杉矶光化学烟雾引起的红眼病等。自20世纪50年代以来,公害病已成为世界性的重大社会问题。

(3)职业病。职业病是由生产环境中存在的各种有害因素所引起的一类疾病。例如,矿山采掘工作面上由空气中过多的硅粉尘引起的工人"硅肺",传统印刷工业中工人吸入铅尘或烟雾引起的"铅中毒"等。职业病的范围多由法令加以规定,各国不尽相同。

(4)食物中毒。凡食用"有毒的食物"而引起的急性疾病统称为食物中毒。食物毒性的来源有三种:一是微生物或霉菌污染的食品,微生物或霉菌在其中大量繁殖,产生大量活菌或毒素;二是化学毒物污染的食品,有毒物质达到了中毒剂量;三是食品本身含有某些有毒物质,如木薯中含有氰苷、河豚中含有河豚素等。

（二）社会环境

社会环境是人类在自然环境基础上,有目的、有计划地创造而成的人工环境,是人类物质文明和精神文明发展的标志。社会环境包括社会经济、社会交往、文化教育、政治制度、社会道德等因素,其中社会经济因素起决定作用。良好的社会环境可以促进健康,反之危害健康或导致疾病。

1. 社会经济对健康的影响

社会经济是影响健康的重要因素。1981年,世界卫生组织(WHO)对156个国家和地区的卫生和社会经济指标进行比较后指出:不发达国家、发展中国家、发达国家人均期望寿命分别为45岁、60岁和72岁,婴儿的死亡率分别为160‰、94‰和19‰。由此可见,经济发展水平与人们健康水平有着密切关系。随着改革开放的不断深入,经济建设的飞跃发展,我国人民的健康水平有了进一步的提高,但经济发展和科技进步带来的现代"文明病"也不容忽视。例如,疲劳综合征是长期紧张的脑力劳动导致大脑供氧不足,而出现的神经系统功能紊乱症状;伏案综合征是长期低头伏案办公引起的颈椎神经压迫症状;静电综合征是长期从事电脑、复印或各种家电测试工作,受到静电作用和微波影响而引起的眼、口腔、呼吸道黏膜干燥及头痛、干咳等症状;空调综合征是夏季在制冷环境下,空气中负离子和含氧量减少,引起人体关节酸痛、头昏、食欲不振、记忆力减退等症状。这些现代"文明病"都是社会环境因素造成的。

2. 社会交往对健康的影响

人们在社会交往活动中通过行为适应和继发的神经体液反应过程,可以缓冲心理紧张和其他危害健康因素对人体可能造成的潜在的致病作用,从而达到维持和平衡人体正常功能的效应。越来越多的研究表明,社交活动缺乏和社会关系受挫是危害人体健康的主要因素之一。

3. 文化教育对健康的影响

人类在改造客观世界的过程中创造了文化,文化反过来又影响和制约着人类自身的发展和人类对客观事物的认识。随着社会的进步,生产范围的扩大,人类不断地积累和总结经验,人类的文化水平也在不断提高,科学健身的理论也不断发展。但是科学文化有着历史的连续性和民族的独特性,它的发展是不平衡的。现在,我国人民的物质生活已有了显著改善,但从健康的观点看,风俗习惯中的消极因素和迷信的影响仍严重存在。例如,社会上有人患病不求医,而求神拜佛等,因此延误了有效的治疗时机。这种因封建迷信影响而造成的恶果应该引起人们深思。

4. 政治制度对健康的影响

一个国家的政治制度对人民的健康有很大影响。我国实行的是人民当家做主的社会主义制度,政府高度重视和关心人民的健康和幸福。我国《宪法》明确规定"国家合理安排积累和消费,兼顾国家、集体和个人的利益,在发展生产的基础上,逐步改善人民的物质生活和文化生活"；"国家发展医疗卫生事业,发展现代医药和我国传统医药,鼓励和支持农村集体经济组织、国家企业事业组织和街道组织举办各种医疗卫生设施,开展群众性的卫生活动,保护人民健康"；"国家发展体育事业,开展群众性的体育活动,增强人民体质"。这些都充分说明了我国社会主义制度对人民健康的重视和关心。

由于社会政治制度的保证,在中国共产党的领导下,政府组织机构中除了设医药卫生部门,还有分管人身安全、福利救济、住宅环境、饮食、文化、体育等部门。这些职能部门都是围绕着增进人民身心健康和生活幸福而设立的。正是社会主义制度的保证,中国共产党和人民政府的高度重视,在短短几十年的时间里,我国人均寿命从1949年前的35岁提高到目前的70多岁。这种提高程度是世界罕见的。

5. 社会道德对健康的影响

社会道德作为一种重要的社会因素也必然对人体健康产生重要影响。加强精神文明建设,维护社会公共道德,讲究清洁卫生,维护公共秩序,爱护公共财物,团结友爱,助人为乐,对提高每个人的健康水平都具有重要意义。

### 三、行为与生活方式因素

不良的行为和生活方式对健康带来不利影响。现代社会生活方式的多样性及行为方式的个性自由特征,使个人的行为和生活方式对健康的影响不断增加。20世纪70年代,美国对10种主要死因与影响健康因素之间的关系进行调查,发现由于行为和生活方式的因素直接造成死亡的占48.9%。美国著名保健学家培洛克对几千名成人进行了35年的跟踪调查,证明具有6种良好生活习惯者的寿命要比其他人高53%。这6种良好的生活习惯为:

(1) 每日三餐定时,不吃零食。
(2) 每周进行三次适当的锻炼活动。
(3) 每晚保证7~8小时睡眠。
(4) 不吸烟。
(5) 不酗酒。
(6) 保持正常体重。

由此可见人的行为模式对人体健康的重要作用。

### 四、社会保健制度因素

保健是包括对疾病患者进行治疗在内的康复训练、普查疾病、预防疾病、预防伤残、促进健康及健康教育等一系列的措施。显然,健全的社会保健制度是维护和促进健康的重要保障。

社会保健制度涉及各个方面,而其中最重要的是建立和健全初级卫生保健制度,正如1978年世界卫生组织在《阿拉木图宣言》中提出的,"初级卫生保健"是实现"2000年人人享有卫生保健"战略目标的关键。初级卫生保健是最基本的卫生保健制度,它的特点是能针对本区域人群中存在的主要卫生问题,相应地提供增进健康、预防疾病、治疗伤病及促进身心健康等方面的卫生服务。例如,开展针对性的健康教育,提供安全饮水和基本卫生设施,改善食品供应及合理营养,开展妇幼保健和计划生育,地方病的预防和控制,常见病和外伤妥善处理,主要传染病的免疫接种,提供基本药物等。这就使所有个人和家庭在能接受和能提供的范围内,享受到基本的卫生保健。十一届三中全会后,我国实行了改革开放,卫生保健服务有了突飞猛进的发展。主要表现为在医疗设施设备的更新、疾病的防疫方面有了较大的发展,开展了康复医疗、卫生咨询,在一定程度上建立了家庭病床,推广实行了医疗保险制度等。这些工作为人民健康提供了新的保障。

# 第三节 高校体育概述

高等学校的体育,属于教育学和体育学下的学科层次,应充分体现体育和教育的共同属性。一方面,高校体育是学校教育的重要组成部分,其目的应与学校教育的总目标相一致;另一方面,高校体育又是体育的一个重要方面,它又应该充分体现体育的属性,即要以运动和身体练习为基本手段,提高人的机能,增强体质,促进身心健康,促使大学生全面发展。所以,综合来讲,高校体育的目的就是以运动和身体练习为基本手段,对大学生机体进行科学的培育,在提高人的生物潜能、心理潜能的过程中促进德、智、体、美全面发展,达到身心健康、全面发展的教育总目的。

## 一、高校体育的地位与作用

（一）高校体育与全面发展教育

全面发展教育,是指为促进受教育者的社会主义现代化建设服务,必须与生产劳动相结合,培养德、智、体全面发展的建设者和接班人,《中国教育改革和发展纲要》的教育方针的贯彻,进一步明确了体育在全面发展中的地位;赋予学校体育新的使命。

随着现代社会主义生产力的高度发展,特别是科学技术突飞猛进和社会生活的新变化,对人们的身心健康、体质和能力提出新的要求,以适应高速度、高强度、高度紧张的工作和劳动。高校体育,通过多种教学形式和手段,不仅能增进健康,增强体质,而且可以启智、育德、培养审美能力,发挥和提高人的工作能力和适应能力,从而促使高校体育在培养全面发展新人中发挥更大作用。

（二）高校体育与全民健身

1. 我国体育的根本任务是增强人民体质,而学校体育是全民健身的基础

学生正处在青年时期,大多处于15~25岁这个年龄阶段,身体形态、功能、代谢功能发展,虽已不断完善,但仍保留有青春期的一些特点,即发展的不平衡性和不稳定性,身体尚未完全成熟,有待进一步发展,以使身体各系统、器官发育和功能达到人生最佳水平。人的生长发育水平,受多方面因素影响（如种族、气候、遗传、生活环境、营养、医疗卫生等）,但体育锻炼则是影响人体生长发育最积极最重要的因素,在学生时期,加强锻炼,能促进身体正常生长和发育,增强体质,为一生健康打下基础。民族体质的强弱,民族素质的优劣,关系到一个民族、一个国家的兴衰存亡。青少年体质水平是一个民族素质水平的象征和标志。

2. 高校体育与我国全民健身事业发展有密切关系

由于青少年是我国人口的重要组成部分,所以学校体育的发展状况,实际上正在成为我国全民健身水平的重要标志。同时,高校学生是未来的义务工作者,在校学习时具有终身体育的态度、能力和习惯,毕业后就可以成为全民健身的骨干和指导力量,就可以直接推动我国全民健身事业的蓬勃发展,加速扩大体育人口,加速体育社会化进程。

（三）高校体育与社会精神文明

精神文明建设,主要包括文化建设和思想建设两个方面,高校体育既是进行精神文明建

设的重要内容,又是向学生进行精神文明教育的重要途径和手段。

学校体育不仅可以为智力开发提供良好的物质基础保证,而且可以传播社会文化,提高学生文化素养。这是因为学校体育内容十分丰富,体育知识、技能、运动规则与方法都是人类长期体育实践总结的精神财富,它是社会文化的有机组成部分。具有现代文化激进性特征的竞技体育,是现代学校体育的重要内容和手段,随着现代竞技运动竞争的加剧,加强后备人才的开放和培养显得更为重要。加之,学校开展竞技体育,符合大中专学生的特点,还具有特殊的文化价值,对发展学生的竞争意识、开放性格及培养拼搏、惜时、讲效益的精神具有重要作用,同时还能丰富学生的课余文化生活,扩大和占领学校文化领域,建设良好的校风和学风。

学校体育是一个开放系统,对文化思想建设有着积极作用,必然影响到全社会,因此,它也有助于推进整个社会的精神文明建设。

(四)高校体育与现代医学

体育主要任务之一是增强人民体质,提高劳动效率,延长工作年限,使人健康长寿。卫生的基本任务是保护人民健康,防治疾病,延长寿命,降低死亡率。可见,体育和医疗卫生都是为增进和保护人民健康,造福服务于人民的。体育的发展和医疗卫生事业的发展也有着密切联系,祖国医学不仅把体育锻炼运用在健身防病上,而且作为一种康复医疗方法,运用在治疗疾病上。科学技术的飞速发展,进一步改变了人们的生产方式和生活方式,也改变了健康观念和医学模式,体育活动不但成为人们不可缺少的生活内容,而且成为预防和治疗现代文明病的重要手段。在人类生产力高度发展,物质文明和精神文明相应提高的阶段,医学将从历史的临床治疗学,发展为"预防医学、康复医学"和"健美医学",这是历史的必然。

医学和体育学是两门独立学科,它们所研究的主体都是人,不同的是:医学主要研究人体疾病的预防和治疗规律;体育学主要研究人体发展和体质增强的规律。但它们都是研究人的生命运动,同属于人体科学范围。它们有共同的学科基础和专业知识结构。体育学和医学这种相互联系、相辅相成的关系,决定了两者在发展中不断相互结合,以有利于共同发展。当前,运动医学、传统养生、医疗体育、康复医学就是两者相结合的产物。体育与医学相结合,使两者相互配合、相互促进、互相补充,以求达到实现人人健康的共同目的,这是现代体育和现代医学发展的重要特征。现代医学教育也必然要实现这种结合,以求培养出符合现代社会需要的新型医生和高级专门医务工作者。

## 二、高校体育的目的与任务

高校体育教育的目的,是指在一定的时期内,高校体育教育实践所要达到的预期结果。它决定着高校体育教学的方向与过程,是评估教学工作的重要依据,学校体育工作的开展,起着引导、控制与激励的作用。根据高校学生的年龄特点、现代社会对体育的需求及体育的功能,我们将高校体育教育的目的确定为:完善学生身体发育,发展身体素质,增强学生体质;能使他们获得体育卫生保健知识,掌握体育基本技能与方法,为终身体育打下坚实的基础;帮助学生形成正确的体育道德观和世界观。

高校体育教育的具体任务如下。

(一)以培养学生的创新精神和实践能力为重点

创新精神和实践能力的培养是高校教育的重点任务,完成这项任务应该是系统的、全方位的。体育教育则根据自己的特点通过体育课教学和课外活动实践等多种方式,引导学生积极思考问题,发展创新思维,在实践中解决问题。

(二)促进学生的身体和运动素质的继续发展,提高各项身体素质和生理机能,增强体质,减少疾病,提高学习效率

中小学体育教育的任务主要是培养学生的正确姿势,促进机体的发展,培养走、跑、跳、投、攀爬、通过障碍等基本技能,以及在速度、力量、耐力、灵敏、柔韧等身体基本素质方面,打好基础。进入大学阶段以后,如何在原有的基础上继续保持和发展身体机能和运动能力,是高校体育教育的基本任务。研究表明,经常参加体育锻炼,是保持良好工作能力的主要因素。如果停止体育活动2周,人体各项机能就会显著下降,如果10周以上没有参加体育活动,健康状况就会下降到原来水平。实际上,如果有4周以上不参加运动,已经提高的身体机能可下降50%。我们通常所说的增强体质,还有提高人的身体素质的意思,即力量、速度、柔韧、灵敏、协调、耐力的提高。

(三)使大学生树立终身体育观,养成锻炼身体的习惯

1978年,联合国教科文组织在《体育运动国际宪章》中明确规定:"体育是全民教育体制内一种必要的终身教育因素","确信保持和发展人的身心、心智与道德力量能在本国和国际范围内提高生活质量","必须有一项全球的民主化的终身教育制度来保证体育活动和运动实践得以贯彻于每个人的一生"。可见终身体育在教育中的重要地位。通过终身体育使生命过程始终保持精力旺盛,生命潜能得到最大限度的发挥,在社会中更好地实现自我价值并为社会创造出更大的价值。

(四)掌握体育的基础知识和基本技能,发展体育能力

使高校学生明确体育在现代社会中的地位、意义和作用;较全面系统地掌握有关的体育理论知识,掌握一般体育运动项目的基本技能和科学锻炼身体的方法;能够懂得个人、集体比赛的一些组织方法,培养、提高体育锻炼中自我组织、自我管理、自我评价和监督的能力。这样就可以在未来各种工作环境中,具有更大的适应性,对生活、工作、社会交往都将产生积极的影响。

(五)进行思想品德教育,培养良好的体育道德风尚和坚强的意志品质

高校体育教育要通过组织学生参加各种体育竞赛活动,培养竞争意识、法律意识,体验竞争的激烈和残酷性,经受成功和失败的磨炼,培养坚持不懈的拼搏精神和胜不骄败不馁的顽强意志品质。通过参与体育活动,使学生受到集体主义和爱国主义教育,培养团结协作、勇于创新的精神。

(六)发展学生体育才能,提高运动技术水平

在普及群体的基础上,对一些体育基础较好并有一定专项运动才能的学生,进行系统的科学化训练,提高专项运动技术水平,使之成为大学生优秀运动员和大学群体活动的骨干。进一步推动大学体育的普及发展,有条件的学校还应该为国家培养竞技体育和其他优秀体育人才。

### 三、高校体育工作的开展

(一)体育课

体育课是师生教与学的双边活动。要保持正常的教学秩序,健全体育课的教学常规。

教学中,应贯彻现代教育理论的原则和方法,充分发挥教师的主导作用和学生的积极作用。在体育教学中应加强对大学生的体育基本理论知识教育,让学生掌握体育锻炼的科学知识和卫生保健常识,为提高体育能力和终身体育奠定基础。

体育课按教学的不同任务,可分为普通体育课、选项体育课、选修体育课和保健体育课等多种类型。

(二)课外体育活动

课外体育活动是高校体育课程的延续和补充,是实现高校体育目的的主要组织形式。我国《体育法》第20条规定:"学校应当组织多种形式的课外体育活动,开展课外的训练和体育竞赛,并根据条件每年举行一次全校性的体育运动会。"开展课外体育活动应当从实际情况出发,因人、因时、因地制宜地开展多种多样的课外体育活动。

(三)课余体育训练和体育竞赛

课余体育训练是指高校利用课余时间,对部分身体素质较好,并有体育专长的大学生进行系统训练的一种专门教育过程。它是实现高校体育的重要组织形式。

体育竞赛是高校课外体育的组成部分,是实现高校体育目的的重要组织形式。高校开展体育竞赛,对于检验体育教学和训练效果、交流经验、互相学习、促进运动技术水平提高;对于广泛吸引大学生参加体育活动,推动高校群众性体育活动的开展,增强体质,增进才智;对于丰富大学生课余文化生活,开展宣传教育,增强体育意识,培养勇敢顽强、奋发向上、团结友爱、遵纪守法等优良品质和集体主义精神,建设校园文明等方面都有重要作用。

高校体育竞赛有校内竞赛和校外竞赛,应以校内体育竞赛为主。要经常开展校内群众性体育比赛,如组织各种球类、越野跑、"达标"等群众喜闻乐见的体育比赛。

### 四、高校体育的发展方向

随着"健康第一"和"终身体育"思想的提出,新的健康观念正在使高校体育的教学目标、教学方法及考核内容和方式发生着变化。

(一)教育指导思想——健康第一

高校体育正在把第三次教代会提出的"健康第一"作为其指导思想。高校体育正在从单纯的追求体制的发展和技术的传习,转变为新的健康观指导下的体育教育。

高校体育逐渐把其教育的最终目的确定为培养适应现代化生产和生活的人,要完成这一体育教育的育人宗旨,必须树立健康第一的指导思想。

(二)教育目标——培养适应现代化生产和生活的人

体育教学要为完成这一任务服务。为此,体育教学要在两个方面转向。

(1)在目标的空间上。从单纯追求学生的外在技能水平转移到全面追求学生的身心协调发展上来,即打破以往的以运动技术传授为主线的教学体系,建立起合理的运动实践手段,全面完成增强体质、发展身体活动能力和锻炼习惯的统一协调的新教学体系。

(2)在目标的时间上。要通过体育教学不但完成在校期间增进学生生长发育、培养技能、传授知识的任务,还要培养学生爱好体育的能力和意识,为学生终身参加体育活动打下基础,即完成对现在和未来两个方面的培养任务。

(三)教学内容——丰富多彩

在教学内容方面继续强调要打破以竞技运动项目(特别是以运动技术结构)为主线的

教学体系,改变把"素材"当作教材的错误观。从育人的角度出发,全面结合体育文化的显性教材意义(健身和技能培养的功能)和潜性教材意义(对人的社会化、人格培养和情感的作用),许多新兴的项目(如旱冰、体育舞蹈、登山、攀岩、击剑等)成为高校体育教学内容。

教学内容的丰富提高了学生对体育项目的选择性,进而增强了学生的学习兴趣。

(四)教学方法——灵活多样

体育教学方法的研究一直是高校体育的研究课题之一,目前高校体育教学方法正向多样化发展。教法的改进主要分三个方面。

(1)改变过去只强调教师在教学过程的主导作用、忽视学生在教育过程的主体地位的现象,采用有利于学生理解原理、掌握技术和体验乐趣的新的教学方法。

(2)改变过去过分强调组织纪律性的呆板教学方法,实现课堂上不拘泥于形式的整齐划一,快乐体育的教学思想进入课堂。强调体育教育的参与性、娱乐性,降低学习难度,采用多种形式的教法,让学生在运动中体验快乐。

(3)改变过去"千人一法"的教学模式,注意学生的个性发展,因材施教,培养学生的创造性思维。

(五)教学组织形式——全校化

高校体育过去只重视体育课堂教学,忽视了学生课外活动的重要性。目前高校体育正在向全校园进行体育教育的方向发展,即在重视课堂教学的同时,重视学生的课外体育活动,把其列入整体体育教育的范畴。鼓励学生自主进行体育锻炼,养成锻炼习惯,树立终身体育锻炼思想。同时改变体育教育总是体育教师的任务这一现象,调动其他各个方面的积极性,使体育教育全校化。

(六)考核方式——科学化

高校体育的考试方式正在从过去以运动技能的好坏、运动素质的高低来评价学生的方式改变为从能力、参与、健康等方面对学生进行考核。从单一的评价转向全面的综合质量的评价,强化普及教育,淡化技术技能评定。

(七)俱乐部正在成为学生体育锻炼的主要载体

各种体育俱乐部和体育协会在各大高校中方兴未艾。体育俱乐部以其灵活的组织形式吸引有浓厚兴趣的学生长期参与体育锻炼,是高校学生今后课外锻炼的主要形式。体育俱乐部具有以下功能。

(1)为学生提供一个体育活动的场所。

(2)为学生提供一个社交的地方。

(3)为学生提供一个学习、提高体育技能的课堂。

(4)组织训练,提高运动技术水平,参加校内、外各级比赛。

(5)组织校内、外各级各类体育比赛。

(八)高校体育与社会体育接轨

高校体育越来越重视将体育教学与学生的生活和课外活动相联系,重视体育教学与生活体育、社会体育的联系,主要表现在:体育教学的内容向社区体育活动内容靠拢;非场地型的野外活动日益受到重视;自由表现类项目受到重视;体育与现在、未来生活的结合日益受到重视。

# 第四节 高校体育的实施途径

## 一、实施创新体育教学的基本途径

(一)以课堂教学为主实施创新教育

"教育是知识创新、传播和应用的主要基地,也是培养创新精神和创新人才的重要摇篮","教育在民族创新精神和培养创新人才方面,肩负着特殊的使命,每一个学校都要爱护和培养学生的好奇心,求知欲,帮助学生自主学习、独立思考,保护学生的探索精神、创新精神,营造崇尚真知,追求真理的氛围,为学生的禀赋和潜能的充分开发创造一种宽松的环境"。创新教育作为一项涉及方方面面的系统工程,创新精神和创新能力的培养不是一蹴而就的,是一个长期的过程、潜移默化的过程。因此,教师在体育教学中,必须从以下三个方面努力营造一个能诱发学生潜在的创造智能、自由释放其创新灵气的学习环境。

1.建立活跃、宽松、民主、高效的课堂氛围,给予学生充分的信任感

充分调动学生的上课积极性,从而发挥学生的主观能动性,尊重学生的个性与创新精神。积极创造条件,在承认学生具有可以开发的巨大创新潜能的基础上,为其提供乐于思考、主动探索、大胆质疑、敢于标新立异的创新机会和条件,适时地做出有利于促使学生创新的评价,激发学生的创新意识和能力。

2.让学生有较大的自由度

在课堂上要允许学生自由表达自己的想法,不应对学生在课堂上的随意议论、相互交流、回答提问等做过多、过细的限制和要求,避免产生学生因害怕违反教师的有关规定而感到紧张、焦虑甚至压抑的现象。

3.多肯定,少批评

对学生的独创表现,不要轻易地加以否定,对学生在教学过程中表露的与众不同的观点、思维方法甚至出现的错误不压制、不讽刺、不嘲笑,给学生有一种"创新"的安全感。

(二)转变观念,不断创新

要求体育教师改变传统的教育思想,因为传统的学校体育是以传授运动技术为中心,并由此形成了教师以教材和课堂讲授的填鸭式教学模式,这种模式阻碍了学生创新能力的发展。应充分认识应试教育的弊端,不要因循守旧,安于现状。确立以"健康第一"和"终身体育"为指导思想,以培养学生的创新能力作为教学改革的核心。

(三)修改教学大纲,调整考试内容

我们多数的教学大纲都偏重于技术和理论的教学,忽视能力培养。学生学习的积极性调动不起来的原因就是应试教育和被动学习。修改大纲所选用的教材应体现出"创新性""趣味性""专业性",并满足"健康第一""终身体育"的需要。调整考试内容,除正常的体育技能考试外还应增加能反映学生创新能力及其他能力的考核,使考试真正成为检查和促进

教学的一种手段。

（四）革新教法，不断创新

1. 教学目标的确定要创新

课堂教学的目标定位，应重视在学生创新意识和创新能力的培养发展上，要把激发学生的求知欲，培养学生的质疑能力、发散性思维、联想能力放在教学法目标的首位。注重基本理论和基本知识的教育，加强基本能力和基本方法的训练，变"授人以鱼"为"授人以渔"。同时，对不同类型的学生制定不同的教学目标，使其能自由选择相应的目标，既量力而行又不随心所欲，使潜能得到充分发挥。

2. 教师的课堂设计要力求有新意

教师要能根据教学内容、要求和目的，选择最佳的教学方法、手段、技术去引导学生，以自己的创新激情感染学生，激发学生学习的主动性。

3. 坚持启发式教学

创新本身也是自主性的活动，它要求教师在课堂上必须坚持以"导"为主，通过启发式教学，调动学生主动探求知识、摸索规律的主动性和积极性，从而提高认识问题、理解问题、解决问题的创新能力。

（五）体育教学应注意开发右脑训练

1. 开发右脑训练的依据

现代"脑科学"的研究表明，人的大脑左右两个半球的机能是不对称的，它们之间存在着明显的分工。左脑控制人的右半身的活动，主要具有言语的、数理的、抽象思维和求同思维的功能，而右脑控制人的左半身活动，主要具有非言语的、直观的、感知音乐旋律、进行模仿及整体性、综合性、创新机能、形象思维和求异思维的功能，创新能力的综合性本质决定了它只能是左、右大脑的整合效应。美国学者奥斯汀（Austin）还发现当两个半球对较弱的一边受到激励而与较强的另一边配合时，其结果是脑子的总能力和总效应得到很大加强，这个加强不是按"1＋1＝2"来计算，而是以5倍、10倍甚至更多倍数增强。传统的学校是一个"左脑社会"，教学活动几乎都围绕着发展左脑功能而不利右脑发展。而一个人大脑右半球的发达与否，同其创新、创造能力紧密相关。为此，世界卫生组织曾在全球展开了"1990—2000'脑十年'"活动，旨在促进脑科学研究，以提高人类的生存质量。

2. 开发右脑训练的方法

开发右脑可以提高创新能力、形象思维能力和综合能力。那么，在学校体育教学中如何开发学生的右脑呢？

科学的体育活动是开发右脑功能的重要手段。科学研究发现，人的拇指和食指在大脑皮层的代表区，比整个胸部代表区总面积还大几倍，说明感觉越灵敏、精细，大脑皮层下达的神经纤维数就越多。同样大脑皮层内支配肢体运动的运动区域面积的大小，也与运动精细复杂程度密切相关。手与五指在大脑皮层所占区域几乎与整个下肢所占区域相等。因此，大脑从手指得到的感觉信息最多，同时反馈于手指的指令也最为频繁。所以，手指体操运动对开发大脑尤其对开发右脑具有重要意义。如创编一些以左侧手指活动为主的指尖、指端活动，拇指、食指活动，同时兼顾每个手指的运动，每个手指关节都参与的活动，手腕部位的各种活动等。从而使手指的运动更加协调、更加全面，使更多的刺激信息存入大脑。同样研究表明,通过左侧体操更多地活动左侧肢体,对右脑能够产生更多的良好刺激,因为无论人体的感觉传入信息或大脑对肢体运动的控制都是交叉的,所以开发右脑要多动左侧肢体。左侧体操的创编要按左侧手指、手掌、手腕、肘关节、躯干、髋关节的顺序依次进行,使左侧的各关节都得到充分活动,并应有头面部的双侧活动的跳跃运动等,以增加传入右脑的信息量。因此,我们在平时的体育教学活动中,可有意识地规定用左手运球,投掷,打羽毛球、地滚球,用左脚踢球、踢毽子等。在课的准备部分可有意识地编几套左侧体操、手指操,还应加强音乐伴奏在教学中的运用。在体育课中恰当地运用音乐伴奏既能激发学生练习兴趣又有利于开发右脑功能,因为右脑是主管音乐的。

（六）建设一支适应创新教育的现代化教师队伍

实施创新教育,关键是有一支高素质的具有创新精神和创新能力的教师队伍,只有每一位体育教师都具有创新意识和创新能力,才能自觉地将"创新"体现在体育教学活动的全过程中,才能创新性地将知识技能传授给学生,同时创新性地运用现代化教育技术,实施启发式教学,向学生灌输创新意识,点燃学生的创新火花。

## 二、实施"快乐体育"教学的基本途径

1. 教师在教学指导思想上,应该主张以育人为出发点

教师在教学中应面向终身体育,从情感教学入手,强调乐学、勤学、育体与育心相结合,实行体力、智力的全面发展。在教学的关系上,主张把教学的主体从教师转向学生,强调学生是教学的主体,实行教师主导与学生主体相结合；在教学的观念结构上,主张教学是认知、情感、行为这三种心理活动的有机统一,强调体育课必须情知交融与身体发展并举,体育教育结构应是融认识、情感与身体发展为一体的三维立体结构。

2. 从体育教育心理学的角度出发,注重培养学生的体育兴趣

著名教育家夸美纽斯(J. A. Comenius)说过:"兴趣是创造一个欢乐和光明的教学环境的主要途径之一"。教师积极引导学生的学习兴趣,是保证教学成果的重要因素之一。例如在排球教学中,先向学生宣讲排球运动最大的特点——有团队精神和拼搏精神,有进取心和荣誉感；由于排球各环节的相互联系作用,对为人处世、学习、生活乃至整个人生,都有着不可估量的借鉴作用。教师的积极引导,提高了学生对排球学习的兴趣,为取得良好的教学效果奠定了基础。在体育教学中通过目标设置、创设情境、积极反馈、价值寻求等方法来提高学生内在动机。所谓体育动机是指选择、激发、维持并强化一定的体育活动从而导向实现目标的内在动力。学生参加体育活动属于有目的的行为,教师可以通过目标设置来激发动机。例如在双手垫球练习时,由于动作比较简单,学生在小学就学习过,当中学体育课上再次出现时,他们就没有多少新鲜感,因此,高校教学应根据学生心理设置教学目标,精心组织教学,努力提高一个垫球次数等级(如将过去的良好提高到现在的优秀)。当这种目标转化为学生的内心需要时,学生的练习就会经常处于自我意识控制之下,积极性和自觉性就会随之增加。另外,可以增加学生在练习时对人际关系的处理要求,增加对力学知识在排球运动中的应用的要求。

3. 教师要善于发现、培养并保护学生的表现欲

自我表现欲,是个人展示自身价值的积极意念。学生的表现欲直接关系到学生对体育教学的参与意识。教师如果不能对学生在体育教学中反映出来的表现欲望给予正确对待和

引导,其至有意无意地加以扼杀,将会极大伤害学生的自尊心和自信心,打击学生的积极性,从而影响学生个性的健康发展。

教师更要能够及时发现那些内隐、含蓄、带有某种自我抑制的学生的表现欲。当学生有了积极旺盛的表现欲,教师的责任就是要珍惜保护。教师绝不能对学生所表现的行为置之不理、视而不见,甚至用简单的"你不行""就你显能耐"之类的话语给学生泼冷水。相反,如能以"我希望你……""我相信你一定能……"的语气来表露对学生的期望,会使其受到鼓舞,增强其参与体育活动的自信心和动力。教师要多表扬,少批评学生,尤其是对于那些不引人注意的"丑小鸭",哪怕是一点点闪光点也要加以呵护。体育课堂是学生展示个性和潜能的舞台,因此精心培养学生的表现欲尤为重要。教师对待学生的态度应该是"不求完美,但求参与"。

# 第五节 大学生体质健康标准

### 一、《国家学生体质健康标准》(2014年修订)简介

《国家学生体质健康标准》(以下简称《标准》)是国家学校教育工作的基础性指导文件和教育质量基本标准,是评价学生综合素质、评估学校工作和衡量各地教育发展的重要依据,是《标准》在学校的具体实施,适用于全日制普通小学、初中、普通高中、中等职业学校、普通高等学校的学生。《标准》测试"是促进学生体质健康发展、激励学生积极进行身体锻炼的教育手段,是学生体质健康的个体评价标准,也是学生毕业的基本条件之一"。

### 二、大学生健康标准的测试项目

根据《标准》要求,大学生需要进行的测试项目共计六项,分别是身高体重、肺活量、50米跑、坐位体前屈、男生引体向上和1 000米跑、女生1分仰卧起坐和800米。

### 三、大学生健康标准的评分方法及等级

本标准的学年总分由标准分与附加分之和构成,满分为120分。标准分由各单项指标得分与权重乘积之和组成,满分为100分。附加分根据实测成绩确定,即对成绩超过100分的加分指标进行加分,满分为20分;加分指标为男生引体向上和1 000米跑,女生1分仰卧起坐和800米跑,各指标加分幅度均为10分。

每个学生每学年评定一次,记入《〈国家学生体质健康标准〉登记卡》。学生毕业时的成绩和等级,按毕业当年学年总分的50%与其他学年总分平均得分的50%之和进行评定。

测试成绩评定不及格者,在本学年度准予补测一次,补测仍不及格,则学年成绩评定为不及格。普通高中、中等职业学校和普通高等学校学生毕业时,《标准》测试的成绩达不到50分者按结业或肄业处理。

各学校每学年开展覆盖本校各年级学生的《标准》测试工作,《标准》测试数据经当地教育行政部门按要求审核后,上传至"国家学生体质健康标准数据管理系统"。

各项评价分数的权重系数见表1-5-1,评价得分与等级见表1-5-2。

表 1-5-1 权重系数

| 测试对象 | 单项指标 | 权重(%) |
|---|---|---|
| 在校各年级大学生 | 身高体重指数 | 15 |
| | 肺活量 | 15 |
| | 50 米跑 | 20 |
| | 坐位体前屈 | 10 |
| | 立定跳远 | 10 |
| | 引体向上(男)/1 分仰卧起坐(女) | 10 |
| | 1 000 米跑(男)/800 米跑(女) | 20 |

注:体重指数(BMI) = 体重(千克)/身高$^2$(米$^2$)

表 1-5-2 《标准》评价得分与等级对应

| 得分 | 等级 |
|---|---|
| 86 分以上 | 优秀 |
| 76~85 分 | 良好 |
| 60~75 分 | 及格 |
| 59 分及以下 | 不及格 |

### 四、各项测评指标的意义及测试方法

(一)身高标准体重

身高标准体重是指身高与体重两者的比例应在正常的范围。它通过身高与体重一定的比例关系,反映人体的围度、宽度和厚度及人体的密度。身高标准体重是评价人体形态发育水平和营养善及身体匀称度的重要指标,它可以间接地反映人体的身体成分。

测试方法:身高体重测量方法:立正姿势站在测试器踏板上,上臂下垂,足跟并拢,足尖分开约成 60°角,躯干自然挺直,头部保持正直。在测量身高的同时,体重数据也被仪器自然读出。记取成绩以厘米为单位,精确到小数点后一位。

(二)肺活量体重指数

肺活量可以反映肺的容积和肺的扩张能力,是评价人体呼吸系统机能善的一个重要指标,常用于评价人体生长发育水平和体质状况。肺活量的大小与体重、身高、胸围等因素有着密切的关系。因此,为了将学生身体发育的不同因素在肺脏机能的评价中得以体现,在《标准》测试中选用肺活量体重指数进行评价。

$$肺活量体重指数 = 肺活量(毫升)/体重(千克)$$

测试方法:目前我们采用的是电子肺活测试仪,使用干燥的塑料吹嘴。测试同学深呼一口气后,向吹嘴处慢慢呼出至不能再呼出为止。吹气完毕后,液晶屏上最终显示的数字即为肺活量毫升值。共测两次,每次间隔 15 秒,记录最大值作为测试结果。以毫升为单位,不保留小数。

(三)立定跳远

立定跳远主要是测量向前跳跃时下肢肌肉的爆发力。爆发力要求在最短时间内发挥最大的力量,其大小不仅取决于力量,而且取决于力量和速度的结合。腿部的爆发力以腿部的力量为基础。

立定跳远的测试方法:两脚自然分开站立,站在起跳线后,脚尖不得踩线。两脚原地同时起跳,不得有垫步或连跳动作。丈量起跳线后缘至最近着地点后缘的垂直距离。每位同学可试跳三次,取其中成绩最好一次。以厘米为单位,不计小数。

(四)50 米跑

50 米跑是快速力量性的短距离项目,是对学生身体的协调配合及速度、力量、柔韧、灵敏、耐力等各项素质的综合体现。

测试方法:受试者至少两人一组测试。站立起跑,受试者听到"跑"的口令后开始起跑。发令员在发出口令同时要摆动发令旗。计时员视旗动开表计时。受试者挺胸部到达终点线的垂直面停表。记录以秒为单位,精确到小数点后二位。小数点后第二位数按非零进 1 原则进位,如 10.11 秒读成 10.2 秒记录之。

(五)坐位体前屈

坐位体前屈是测量在静止状态下的躯干、腰、髋等关节可能达到的活动幅度,主要反映这些部位的关节、韧带和肌肉的伸展性和弹性及身体柔韧素质的发展水平。

受试者坐在垫上,背及臀部紧靠在垂直面上,两腿并拢,膝关节保持伸直状态,脚尖向上,将一个宽 50 厘米,高 30 厘米的三面箱体架在双腿上方,双手尽量伸直,以虎口握住箱体边缘;测试时,受试者身体尽量前倾并缓慢推动箱体(虎口要一直紧靠住箱体边缘)。测试计的脚蹬纵板内沿平面为 0 点,向内为负值,向前为正值。记录以厘米为单位,取小数点后一位。如为正值则在数值前加"+"符号,负值则加"-"符号。

(六)引体向上和仰卧起坐

引体向上主要测试上肢肌肉力量的发展水平,为男性上肢力量的考查项目,是自身力量克服自身重力的悬垂力量练习,是最基本的锻炼背部的方法,也是衡量男性体质的重要参考标准和项目之一。

测试方法:受试者面向单杠,自然站立;然后向后摆动双臂,跳起,双手分开与肩同宽,正握杠,身体呈直臂悬垂姿势。待身体停止晃动后,两臂同时用力,向上引体(身体不能有任何附加动作);当下颌超过横杠上缘时,还原,呈直臂悬垂姿势,为完成 1 次。测试人员记录受试者完成的次数。以次为单位。

仰卧起坐是一种锻炼身体的方式。仰卧,两腿并拢,两手上举,利用腹肌收缩,两臂向前摆动,迅速成坐姿,上体继续前屈,两手触脚面,低头;然后还原成坐姿,为完成一次。如此连续进行,记录受试者完成次数。

(七)1 000 米和 800 米跑

中长跑运动是一项需要速度和耐力的综合性项目。一般把 800~10 000 米统称为中长跑项目。需要人体能在较长时间内,保持较高速度跑步。考察的是学生的速度耐力。

测试方法:受试者至少两人一组测试。站立起跑,受试者听到"跑"的口令后开始起跑。发令员在发出口令同时要摆动发令旗。计时员视旗动开表计时。受试者挺胸部到达终点线的垂直面停表。记录以秒为单位,精确到秒。

### 五、大学生体质测试评分标准表(表1-5-3至表1-5-6)

表1-5-3 大学男生身高标准体重 (体重单位:千克)

| 身高段(厘米) | 营养不良<br>50分 | 较低体重<br>60分 | 正常体重<br>100分 | 超重<br>60分 | 肥胖<br>50分 |
|---|---|---|---|---|---|
| 144.0~144.9 | <41.5 | 41.5~46.3 | 46.4~51.9 | 52.0~53.7 | ≥53.8 |
| 145.0~145.9 | <41.8 | 41.8~46.7 | 46.8~52.6 | 52.7~54.5 | ≥54.6 |
| 146.0~146.9 | <42.1 | 42.1~47.1 | 47.2~53.1 | 53.2~55.1 | ≥55.2 |
| 147.0~147.9 | <42.4 | 42.4~47.5 | 47.6~53.7 | 53.8~55.7 | ≥55.8 |
| 148.0~148.9 | <42.6 | 42.6~47.9 | 48.0~54.2 | 54.3~56.3 | ≥56.4 |
| 149.0~149.9 | <42.9 | 42.9~48.3 | 48.4~54.8 | 54.9~56.6 | ≥56.7 |
| 150.0~150.9 | <43.2 | 43.2~48.8 | 48.9~55.4 | 55.5~57.6 | ≥57.7 |
| 151.0~151.9 | <43.5 | 43.5~49.2 | 49.3~56.0 | 56.1~58.2 | ≥58.3 |
| 152.0~152.9 | <43.9 | 43.9~49.7 | 49.8~56.5 | 56.6~58.7 | ≥58.8 |
| 153.0~153.9 | <44.2 | 44.2~50.1 | 50.2~57.0 | 57.1~59.3 | ≥59.4 |
| 154.0~154.9 | <44.7 | 44.7~50.6 | 50.7~57.5 | 57.6~59.8 | ≥59.9 |
| 155.0~155.9 | <45.2 | 45.2~51.1 | 51.2~58.0 | 58.1~60.7 | ≥60.8 |
| 156.0~156.9 | <45.6 | 45.6~51.6 | 51.7~58.7 | 58.8~61.0 | ≥61.1 |
| 157.0~157.9 | <46.1 | 46.1~52.1 | 52.2~59.2 | 59.3~61.5 | ≥61.6 |
| 158.0~158.9 | <46.6 | 46.6~52.6 | 52.7~59.8 | 59.9~62.2 | ≥62.3 |
| 159.0~159.9 | <46.9 | 46.9~53.1 | 53.2~60.3 | 60.4~62.7 | ≥62.8 |
| 160.0~160.9 | <47.4 | 47.4~53.6 | 53.7~60.9 | 61.0~63.4 | ≥63.5 |
| 161.0~161.9 | <48.1 | 48.1~54.3 | 54.4~61.6 | 61.7~64.1 | ≥64.2 |
| 162.0~162.9 | <48.5 | 48.5~54.8 | 54.9~62.2 | 62.3~64.8 | ≥64.9 |
| 163.0~163.9 | <49.0 | 49.0~55.3 | 55.4~62.8 | 62.9~65.3 | ≥65.4 |
| 164.0~164.9 | <49.5 | 49.5~55.9 | 56.0~63.4 | 63.5~65.9 | ≥66.0 |
| 165.0~165.9 | <49.9 | 49.9~56.4 | 56.5~64.1 | 64.2~66.6 | ≥66.7 |
| 166.0~166.9 | <50.4 | 50.4~56.9 | 57.0~64.6 | 64.7~67.0 | ≥67.1 |
| 167.0~167.9 | <50.8 | 50.8~57.3 | 57.4~65.0 | 65.1~67.5 | ≥67.6 |
| 168.0~168.9 | <51.1 | 51.1~57.7 | 57.8~65.5 | 65.6~68.1 | ≥68.2 |
| 169.0~169.9 | <51.6 | 51.6~58.2 | 58.3~66.0 | 66.1~68.6 | ≥68.7 |
| 170.0~170.9 | <52.1 | 52.1~58.7 | 58.8~66.5 | 66.6~69.1 | ≥69.2 |

续表 1-5-3

| 身高段(厘米) | 营养不良 50分 | 较低体重 60分 | 正常体重 100分 | 超重 60分 | 肥胖 50分 |
|---|---|---|---|---|---|
| 171.0~171.9 | <52.5 | 52.5~59.2 | 59.3~67.2 | 67.3~69.8 | ≥69.9 |
| 172.0~172.9 | <53.0 | 53.0~59.8 | 59.9~67.8 | 67.9~70.4 | ≥70.5 |
| 173.0~173.9 | <53.5 | 53.5~60.3 | 60.4~68.4 | 68.5~71.1 | ≥71.2 |
| 174.0~174.9 | <53.8 | 53.8~61.0 | 61.1~69.3 | 69.4~72.0 | ≥72.1 |
| 175.0~175.9 | <54.5 | 54.5~61.5 | 61.6~69.9 | 70.0~72.7 | ≥72.8 |
| 176.0~176.9 | <55.3 | 55.3~62.2 | 62.3~70.9 | 71.0~73.8 | ≥73.9 |
| 177.0~177.9 | <55.8 | 55.8~62.7 | 62.8~71.6 | 71.7~74.5 | ≥74.6 |
| 178.0~178.9 | <56.2 | 56.2~63.3 | 63.4~72.3 | 72.4~75.3 | ≥75.4 |
| 179.0~179.9 | <56.7 | 56.7~63.8 | 63.9~72.8 | 72.9~75.8 | ≥75.9 |
| 180.0~180.9 | <57.1 | 57.1~64.3 | 64.4~73.5 | 73.6~76.5 | ≥76.6 |
| 181.0~181.9 | <57.7 | 57.7~64.9 | 65.0~74.2 | 74.3~77.3 | ≥77.4 |
| 182.0~182.9 | <58.2 | 58.2~65.6 | 65.7~74.9 | 75.0~77.8 | ≥77.9 |
| 183.0~183.9 | <58.8 | 58.8~66.2 | 66.3~75.7 | 75.8~78.8 | ≥78.9 |
| 184.0~184.9 | <59.3 | 59.3~66.8 | 66.9~76.3 | 76.4~79.4 | ≥79.5 |
| 185.0~185.9 | <59.9 | 59.9~67.4 | 67.5~77.0 | 77.1~80.2 | ≥80.3 |
| 186.0~186.9 | <60.4 | 60.4~68.1 | 68.2~77.8 | 77.9~81.1 | ≥81.2 |
| 187.0~187.9 | <60.9 | 60.9~68.7 | 68.8~78.6 | 78.7~81.9 | ≥82.0 |
| 188.0~188.9 | <61.4 | 61.4~69.2 | 69.3~79.3 | 79.4~82.6 | ≥82.7 |
| 189.0~189.9 | <61.8 | 61.8~69.8 | 69.9~79.9 | 80.0~83.2 | ≥83.3 |
| 190.0~190.9 | <62.4 | 62.4~70.4 | 70.5~80.5 | 80.6~83.6 | ≥83.7 |

注:身高低于表中所列出的最低身高段的下限值时,身高每低1厘米,实测体重须加上0.5千克,实测身高须加上1厘米,再查表确定分值。身高高于表中所列出的最高身高段时,身高每高1厘米,其实测体重须减去0.9千克,实测身高须减去1厘米,再查表确定分值

表 1-5-4 大学女生身高标准体重　　　　　　　　　(体重单位:千克)

| 身高段(厘米) | 营养不良 50分 | 较低体重 60分 | 正常体重 100分 | 超重 60分 | 肥胖 50分 |
|---|---|---|---|---|---|
| 140.0~140.9 | <36.5 | 36.5~42.4 | 42.5~50.6 | 50.7~53.3 | ≥53.4 |
| 141.0~141.9 | <36.6 | 36.6~42.9 | 43.0~51.3 | 51.4~54.1 | ≥54.2 |
| 142.0~142.9 | <36.8 | 36.8~43.2 | 43.3~51.9 | 52.0~54.7 | ≥54.8 |
| 143.0~143.9 | <37.0 | 37.0~43.5 | 43.6~52.3 | 52.4~55.2 | ≥55.3 |

续表 1-5-4

| 身高段(厘米) | 营养不良 50分 | 较低体重 60分 | 正常体重 100分 | 超重 60分 | 肥胖 50分 |
| --- | --- | --- | --- | --- | --- |
| 144.0~144.9 | <37.2 | 37.2~43.7 | 43.8~52.7 | 52.8~55.6 | ≥55.7 |
| 145.0~145.9 | <37.5 | 37.5~44.0 | 44.1~53.1 | 53.2~56.1 | ≥56.2 |
| 146.0~146.9 | <37.9 | 37.9~44.4 | 44.5~53.7 | 53.8~56.7 | ≥56.8 |
| 147.0~147.9 | <38.5 | 38.5~45.0 | 45.1~54.3 | 54.4~57.3 | ≥57.4 |
| 148.0~148.9 | <39.1 | 39.1~45.7 | 45.8~55.0 | 55.1~58.0 | ≥58.1 |
| 149.0~149.9 | <39.5 | 39.5~46.2 | 46.3~55.6 | 55.7~58.7 | ≥58.8 |
| 150.0~150.9 | <39.9 | 39.9~46.6 | 46.7~56.2 | 56.3~59.3 | ≥59.4 |
| 151.0~151.9 | <40.3 | 40.3~47.1 | 47.2~56.7 | 56.8~59.8 | ≥59.9 |
| 152.0~152.9 | <40.8 | 40.8~47.6 | 47.7~57.4 | 57.5~60.5 | ≥60.6 |
| 153.0~153.9 | <41.4 | 41.4~48.2 | 48.3~57.9 | 58.0~61.1 | ≥61.2 |
| 154.0~154.9 | <41.9 | 41.9~48.8 | 48.9~58.6 | 58.7~61.9 | ≥62.0 |
| 155.0~155.9 | <42.3 | 42.3~49.1 | 49.2~59.1 | 59.2~62.4 | ≥62.5 |
| 156.0~156.9 | <42.9 | 42.9~49.7 | 49.8~59.7 | 59.8~63.0 | ≥63.1 |
| 157.0~157.9 | <43.5 | 43.5~50.3 | 50.4~60.4 | 60.5~63.6 | ≥63.7 |
| 158.0~158.9 | <44.0 | 44.0~50.8 | 50.9~61.2 | 61.3~64.5 | ≥64.6 |
| 159.0~159.9 | <44.5 | 44.5~51.4 | 51.5~61.7 | 61.8~65.1 | ≥65.2 |
| 160.0~160.9 | <45.0 | 45.0~52.1 | 52.2~62.3 | 62.4~65.6 | ≥65.7 |
| 161.0~161.9 | <45.4 | 45.4~52.5 | 52.6~62.8 | 62.9~66.2 | ≥66.3 |
| 162.0~162.9 | <45.9 | 45.9~53.1 | 53.2~63.4 | 63.5~66.8 | ≥66.9 |
| 163.0~163.9 | <46.4 | 46.4~53.6 | 53.7~63.9 | 64.0~67.3 | ≥67.4 |
| 164.0~164.9 | <46.8 | 46.8~54.2 | 54.3~64.5 | 64.6~67.9 | ≥68.0 |
| 165.0~165.9 | <47.4 | 47.4~54.8 | 54.9~65.0 | 65.1~68.3 | ≥68.4 |
| 166.0~166.9 | <48.0 | 48.0~55.4 | 55.5~65.5 | 65.6~68.9 | ≥69.0 |
| 167.0~167.9 | <48.5 | 48.5~56.0 | 56.1~66.2 | 66.3~69.5 | ≥69.6 |
| 168.0~168.9 | <49.0 | 49.0~56.4 | 56.5~66.7 | 66.8~70.1 | ≥70.2 |
| 169.0~169.9 | <49.4 | 49.4~56.8 | 56.9~67.3 | 67.4~70.7 | ≥70.8 |
| 170.0~170.9 | <49.9 | 49.9~57.3 | 57.4~67.9 | 68.0~71.4 | ≥71.5 |
| 171.0~171.9 | <50.2 | 50.2~57.8 | 57.9~68.5 | 68.6~72.1 | ≥72.2 |
| 172.0~172.9 | <50.7 | 50.7~58.4 | 58.5~69.1 | 69.2~72.7 | ≥72.8 |

续表 1-5-4

| 身高段(厘米) | 营养不良 50分 | 较低体重 60分 | 正常体重 100分 | 超重 60分 | 肥胖 50分 |
|---|---|---|---|---|---|
| 173.0~173.9 | <51.0 | 51.0~58.8 | 58.9~69.6 | 69.7~73.1 | ≥73.2 |
| 174.0~174.9 | <51.3 | 51.3~59.3 | 59.4~70.2 | 70.3~73.6 | ≥73.7 |
| 175.0~175.9 | <51.9 | 51.9~59.9 | 60.0~70.8 | 70.9~74.4 | ≥74.5 |
| 176.0~176.9 | <52.4 | 52.4~60.4 | 60.5~71.5 | 71.6~75.1 | ≥75.2 |
| 177.0~177.9 | <52.8 | 52.8~61.0 | 61.1~72.1 | 72.2~75.7 | ≥75.8 |
| 178.0~178.9 | <53.2 | 53.2~61.5 | 61.6~72.6 | 72.7~76.2 | ≥76.3 |
| 179.0~179.9 | <53.6 | 53.6~62.0 | 62.1~73.2 | 73.3~76.7 | ≥76.8 |
| 180.0~180.9 | <54.1 | 54.1~62.5 | 62.6~73.7 | 73.8~77.0 | ≥77.1 |
| 181.0~181.9 | <54.5 | 54.5~63.1 | 63.2~74.3 | 74.4~77.8 | ≥77.9 |
| 182.0~182.9 | <55.1 | 55.1~63.8 | 63.9~75.0 | 75.1~79.4 | ≥79.5 |
| 183.0~183.9 | <55.6 | 55.6~64.5 | 64.6~75.7 | 75.8~80.4 | ≥80.5 |
| 184.0~184.9 | <56.1 | 56.1~65.3 | 65.4~76.6 | 76.7~81.2 | ≥81.3 |
| 185.0~185.9 | <56.8 | 56.8~66.1 | 66.2~77.5 | 77.6~82.4 | ≥82.5 |
| 186.0~186.9 | <57.3 | 57.3~66.9 | 67.0~78.6 | 78.7~83.3 | ≥83.4 |

注：身高低于表中所列出的最低身高段的下限值时，身高每低 1 厘米，实测体重须加上 0.5 千克，实测身高须加上 1 厘米，再查表确定分值。身高高于表中所列出的最高身高段时，身高每高 1 厘米，其实测体重须减去 0.9 千克，实测身高须减去 1 厘米，再查表确定分值

表 1-5-5 大学男生评分标准表

| 等级 | 单项得分 | 肺活量体重指数 | 1 000米/分·秒 | 台阶试验 | 50米跑/秒 | 握力体重指数 | 引体向上/次 | 坐位体前屈/厘米 | 跳绳/次·分$^{-2}$ | 排球垫球/次 |
|---|---|---|---|---|---|---|---|---|---|---|
| 优秀 | 100 | 84 | 3分27秒 | 82 | 6.0 | 92 | 26 | 23.0 | 198 | 50 |
| | 98 | 83 | 3分28秒 | 80 | 6.1 | 91 | 25 | 22.6 | 193 | 49 |
| | 96 | 82 | 3分31秒 | 77 | 6.2 | 90 | 24 | 22.0 | 186 | 46 |
| | 94 | 81 | 3分33秒 | 74 | 6.3 | 89 | 23 | 21.4 | 178 | 44 |
| | 92 | 80 | 3分35秒 | 71 | 6.4 | 87 | 22 | 20.6 | 168 | 41 |
| | 90 | 78 | 3分39秒 | 67 | 6.5 | 86 | 21 | 19.8 | 158 | 38 |
| 良好 | 87 | 77 | 3分42秒 | 65 | 6.6 | 84 | 20 | 18.9 | 152 | 37 |
| | 84 | 75 | 3分45秒 | 63 | 6.8 | 81 | 19 | 17.5 | 144 | 34 |
| | 81 | 73 | 3分49秒 | 60 | 7.0 | 79 | 18 | 16.2 | 136 | 32 |
| | 78 | 71 | 3分53秒 | 57 | 7.3 | 75 | 17 | 14.3 | 124 | 29 |
| | 75 | 68 | 3分58秒 | 53 | 7.5 | 72 | 16 | 12.5 | 113 | 26 |

续表 1-5-5

| 等级 | 单项得分 | 肺活量体重指数 | 1 000 米/分·秒 | 台阶试验 | 50 米跑/秒 | 握力体重指数 | 引体向上/次 | 坐位体前屈/厘米 | 跳绳/次·分$^{-2}$ | 排球垫球/次 |
|---|---|---|---|---|---|---|---|---|---|---|
| 及格 | 72 | 66 | 4 分 05 秒 | 52 | 7.6 | 70 | 15 | 11.3 | 108 | 25 |
|  | 69 | 64 | 4 分 12 秒 | 51 | 7.7 | 66 | 14 | 9.5 | 101 | 23 |
|  | 66 | 61 | 4 分 19 秒 | 50 | 7.8 | 63 | 13 | 7.8 | 94 | 21 |
|  | 63 | 58 | 4 分 26 秒 | 48 | 8.0 | 59 | 12 | 5.4 | 85 | 18 |
|  | 60 | 55 | 4 分 33 秒 | 46 | 8.1 | 54 | 11 | 3.0 | 75 | 15 |
| 不及格 | 50 | 54 | 4 分 40 秒 | 45 | 8.2 | 53 | 9 | 2.4 | 71 | 14 |
|  | 40 | 52 | 4 分 47 秒 | 44 | 8.3 | 51 | 8 | 1.4 | 64 | 12 |
|  | 30 | 51 | 4 分 54 秒 | 43 | 8.5 | 49 | 7 | 0.5 | 58 | 10 |
|  | 20 | 49 | 5 分 01 秒 | 42 | 8.6 | 47 | 6 | -0.8 | 49 | 8 |
|  | 10 | 47 | 5 分 08 秒 | 40 | 8.8 | 44 | 5 | -2.0 | 40 | 5 |

表 1-5-6 大学女生评分标准表

| 等级 | 单项得分 | 肺活量体重指数 | 800 米/分·秒 | 台阶试验 | 50 米跑/秒 | 立定跳远/米 | 掷实心球/米 | 握力体重指数 | 仰卧起坐次/分钟 | 坐位体前屈/厘米 | 跳绳/次·分$^{-2}$ | 篮球运球/秒 | 足球运球/秒 | 排球垫球/次 |
|---|---|---|---|---|---|---|---|---|---|---|---|---|---|---|
| 优秀 | 100 | 70 | 3 分 24 秒 | 78 | 7.2 | 2.07 | 8.6 | 74 | 52 | 21.1 | 190 | 11.2 | 7.3 | 46 |
|  | 98 | 69 | 3 分 27 秒 | 75 | 7.3 | 2.06 | 8.5 | 73 | 51 | 20.8 | 184 | 11.5 | 7.8 | 44 |
|  | 96 | 68 | 3 分 29 秒 | 72 | 7.4 | 2.05 | 8.4 | 72 | 50 | 20.3 | 175 | 12.0 | 8.6 | 41 |
|  | 94 | 67 | 3 分 32 秒 | 69 | 7.5 | 2.03 | 8.2 | 71 | 49 | 19.8 | 166 | 12.6 | 9.4 | 38 |
|  | 92 | 65 | 3 分 35 秒 | 64 | 7.7 | 2.01 | 8.0 | 69 | 47 | 19.2 | 154 | 13.3 | 10.5 | 34 |
|  | 90 | 64 | 3 分 38 秒 | 60 | 7.8 | 1.99 | 7.8 | 67 | 45 | 18.6 | 142 | 14.0 | 11.5 | 30 |
| 良好 | 87 | 63 | 3 分 42 秒 | 59 | 7.9 | 1.97 | 7.7 | 66 | 44 | 17.7 | 137 | 14.6 | 11.9 | 29 |
|  | 84 | 61 | 3 分 46 秒 | 57 | 8.0 | 1.93 | 7.6 | 63 | 43 | 16.3 | 130 | 15.6 | 12.5 | 27 |
|  | 81 | 59 | 3 分 50 秒 | 55 | 8.2 | 1.89 | 7.5 | 61 | 42 | 15.0 | 122 | 16.5 | 13.3 | 25 |
|  | 78 | 57 | 3 分 54 秒 | 52 | 8.3 | 1.84 | 7.4 | 58 | 40 | 13.1 | 112 | 17.8 | 14.0 | 23 |
|  | 75 | 54 | 3 分 58 秒 | 49 | 8.5 | 1.79 | 7.2 | 55 | 38 | 11.3 | 102 | 19.0 | 14.9 | 20 |
| 及格 | 72 | 53 | 4 分 03 秒 | 48 | 8.6 | 1.76 | 7.1 | 53 | 37 | 10.1 | 98 | 19.8 | 15.6 | 19 |
|  | 69 | 51 | 4 分 08 秒 | 47 | 8.7 | 1.72 | 7.0 | 50 | 35 | 8.3 | 92 | 20.9 | 16.7 | 17 |
|  | 66 | 49 | 4 分 13 秒 | 46 | 8.8 | 1.69 | 6.8 | 48 | 33 | 6.5 | 86 | 22.0 | 17.8 | 15 |
|  | 63 | 46 | 4 分 18 秒 | 44 | 8.9 | 1.63 | 6.6 | 44 | 31 | 4.1 | 78 | 23.5 | 19.3 | 13 |
|  | 60 | 43 | 4 分 23 秒 | 42 | 9.0 | 1.58 | 6.4 | 40 | 28 | 1.7 | 70 | 25.0 | 20.8 | 10 |
| 不及格 | 50 | 42 | 4 分 30 秒 | 41 | 9.1 | 1.56 | 6.2 | 39 | 27 | 1.5 | 66 | 25.8 | 21.2 | 9 |
|  | 40 | 41 | 4 分 37 秒 | 40 | 9.3 | 1.53 | 6.0 | 38 | 26 | 1.3 | 59 | 26.9 | 21.9 | 8 |
|  | 30 | 39 | 4 分 44 秒 | 39 | 9.5 | 1.50 | 5.7 | 36 | 25 | 1.0 | 53 | 28.0 | 22.5 | 7 |
|  | 20 | 37 | 4 分 51 秒 | 38 | 9.8 | 1.46 | 5.4 | 34 | 23 | 0.6 | 44 | 29.5 | 23.4 | 6 |
|  | 10 | 35 | 5 分 00 秒 | 36 | 10.0 | 1.42 | 5.0 | 32 | 21 | 0.2 | 35 | 31.0 | 24.3 | 4 |

**六、加分指标评分表**（学生成绩超过单项评分 100 分后，以超过的次数所对应的分数进行加分，表 1-5-7 至表 1-5-10）

表 1-5-7 男生引体向上评分表 （单位：次）

| 加分 | 大一 大二 | 大三 大四 |
|---|---|---|
| 10 | 10 | 10 |
| 9 | 9 | 9 |
| 8 | 8 | 8 |
| 7 | 7 | 7 |
| 6 | 6 | 6 |
| 5 | 5 | 5 |
| 4 | 4 | 4 |
| 3 | 3 | 3 |
| 2 | 2 | 2 |
| 1 | 1 | 1 |

表 1-5-8 女生 1 分仰卧起坐评分表 （单位：次）

| 加分 | 大一 大二 | 大三 大四 |
|---|---|---|
| 10 | 13 | 13 |
| 9 | 12 | 12 |
| 8 | 11 | 11 |
| 7 | 10 | 10 |
| 6 | 9 | 9 |
| 5 | 8 | 8 |
| 4 | 7 | 7 |
| 3 | 6 | 6 |
| 2 | 4 | 4 |
| 1 | 2 | 2 |

表 1-5-9 男生 1 000 米跑评分表 （单位：分·秒）

| 加分 | 大一 大二 | 大三 大四 |
|---|---|---|
| 10 | -35 秒 | -35 秒 |
| 9 | -32 秒 | -32 秒 |
| 8 | -29 秒 | -29 秒 |

续表 1-5-9

| 加分 | 大一 大二 | 大三 大四 |
|---|---|---|
| 7 | -26 秒 | -26 秒 |
| 6 | -23 秒 | -23 秒 |
| 5 | -20 秒 | -20 秒 |
| 4 | -16 秒 | -16 秒 |
| 3 | -12 秒 | -12 秒 |
| 2 | -8 秒 | -8 秒 |
| 1 | -4 秒 | -4 秒 |

表 1-5-10　女生 800 米跑评分表　　　　　（单位：分·秒）

| 加分 | 大一 大二 | 大三 大四 |
|---|---|---|
| 10 | -50 秒 | -50 秒 |
| 9 | -45 秒 | -45 秒 |
| 8 | -40 秒 | -40 秒 |
| 7 | -35 秒 | -35 秒 |
| 6 | -30 秒 | -30 秒 |
| 5 | -25 秒 | -25 秒 |
| 4 | -20 秒 | -20 秒 |
| 3 | -15 秒 | -15 秒 |
| 2 | -10 秒 | -10 秒 |
| 1 | -5 秒 | -5 秒 |

本节后附"《国家学生体质健康标准》登记卡"（大学样表）及"免予执行《国家学生体质健康标准》申请表"（样表）。

## 思考题

1. 谈谈你对健康概念的理解和体会。
2. 谈谈你对高校体育目的和任务的理解。
3. 你认为今后高校体育发展的方向是什么？

## 《国家学生体质健康标准》登记卡（大学样表）

| 姓　名 | | | 性　别 | | 学　号 | | | | | |
|---|---|---|---|---|---|---|---|---|---|---|
| 院（系） | | | 民　族 | | 出生日期 | | | | | |
| 单项指标 | 大一 | | | 大二 | | | 大三 | | | 大四 | | | 毕业成绩 | |
| | 成绩 | 得分 | 等级 | 成绩 | 得分 | 等级 | 成绩 | 得分 | 等级 | 成绩 | 得分 | 等级 | 得分 | 等级 |
| 体重指数（BMI）（千克/米²） | | | | | | | | | | | | | | |
| 肺活量（毫升） | | | | | | | | | | | | | | |
| 50米跑（秒） | | | | | | | | | | | | | | |
| 坐位体前屈（厘米） | | | | | | | | | | | | | | |
| 立定跳远（厘米） | | | | | | | | | | | | | | |
| 引体向上（男）/<br>1分钟仰卧起坐（女）（次） | | | | | | | | | | | | | | |
| 1000米跑（男）/<br>800米跑（女）（分·秒） | | | | | | | | | | | | | | |
| 标准分 | | | | | | | | | | | | | | |
| 加分指标 | 成绩 | 附加分 | | 成绩 | 附加分 | | 成绩 | 附加分 | | 成绩 | 附加分 | | | |
| 引体向上（男）/<br>1分钟仰卧起坐（女）（次） | | | | | | | | | | | | | | |
| 1000米跑（男）/<br>800米跑（女）（分·秒） | | | | | | | | | | | | | | |
| 学年总分 | | | | | | | | | | | | | | |
| 等级评定 | | | | | | | | | | | | | | |
| 体育教师签字 | | | | | | | | | | | | | | |
| 辅导员签字 | | | | | | | | | | | | | | |

学校签章：

年　月　日

注：高等职业学校、高等专科学校参照本样表执行

## 免予执行《国家学生体质健康标准》申请表（样表）

| 姓名 | | 性别 | | 学号 | |
|---|---|---|---|---|---|
| 班级/院（系） | | 民族 | | 出生日期 | |
| 原因 | | | | | |
| | | | | 申请人：<br>年　月　日 | |
| 体育教师签字 | | | 家长签字 | | |
| 学校体育部门意见 | | | | | |
| | | | | 学校签章：<br>年　月　日 | |

注：中等职业学校及普通高等学校的学生，"家长签字"由学生本人签字

# 第二章 体育锻炼与心理健康

**学习目标**
1. 了解参加体育锻炼对增进个体心理健康水平的意义。
2. 掌握科学锻炼的基本策略。

## 第一节 心理健康概述

随着现代社会的发展,生活节奏加快,竞争日趋激烈,个体的情绪处于较为紧张的状态,因此,心理健康问题日益成为现代人关注的重要内容之一。在传统社会中,人们认为健康主要是指身体的健康、生理的健康,因而采取各种措施,增强生理机能水平,提高适应自然、抵御疾病的能力。由于生产生活方式的改变,人们越来越意识到精神世界的冲突与纷争。那种"无病即健康"的生物学健康观已经过时,而发展成为生物、心理和社会三维健康观。世界卫生组织认为,健康是指在精神、身体和社会上的保持健全的状态,精神健康的标准是:①具备自我控制能力;②能正确对待外界影响;③内心世界处于相对平衡状态。世界卫生组织还指出,健康应包括躯体健康、心理健康、良好的社会适应性和道德健康。

人类对健康内涵的认识不断丰富和深化的同时,个体的心理健康日益得到现代社会的广泛重视。

### 一、心理健康的定义及标准

(一)心理健康的定义

对于心理健康的认识许多学者有不同的观点,如《简明不列颠百科全书》对心理健康的定义是:心理健康是指个体心理在本身及环境条件许可的范围内所能达到的最佳功能状态,而不是指绝对的十全十美的状态。日本的松田岩男指出:心理健康是指人对内部环境具有安全感,对外部环境能以社会上认可的形式来适应,即个体遇到任何障碍和困难问题,心理都不会失调等。第三届国际心理卫生大会认为,心理健康是指在躯体上、智能上、情感上与他人的心理健康不相矛盾的范围内,将个人心境发展成最佳状态。

综合各种认识,可以认为,心理健康是个体的一种持续的积极的内部状态,个体表现出良好的社会适应性,并充分发挥其身心的各种潜能,在应付各种问题和环境时更多表现出积极的倾向。

(二)心理健康的标准

心理健康的标准至今说法不一,综合国内外各种观点,心理健康应符合以下条件。

(1)智力正常。智力是个体从事一切社会活动的前提和基础,是其了解、认识外部世界的十分必要的条件。只有智力正常的人才能正确评价自己,并具有情绪体验能力,从而自我效能感增强;而智力落后者经常遭遇失败,伴随烦恼、痛苦的体验,产生自卑感。

(2)适当的情绪调节能力。由于社会环境的影响,个体在生活中总会遇到挫折和困难,如果不能正确处理,个体就会被消极情绪所困扰,而这些消极情绪得不到有效宣泄的话,就可能使自己产生心理疾病,并可能对生理健康造成损害,患上身心疾病。同时,不良情绪的发泄方式必须考虑道德及社会的评价。

(3)自我评价恰当。心理健康者能充分了解自己,既看到自己的长处,又看到自己的不足,以便扬长避短,在学习、工作上获得成功,在生活中同他人和谐相处。心理不健康者,往往将失败归因于机遇和任务难度,整日怨天尤人,或将自己看得一无是处。

(4)具有良好的人际关系。心理健康者乐于与他人交往,能够建立较为和谐的积极的人际关系;反之,就会离群索居,对他人不信任,给自己带来巨大的烦恼和痛苦。

# 第二节　体育锻炼对个体心理健康的促进

保持积极的情绪状态,正确对待生活中不可避免的困难和挫折,充分发挥自己的潜能,对个体的一生来说,是十分重要的。但如何保持良好的心理健康状态呢? 参加体育活动就是调节个体的情绪状态、促进心理健康水平的重要手段之一。

## 一、体育锻炼有助于发展智力

智力是个体圆满完成工作、学习任务的基础条件。经常参加体育锻炼可以使个体的注意、记忆、观察、思维和想象等能力得到充分发展,提高活动效率,还可以使其获得良好的情绪体验、乐观自信、精神振奋、精力更加充沛,从而对人的智力功能具有促进作用。

研究表明,体育锻炼能有效地促进血液循环,增强心肺功能,使大脑获取更多的氧气,给大脑的记忆和思维能力提供必要的物质保障,能够提高脑力劳动的效率。另一方面,体育活动不仅能使神经系统的兴奋和抑制过程更加有效,使其对各种刺激的反应更加迅速、准确,为智力的发展奠定物质基础,而且还可以提高人的视觉、听觉、本体感觉、神经传导速度、神经过程的均衡性和灵活性,促进神经系统功能的增强。

人们在学习的过程中,大脑皮层的相关区域处于高度兴奋状态,并随着学习时间的延长而产生疲劳感,导致学习效率下降。而体育活动的参与,有助于大脑皮层的相关区域形成兴奋与抑制合理交替的机制,降低疲劳感,提高文化学习的效率,此外个体的体质增强、身体机能水平的提高有助于充分地挖掘与开发学习的潜力。

## 二、体育锻炼有助于获得良好的情绪体验

情绪状态的调控能力是衡量体育锻炼对心理健康影响的最主要的指标。个体在复杂多变的社会环境中,常常会产生紧张、压抑、忧虑等不良情绪反应,体育锻炼可以使个体从烦恼和痛苦中摆脱出来,降低应激水平,使处理应激情境的能力增强。麦克曼(Mclman)等人的研究表明,经常参加身体锻炼者的焦虑、抑郁、紧张和心理紊乱等消极的心理变量水平明显低于不参加身体锻炼者,而愉快等积极的心理变量水平则明显要高一些。

体育锻炼之所以能够调节情绪，是因为体育锻炼的参与者能体验到运动带来的愉快感觉。心理学家认为，适度负荷的体育锻炼能够促进人体释放一种多肽物质——内啡肽，它能使人们获得愉快、兴奋的情绪体验。因此参加体育锻炼，尤其是参加那些自己喜爱和擅长的体育锻炼，可以使人从中得到乐趣，振奋精神，从而产生良好的情绪状态。

### 三、体育锻炼有助于良好的意志品质的形成

意志品质指一个人的自觉性、果断性、坚韧性和自制力，以及勇敢顽强和独立主动的精神，是一个人行为特点的稳定因素的总和。意志品质需要在克服困难的实践过程中培养。体育锻炼本身就要不断克服困难（气候条件的变化、动作的难度或外部障碍等）和主观困难（如胆怯和畏惧心理、疲劳和运动损伤等），才能取得成功。体育锻炼的参与者努力克服主、客观方面的困难，培养自身良好的意志品质。任务越困难，对个体的意志锻炼的作用越大，而良好的意志品质对于人的活动（尤其是体育锻炼）效果具有重要的意义。

### 四、体育锻炼使自我概念更为清晰

自我概念是个体主观上对自己的身体、思想和情感等的整体评价，它是由许许多多的自我认识所组成的，例如我是什么人、我主张什么、我喜欢什么、我不喜欢什么，包括社会方面的自我概念和身体方面的自我概念等。其中，身体方面的自我概念包括身体表象和身体自尊。身体表象是指头脑中形成的身体图像。身体自尊则主要包括一个人对自己运动能力的评价、对自己身体外貌（吸引力）的评价及对自己身体的抵抗能力和健康状况的评价。

身体表象和身体自尊障碍在正常人群中是普遍存在的，据相关调查显示，54%的大学生对他们的体重不甚满意。与男性相比，女性倾向于高估身高和低估体重，而且，身体肥胖的个体更可能有身体表象和身体自尊方面的障碍。身体表象和身体自尊与整体自我概念有关，无论是男性还是女性，对身体表象的不满意会使其身体自尊变低，并产生不安全感和抑郁症状。

坚持体育锻炼可使体格强壮、精力充沛，因而，体育锻炼对于改善人的身体表象和身体自尊至关重要。研究表明：锻炼者比非锻炼者具有更积极的总体自我概念；体能强的人比体能弱的人倾向于具有更高水平的自我概念和更高的身体概念；肌肉力量与身体自尊、情绪稳定性、外向性格和自信心呈正相关，并且加强力量训练会使个体的自我概念显著增强。因此，更积极的自尊心、更高水平的身体概念和自我概念与高水平的体能状况相关。

### 五、体育锻炼有助于形成和谐的人际关系

现代社会生活节奏的加快使人们越来越趋向封闭的状态，从而造成人与人之间感情交流缺乏，人际关系疏远。体育锻炼则打破了这种封闭，让不同职业、年龄、性别、文化素质的人相聚在运动场上，进行平等、友好、和谐的交往，使人们互相之间产生信任感，有效进行情感和信息的交流，互相之间产生一种默契和交融。研究表明，增加与社会的联系会给个体带来心理上的益处。马塞（Massie）等人1971年的调查发现，外向性格者比内向性格者的社会需要更强烈，这种社会需要可以通过跳舞、球类、做操等集体性活动来得到满足。

由此可见，人们可以通过体育锻炼来认识更多的朋友，大家和睦相处、友爱互助，这种良好的人际关系将令人心情舒畅、精神振奋。

### 六、体育锻炼有助于消除心理疾患

社会竞争的日益激烈和生活压力的加大可能会使许多人产生悲观、失望的情绪，进而导

致忧郁、孤独、焦虑等各种心理障碍的产生。人们参加某个运动项目并坚持锻炼,其生理技能、身体素质将会得到改善,也会相应掌握并发展一些运动的技能和技巧。由此,个体会以自我锻炼反馈的方式传递其成就信息于大脑,从而获得自我成就的认知和情感体验,产生愉快、振奋和幸福感。因此,适宜的体育锻炼能使有心理障碍的个体获得心理满足,产生积极的成就感,从而增强自信心,摆脱压抑、悲观等消极情绪,并消除心理障碍。

许多国家已将体育锻炼作为心理治疗的手段之一。美国的一项调查显示,1 750名心理医生中,80%的人认为体育锻炼是治疗抑郁症的有效手段之一,60%的人认为应将体育活动作为一个治疗手段来消除焦虑症。临床研究表明,通过参加一些如慢跑、散步、徒手操等身体练习能有效地减轻焦虑和抑郁症状,增强自信。除此之外,有关体育锻炼的心理治疗效应还反映在对精神分裂症、酒精和滥用药物、体表体型症状的研究等方面。

就目前而言,这些心理疾病的病因及体育锻炼有助于治疗心理疾病的基本机制尚未完全清楚,但体育锻炼作为一种心理治疗手段在国外已开始流行起来。在学生中,通过体育锻炼可以减缓或消除由于学习和其他方面的挫折而引起的焦虑和抑郁等症状,为不良情绪的宣泄提供一种合理有效的手段,防止心理障碍或疾病的发生。

总之,体育锻炼能有效地促进智力的发展、调节情绪、培养良好的意志品质、增强自我概念、改善人际关系、增进心理健康,使个体发挥最优的心理效能。

# 第三节　如何发挥体育锻炼的心理效应

## 一、影响体育锻炼产生良好心理效应的因素

影响体育锻炼产生良好心理效应的因素很多,主要有以下几种。

(1)对活动的喜爱及从活动中获得快乐。如果个体不喜爱所从事的活动就不能获得愉快的情绪体验,就不能在活动后产生满足、快乐。只有在参加体育锻炼过程中产生满足、愉快、舒畅的感觉,才能使个体坚持锻炼,更加积极主动地去接受挑战,克服困难。

(2)适宜的运动负荷。个体在整个锻炼期间的心率是最大心率的60%~90%,每次活动20~30分,每周3次或3次以上,才有利于心理健康,否则由于运动负荷太小,个体的唤醒水平较低,兴奋性较差,而运动负荷过大,也可能使其易产生疲劳,都不利于心理健康。

(3)练习的总时间及每周练习的次数应根据个人特点,并事先在计划中确定。研究表明,随着练习时间的增长,体育锻炼所产生的良好心理效应就会增强。

## 二、发挥体育锻炼心理效应的策略

### (一)选择适宜的体育锻炼项目

对于个体来说,参加体育锻炼能否取得良好的心理效应关键在于其是否能从活动中获得乐趣并感到愉悦。运动愉悦感是一种积极的情绪体验,如果活动参与者不能从体育锻炼中体验愉悦,个体就很难持久地坚持下去,体育锻炼就很难产生积极的心理效应。研究表明,体育锻炼中体验到的愉快感具有直接的心理健康效应。对于那些长期参加体育锻炼的

锻炼者来说,愉悦感是他们能够坚持下来的主要原因。因此,个体选择那些自己感兴趣的活动项目是十分有利的。此外,有氧练习、封闭式运动、没有人际竞争的体育锻炼有益于锻炼者的心理健康。研究表明,娱乐性游泳、慢跑等项目与降低个体的消极情绪如紧张、焦虑、抑郁、愤怒和慌乱等有关。个体在没有竞争性的情景中练习有助于降低应激水平,能使个体回避因失败而产生的消极心理。

（二）科学控制运动负荷

即控制体育锻炼的强度、持续时间和频率。活动强度是个体在单位时间内所做的功,人体的最大吸氧量与心率之间存在着对应关系,体育锻炼的大、中、小强度与耗氧量密切相关,耗氧量又与最大吸氧量存在一定的百分比关系,因此,人们一般用心率指标作为评价运动强度的依据。运动心理学规定：体育活动的大强度相当于最大吸氧量的70%～80%,即相当于最高心率的80%～90%；中等强度相当于最大吸氧量的50%～60%,即相当于最高心率的65%～75%；小强度相当于最大吸氧量的40%左右,即相当于最高心率的60%左右。研究表明,中等强度的体育活动能取得较好的心理效应(表2-3-1)。

表2-3-1　心率和吸氧量对照表

| 最高心率(次/分) | 最大吸氧量(升) |
| --- | --- |
| 50 | 28 |
| 60 | 42 |
| 70 | 56 |
| 80 | 70 |
| 90 | 83 |
| 100 | 100 |

活动持续时间是指：①每次参加体育活动的时间长短；②参加体育活动方案的时间长短。每次参加体育活动的持续时间和活动的强度有关,两者之间呈反比。体育活动的强度越大,持续时间应相应减少,而强度越小,持续时间则应延长。大多数心理学家的研究表明,每次体育活动的持续时间在20～30分,对情绪的调节是积极有效的(表2-3-2)。研究还认为,参加8～10周的体育活动是取得心理效果最适宜的持续时间。

表2-3-2　体育活动的强度与时间的配合

| 负荷强度 | 不同负荷强度和持续时间的最大吸氧量(升) | | | | |
| --- | --- | --- | --- | --- | --- |
| | 5分 | 10分 | 15分 | 30分 | 60分 |
| 小 | 70 | 65 | 60 | 50 | 40 |
| 中 | 80 | 75 | 70 | 60 | 50 |
| 大 | 90 | 85 | 80 | 70 | 60 |

活动频率是指每周参加体育活动的次数,体育活动能否调节情绪、增进心理健康与活动频率密切相关。多数实验结果表明,每周活动2～4次,对于降低抑郁、提高应激水平较为显著。当然,在选择科学的运动负荷时,还应考虑体育活动参与者的个体差异,才能取得良好的心理效应,那就是与个性特点、年龄、性别、生理状况相结合。

### (三)设置相应的情境和目标

可以在体育活动过程中设置相应的情境,有意识地增加任务的难度,让个体在克服困难、战胜挫折的过程中获得成功的体验,对自己的能力更为自信,有效消除自卑挫折感,从而养成敢于正视现实、勇于挑战的良好意志品质,增进个体的心理健康。对于那些自卑性格比较内向的人来说,可以适当降低任务难度,创设相对易于完成的情境,使其也能够在活动过程中获得成功的体验和愉悦感。同时在集体练习中增加互动的机会,有效发展个体的协作能力,使其掌握人际沟通的基本技能。

在体育活动中设置合理的目标,确定实现目标所采取的有效的步骤、策略和时间安排,使个体在一步步实现目标过程中保持良好的心态,增强对自我能力的信心。

## 实践与探索

根据自身状况,选择合适的锻炼项目及适宜的运动强度,制订锻炼计划。

## 小结与思考

心理健康是一种持续且积极发展的心理状态,个体表现出良好的社会适应性,并充分发挥其身心的各种潜能,在应付各种问题和环境时更多表现出积极的倾向。体育活动对于增进个体的心理健康水平,调节情绪状态,消除心理障碍,提高社会适应性具有积极作用。选择合适的锻炼项目及适宜的运动负荷可以有效发挥体育活动的心理效应,同时应考虑体育活动参与者的个体差异,才能取得良好的心理效应。

### 思考题

1. 心理健康的标准是什么?
2. 体育活动对心理健康的影响主要表现在哪些方面?
3. 怎样使体育活动产生良好的心理效应?

# 第三章 体育锻炼对人体各器官系统的作用

**学习目标**
1. 了解科学锻炼对神经系统、循环系统、呼吸系统、运动系统的作用。
2. 初步掌握科学锻炼的原则和方法。

## 第一节 科学锻炼对神经系统的作用

人体的神经系统由中枢神经系统和周围神经系统两部分组成。中枢神经系统包括脑和脊髓。周围神经系统包括脑神经、脊神经和自主神经。中枢神经系统是专门接受体内外各种信息、储存信息并进行分析判断做出决策,向身体各个部分发出命令的最高司令部。周围神经系统好比通信连队,负责传递情报和命令。中枢神经系统由脑和脊髓组成,而脑是由大脑、小脑、间脑、中脑、脑桥和延髓组成的。其中大脑是司令部的最高领导者。它统率着整个中枢神经系统和周围神经系统,从而调控人体的各个器官的活动及彼此间的协调与合作。如你正常行走时,上肢摆动与下肢移动的顺序是交替而有序地进行,这样才使你的步伐稳健、有力。在运动场上一个体操运动员或一位跳水运动员,他能在短时间完成惊人复杂的优美动作;拳击手在瞬间能连珠炮似的准确猛击对手的要害处……这一切活动,全部是在大脑的命令与指挥下,通过神经系统控制人体有关器官来完成的。人的大脑由两个大脑半球组成。它们之间由胼胝体相连。大脑半球的表面是一层灰质,叫大脑皮层。大脑皮层表面,有许多凹陷的沟和隆起的回。这些沟沟、回回构成了大脑皮层的不同区域,行使不同的职能,管理人体的不同部位,我们把这些功能区叫作神经中枢。比较重要的神经中枢有:运动中枢、躯体感觉中枢、语言中枢、时间中枢、视觉和听觉中枢等。由于人的大脑分成两半球,它们各司其职、相互分工,当然也相互联系,左脑有较强的语言、书写、逻辑、计算能力,而右脑侧重于图形的感知、空间认识能力和音乐方面的功能。所以,人们常把左半脑称为逻辑思维的半脑,而右半脑是形象思维的半脑。尽管大脑从结构和功能上被认为是完善的超级器官,但这并不意味着我们的学习或训练已是轻而易举,恰恰相反,必须经过严格的训练才能产生我们所需要的功能。

大脑半球对人体的管理是对侧性的,左半脑支配右侧身体,右半脑支配左侧身体。世界上有99%的人习惯于右手干活,使得右手比左手灵活、有力,那么,人们为什么都习惯于用右手呢?据生物学家们的研究,人们习惯于用右手,是在长期的劳动中渐渐养成的。在很早很早的时候——石器时代,人们成群结队,手里拿着石斧、石矛,与野兽搏斗。在交战中,人们本能地弯着左臂来保护身上的重要器官——胸膛左侧的心脏,而用右手拿着武器冲向野兽。

因而,相对于右脑来说,左脑是优势半脑,其潜能要比右脑发挥得好。然而,人们在思考问题时,首先要利用形象,动员右脑;只是到了整理、表达思考的结果时,才需要使用左脑分管逻辑和语言功能。左脑进行的是熟练性思维,而右脑进行的才真正是创造性思维。有关研究人员进行了"脑潜能开发模式与运动训练"的研究,探讨了脑潜能与利手运动优势,所谓利手运动优势是指惯用手在某些运动项目所表现出来的运动能力优势。如左手在击剑、羽毛球、乒乓球等技能类对抗性项目表现很明显。由于"利手是脑优势的最明显例子",左右两半球的结构和功能上的差异会在利手上表现出来,左利手者更多地表现出右脑的功能优势,而右利手者则更多表现出左脑的功能优势,从而形成了运动能力的差异。研究得出的脑潜能开发模式如下。

(1)开发的观点。开发大脑右半球在知觉、空间、潜加工、创造性、整体认知的功能及开发大脑左右半球的协调功能。

(2)开发的方法。直接刺激、自己诱导、肢体操作、功能配对、协同化、营养学等六项开发模式。

科学家们测量了许多时代的人的头颅后所得的结论表明:越是近代的人,右边与左边大脑半球活动的差异越小。这是为什么呢?原因很清楚,因为人们的劳动变得越来越需要双手紧密配合,互相协作。许多著名的科学家,都是左脑和右脑能够平衡发展的人。爱因斯坦不但具有抽象思维的头脑,而且酷爱音乐,他说:"音乐和物理学领域的研究工作,虽不属于同一族系,但彼此之间却有着相同的目的——力求反映出未知的东西,在这方面它们是相辅相成的。"著名翻译家傅雷在教育儿子傅聪时,曾讲了一句很发人深思的话:"单靠音乐修养来培养音乐家是有很大弊害的。"以往的学校教育大致侧重于以逻辑推理为中心的左脑教育,而左脑教育若没有形象的伴随,没有右脑的配合,便不能收到理想的效果。在当前大力发展学生的实践能力和创新精神之际,右脑的开发可以激发学生的好奇心和想象力。在体育活动中,绝大多数是左右平衡、上下协调的全身运动,躯干两侧肢体也能得到较平衡的发展。这样使左脑和右脑同时得到了发展。有些医学专家认为:有意让左眼看东西,用左耳听音乐,用左手摸物体,如果人们有意识地使用左手运球、左手投篮、左手持拍等,就既锻炼了身体,又利于开发右脑。

## 第二节 科学锻炼对循环系统的作用

提起江河,会使人联想到滔滔的长江、咆哮的黄河。然而,在人体内也有奔腾的江河,这就是血液循环系统。那里犹如河道的血管有主干和分支,还有小溪。它们在人体纵横交错,与心脏组成了一个封闭式的管道系统,里面流动着血液,并以每 25 秒行程 100 000 千米的速度,昼夜奔流不息。我国最长的河流是长江,长为 6 300 多千米,其次是黄河,长为 5 500 多千米。然而,它们都比不上人体内流动着血液的江河。它的河道——血管的总长竟达 10 万千米。可这样长的河道,怎能容在5尺之躯的人体内呢?

人体内的血管有三类:一类是把心脏里的血液送到全身各处的血管,叫作动脉;一类是把全身各部分的血液送回心脏的血管,叫作静脉;一类是毛细血管。动脉和静脉在人体延伸过程中,有粗大的主干——大动脉,大静脉和各级分支——动脉、静脉,以及最细小的分支——细小的动脉和静脉。毛细血管是比毛发还细的血管,50根毛细血管合在一起,才有一根毛发粗。这极细的毛细血管,连接在细小的动脉和静脉之间,广泛分布在人体各组织细胞之间。

主动脉和大动脉管壁厚,很坚韧,壁内含有丰富的弹性纤维,因此,富有弹性,称为弹性血管,它能缓冲血压波动,并能在心舒期继续推动血液流向外周。小动脉和细小的动脉管壁富有平滑肌,收缩性好。通过平滑肌的舒缩活动,可以改变血管的口径,从而改变血流的阻力,由于小动脉和细小动脉中血流速度仍很快,而口径又很小,因此,血流阻力很大,称为阻力血管。毛细血管的管径最细,所以里面的血流速度也最慢,它是人体江河中的小溪。这静悄悄的小溪不仅分布广,而且数量多得惊人。毛细血管里流动的血液总量比动脉血管里流动血液的总量还多。它的管壁薄,只有一层内皮细胞,其外有一薄层基膜,通透性好,是血液与组织液的交换部位,故毛细血管又称为交换血管。静脉血管与相应的动脉血管相比,其口径较粗而管壁薄,因而容量大,易扩张。循环系统有60%~70%的血液在静脉系统中,因此静脉又可称为容量血管。静脉血管有一定数量的平滑肌,平滑肌的舒缩活动可改变静脉容量,而静脉容量的改变对循环血量影响很大。血液是沿着两条航线运行的。

一条航线叫体循环,进行体循环时,血液从左心室始航,经过主动脉,流入各个大小分支的动脉,最后流到遍布人体各组织细胞间的毛细血管中。这时来自左心室、含氧气多、血色鲜红的动脉血,在毛细血管和组织细胞之间要进行一场大的交易,血液把氧气和养料供给组织细胞,从组织细胞处得到的是二氧化碳和它们产生的废物。经过这一场交易后,含氧气多的动脉血则变成了含二氧化碳多、氧气少的静脉血了。静脉血从毛细血管进入细小静脉,再流入静脉,最后汇入上、下腔静脉流回心脏的右心房。这条航线的起点和终点是心脏。航程中的交易站在毛细血管与组织细胞之间。

另一条航线叫肺循环。进行肺循环时,血液从右心室始航,经过肺动脉,流入大小分支的肺动脉,最后到达肺的毛细血管。这时来自右心室,含二氧化碳多、氧气少,血色暗红的静脉血,通过毛细血管壁和肺进行一场交易。血液中的二氧化碳进入肺,肺内的氧气通过毛细血管壁进入血液。经过这场交易,静脉血变成动脉血了。动脉血由肺部毛细血管流入小的肺静脉,再由小的肺静脉汇集到肺静脉,流回心脏的左心房。这条航线的起点和终点也是心脏。航行中的交易站在毛细血管与肺部之间。

可见两条航线的起、终点均在心脏。人的心脏位于胸腔之内,夹在两肺之间,稍稍偏左下方。它的大小相当于一个拳头。心脏有"生命之泵"之称,泵是吸收和排出流体的一种机械。构成人体的1 800万亿个细胞,它们吃喝的养料和水分,通过血液的流动运送而来,它们排出的废物也是通过血液的流动运走了。血液流动来去往复的动力来自心脏。心脏通过自身节律性地收缩和舒张,即心脏的跳动,来挤压、推送血液。但是每人心脏的功能,是不尽相同的。有人心脏功能高,有人心脏功能一般,有人心脏功能低,这个标准就看每分钟内,心脏输出血液的多少。也可称为心输出量——左心室在每分钟泵出的血量。心输出量 = 每搏输出量×心率。心脏每搏动一次,通常以左心室射入主动脉的血量称为每博输出量。正常成年人安静时,每搏输出量约为70毫升,心率平均约为75次/分,则每分钟输出血液约为5 250毫升/分。缺少锻炼的人,心容量在765~785毫升。经常参加运动的人,心肌比一般人的心肌粗壮。心脏的重量和容量都有增大。心容量可达1 015~1 027毫升。北京运动医学研究所,曾经调查过300名我国运动员的心脏面积,发现108名运动员心脏面积增大,有173名运动员心脏横径增大。这是因为在运动时,人的血液循环旺盛,心跳加快,而且心肌舒张充分,容纳流回心脏的血量也增多,血量一增多心脏便会被拉长,于是心肌收缩力便能增强。与此同时,心脏还会产生大量的新的毛细血管,又有助于增加心肌血液的供应,此外由于锻炼的结果,心脏营养性神经作用会得到改善,能改进心肌的物质代谢过程,心肌的收缩蛋白质增多,特别是肌红蛋白增多,使心肌纤维增粗、增大,心壁增厚。通常人们把运动引起的心肌增厚叫运动性心肌增厚,也有人叫作运动员的心脏。能使心肌增厚的最明显的运动项目,是长跑、滑雪、划船、骑自行车、登山运动等。经常进行体育活动,可促使人体心血管系统的形态、机能和调节能力产生良好的适应,可能使人具有运动员的心脏。当人进行剧烈的运动时,由于心肌的肌红蛋白增多,携带氧气的量大大增加,弥补了氧量的不足。心肌得到充足血液的供应,发挥较高的收缩能力,从而有助于提高学习和工作的能力。

# 第三节　科学锻炼对呼吸系统的作用

呼吸系统包括呼吸道和肺两大部分。在人体呼吸道的起始部分,有一个呼吸器官——鼻子,它具有吸尘器、加湿器和暖气的作用,因在吸气过程中,有的灰尘被鼻毛挡住了,有的灰尘被鼻腔黏膜分泌的黏液黏住了。这种黏液除了能黏住吸入空气里的灰尘和细菌之外。还有使鼻腔保持湿润的作用。在鼻腔黏膜内还藏有丰富的毛细血管,血管里有血液在不停地流动,血液散发的热量,可以温暖吸入的冷空气。据科学家实验证明,-7 ℃的冷空气经过鼻腔后,能被鼻腔加温到25 ℃。正是由于鼻腔发挥了吸尘器、加湿气、暖气的作用,才使人体吸入的干燥、寒冷的空气,变得温暖、清洁和湿润,从而减少了对呼吸道和肺的刺激。因此,我们要保护好鼻子,并在正常情况下坚持用鼻子呼吸。如在寒冷的冬天,在长跑途中可采用鼻子吸气、嘴巴呼气的方法。鼻腔以下便是咽,咽好像是个岔路口,食物由口腔经咽进食道,空气则由鼻腔经咽进入喉。喉在人体颈部的前上方,连通着咽与气管,是呼吸道的一个组成部分,也是个发声器官。

人体的气管是个圆筒形的管道,长11~13厘米,上方连着左右两条支气管。肺被我们称为"半圆锥形的换气大厦",它位于胸腔内,分左右两部分。左肺分两叶,右肺分三叶。支气管进入肺的部位叫肺门。从肺门起,左支气管在左肺分成两支,右支气管在右肺分成三支,每一叶肺都有支气管与它相通。支气管进入肺叶还要继续分支,而且越分越多,越分越细,最后形成肺泡管,肺泡管上有许多肺泡,有7亿多。如果把全部的肺泡打开展平,面积可达70~100平方米,其中80%在呼吸过程中发挥作用。肺具有一定的弹性,可以扩张和收缩,但它是靠着胸廓来操纵的,胸廓是由肋骨、肋间肌和下端的膈构成的。膈向下,胸廓容积扩大,肺随之扩张;膈向上,胸廓容积缩小,肺随之回缩,与此同时,肋骨、肋间肌也起着很大的作用。胸廓有规律地扩大和缩小叫作呼吸运动。肺的换气就是通过呼吸运动来实现的。而换气实际上指的是肺泡与毛细血管之间的气体交换。氧气从肺泡扩散到周围紧贴着的毛细血管里,二氧化碳则从肺泡周围紧贴着的毛细血管里,扩散到肺泡里。就肺泡来说,气体交换是氧气不断出去,二氧化碳不断进来。出去的氧气与血液中的红细胞一起流向心脏和全身,进来的二氧化碳通过呼气排出体外。

经常参加体育锻炼,可以提高呼吸运动的功能。因为在锻炼过程中,由于肌肉剧烈运动,要消耗大量的氧气和养料,产生大量的二氧化碳,在神经系统的调节下,呼吸系统必须加强工作,长此以往,呼吸系统的结构和功能得到了改善。

据统计经常参加体育锻炼的学生,胸围比同龄的学生一般要大 2~3 厘米。呼吸差(又叫胸围差)也有差别(深吸气与深呼气之差,叫呼吸差),一般学生为 5~8 厘米,经常参加体育锻炼的男生呼吸差为 6~9 厘米,女生为 6~8 厘米,经常参加体育锻炼的学生比一般学生肺活量(尽力吸气后,再尽力呼气,所呼出气体的量)大得多,相差为 400~1 000 毫升。

由于提高了肺的容气量,在定量活动中,经常参加体育锻炼的学生呼吸次数比一般学生少,而呼吸深度却比一般学生的要大,一般学生的呼吸深度为 300~400 毫升,而参加锻炼的学生可达 500~600 毫升。锻炼时进行合理的呼吸,有利于保持体内环境的基本恒定,提高锻炼效果及充分发挥人体的机能能力,由于体育锻炼的种类繁多,呼吸方法似不应千篇一律,这里仅提出某些改善呼吸方法的原则。

1. 减少呼吸道阻力

正常人安静时经由呼吸道实现通气。在剧烈运动时,为减少呼吸道阻力,人们常采用以口代鼻,或口鼻并用的呼吸方法。但在严寒季节里进行运动,开口不应大,尽可能使吸入空气经由口腔加温再通过咽喉而经气管进入肺。

2. 节制呼吸频率、加大呼吸深度,提高肺泡通气量

从运动时加强呼吸的情况来看,可通过节制呼吸频率和增加呼吸深度两种方法。由于呼吸道是约为 150 毫升的无效腔,运动时无效腔容量可因呼吸加强而被动扩展为 400~600~1 000 毫升。若呼吸频率太快,呼吸深度太浅,吸入气迂回无效腔的量增加而实际进入肺泡腔的量相对减少,妨碍运动时的肺泡通气。为削弱无效腔对通气效果的不良影响,有意识地采取适宜的呼吸频率和较大的呼吸深度是很重要的。

3. 呼吸方法适应于技术动作变换的需要

进行周期性运动,宜采用富有节奏性的、混合性的呼吸,长跑时宜采取 2~4 个单步一吸,2~4 个单步一呼的方法。

4. 合理运用憋气

在深或浅的吸气之后,紧闭声门,尽力做呼气运动,称为憋气。由于憋气动作有利有弊,采取以下的方法进行憋气较为有利:憋气前的吸气不要太深;深吸气后的憋气可微启声门,当呼气肌强劲收缩压迫胸腔时,让呼吸道中少许气体有节制地从声门挤出,即发出"嗨"声呼气;憋气应用于决胜的关键时刻:如跑近终点的最后冲刺,杠铃过顶举平、摔跤制服对手(或被对手钳制)的一刹那。

任何人在剧烈运动时,由于肌肉要消耗大量的氧气,所以会出现暂时供氧不足,或缺氧现象。我们把这种现象叫运动时欠下的"氧债"。而经常参加体育锻炼的人,由于他的呼吸

功能和血液循环系统功能的提高,运动时欠下的"氧债"少,运动过程能持续较长时间,运动结束后恢复得也快。

# 第四节　科学锻炼对运动系统的作用

运动系统由骨骼和肌肉所组成。在大自然里,花岗岩很坚硬,松木很结实,可经过科学家的测试发现,骨头每平方厘米的面积上,可承受2 100千克的压力,而花岗岩每平方厘米承受1 350千克,松木每平方厘米只能承受454千克,骨头比花岗岩还硬的奥妙在于骨的结构。可骨头的又一个特性,是富有弹性。当一个人的头如遭到暴力打击的时候,受击的部位的形态暂时发生了改变。打击过后不久,又恢复了原样。骨的弹性犹如射箭的弓,其奥妙藏在骨的成分里。骨的化学成分包括有机物和无机物,其比例是有变化的。青少年时期,在骨的成分中有机物含量多(超过了1/3),故弹性足,不易发生骨折,若坐姿、读写姿势、站姿不标准,极易造成脊柱的侧弯、驼背,影响胸廓的发育。而老年人骨内无机物多,骨质硬而脆,这是老年人易发生骨折的原因。

由上而知,人体内的骨骼,坚硬如钢,弹性如弓,因此它的支撑、保护、运动等功能,是任何结构所不能媲美的。其实,它的神奇功能,是在亲密的伙伴合作下完成的。骨骼的亲密伙伴是人体内的三种肌肉之一——骨骼肌。

人体的肌肉有三种:平滑肌、心肌和骨骼肌。平滑肌分布在血管、消化道和膀胱等器官;心肌是心脏特有的肌肉;骨骼肌附在骨骼上,故得名骨骼肌。人体内的骨骼肌,大大小小共有600多块,约占人体重量的43%。构成骨骼肌的细胞,又细又长,在显微镜下如同纤维,便取名为肌纤维。许多肌纤维集合在一起,外面由结缔组织膜包裹,成为肌束。很多肌束又被结缔组织膜包在一起,就成为一块肌肉了。每块骨骼肌的中间部分,柔软又富有弹性,叫肌腹。肌腹里有许多血管和神经。肌腹的两端是白色强韧性的肌腱,分别牢牢地固定在相邻的两块骨上。

骨骼肌在神经的调控下可以收缩,并牵动相邻的骨产生动作。人体所有的动作,如举手、抬腿、踢脚、转头、弯腰等,都是由骨骼肌收缩,牵动与它相连的骨而产生的。要知道人的任何一个动作,都不是一块骨骼肌来完成的,而是由多块骨骼肌组成的肌群,在神经的支配下,互相配合共同完成的。如我们日常生活中的曲肘和伸肘动作就是这样的。当肱二头肌等曲肌群收缩时,肱三头肌等肌群舒张,共同完成曲肘动作,伸肘动作的完成正与曲肘动作相反。骨骼在骨骼肌的扶持下,才形成神奇的支架。一般说来,女子青春期骨骼成长比男孩早1~2岁,停止生长也早1~2岁。一个人的个儿长得高矮,要看骨骼的长势,脊椎骨长得慢而晚,通常到20~22岁才停下来,而下肢骨生长速度比脊椎骨快,所以身高的增长主要决定于下肢骨。你想长得高一些吗?请积极参加体育活动吧!这样能促进血液加快循环,供给骨更多的营养,从而促使骨骼更好地生长发育。同时,会使锻炼者肌肉发达。我们可能发现:体操运动员的上肢和胸背肌肉、跑跳运动员的腿部肌肉都很结实粗壮,无须用力收缩就能看到明显的轮廓。

人们在安静时,参与周身循环的血液占全身血量的55%～75%。其余的在人体血库——肝、脾里,肌肉里的毛细血管(每平方毫米有好几千根)大部分都关闭着。在体育运动时,由于肌肉活动的加强,需要消耗许多能量,为了适应肌肉活动的需要,这时在人体司令部——大脑的指挥下,血库里的血液便入血管,增加全身的循环血量:心脏跳动加快,收缩力加强,肌肉里的毛细血管大量开放(比安静时多20～50倍),使全身的血液循环加速,流过肌肉组织的血量增加。这样,肌肉新陈代谢过程加强,得到更丰富的营养物质。并且经常参加体育锻炼,肌肉内蛋白质含量就会增加,肌纤维增粗,肌肉间的结缔组织增厚,肌肉里的毛细血管的数量增多。结果使整个肌肉的体积增大,重量增加。一般人肌肉只占体重的40%左右,而经过系统的体育锻炼的运动员可达到体重的45%～52%。

当然,体育锻炼使肌纤维变粗仅是肌肉发达的一个方面,由于肌肉的收缩性蛋白质增多,能量物质的增加,肌肉收缩时进行的化学过程更灵活,因而通过锻炼,在机能上,肌肉收缩也更快速、有力和耐久。但对于一个不太参加运动的人,一旦参加剧烈的运动,由于运动量大,局部肌肉会产生酸痛的现象,这是乳酸(代谢物)堆积的结果,经过几天就会消失。如果酸痛太厉害,可以用热水洗个澡,在痛处进行按摩,或用松节油揉擦,这样能促进血液的循环,酸痛就可以减轻或较快地消失。肌肉酸痛能否避免或减轻呢?当你刚开始锻炼时,运动量要小些,以后逐渐增加,同时运动前做好准备活动,运动结束后要做放松肌肉的活动或按摩,这样有助于避免或减轻肌肉酸痛的发生。要注意持之以恒。

综上所述,人的任何运动要依赖神经系统的支配传导、呼吸系统的吐故纳新、运动系统(骨骼和肌肉)的协同作战,循环系统的往返运输,并在其他系统的配合下,进行一切体育活动,其结果将导致人的各器官系统的机能得到提高。

### 实践与探索

通过学习科学锻炼对人体器官系统作用的知识,你是否能根据自己的实际情况选择有关的体育活动,持续练习一段时间?请在练习之前测试自己的某些身体机能,作为以后比较的依据。

### 小结与思考

本章通过对人体的神经系统、循环系统、呼吸系统、运动系统等知识的介绍,阐述了科学锻炼对其的作用,为进一步培养学生的自我学习、自我锻炼提供了理论上的参考依据。

### 思考题

1. 科学锻炼的目的是什么?
2. 自己平时的体育锻炼是否科学?在哪些方面需要完善?

# 第四章　大学生与医疗康复体育锻炼

**学习目标**
1. 了解体育的保健作用和医疗作用；各类疾病的成因和体育运动处方。
2. 正确对待各类疾病和不适症状，正确运用各类锻炼方式和方法。

大学生医疗康复体育锻炼的目的是通过科学的、有针对性的医疗康复的体育手段，促使学生增强体质、医疗疾病、恢复健康。大学生身体异常类型多种多样。研究和实践表明，越是体弱多病者，越是要参加健康体育锻炼，但须选择适宜的锻炼方式，并掌握好运动负荷。当你决定参与医疗康复体育锻炼时，应认真阅读本章的有关内容。

## 第一节　医疗康复体育概述

### 一、医疗康复体育的保健作用

在体育运动中，一类用来治疗疾病，预防疾病，促进功能恢复及健康恢复的体育活动叫"医疗康复体育"，也叫"体育疗法"。体育疗法在我国已有悠久的历史。

对一般健康人或体弱者，进行医疗康复体育某些内容的锻炼，可收预防疾病、增进健康之效。如缺少体育活动，往往是某些慢性病或疾病发生的诱因，如高血压、高脂血症、冠心病、肥胖症、内脏下垂等。

人体某一局部肢体如果长期缺少运动，会逐步产生退行性变化，导致结构和功能的"废用性萎缩"，如人们在发生骨折后，局部肢体长时间固定或长期卧在石膏床上，仅仅2~3个月就可以产生骨质疏松、肌肉萎缩、关节僵硬、关节液减少、关节软骨退行性病变等一系列废用性萎缩现象。这是因为在长期的种族和个体发育过程中，要维持各个系统与器官的正常功能与形态，必须使机体经常活动，而医疗康复体育正是通过合适的身体活动来保持各器官系统的正常形态与功能，起到预防疾病的作用。因此医疗康复体育的很多方法手段，不仅为某些疾病患者所喜爱，而且对一些健康人，特别是老年人和体弱者，也十分合适而受欢迎，如太极拳，医疗保健体操、气功等都对一般人能起到良好保健作用。

对某些疾病，医疗康复体育更是可起到辅助治疗的作用，对一些疾病，医疗康复体育有独特的治疗作用,特别像冠心病、高血压、糖尿病、肥胖症、四肢损伤等,体育疗法的效果非其他方法所能代替。有些疾病主要是由缺乏体力活动引起的,如消化不良、神经衰弱等,可通过体育疗法,用体力活动来弥补这一运动不足。有些疾病主要是心肺功能差,如肺气肿等,这类疾病可通过体育疗法增强心肺功能收到康复之效。有些疾病虽然在治疗上要相当程度依靠药物,如肺结核、高血压、糖尿病等,但如果患者内脏器官或代谢功能失调,对药物不能很好地吸收利用,疗效也会受到影响,而通过医疗康复体育,则有助于改善有关器官功能和全身代谢过程,加强对药物的吸收,并由于各器官功能的增强而使全身状况得到改善,神经调节功能也得到改善,从而起到辅助治疗的良好作用。此外,有些患者特别是一些慢性病患者,常常情绪比较抑郁低落,对身体健康及疾病康复均不利。医疗康复体育则通过身体活动有助于调节情绪而促进康复。

## 二、医疗康复体育的特点

医疗康复体育,是利用体育运动和机体功能练习的方法,预防和治疗疾病的医学科学。它是运动医学的重要组成部分,也是疾病的综合治疗和康复不可缺少的措施。与其他治疗方法比较,体育疗法有以下特点。

(1)医疗康复体育是一种主动疗法。进行体育疗法要求患者主动参加治疗过程,通过锻炼治疗自己。这样就有利于调动病人治病的积极性,促进健康恢复。

(2)医疗康复体育是一种全身疗法。它通过神经、神经反射机制改善全身机能,达到增强体质、提高抵抗力的目的,而不是头痛治头、脚痛治脚。

(3)医疗康复体育是一种自然疗法。它利用人类固有的自然功能(运动)作为治疗手段。因此,一般来说,它不受时间、地点、设备等条件的限制,正确进行活动时也不会产生副作用。

## 三、医疗康复体育的实施原则

(1)在参加医疗康复体育以前,必须进行体格检查,以了解其身体发育和健康情况,尤其是心血管系统和呼吸系统机能状况和伤病的组织器官情况。

(2)在制订医疗康复体育计划(或开写运动处方)时,必须根据患者的伤病情况、体格检查结果、锻炼基础等个别对待,因人而异,适当安排运动量。

(3)必须遵守循序渐进的原则,医疗康复体育的运动量要由小到大,动作由易到难,使身体逐渐适应。并在不断的适应过程中提高机能,促使疾病痊愈。如果突然就做大运动量的活动,容易损害患者的机能,加重病情。

(4)坚持锻炼,持之以恒,才能使疗效逐渐积累。

(5)治疗过程中必须加强医务监督,密切观察病人的反应,特别要注意疾病征象的变化,发现不良反应要及时修改锻炼方法和调整运动量。还要进行定期检查,以了解和评定治疗效果。

(6)进行医疗康复体育的组织形式,一般有个别进行和分组进行两种。后者适宜于疗养地使用,在医护人员带领下进行。编在一组的病人其疾病性质、程度及运动方法、运动量大小大致相同。前者适用于不同病情的病人,练习由医务人员或家属在旁指导或扶持完成。也可以由病人自行练习,运动量因人而异。

# 第二节　特殊体质大学生的医疗康复体育处方

## 一、肥胖症的体育处方

(一) 肥胖的判断

脂肪是人体不可缺少的成分,在人体的生命活动和体育运动中起着重要的生理作用。体脂要适当,但是体脂过多的肥胖者会造成器官功能和代谢的障碍,并诱发出许多慢性疾病。对于18岁的年轻人来说,男性体重中大约有15%到18%是脂肪,女性则为20%到25%。其标准是:男性脂肪含量超过体重的25%,女性超过30%,就说明其是肥胖者。

(二) 肥胖的成因

各种年龄均可以发生肥胖,大学生肥胖者除了家族遗传因素外,往往与个人的饮食习惯和生活习惯密切相关。人如果吃的量过多,或活动过少,身体吸收的热量大于消耗的热量,就会发胖。

这种由于吸收的热量大于消耗的热量所引起的肥胖,称为单纯性肥胖。绝大多数肥胖大学生属于这一类肥胖,也有少数人是由于内分泌功能紊乱等疾病而造成的肥胖,称之为继发性肥胖。继发性肥胖的患者一定要请医生进行检查治疗。

单纯性肥胖的人,由于脂肪堆积,增加了身体各部位的惰性,并因脂肪不能随肌肉收缩,形成摩擦阻力,妨碍肌纤维收缩速度,就影响整个机体的灵活性与协调性。而且,除了易感疲乏、呼吸短促、不能承担较重的体力劳动、抵抗力较低、体型不美外,还容易引起糖尿病、胆石症、动脉硬化、高血压、心脏病等一系列疾病。有的人单纯以服药、少睡、节食等手段来减轻体重,想达到减肥的目的,但是由于脂肪产生的热量比构成肌肉的主要成分——蛋白质所产生的热量高得多,因此,消耗脂肪的过程远比消耗蛋白质缓慢,单纯以节食、服药等手段减肥,其结果是脂肪和肌肉都要减少。此外,体内细胞也会因节食而引起的营养不足而相应减少活动,降低新陈代谢率,其结果反而使体质变得更差了。

人体脂肪细胞数目基本上是先天决定的,只是胖人的脂肪细胞体积较肥大而已,通过体育运动,能提高血液内葡萄糖的利用率,防止多余的糖转化为脂肪。此外,可调节代谢功能,促使脂肪转化为能量,使肥大的脂肪细胞体积缩小,从而使臃肿的体型变得健美苗条。

(三) 肥胖症的健康体育锻炼

肥胖大学生的健康体育锻炼,根据体力和心血管体能情况,一般分强、弱两组。体力较好的、无心血管系统器质性病变者可参加强组锻炼,体力较差和合并有冠心病、高血压等病的肥胖者适宜参加弱组锻炼。锻炼时可以集体或单独进行。基本原则是大肌肉的肌力练习及较长时间耐力练习为主,可归纳为以下三种。

1. 耐力性运动锻炼

广泛采用的项目有中速和快速步行、爬坡性医疗步行、缓步跑、骑车及游泳等,其中步行与慢跑不需要任何设备和条件,锻炼尤其方便。锻炼时要循序渐进,速度应逐步加快。以步行、慢跑为例,强组者可由每小时跑5千米逐渐加快到7千米,弱组者主要采用一般速度的步行和医疗步行,步行和慢跑的距离也应逐步延长,一日可达数千米,可以一次或分几次完成,这种耐力运动训练能加速体内有氧的新陈代谢,故也称为有氧训练,它可以帮助多余的脂肪燃烧,也有利于心血管系统的活动。

2. 力量性运动锻炼

适宜于强组者的项目有:仰卧位的腹肌运动,如双直腿上抬运动、直腿上下打水式运动、仰卧起坐等,可减少腹部脂肪;仰卧位的腰背肌和臀肌运动,如双直腿后上抬运动,头、肩、腿同时后抬的"船形"运动等,能减少腰背和臀部脂肪;不同重量的哑铃操可减少胸部和肩带的脂肪。弱组主要采用医疗体操、保健操或广播体操,让全身的肌肉都参加运动,同时还可以配合进行呼吸运动。

3. 球类运动

这类运动把耐力训练和力量锻炼结合起来,运动量比较大。常可采用乒乓球、羽毛球、排球和篮球及医疗实心球运动等。运动的形式,强组可进行一些不太剧烈的友谊比赛,弱组主要采用非比赛形式。

肥胖大学生进行体育训练的强度不宜过大,心率不宜超过160次/分。否则,氧供应不充足,体内由脂肪供能会转向由糖供能,就会达不到减脂的目的。运动锻炼的时间也不宜太短,每次要连续运动1小时以上。体内脂肪的有效消耗是一个复杂能量转化过程,时间太短则使减脂的作用受到限制。所以减脂的运动,一般以低强度、长时间为好。要坚持每天运动,锻炼要循序渐进,避免单纯追求减体重而任意加大运动量,以免损害身体健康。据观察,体重缓慢下降的比较容易巩固;如速降体重则既不容易巩固又容易打乱人体新陈代谢平衡,有损于健康。一般说来,以每周减体重0.5~1千克为宜。

进行减肥锻炼的人还应经常变换运动形式,可以降低锻炼枯燥性,增加锻炼积极性和乐趣,促进全面的身体锻炼。采用低强度、长时间的身体有氧代谢方式进行锻炼,这将更有利于消耗体内多余的脂肪。变速跑、慢跑、游泳、溜旱冰、跳绳、爬坡、打球、练体操等,都能达到较好减肥效果。在具体运用这些锻炼项目时,要根据各人的特点加以选择,经常变换运动项目,更应持之以恒地锻炼下去,决不能"三天打鱼,两天晒网"或操之过急。这样才能保证减肥锻炼的效果。

(四)肥胖症锻炼的好处

运动锻炼对肥胖者的另一个重要好处,是加强心肌的收缩力量、增加血管的弹性和发展血液循环的心外因素,如加快周围血液向心脏回流,因而减轻了心脏的负荷,加强了心脏功能。由于肥胖的人容易并发心血管系统疾病,所以这种良好作用在某种意义上来说比减肥更为重要,表现在:①锻炼前所有肥胖者的心脏功能都比正常人差,锻炼三个月后,心脏功能明显增强,基本上达到了正常人水平,而且脉搏变得饱满有力;②另外有相当一部分人在锻炼前有气喘、心动过速和心前区疼痛等症状,锻炼三个月后上述症状消失或明显减轻。

运动对肥胖者的呼吸系统也有良好作用,由于肺功能的改善,二氧化碳排泄得快,氧气也吸进得快得多,结果加快了多余脂肪的氧化燃烧,这对肥胖者是非常有益的。

运动还可以改善肥胖者腹腔器的活动功能,减少常见的腹胀和便秘等并发症。

## 二、瘦弱症的体育处方

(一)瘦弱的危害

人体内的肌肉、脂肪含量过低,体重低于标准体重20%以上即为消瘦。瘦弱对人体健康有着多方面的危害。瘦弱者不仅容易疲倦、体力差、兴趣低、工作和学习效率不高、自我效能低及常有"力不从心"之感等,而且,他们抵抗力低、免疫力差、耐寒抗病能力弱,此外,消瘦者还因羞于自己的单薄体形而有运动隐退、不愿交往之心态。显然,瘦弱与肥胖一样,既不是人类健康的标志,也不是人体健美的象征,而是人类身心健康的大敌。

(二)瘦弱症的成因

首先,体重达不到本年龄组与身高相称的标准体重,是否都是病理现象?瘦的人不见得都有病。在遗传、内分泌等因素影响下,某些家族成员都比较瘦,但是没有器质性疾患,精力也很充沛,完全能胜任学校的学习。医学上将一些身材瘦长的体型称为无力型体型,特点是:身体瘦高、颈细长、垂肩、胸廓扁平、胸骨剑突下角小于90°。

身体瘦弱,特别是短时期内体重明显下降,体力明显减弱时,必须要到医院去检查病因。各种急性、慢性传染病及各系统各脏器发生器质性病变时,由于饮食摄入量减少及各种病理过程增加机体能量的消耗,都可能引起消瘦。这时就必须根据医生的嘱咐,吃药打针,进行必要的治疗。

第三种消瘦的情况是由于情绪因素、生活不规律、饮食不调、缺乏必要的体力活动造成的体格瘦弱。部分大学生爱吃零食,有挑食、偏食或暴饮暴食的习惯,有些大学生甚至有嗜好烟酒的坏习惯,这些坏习惯都会严重影响胃肠道的正常蠕动,引起食欲下降,造成消瘦。

(三)瘦弱症的健康体育锻炼

健康体育锻炼能使人新陈代谢旺盛,能对消化系统起到一种良好的按摩作用,可促进消化液的分泌和胃肠的蠕动,使更多的营养物质被吸收并输送到身体各部。通过肌肉的收缩与舒张,血液循环加强,血液通过肌肉的流量就会增多,肌肉获得的氧及养料也就增加,肌纤维就会在锻炼中逐渐长得粗壮起来。

健康体育锻炼还可以改善神经系统的调节功能,改善组织和细胞的营养状态,促进机体各部组织的生长发育。经过长期的锻炼,可使内脏器官功能增强,肌肉发达,体重增加。原来皮肤松弛起皱、肌肉萎缩、身体干瘦的人会逐渐变得健壮丰满起来。

体态的丰满,不应是脂肪的堆积,而应是匀称而强健的肌肉组织。因此对体瘦者来说选择适宜的健康体育锻炼很重要。器械锻炼对发展肌肉效果最好。所以,体瘦者参加健康体育锻炼,就应多练习哑铃、杠铃、拉力器、组合健身器等,但每次锻炼要掌握适当的运动量,运动量过小,对肌肉组织就起不到强有力的刺激作用,达不到锻炼目的;运动量过大,则会使能量的消耗大于补偿,当然也不可能丰满起来,过度疲劳还会损害身体健康。一般情况下,开始选择小运动量,以后逐渐加大运动量。衡量运动量是否适宜的标准,应以运动后每分脉搏跳动不得超过160次为准。因为当心脏搏动次数增加时,每次心搏的输出血量也在增加,但如果心搏超过160次/分,那么每次心搏的输出血量反而会减少。这样机体不可能获得更多的氧和营养物质。训练者每次锻炼的时间不应少于30分,一般以隔一天锻炼一次为宜。这样可以消除运动后的机体疲劳和充分补充消耗的能量。

在锻炼期间,还要注意科学饮食,使机体获得充足的养料,以促进机体的生长发育;还要养成良好的生活规律,情绪要稳定,睡眠要充足,这对吸收营养、减少能量消耗、提高锻炼效果也很重要。

瘦弱者并非在短时间内所形成,因此,要想健壮丰满起来,也不可能经过几次锻炼就会奏效,需要有个过程。一般情况下,刚刚开始锻炼时,不仅体重不会马上增加,有时还可能出现下降的现象。这是因为机体在运动过程中,体内的脂肪和水分被消耗了的缘故。继续坚持锻炼下去,机体各器官的机能逐渐得到提高,肌肉内部也会发生生物化学变化,肌肉就会结实粗壮起来,体重就会增加。只要有毅力,持之以恒,坚持锻炼,并注意循序渐进,劳逸结合,科学饮食,体型就一定会变得丰满健美。

（四）瘦弱者锻炼的注意事项

（1）形成正确的体形观。肥胖固然不美,不利于健康,同样,瘦弱也不是美的"别名",更不是健康的标准。所以,作为瘦弱者首先得走出"以瘦为美"的误区。

（2）克服不良饮食习惯(如偏食、挑食),保证摄入使身体健康的充足的营养。

（3）要有进行健康体育锻炼"持久战"的思想准备。同样,健康体育锻炼的增强体能、强壮体魄、健美体形等功效,皆非一日之功。唯有锲而不舍、持之以恒方能见效。

（4）瘦弱者的锻炼应以全身性的运动为主,以提高体能为宗旨,配合身体局部区域的健美。

## 三、神经衰弱症的体育处方

（一）神经衰弱的症状及原因

在大学生当中,近年来患神经衰弱的人有所增多,这主要是由于学习紧张、方法不当、用脑过度所引起。此外,精神受刺激,长期生活不规律,或者患有其他慢性病(如高血压、肝炎、结核、胃溃疡等),也可使高级神经活动过度紧张,过度疲劳,造成兴奋和抑制失调,而产生功能紊乱。他们常常诉说自己各种不舒服的感觉,如头昏脑涨、头痛、头重、注意力不易集中、记忆力减退、疲倦、胃口不好、心跳、烦躁、易兴奋、易激动、耳鸣、眼花、腰酸背痛、四肢无力等。初次服药后,病情似乎有些减轻、好转,但是过了一个时期仍是旧病复发,甚至比以前更严重。

（二）健康体育锻炼对神经衰弱症状的好处

适当的健康体育锻炼对神经衰弱的治疗是非常有益的,因为在进行体育活动时,大脑指挥的运动神经细胞会兴奋则活动增多,就会促使用脑时的思维细胞出现抑制而可以得到休息。这样就能消除神经系统中脑思维细胞的疲劳,改善神经系统中抑制与兴奋的协调功能,使其逐步恢复正常,从而减轻症状,使患者振作精神、消除疑虑。正如一位苏联学者所说:"医疗体育是治疗神经衰弱的无可代替的方法。"

通过体育运动能转移神经衰弱患者对疾病的注意力,使之情绪乐观,消除不必要的忧虑,同时因为运动时可以使神经细胞得到充分的营养,特别是氧的供给,这对于改善神经衰弱患者的症状是十分有利的。此外经常参加体育活动,可以使患者入睡快、睡得香,这对于恢复神经系统的机能也有着重要的意义。目前在医学上已广泛地采用各种适宜的体育活动方式作为治疗神经衰弱疾病的有效处方。

（三）神经衰弱的健康体育锻炼

神经衰弱者进行健康体育锻炼的方法是很多的,一般以健身性锻炼项目和放松性锻炼项目为好,不宜参加强度过大、时间过长的剧烈运动。治疗神经衰弱常用的健康体育锻炼方法有:太极拳、气功、按摩、散步、健身跑、冷水锻炼及登山、划船等。可因人制宜,根据自己体力情况和个人的爱好来选择,并逐步增加活动的项目,提高健康体育锻炼的兴趣,养成锻炼的习惯。

太极拳和气功是治疗神经衰弱最为有效的体育疗法。气功要求全身放松,思想集中要求"入静"。练功时的入静状态就是大脑皮层处于抑制的状态,依靠这种抑制过程的保护作用,可以促使衰弱的大脑细胞恢复正常功能。神经衰弱的病人练气功以坐式强壮功为主;如体力太弱可以卧式做放松功;体力好也可练"站桩"。每天练1~2次,每次20~30分。太极拳则是"动中求静",这样能使大脑运动部位处于兴奋状态,使其他部位得到较深的抑制,从而得到充分的休息来恢复功能。

对神经衰弱的人来说,长跑是最好的锻炼项目。长跑那有节奏的步伐,对神经系统能起到良好的调节作用,有助于神经兴奋和抑制过程的正常交替。长时间的长跑锻炼,可以使原来已经失调的神经系统的兴奋和抑制过程得到恢复。长跑还能够帮助神经系统建立起兴奋和抑制过程之间的比较巩固的联系,使神经系统对外界反应的灵活性提高,控制能力增强。神经衰弱的失眠、头痛等各种症状,在长跑中会逐步减轻或者消失。

冷水锻炼也是一种很好的办法,冷水的刺激有助于强壮神经系统,特别是能锻炼自主神经系统的功能,促进全身血液循环,加强新陈代谢,提高人体的抵抗力和适应能力,增强体质。神经衰弱的人进行冷水锻炼,可在早晨起床后进行。开始先用温水擦身,经过一段时间锻炼,再改用冷水擦身,最后用冷水冲洗或淋浴,每次时长一分左右,如果能从夏天开始冷水锻炼,坚持到秋季和冬季,效果则更好。

(四)神经衰弱健康体育锻炼时的注意事项

(1)每天要在一定的时间内有系统、有规律地进行活动,如早操、课间操、课外活动和睡前散步等。

(2)长期坚持。神经衰弱是个慢性病,得病并非短期,而是长期积累形成的,体疗也须长期坚持,要下大决心,就是病情已经好转,还须继续坚持,以巩固锻炼疗效。

(3)要循序渐进,运动量要逐渐增加,不能突然加大,每次锻炼后自我感觉良好,稍有轻度的疲劳。如果失眠加重,运动停止后心跳加快,长时间不能恢复,则表明运动量太大。

(4)神经衰弱普遍有失眠,在睡前可做简单的医疗体操、太极拳或散步10~20分,自我按摩和温水洗脚等。

(5)锻炼时要情绪饱满,选择空气新鲜、环境优美的室外场地进行。

# 第三节　大学生常见疾病的体育疗法

## 一、慢性肝炎的体育疗法

肝炎是由于病毒引发的以肝脏损害为主的疾病,根据病原体的不同,一般将肝炎分成"甲、乙、丙、丁、戊"5种类型。肝炎不仅是对医疗卫生界来说颇为棘手的难题,也是影响大学生生活和学习的主要感染性疾病。

(一)健康体育锻炼对慢性肝炎患者康复的意义

目前,一般认为,慢性肝炎患者在注意合理营养和必要休息的同时,还应积极地投身于健康体育锻炼,以促进康复速度,改善心理状况。实践也证明,慢性肝炎患者若长期休息,并不一定能促进病情好转,相反却会加重症状。这是因为长期休息(甚至完全卧床休息)缺乏必要的活动,血液循环和胃肠蠕动的速度会变慢,内脏器官的瘀血增多,这不仅降低消化吸收的功能,造成肝脏的实质性损伤,也会导致患者精神萎靡不振、情绪抑郁低落。适当的健康体育锻炼,不仅可以提高患者中枢神经系统的张力,改善皮层和自主神经系统对肝脏的调节功能,增强身体的抵抗和免疫能力,活跃肝脏血液循环,改善肝细胞的营养,有助于肝功能的恢复等,而且能够减轻慢性肝炎患者所常有的神经功能性症状(如神经过敏、失眠、情绪低落等),使他们精神愉快,睡得着、吃得香,这对于改善患者的全身健康状况,促使疾病的早日痊愈是很有好处的。

一般认为在肝炎活动期,即有黄疸、食欲明显减退及全身无力,肝功能检查明显异常尤其是谷丙转氨酶明显增高等情况下,则要以休息为主,适当地参加一些比较缓和的体育活动,如散步、太极拳等。如果是在非活动期或者是恢复期,则应多参加一些体育活动,适当地安排一定的休息。如可参加快步走、慢跑、骑自行车、游泳、打乒乓或羽毛球等活动。

国外运动医学专家曾对慢性肝炎患者进行功率自行车锻炼的实验(每日两次,每次10~20分),7天后发现,患者精神愉悦、心情舒畅,血清胆红素和转氨酶明显下降。

(二)慢性肝炎患者锻炼的注意事项

(1)以不引起疲劳为度。肝炎患者的耐力较差,易发生低血糖,故应在疲劳出现前结束锻炼。

(2)锻炼的时间不要太长,一般在20分左右。锻炼时不要强调运动量,运动量要逐渐增加,心率在100次/分即可。

(3)养成定期(两周)检查肝功能的习惯。当病变处于活动期(低热、疲怠、食欲不振、恶心、肝区疼痛、血清转氨酶高等)时不要进行锻炼。

(4)在运动时,一旦感觉到肝区疼痛、肝功能异常、发烧、恶心等,应立即停止运动。

## 二、鼻窦炎的体育疗法

所谓鼻窦炎,即是鼻窦里面的黏膜受到病毒感染而引起发炎。造成鼻窦炎发病的原因虽然很多,但以继发性感冒者为最常见。因此有鼻窦炎的人,除应积极进行治疗外,局部医疗体操能减轻鼻窦炎的某些症状,下面我们向大家详细介绍这种体操的练习方法。

(一)搓手

两手手掌、手背相对用力搓擦2~3分,至有温热感为止。

(二)擦脸

两手五指并拢,中指贴鼻翼两侧,向上擦至前额发际,两手掌心沿发际向外向下擦,至下额还原至鼻旁。速度约每分6次,共擦3分。

(三)揉颈

双手五指并拢紧贴颈部两侧,沿颈部前后搓擦,30次为一组,揉4组,时长约2分。

(四)揉迎香穴(脸颊部)

双手半握拳,双食指按鼻旁的迎香穴,顺时针方向揉10次,逆时针方向揉10次,约半分为一组,揉4组,共2分。

(五)揉风池穴

双手五指并拢,食、中、无三指紧按风池穴揉按,顺时针方向揉10次,逆时针方向揉10

次,约30秒为一组,揉按四组约两分[风池穴在脖子后大筋(斜方肌)两旁,发际内的凹窝中]。

最后,运动加强健康体育锻炼增强体质,应注意以下几点。

(1)平时应多在户外进行健康体育锻炼,以逐步提高呼吸道黏膜和全身对气候突然变化的适应能力和对病毒的抵抗能力,不患和少患感冒。

(2)锻炼时,要活动到身体发热后,再逐步地减衣服,以免着凉;在锻炼后,应立即将湿衣服脱去,换上干衣,以防止受寒感冒而加重鼻窦黏膜充血、水肿,造成鼻塞加重。

(3)动作应简单易行,要有节奏地以中等的、平稳的速度进行,一般不宜做大强度的急速和长距离的体育活动,如快速跑和越野跑,也不宜进行游泳。此外,还应避免静止的用力练习,如举重等。

(4)在寒冷、风大或有大雾的时候,不宜在室外锻炼。因为在这样的气候条件下,鼻黏膜血管收缩,局部组织缺氧,黏膜分泌能力降低,容易使病原菌乘机而入,加重病情。此时可以在室内做做广播操,打打太极拳,或在走廊里来回慢跑等。另外,每天可以做自我按摩,如擦鼻梁(用两手食指擦摩鼻梁两侧,至有发热感为止),揉按"迎香"穴(用两手食指指尖侧面轻轻揉按这个穴位1~3分,此穴在鼻翼外缘中点与鼻唇沟的中间)等,以改善鼻黏膜的血液循环和新陈代谢,减轻鼻塞,增强黏膜上皮的抵抗力。

### 三、胃下垂的体育疗法

胃下垂是一种疾病,在病情较轻时,一般不出现什么症状。但下垂程度较重时,胃的位置就下降到了下腹部,胃的下缘会达到胃盆腔,胃小弯弧线最低点可降低到髂骨肌连线以下,同时胃蠕动减弱,胃平滑肌张力减低,出现腹部胀闷、消化不良、头痛、头昏、便秘、易疲劳等多种症状。胃下垂常是内脏下垂的一部分,即同时可以有肾、肝、大肠等内脏器官位置的降低。

胃下垂与体质因素有关。胃下垂患者大多身体瘦弱,全身肌肉无力,由于他们的腹腔韧带松弛,腹肌力量弱,不能把胃维系在正常位置上,较易得胃下垂。同时说明胃下垂是整个身体软弱的一种表现。在祖国医学文献中认为胃下垂是脾胃元气不足所致,是中气不足或中气下陷的症状。

腹腔内器官的位置靠三个因素保持其正常:①横膈的位置和膈肌的活动力;②腹肌力量和腹内压的维持;③相邻各器官有关韧带的固定作用。体育活动(包括跑步)会使整个机体机能改善,对肌肉和韧带功能也发生良好影响。因此参加健康体育锻炼对预防胃及其内脏下垂都有积极作用。

实践表明,经常从事有针对性的康复体育锻炼,可有效消除或改善其过度扩张和松弛下垂状态,提高胃肠平滑肌的张力和紧张度,增强腹壁肌力,形成生理的"肌肉腹带",从而起到支持内脏于正常生理解剖位置。运动医学专家们认为,最适合胃及内脏下垂患者的康复体疗锻炼项目是柔软医疗体操,现介绍如下。

第一节控腿运动:取仰卧位,将两腿并拢伸直。举起抬高至45°时,保持静止10~20秒,然后还原放松片刻,再重复进行1次。

第二节屈腿运动:取仰卧位,两腿同时屈膝提起,使大腿贴腹,然后还原,如此重复10~12次。此练习每日可做1~2次,每次重复10~15次。要求配合呼吸(屈曲时应吸气,还原时应呼气)。

第三节踏车运动:仰卧位,轮流屈伸双腿,模仿踏自行车运动,要求动作轻松而灵活,屈伸范围应尽量大。此方法每日可做1~2次,每次持续时间约30~45秒。

第四节摆腿运动:患者取仰卧位,先将两腿并拢,随后直腿举起,在离床面20~30厘米高度处停止,尔后再慢慢向两侧来回摆动,每次10~15次,每日可做1~2次。

第五节抬盆运动:取仰卧位,屈曲双膝,抬起骨盆,呈半弓桥形,并停留片刻,还原,继而再重复进行。此法每日可做2~3次,每次3~5分。

第六节摩腹运动:取坐位,全身放松,入静。用右手掌心或掌根贴于腹部,左手掌压在右手背上,以右往上揉到左边,再从左往上揉到右边,呈圆形按摩15~20次;然后再用右手掌按在脐上,由下往上至心窝推摩。该练习每日可做1~2次,每次5分。

康复体疗训练时应注意:体疗时勿操之过急,须开始从小运动量进行,待机体适应后,再逐渐增加运动组数、次数、运动持续时间。进餐后不要马上从事锻炼,以免胃体及韧带受到重力影响而加重病情。胃及内脏下垂者较瘦弱,所以宜选择富含多种营养素且易消化的食物;同时,在进食方面为促进胃排空,平时应坚持少食多餐的饮食准则,以利减轻胃的负担。合并有腹腔器官急性炎症、活动性溃疡、肠结核、严重腹痛、腹泄等患者,不宜从事康复体疗训练。

**四、健目清睛的体育疗法**

这是一套健目清睛的保健操,可以在日常生活的间隙,随意选择其中一两个方法来练习,就可以达到护目健目的作用。

(一)摩面

每逢读写而感到视觉疲劳时,就用单手摩面。先做顺、逆时针方向圆周状按摩,再做自上而下的直线式按摩及自左至右的横线式按摩。摩面时,头部固定不动,重点在眉眼部位,手法宜沉稳有力,操作时间不宜太长,以面部皮肤有微热感为度。

(二)搓头

遇反复思考问题不得要领,或读书一时读不进去,这时最好休息一下。但在任务繁忙不能分身时,不妨用单手五指或双手十指的指肚搓揉发根,手法宜稳而重,切忌摇头晃脑,搓时最好闭目。

(三)击鼓

睡觉初醒时,用双手指肚敲打前额至脑后发际,顺序自前而后,由中而侧。敲打时微觉咚咚有声,手法轻重相宜,以头脑有清醒舒适感为度,若能配合其他几式练习,日久,对恢复视力功能有较好作用。

(四)闭目

闭目是养神的基本方法。每次闭目的时间可长可短。如上课前或下课后,闭目几秒钟至一分钟,这样,久而久之,在上课后就能保持较好的视力,使视觉疲劳明显推迟。再如,中午不能睡午觉,就闭目养神一两分钟乃至几分钟;夜间因故必须迟睡,则在黄昏时闭目片刻,都能相对地提高学习和工作效率。假若在家自学,凡遇读书写字时间较长,中间就可闭目休息。这是脑力劳动者的一种基本休息方法。

(五)远眺

尽可能到视野开阔的地方去活动一下,远眺一阵,例如去公园时,多注意远处景物和树木的绿叶。即使在室内读写,时间稍长后,也可利用思考间歇,注视一下窗外的蓝天白云或室内较远墙壁上的斑点,纵然只有几秒钟的时间,往往也能起到良好的调节作用。

(六)眨眼

两眼眨动几次,然后紧闭片刻,再突然睁大眼睛。最好重复做两三遍。

(七)顾盼

头不动,使眼球向左右眼角转动,极目顾盼几次。

(八)虎视

扭转脖子,向后面看四五次,左右交替,以提高视力。

(九)瞠目

瞠目注视室内或室外一目标,高度应稍低于眼平视水平,注视后闭目瞬息,然后暗想留存脑际的视觉印象。瞠目时吸气,闭目时闭气,开目时呼气。以气不促、胸不闷,而眼目有清明感为原则。每日做两三遍,日久,有明目、强记忆的功效。

(十)转睛

早晨醒后,先闭目,呈圆周旋转眼球,顺、逆方向各四五次;再睁目轮转眼珠,次数相同。晚上睡前,先睁目,后闭目转睛,即模仿猫头鹰的一种练眼法,是最古老的体育医疗术之一。

(十一)熨目

两掌相合,做有力而无声的磨擦,至掌心发热后,以手掌熨贴双眼,连做两三遍。

(十二)点穴

以食指指肚或大拇指背第一关节的曲骨,重按眉目和眼周各穴位,其中以眉稍的丝竹穴为重点,但每次只须轮换取穴一两对,各按数下即可。手法由轻而重,以明显酸胀感为度。遇有头痛或眼红,可加点太阳穴,方法相同。要注意:①穴位要准确;②每次取穴不可太多;③不要每天点穴或总是点按同一穴位,要轮换,要间歇。

(十三)掐眦

闭目,以拇指、中指捏住鼻梁两旁的眼角,以食指点按印堂穴,闭气,然后三指同时操作,连点带捏,连续捏至微闷时即吐气结束,做一遍就够了。凡应用自我按摩法,尤其是触及眼部时,要注意手的清洁。

(十四)抹颈

以一手掌全掌用力按住脑后颈部上端的发际,自上而下用力抹几次。动作要缓慢,一轻一重地操作。手法加重时须有手、颈抗衡之势。一手疲乏后,换另一手再做一遍。

(十五)舒脊

吸气扩胸收腹,头部向上顶起,带动脊柱尽量向上伸拔,然后呼气,复原。这样一张一弛,一伸一缩做几次,能疏通颈部、颈部气血,祛除颈椎和背部因长时间伏案引起的酸痛。

(十六)揉肋

先以两掌各自缓慢有力地搓揉两肋十余次,在揉肋的同时左右交替耸动两肩胛骨十余次,有舒筋明目和祛除胸肋肩背酸痛的功能。

以上"目功十六法"人人可练。但练习式数、次数和时间长短,可灵活掌握。

### 五、痛经的体育疗法

痛经是一种月经伴随症,是指在月经来潮时(或来潮前),下腹剧烈胀痛,并伴有腰酸、头昏等症状。痛经可分原发性痛经与继发性痛经两种。大学女生痛经大多数属原发性痛经，多与精神紧张、有恐惧心理或子宫发育不良、腹肌及骨盆底肌过分软弱无力等有关。

有不同程度痛经的女学生，通过一定的医疗康复体育锻炼，活跃腹腔及盆腔的血液循环，减轻盆腔充血程度，加上情绪、精神得到的调节，可使痛经减轻。一般来说，步行、徒手操、太极拳等活动都有助益。

医疗体育治疗对于预防女生的痛经症具有十分良好的作用。主要在于通过多种专门性练习，改善盆腔血液循环，纠正子宫位置，减轻盆腔内压、会阴部下坠感、尿频、痛经、腰酸等症状。

(一)体育疗法

1. 提肛缩紧法

坐位(立、卧位亦可)，全身放松，意守肛门，做提肛缩紧肾收腰动作，提肛时吸气，放松时呼气，依次反复练习。

2. 增强腹肌，隔肌法

(1)屈膝仰卧位，两臂放于身体两侧，用力下压，同时腹部抬起成桥形，稍停后放下，依次练习，略感疲劳为度。

(2)仰卧位，两手放于枕后做两腿依次上举练习。或两腿同时上举，或两脚夹住实心球上举，然后慢慢放下。

3. 腰背肌练习法

(1)手扶器械，两腿分开站立，上体前倾，做腰腹部向下振压动作，进行时头部稍拉起。

(2)手扶器械，上体前倾，做单腿向上方的动作和拉腿动作，进行时头部稍抬起。

4. 髋关节各轴位练习

(1)立位。屈髋屈膝，两腿交替屈伸，同时两臂配合摆。

(2)坐位。两腿分开伸直，坐于垫上，做向左向右体前屈运动。进行时腰部伸展，手尽力触及脚尖。

(3)手扶器械，身体自然屈膝下蹲，随后两腿在蹲跳中依次向左(右)侧伸。进行时，上体保持正直。

5. 纠正子宫后倾后屈练习

(1)肘膝同时跪撑在垫上，臀部提起，持续时间为3分，反复做5次。

(2)由跪撑至提臂俯撑，反复练习，以略感疲劳为度。

(3)由跪撑至单腿后伸，两腿交替练习，以略感疲劳为宜。

(4)由跪撑至提臂俯撑，接着做两腿交替跳跃动作。

(二)注意事项

(1)女子痛经病情各异，上述练习大多在特殊体位下进行，要求患者必须树立信心，持之以恒。

(2)整个疗法的运动量由小逐渐增大，心率一般控制在约130次/分，以稍微出汗为度。

(3)动作要正确，活动幅度逐步加大。练习结束后，要做腹部放松运动。

(三)自我按摩疗法

自我按摩能通调气血，改善血液循环，防治或缓解痛经。

第一节:仰卧,一手掌心贴于小腹部,做顺时针方向揉摩,约3分。有调和气血、解痉止痛的作用。

第二节:右手中指指腹按压肚脐直下3寸处(关元穴),以感到酸胀为度,揉动1分。有培补元气、调理冲任的作用。

第三节:右手中指指腹按压肚脐直下4寸处(中极穴),以感到酸胀为度,揉动1分。有益肾固带、调经止痛的作用。

第四节:双手掌心分别放在两侧肋部,分别向小腹方向斜擦,时长约1分,以局部有温热感为佳。有舒肝理气、解郁除烦的作用。

第五节:两手掌根紧贴腰部,用力向上下擦动,时长约1分,以腰部有温热感为好。有补肾壮腰、益气调经的作用。

第六节:两拇指指腹分别按压两侧髌骨内侧上缘2寸处(血海穴),以感到酸胀为度,揉动1分。有调经清血、疏通经脉的作用。

第七节:两拇指指腹分别按压两侧髌骨内侧下方骨隆起下的凹陷处(阴陵泉穴),以感到酸胀为度,揉动1分。有疏经通络、行气活血的作用。

第八节:两拇指指腹分别按压两侧足踝上3寸处(三阴交血),以感到酸胀为度,揉动1分。有滋阴通脉、调经止痛的作用。

此操宜在月经来潮前一周起开始直至月经结束,每日一次,连续2~3个月经周期。除此之外,有痛经史的女子还须注意以下几点:①月经要注意保暖,避免寒冷;②经期要适当休息,不要过度劳累;③保持心情舒畅,避免暴怒、忧郁;④注意经期卫生;⑤平时多参加体育活动,增强体质。若为继发性痛经患者,自我按摩后只能暂时缓解腹痛,因此必须积极治疗其原发病。

### 六、失眠的体育疗法

大学生中,有不少人因经常失眠而苦恼,并为此引起精神上较大的压力,以致造成恶性循环,愈演愈烈,使得学习下降,精神和身体都受到损害。

生理、心理学家们经过多年的临床观察,一致认为在引起人们失眠的原因中,心理因素是最为重要的,喜、怒、哀、乐、悲、恐、惊都可能使人失眠。年轻的同学,想象力丰富,情感多彩,容易激动,很可能因为考试的紧张、球赛的兴奋、友谊的挫折、身体的不适等原因,程度不同地偶尔尝到失眠的滋味,对此不要惊慌和恐惧,更不必背上沉重的包袱。这种偶尔的失眠,是正常人的正常生理现象,它会随着以上原因的消除而自然恢复。人所必需的睡眠时间,没有一个统一的规定的标准,一般来说,大学生每天有8小时即可。睡眠好坏不单看时间多少,更重要的是看睡得是否深沉,睡眠作用是否达到。睡眠的作用不只是解除疲劳,还有储存能量使精力更旺盛的意义。睡醒后头脑清新,精神愉快,饮食正常,精力充沛,就可以说睡眠情况良好。对于经常性的失眠,应进行冷静分析。

引起失眠的原因是多方面的。白天学习任务太繁重,用脑过多,到了晚上就会因脑细胞过于疲劳而不易入睡。还有的学生因心情激动,被愤怒、恐惧、悲伤、痛苦、喜悦等情绪缠绕着,也会失眠。因为情绪与人形影不离,所以情绪对睡眠的影响更直接。情绪不仅影响大脑皮层的神经过程,而且与骨骼肌的紧张度也密切相关。当情绪安定时,肌肉紧张度降低;当情绪激动时,肌肉紧张度升高。近年来,相关神经生理学者的研究证明,失眠与骨骼肌没有放松有关系。骨骼肌处于紧张状态时,必然会向大脑皮层输送大量的冲动,使皮层处于兴奋状态,同时,大脑皮层要对所接受的冲动做应答,使肌肉又紧张起来。这样,睡眠很难实现。

按照以往的传统认识,以为解决入睡问题只要着手解决心理因素即可。事实则不然,解决神经因素而不放松骨骼肌,依然不能入眠。只有使骨骼肌充分放松,肌肉得到休息,中枢神经才能得以真正的安静。

下面介绍的一套就寝前做的放松肌肉的练习,只要你一个动作一个动作地练习,并且持之以恒,一定能解除失眠的痛苦,实现快速入眠。练习方法的具体做法与要求如下。

(1)立正,两臂前平举。第一步:深吸气最后屏息。两臂尽量伸直;双手握拳,使肌肉紧张起来。口中数数直到两臂颤抖。默念"紧张起来了"。第二步:呼气,上体前倾,下垂双臂来回摆动,肌肉放松。默念"放松了"。

(2)立正,两臂屈肘侧平举,双手握拳于胸前。第一步:双臂、肩带及面部肌肉紧张。默念"紧张起来了"。第二步:同上。

(3)提踵站立,双臂上举,双手相握。第一步:深呼气,全身肌肉紧张。数数,直到肌肉颤抖。默念"紧张起来了"。第二步:呼气,深蹲,头自然前倾,双臂放松。默念"放松了"。

(4)坐姿,双手置于膝上。第一步:深吸气。双手用力压大腿,双脚用力压地面。肌肉紧张。数数,一直数到颤抖。默念"紧张起来了"。第二步:呼气,放松。默念"放松了"。

(5)仰卧,屈髋,屈膝,大腿靠向腹部,双手抱膝。第一步:吸气,抬头,紧张,数数。默念"紧张起来了"。第二步:呼气,放松,放下两腿伸直身体。充分体会肌肉疲劳后放松的愉快感。默念"放松了"。

## 第四节 大学生常见运动伤病的防治

### 一、膝关节扭伤的防治

膝关节突然弯屈扭转,使关节周围韧带因过度牵张而部分断裂,这种损伤叫作扭伤。

构成膝关节的股骨髁(头)体积大,胫骨上端的平面(窝)小而浅,二者像大头戴小帽一样连接在一起,所以这个关节炎很不稳定。膝关节是下肢的承重关节,需要很高的稳定性,这种稳定性靠强有力的韧带和肌肉来维持。另外,胫骨平面上有两块周边厚、内缘薄的半月形软骨半月板,也有增强稳定作用。

关节囊把股骨、胫骨包绕起来构成关节。关节囊内一侧有一层柔嫩的滑膜,分泌滑液帮助骨节活动。关节囊加厚部分形成韧带。主要韧带是内侧副韧带、外侧副韧带、内侧半月板、前十字韧带、后十字韧带。内侧副韧带、内侧半月板、前十字韧带经常同时受伤。

膝关节主要肌肉,在前面有股四头肌,后面有大腿后群肌。

膝关节伸直时最结实、最稳定,半屈曲状态时,由于周围韧带放松,在外力的作用下,大腿或小腿间内外过分旋转就很容易扭伤。比如踢足球的"二人对脚",跳箱落地双膝没有并拢,就是容易造成扭伤的动作。

膝关节局部疼痛,周围肌肉发紧,关节不能伸直和运动受限,是膝关节扭伤的常见症状。

这也是机体的一种自我保护本能,它强迫病人不能继续活动以减少再受伤的机会。有些病人还会皮下出血,在关节周围出现青一块紫一块的淤斑。

如果严重扭伤使关节囊内滑受到损伤,就会引起关节内出血,出血后,关节迅速肿胀剧痛,这种情况下要及时请医生抽血、减压,以减轻扭伤的痛苦。

韧带受伤后,关节肿胀疼痛,不能伸直,一般只能卧床休息。经过适当处理,疼痛、肿胀会在两周左右消失,关节也能逐渐正常屈伸,这时病人可尝试下地行走。如果行走过程中觉得关节发软,不敢用力,上下楼梯时关节有卡住或不稳感,意味着半月板、前十字韧带等尚有损伤,要请医生进一步检查,弄清病根,彻底根治。

严重的关节扭伤必须进行手术治疗。

关节受伤在手术治疗后,可以进行健康体育锻炼,以促进关节的康复。在局部疼痛、发热肿胀消失后,锻炼就可以开始。

锻炼原则是从简单到复杂,从局部到全身。常用的锻炼方法有以下几种:

(1)绷劲仰卧位。病人主动用力收缩股四头肌,维持2秒,慢慢放松约3秒。收缩放松交替练习,重复10次为一组,练3~5组,每日练三回。

(2)直举腿仰卧位。病人缓缓举起患肢45°~60°,在空中停留2~3秒后缓缓放下,休息3~5秒再练。休息时间长短因病人的体力而自行决定。举起、放下为一次,练10次为一组,每回练3~5组,每日练三回。

(3)负重直举腿仰卧位。将重0.5~1千克的沙袋放在踝关节处,直举腿方法同"二"。随着肌肉力量的增长,可增加沙袋重量,总重可以增至2千克,但强调要直膝举腿不能打弯。举起放下10次为一组,每回练3~5组,每日练三回。

(4)负重伸小腿仰卧位。小腿垂于床沿,踝关节负重0.5~1千克。缓缓使膝关节伸直,维持伸直为2秒,放下小腿。重复10次为一组,每回练3~5组,每日练三回。

(5)散步、骑自行车。病人膝关节情况好转后,应尽量下床活动。散步或慢慢骑自行车都可以,每日活动时长30~40分。

(6)慢跑、快步走。经过上述康复训练一个月左右,青年病人可以参加慢跑,年纪稍大的人可以快步走。跑走距离因人而异,只要没有胸闷、憋气感觉,运动后脉搏能在3~5分钟以内。恢复到正常水平就行。

(7)静止半蹲练习。两脚分开与肩同,站立,膝半蹲130°左右。上体正直、颈部放松,上肢前平举或下垂于体侧。呼吸自如,保持这样的姿势不动。开始练习时,要尽量保持3分,每天递增30秒到1分,直至一次坚持半蹲20分为止。练习后慢慢伸直膝关节,每日练1~2次。

大腿肌肉有相当力量,可肩负杠铃、沙袋10~15千克,再做静止半蹲练习。

膝关节扭伤甚至动过手术的人,如能坚持上述练习三个月以上,再参加一般体育活动是不成问题的,但活动前一定要充分做好准备活动。

## 二、踝关节扭伤的防治

踝关节扭伤,不仅发生在运动场上,日常生活中也很多见。下楼梯、走坡路、高处跳下、下行车站不稳、冰冻路滑等是常见的诱因。

踝关节扭伤都发生在外踝。受伤后疼痛,很快肿胀,皮下瘀血青紫,踝关节扭伤的程度不同症状也有差异。

(一)踝关节扭伤程度与症状

轻度外伤受伤后的一瞬间脚腕感觉疼痛,但不久就消失。运动员还能继续训练或比赛。而过 3~4 小时后,走动时有痛感,脚踝部肿胀,踝关节处做屈的动作就疼。一般肿胀部位出现在踝关节表面。如不及时治疗,运动员仍进行训练,就会感到踝关节比原来更疼,完成动作"吃力"并且会再次受伤。

中度损伤关节轮廓模糊,围长已增至 2 厘米左右,运动员已感剧痛再不能坚持训练或比赛。甚至在平静状态时,踝部也感疼痛,且屈伸只能在 35°左右。

严重扭伤疼痛甚烈,踝关节已不能负荷。不久,关节轮廓就模糊不清,围长增大 3~4 厘米。踝的下侧肿得最明显,直到趾底。踝部皮肤与脚的外侧,因为内出血的缘故,第二至第三天呈紫褐色。稍动剧疼,且恢复亦慢,踝关节处只能勉强地做 10°~20°的屈伸。

(二)踝关节容易扭伤的原因

踝关节的构造犹如人骑在马鞍上。"马鞍"是距骨,大致为方形,后部比前部略窄。骑在"马鞍"上外面的一条"腿"稍长,是外踝;里面一条腿较短是内踝;关节周围有不少韧带起固定作用。内侧的韧带比外侧的要坚韧一些。

下楼梯、走坡路时,足尖低于足跟,踝关节的两条"腿"向"马鞍"的关节间隙增大,关节松弛不稳。如不注意,加上肌肉力量不平衡,脚就容易翻拐。由于内侧韧带坚韧,外踝又长,足底不易向外翻,故常常向内翻。超过一定限度,外侧韧带就被撕扯断裂,小血管破裂出血,局部瘀血肿胀。严重时,还可能将韧带附着的骨片也撕脱下来,发生骨折。

(三)踝关节扭伤的治疗

因为踝关节扭伤的主要症状是疼痛,是由于受伤脚的血管出血,而压迫着关节囊的神经末梢,所以急救时首先须用氯乙烷喷射扭伤部位,减少其出血。如无此条件,就将受伤关节放入冷水中 20~25 分,也可用冰块或冷毛巾敷受伤部位。用此方法,最初三五分内可能会疼痛加剧。但不久就会减轻或消失。冷敷后将扭伤关节用绷带紧紧包扎,并静息 1~2 日。在卧床休息时,应将伤足抬高,以利静脉回流,消除肿胀。第三日起每日应做 2~3 次热敷或用温水烫脚,每次约 30 分,同时做脚的伸、屈、绕环、外展等动作,促使血液循环加速,恢复受伤关节的正常动作幅度。当疼感和肿胀消失后,就可以在松软地上做跑的练习,但强度不宜太大,运动量也要适可而止。并在训练之余,适量加强大腿、小腿、脚腕的肌肉、韧带的力量练习,以全面增强身体素质,将促进受伤关节机能的迅速恢复。

(四)踝关节扭伤的预防

下坡、下楼要注意;走不平坦的路或运动时,应穿高帮鞋,以加强防护。此外,特别要指出,穿高跟鞋是诱发踝关节扭伤的重要因素。穿高跟鞋时,双足微屈,脚尖低于足跟,踝关节松弛不稳,很容易扭伤。因此,要尽量少穿高跟鞋,少走不平的路等。

### 三、肌肉拉伤的防治

在体育运动中,肌肉拉伤是比较常见的一种外伤。据有关资料统计,肌肉拉伤在各种运动损伤中约占 25%。轻的肌肉拉伤几天就可以好,比较重的则需要比较长的时间才能康复。个别重度肌肉拉伤,已经引起撕裂的,还需要手术缝合。

(一)肌肉拉伤的主要原因

(1)不做准备活动或者准备活动不充分,就匆忙进行训练或比赛。

(2) 身体训练水平不够,肌肉的弹性、伸展性和肌力差,达不到训练或者比赛时所需要的肌力或伸展度而引起拉伤。这跟一条只能伸展120%的橡皮筋拉长到130%的时候就被拉断的原理是一样的。

(3) 身体状况不良。比如,运动量过大引起局部疲劳,使肌肉机能下降,弹性和伸展性减退,肌力减弱,协调性失调,肌肉发僵等都容易引起肌肉拉伤。

(二) 肌肉拉伤的主要症状

肌肉拉伤的主要症状一般可以分为轻、中、重三种类型。

轻度肌肉拉伤的主要症状是受伤部位微痛,局部微肿或不肿,有轻微压痛。

中度肌肉拉伤,有小部分肌肉纤维撕裂,局部中等疼痛,有肿胀和瘀血,局部压缩比较重,受伤处肌肉痉挛紧张,手摸发硬。

重度肌肉拉伤有比较多的肌肉纤维撕裂,受伤当时可以听到肌肉断裂声。局部肿胀明显,皮下瘀血严重,在肌肉断裂的地方有明显压痛,可触摸到凹陷。

(三) 肌肉拉伤的预防

在锻炼前首先要充分做好准备活动,特别是容易受伤的部位。准备活动的内容与运动量应该根据训练的要求、比赛内容、个人身体状况、气候条件等决定。从事剧烈运动或者比赛,气温又比较低时,准备活动时间可以长些;一般性训练,气温又比较高时,准备活动时间可以短些。一般来说,以身体觉得发热,微微出汗为好。

另外,肌肉疲劳、紧张、僵硬的人容易拉伤肌肉。预防的方法是做肌肉伸展练习。身体状况良好的人也要根据参加的不同运动项目,伸展有关部位的肌肉,比如参加田径运动的人就要做好下肢肌肉的伸展练习。

资料统计表明,大、小腿肌肉拉伤中比率较高,因此,要特别加强这大、小腿的肌肉伸展训练。下面介绍一些练习方法。

股四头肌(大腿前面的肌肉)的伸展练习:左膝跪在地上,右腿呈90°向前弯曲,右脚着地,腰向前弯,用右手向臀部拉左脚,保持30～60秒,以肌肉发紧,但不感到疼痛为度。放松以后再换做另一侧的伸展练习。

股后肌(大腿后面的肌肉)的伸展练习:仰卧在地,右侧下肢伸直,左侧下肢弯曲,双手抱膝向下拉,头抬高向膝靠拢,持续30～60秒,也是以肌肉发紧,但不感到疼痛为度。然后再做右侧练习。

小腿后群肌(小腿后面的肌肉)的伸展练习:坐在地上,双腿伸直,用力向脚背勾脚。

伸展练习要做得缓和,不能快而猛,每个部位的伸展练习重复多次。

预防肌肉拉伤还要根据个人的身体情况,合理地安排运动量,要遵守循序渐进的训练原则,防止急于求成和"单打一"的训练方法,以免局部肌肉疲劳引起拉伤。

无论是哪一种肌肉拉伤,只要伤部没有明显瘀血和肿胀,都应该早些考虑恢复训练和进行肌肉伸展练习。因为肌肉拉伤以后,撕裂的部位会形成疤痕,如果伸展练习太晚,肌肉内的疤痕不能随肌纤维拉长而拉长,一旦活动伸展肌肉的时候,患部就会疼痛。

**四、肌肉痉挛症的防治**

肌肉痉挛就是我们通常所说的"抽筋",它是肌肉发生不自主的强直收缩所显示的一种现象。健康体育锻炼中最容易发生痉挛的部位是小腿后群(俗称"小腿肚子")和脚底的肌肉。

(一)肌肉痉挛常见的原因

1. 寒冷的刺激

在寒冷的环境中运动时,假如没做准备活动,或者准备活动做得不充分,肌肉受寒冷的刺激就可能发生"抽筋"。例如游泳时受到冷水的刺激、冬季户外活动时受到冷空气的刺激,都可能发生肌肉痉挛。

2. 疲劳

身体疲劳的时候,肌肉的正常生理功能也下降。疲劳的肌肉往往血液循环和能量物质代谢有改变,肌肉中会有大量乳酸堆积,乳酸不断地对肌肉的收缩物质起作用,就会产生痉挛。因而当身体疲劳时,特别是局部肌肉疲劳状态下再进行剧烈运动或做突然紧张用力的动作,就更容易引起肌肉痉挛。

3. 大量出汗

在高温季节或进行长时间剧烈运动,就会大量出汗。汗的主要成分是水,但也含有少数的盐。出汗多,盐的损失也就多,盐与肌肉的兴奋性有关,丢失过多的盐,肌肉的兴奋性增高,就会导致"抽筋"。

(二)发生"抽筋"时的处理

"抽筋"时,肌肉坚硬,疼痛难忍,而且一时不易缓解,邻近的关节活动也受到限制。不太严重的肌肉痉挛,只要向相反的方向牵引痉挛的肌肉,一般都可缓解。例如,当"小腿肚子"痉挛时,可以伸直膝关节,勾起脚尖,双手握住脚用力向上牵拉即可。此外,还可以配合局部按摩和点掐针刺委中、承山、涌泉等穴位。处理时要注意保暖,牵引时用力要均匀,缓慢,以免造成肌肉拉伤。

(三)"抽筋"的预防

首要的是加强健康体育锻炼,提高健康水平和身体素质,尤其应注意提高耐寒能力和耐久力。另外,运动前必须认真做好准备活动,让全身都活动开,对容易发生"抽筋"的肌肉可事先做适当按摩。冬季锻炼时要注意保暖,夏季运动尤其是进行剧烈运动或长时间运动时,可适当喝点淡盐水。疲劳和饥饿时不要进行剧烈运动。游泳下水前应先用冷水冲淋全身,使身体逐渐适应冷水刺激,水温过低时游泳时间不宜太长。

### 五、岔气的防治

在健康体育锻炼或比赛中,常常遇到同学由于运动而发生的突然性胸壁或上腹近肋骨处的疼痛现象(于运动中腹痛的位置不同),不仅影响体育运动正常进行,而且在说话、深呼吸或咳嗽时局部疼痛更加重,疼痛的局部可有压痛,但不红肿。这种症状就叫"岔气"。

出现这种现象的原因主要有两个:一是学生在运动前没有做好准备运动;二是呼吸节奏紊乱或心肌功能不佳。因此,预防运动中"岔气"的发生,必须教育学生充分认识准备活动的重要性。每次运动前要充分地活动开肢体,使身体适应后再逐渐加大运动量,在运动中要掌握正确的呼吸方法和节奏,并养成经常锻炼的习惯。

在运动或比赛中,如出现例如"岔气"的现象,可采用下述几种体育疗法。

(1)深吸气后憋住不放,自己握空拳由上到下依次捶击胸腔左、右两侧(从腋下到腰部),亦可用拍击的手法,拍击患者腋下,再缓缓做深呼气。

（2）深吸气憋住气后，请别人捶击患者侧背部及腋下，再慢慢呼气。

（3）可连续做数次深呼吸，同时自己用手紧压疼痛处。

（4）用食指和拇指用力捻捏内关和外关穴（内关穴在手腕部掌面、近掌腕部横纹正中向上2寸处，外关穴在手腕部背面正好与内关相对称的部位），同时做深呼吸和左右扭转身躯的动作。

（5）可深吸气后憋住不放，用手握空拳锤击疼痛部位（用力别太大）。

以上列举的五种方法，它们共同之处是"深吸气"，这就是治疗岔气的要领。因为深吸气后，胸廓变短加宽，使大部分胸壁肌肉处于较大的张力状态，这样可以解除局部的肌痉挛，同时可使肋骨关节牵引到功能位置，以利关节复位。

捶打、拍击、捻压、按摩等是在深吸气的基础上在局部使用的不同手法，从中任选一种，皆可促进患部恢复正常功能。

### 六、疲劳性骨膜炎的防治

许多大学生在参加长跑和跳跃项目一段时间锻炼后，常会反映小腿骨疼痛，停止锻炼几天，这种疼痛就减轻甚至消失，而重新开始跑步跳跃时，疼痛又出现。这种小腿骨的疼痛，就是疲劳性骨膜炎造成的。

产生疲劳性骨膜炎的原因很多，例如在田径运动中，由于练习方法不当，跑跳练习过于集中，加上动作不正确，落地不会缓冲，使肌肉过度疲劳，或场地过硬使小腿受到较大的反作用力，这些均可导致疲劳性骨膜炎发生。疲劳性骨膜炎易发生在胫骨、腓骨、跖骨，此外，上肢过度负荷也可导致尺骨、桡骨等部位发生骨膜炎。产生骨膜炎的机制是由于肌肉附着部的骨膜长期受到牵扯，肌张力过强，使该部骨膜组织松弛或分离，骨膜瘀血、水肿，血管扩张，血液溢出，造成骨膜下出血，成为骨膜炎。也有人认为，在跑跳或支撑动作时，身体的重力与地面或支撑面的反作用力焦点，主要集中在骨弯曲的凸面（如胫骨前面），由于作用力与反作用力的反复作用，引起凸面的应力性损伤。

疲劳性骨膜炎的疼痛性质多为隐痛、牵扯痛，严重的有刺痛或烧灼痛，同时伴有局部肿胀、压痛；胫腓骨疲劳性骨膜炎患者有后蹬痛，尺桡骨疲劳性骨膜炎患者有支撑痛。通过X光检查，可见有骨膜增生，骨皮质边缘粗糙、增厚成层状。如出现骨质稀疏、骨纹理紊乱，如融雪一样，就提示疲劳性骨膜炎已加重，转化成疲劳性骨折。一旦发生胫腓骨骨膜炎，应进行积极的治疗。如果症状较轻，则可以边锻炼边治疗，注意减少下肢负担量，并且每天找医生进行必要的按摩、理疗、热敷等。如果症状较重则应停止下肢锻炼，以治疗为主。

症状较轻的，在锻炼时还必须采取必要的预防措施，以避免症状加重。如局部可用弹性绷带包扎，适当减少局部负荷，继续从事运动，随着负荷能力的提高，2～3周后症状可自行消失，在锻炼过程中还要调整好运动量，切不要再使下肢局部负担量过重，要注意上下肢交替活动，而且每次练习之间的间隔放松的安排，也要注意更合理些，以利于疲劳的加速消除。参加锻炼不久的患者，特别要遵守循序渐进的原则，注意掌握正确的技术动作及落地的姿势。每次锻炼前后要充分做好准备活动和放松活动。锻炼时穿的运动鞋最好是鞋底有弹性的。场地要选较松软的，不要长时间地在过硬的场地和马路上练习。每天睡前要用热水浸泡小腿，以促进血液循环，改善局部营养。

症状较重者，除减少或停止小腿负荷（如跳跃、支撑等）外，可进行理疗、按摩、针灸等治疗,休息时高置患肢,以减轻肿痛,也可外敷中药或浸泡。如长期症状不减甚至加剧,应进行X光检查,以及时诊断预防疲劳性骨折的发生。

### 七、重力性休克的防治

在健康体育锻炼或比赛测验中,特别是在较长距离的耐力项目中,时有发生学生突然晕倒或恶心、呕吐现象。这种现象就是体育运动中所讲的重力性休克。重力性休克多发生在锻炼少、体质差的学生在高温天气下的耐力项目考试中。若在测试中突然有一同学晕倒或到终点后瘫软不起,会马上引起其他同学的慌乱惧怕反应,直接影响测试成绩。

因此加强对大学生掌握重力性休克的防治知识是非常重要的。重力性休克是运动之后出现头晕、头痛、眼发黑、恶心、呕吐等不良感觉和脸色苍白、嘴唇无血色、脉搏微弱、全身瘫软无力等机能失调等症状,甚至陷入昏迷或半昏迷状态。当发生重力性休克时,首先要镇静,采取的措施主要是尽快帮助患者的静脉血回心,增大输出量,消除脑部贫血,从而达到治愈的目的。若症状轻微,可由同学搀扶患者继续慢跑、走动和全身放松,便可在短暂时间内消除不良感觉;若症状较重,瘫痪倒地,已处半昏迷或昏迷状态,可将患者置于阴凉通风的地方,头低腿高卧放,并在腿部轻轻按摩,促使血液向头流动,一般几分后脸色由苍白转为红润,稍加休息便可痊愈;若症状严重,经抢救效果不大,则应速请医生诊治。

一般来讲,发生重力性休克并不可怕;它的救治方法简单,恢复快。但它在学生中的危害性却是很大的,鉴于此,我们应在健康体育锻炼和测试前加大预防力度,采取以下几种方法可有效预防重力性休克的发生。

1. 抓好预防重力性休克发生的生理基础

教育学生日常积极参加体育运动,增强体质。尤其要加强速度耐力素质、一般耐力素质和呼吸、循环系统的耐力锻炼。在平时的锻炼中要适当安排所测耐力项目的全程或超全程的练习,以做到在测试时心中有数,消除紧张心理。

2. 在测试前认真做好准备活动

通过准备活动使身体的各关节肌群充分活动开,提高肌肉韧带的柔软性和弹性。准备活动使身体微微发热,调动起神经系统的兴奋性,提高全身的物质代谢水平,加强各个器官系统的活动。动员与运动有关的各部位,"全力以赴"来迎接测试。

3. 选择好相对适宜的测试时间

饥饿使人无力,缺乏耐力活动所需的能量。高温易使人产生烦躁、出汗增多。闷热使人心情压抑、精神状态差。这些客观条件都与发生重力性休克有关。选择好相对适宜的测试时间,避开不利因素,将有助于预防重力休克的发生。

4. 对"重点人"进行重点观察

对身体素质机能差的"重点"学生,督促其平时的健康体育锻炼,多进行有助于耐力素质、呼吸系统方面的练习。指导他们掌握好测试前准备活动的适宜"度"。在测试中对他们的状态多观察,如发现异常早做处理。

5. 测试后做好整理活动

在测试过程中,呼吸机能虽竭尽全力仍然不能满足机体对氧气的需要,机体就以无氧代谢供能,因此运动后偿还。如果在测试后马上停止活动,甚至有的累得马上蹲下来,这种静止姿态就会妨碍激烈的呼吸动作,影响氧气的补充和氧债的偿还,对机体正常机能恢复有害。加之此时有大量血液在下肢血管里滞留,回心血量减少,造成脑部供血不足而出现暂时性贫血,易发生重力性休克。测试后做好整理活动,是消除疲劳、恢复体力的有效手段,也是预防重力性休克发生的重要方法。教育学生在测试后即使是喘不上气、心发慌、腿发软,也要坚持慢慢地跑或走动,做些呼吸运动和缓和全身的活动,尽量使肌肉放松,血管舒张,使机体逐渐恢复到安静状态。这对运动健身、预防重力性休克的发生都是行之有效的。

### 八、运动晕厥的防治

晕厥是由于脑部一时性供血不足或血中化学物质变化所致的意识短暂散失。据报导,健康的青年男子有25%～30%的人都发生过晕厥。运动员发生晕厥多在大强度训练或激烈比赛中或比赛后。

(一)原因与发病机理

1. 血管扩张性晕厥

它占各种类型晕厥的首位。常因情绪过于激动、受惊、恐怖、悲伤或看到出血者引起。这是由于神经反射性引起血管扩张,血压下降,产生一时性脑部缺血。例如,女大学生或首次参加正式比赛的大学生,赛前过于紧张,容易引起晕厥。

2. 直立位低血压性晕厥

往往发生在久站、久蹲和长期卧床后突然改变为站立位时,使肌肉泵和血管调节功能失调,致使回心血量骤减及动脉血压下降,引起一时性脑缺血。例如,游泳运动员比赛后站立时可能发生这类晕厥的占各种类型晕厥的首位。常因情绪过于激动、受惊、恐怖、悲伤或看到出血者引起。这是由于神经反射性引起血管扩张,血压下降,产生一时性脑部缺血。

3. 重力性休克

大学生在进行较激烈的跑步和打球后突然站立不动,下肢肌肉内的毛细血管和静脉失去肌肉收缩对它们的节律性挤压作用,加上血液本身的重力,大量血液积聚在下肢血管中,使回心血量和心输出血量骤减,导致脑供血不足,造成重力性休克。这种晕厥多发生在体质素质较差的大学生或训练水平差、比赛经验不足的运动员身上。

4. 胸内压和肺内压增高

如举重运动员吸气后憋气使劲举器杠铃时,可使胸内压和肺内压明显升高,影响回心血量,妨碍左心室充盈,因此心排血量减少,造成脑缺血,出现暂时性晕厥。

此外,低血糖、低碳酸血症、中暑、心或脑血管疾患和腹部脏器神经丛受到严重打击等,亦可引起晕厥。

(二)症状和体征

晕厥前病人感到全身软弱无力、头晕、眼前发黑、面色苍白、出冷汗。昏倒后,意识散失,手足发凉,脉率增快或正常,血压降低或正常,呼吸增快或缓慢。一般昏倒数秒,但也有经3～4小时才清醒的。清醒后伴有头痛、头晕、全身无力,也可出现恶心、呕吐。多数患者记忆力可迅速恢复。

(三)处理

使患者处于仰卧位或下肢抬高位,松解紧身衣服和束带,注意保暖,做双下肢向心性重推摩或揉捏,必要时嗅以氨水或点掐(或针刺)人中、百会、涌泉等穴。如有呕吐,将患者头部转向一侧,以免因舌头后坠及呕吐物堵塞气道而妨碍呼吸。如呼吸停止,立即进行人工呼吸;若伴有心跳停止,应同时进行胸外心脏挤压。知觉清醒前或有呕吐时,均不宜给予任何饮料;清醒后可给以热饮料或少量白兰地,注意休息。神志未能迅速恢复者,应送医院进一步处理。

(四)预防

坚持健康体育锻炼,提高心血管功能。在重大比赛和大强度训练前应进行体格检查;对发生过晕厥者应做全面的检查,并避免剧烈运动。久蹲后要慢慢地站立;疾跑后应继续慢跑,并做深呼吸,逐渐地停下来。饥饿或空腹时不宜参加体育活动;进行长距离要及时补充糖、盐和水分。进行剧烈运动后,应休息约半小时后再洗澡或淋浴(因立即淋浴有可能造成心肌缺血,血流量减少),以防晕厥的发生;若有晕厥先兆时,应立即平卧。

## 九、运动性腹痛的防治

运动中腹痛是指由于体育运动而引起或诱发的腹部疼痛。中长跑、篮球等运动项目发病率较高。运动中腹痛多发生在运动过程中或运动结束后,以右上腹疼痛为常见。

(一)原因与发病机理

引起运动中腹痛的原因,大致可分为腹腔内疾患,腹腔外疾患和与运动有关的运动性腹痛三大类。

1. 肝脾瘀血

发生肝脾瘀血的原因可能是准备活动不充分,开始运动时速度过快或强度过大,以致内脏器官还没有提高到应有的活动水平就承担过大的负荷,特别是心血管系统还未充分动员起来,或心肌力量较差时,心脏收缩力较弱,影响静脉血回流心脏,使下腔静脉压上升,肝、脾静脉回流受阻,引起肝、脾瘀血肿胀,增加肝脾被膜的张力,使被膜上的神经受到牵扯,因而产生左季肋部或右季肋部胀痛或牵扯痛。

此外,剧烈运动时,呼吸急促而表浅,或呼吸无节奏,都会造成胸内压上升,也会使下腔静脉和肝脾静脉回流受到障碍,也可导致肝脾瘀血肿大而引起腹痛。

2. 胃肠痉挛或功能紊乱

运动时,肌肉和内脏血流量重新分配,骨骼肌肉血流量增加,胃肠道血流量相对地减少(仅为安静时的30%~40%),胃肠道缺血、缺氧,引起肠胃痉挛或蠕动功能紊乱,使胃壁、肠壁和肠系膜上的神经受到牵扯,胃肠道平滑肌发生痉挛,因而引起腹痛或绞痛;饭后过早参加运动,运动前吃得过饱,喝水过多或空腹运动(胃酸对胃刺激)等,都可能引起胃部胀痛;运动前吃了容易产生气或难于消化的食物(如豆类、薯类、牛肉等),也可引起肠蠕动增强或肠痉挛。

3. 呼吸肠痉挛

运动中呼吸缺乏节奏,以致呼吸急促,表浅,呼吸肌(如人膈肌和肋间肌)收缩过于频繁,活动紊乱,从而引起呼吸肌疲劳和痉挛。另外,准备活动不够,运动负荷增加过快,修复功能跟不上肌肉工作的需要,致使呼吸肌缺氧,也加剧腹部痛的产生。疼痛与呼吸活动有关,患者往往不敢做深呼吸。

4. 内脏器官病变

运动性腹痛也可由肝炎、胆道疾患(如胆囊炎,胆结石)、胃十二指肠溃疡、阑尾炎、肠道寄生虫、右下肺炎、胸膜炎、肾结石等疾患引起,运动时可使病变部位受到刺激而产生腹痛。

此外,腹肌或髂腰肌痉挛、过度紧张及运动性胃肠道症候群也会出现腹痛。

(二)症状与体征

运动中腹痛的程度与运动负荷和运动强度密切相关。大多数大学生在小运动负荷和慢速度运动时,腹痛不明显,随着运动负荷和运动强度的增加,腹痛也逐渐加剧。

腹痛的部位,常为病变脏器所在。右上腹痛,多为肝胆疾患,肝脏瘀血;中上腹痛,多为胃十二指肠溃疡,急性或慢性胃炎;左上腹痛,多为胃脾瘀血;腹中部痛,多为胃肠痉挛、蛔虫病;右下腹痛,多为阑尾炎、髂腰肌痉挛;左下腹痛,多因宿便的刺激;季肋部和下胸部锐痛,多为呼吸肌痉挛,往往深呼吸时疼痛加剧。

但是,也有些疾病,在发病初期,其疼痛部位不一定与病变部位相一致,如急性阑尾炎早期的疼痛部位多在上腹部或肝周围。也有些疾病虽然表现为腹痛,但其病变部位却在腹外,如右下肺炎、胸膜炎及腹肌疾患等。

腹痛的性质与程度,可因引起腹痛的原因不同,其疼痛的轻重也不一样。一般来说,如果腹痛时直接由运动所引起的,多为胀痛或钝痛,经减少运动强度或做深呼吸及按腹部后,疼痛可缓解。如果原来已患有疾病,只是因运动而诱发(如加重)腹痛者,多为锐痛或阵发性绞痛,钻痛,这时大学生的体育健康锻炼的训练往往要中止,经治疗后,疼痛才能缓解。

(三)处理与预防

运动中出现腹痛,应适当减慢跑速,加深呼吸,调整呼吸和运动节奏(如三步一吸气或四步一吸气),用手按压疼痛部位,或弯腰慢跑一段距离,一般疼痛可减轻或消失。如经上述处理无效,就应停止运动,口服解痉药物,点掐或针刺足三里、内关、大肠俞等穴,并热敷腹部;如果是腹直肌痉挛引起腹痛,可做局部按摩(用揉,按压)。如仍无效果,应请医生进行诊断和处理。

怎样来预防运动性腹痛的发生呢?

首先做好充分的准备活动,使机体内的各个内脏器官适应运动的需要。在长跑或超长跑开始时不要跑得快,应合理地分配自己的体力,逐步加快速度。

运动或比赛前要特别注意饮食的内容、饮食的时间和饮食的量。饮食的内容应为容易消化的食物,少吃容易产气的食物或不易消化的食物。运动和比赛前不要吃得太饱,一般以赛前吃七分饱最为合适。进食时间应在赛前两个小时以上。

赛前清除肠道中残留的粪便是防止腹痛的有效手段。

另外加强全面身体训练可以增强内脏器官的功能,运动中出现腹痛,应减慢运动速度,深呼吸,调整呼吸与运动的节奏,用手按摩腹痛部位,可减轻一些疼痛或消失。

如果腹痛是由于肝胆、胃肠疾病引起,则应请医生做彻底的检查和治疗。

### 十、游泳抽筋的防治

游泳时,身体各部有时会发生抽筋现象。抽筋,就是肌肉挛缩。常发生抽筋的部位是小腿和大腿,但手指、脚趾甚至胃部也可能发生抽筋。

引起抽筋的原因很多,常见的有三种:①游泳之前不做准备活动或做得不够,入水后突然受到冷刺激而引起抽筋,在凉水中停留的时间过长也能引起抽筋;②热天出汗很多,体内盐分缺乏时,也会引起抽筋;③疲劳时,也容易引起抽筋。

在游泳当中腿抽筋,腿脚就不听使唤了。这是很危险的,容易发生意外。预防的方法是在下水前先活动一下身体,做做操,跑跑步,多做些下蹲运动,并用手揉揉腿肚子。这样做好准备活动后再用冷水淋淋身体,然后再下水。此外,在水中停留的时间不要太长,不要过劳。在炎热的夏天,饮水中可加些盐,以补充汗中排出的盐分。这样,抽筋现象就不致发生了。

一旦发生抽筋,首先必须保持冷静,千万不要着慌,可叫人来救或自救。发生抽筋后,一般不要再继续游泳,应该立即上岸,擦干身体,按摩抽筋部位的肌肉,注意保暖。

在水中解脱抽筋的方法,主要是牵引抽筋的肌肉,使收缩的肌肉伸展和松弛。具体解脱方法为:①手指抽筋时,将手握成拳头,然后用力张开,这样迅速交替做几次,直到解脱为止;②一个手掌抽筋时,另一手掌猛力压抽筋的手掌,并做振颤动作;③上臂抽筋时,握拳,并尽量曲肘,然后用力伸直,反复几次;④小腿或脚趾抽筋时,先吸一口气,仰卧水上,用抽筋肢体对侧的手握住抽筋的脚趾,并用力向身体方向拉,另一只手压在抽筋肢体的膝盖上,帮助膝关节伸直,就可以得到缓解,假如一次不行,可连续做几次;⑤大腿抽筋时,吸一口气,仰卧水上,弯曲抽筋的大腿,并弯曲膝关节,然后用两手抱着小腿用力使它贴在大腿上,并加振颤动作,最后用力向前伸直;⑥胃部抽筋时,先吸一口气,仰卧水上,迅速弯曲两大腿靠近腹部,用手稍抱膝,随即向前伸直,注意动作不要太用力,要自然。

在水中抽筋现象消退后,应慢慢游动,以免再次抽筋。如自己没有把握游到岸边,应及早呼救。

### 十一、溺水的救护与抢救

(一)溺水的救护

一般常见的溺水原因有三种:第一种是游泳者初次下水不熟悉水性,心情比较紧张,在无同伴照顾之下,在水中站立不稳,倒于水中,慌乱中往往用鼻子吸气,呛水而溺水,这种情况比较多见。第二种是溺水者会游泳,但是在游进中由于抽筋或体力不支等原因而需要救护。第三种是溺水者稍会游泳,因不了解水情而进入深水区,这时溺水者往往精神紧张,心慌失措,用力挣扎。

发现溺水者之后,应立即营救。如果附近有救生圈、竹竿、木板或绳子等,应赶快抛给溺者或携带入水,以便营救。

如果溺者距岸边较近,而且在水中挣扎,就要看准目标,两腿前后分开、两手平伸地跳入水中。这种跳法可以使救护者的头部保持在水面上,使视线不致离开溺水者,便于营救。如果溺水者相距较远,就应采取自己最熟悉的入水动作迅速游向目标进行救护。

在接近溺水者时,如果我们没有救生经验,为了防止被溺水者抓住,最好是从他的身后接近。接近后一手应迅速托他腋下,使溺水者头部露出水面。假如溺水者仍继续挣扎,可以用臂压住他的一臂,而手则抓住他的另一臂,使溺水者不能攀、抓,然后将其头部托出水面,用反蛙泳(一种蛙式蹬腿的仰泳)或侧泳托带上岸。

如果附近有救生设备,如救生圈、竹竿等,应充分利用。

溺水者在水中灭顶后,情绪非常紧张,如遇有人抢救常会抓住救护者不放。这时,救护者如果不懂得解脱的方法,也容易遭到不幸。

常用的解脱方法如下。

1.手腕解脱法

如果两手腕都被溺水者抓住,救护者应迅速用力将两臂稍上提,然后从内向外向下扭转,就能解脱。解脱后,要迅速扭转溺水者身体,使他背向自己,以便托出水面,托带上岸。

2. 抱前腰解脱法

如果救护者被溺水者从前面将腰抱住,救护者可一手用力抱住溺水者的腰部,另一手托住他的下巴(下颌),使劲向前上方推,就能解脱。然后一手绕过溺水者的肩部,托住他的腋窝使其仰浮水面,再托带上岸。

3. 抱后腰解脱法

救护者被溺水者用两手从后面抱住腰部,这时救护者应用两手掰开溺水者的两手就可解脱。注意要将溺水者拇指抓住,用力向两侧分开,同时一手向上,一手向下使劲,将溺水者身体扭转,使其成背向,然后托带上岸。

(二)溺水的抢救

在游泳运动中,有时可能发生溺水事故,溺水容易造成呼吸和心跳停止。如果不及时抢救,将会导致死亡。人工呼吸和胸外心脏按摩是对溺水者进行现场抢救的重要手段,因此,熟练掌握其操作方法对大学生来讲是非常必要的。

1. 人工呼吸

肺位于富有弹性的胸廓内,当胸廓扩大时,肺即随着扩张,此时肺容积增大,外界的空气进入肺内,形成吸气;当胸廓缩小时,肺受到挤压,肺内的气体被排出体外,形成呼气。根据这一原理,我们可以采用人工的方法,使刚刚停止呼吸的伤员,重新恢复呼吸运动,这就是人工呼吸。人工呼吸的方法很多,在现场急救中常用的有以下两种。

(1)口对口人工呼吸法。使伤员仰卧,然后托起下颌使其处于极度后仰位。急救者用一手拇指搬开伤员的口唇,其余四指轻轻按住环状软骨,以压迫食管,防止气体进入胃肠道;用另一手捏住患者的鼻孔,以免漏气,然后深吸一口气,对准伤员的口向里吹气,直至上胸部升起为止。吹气停止后,离开患者的口部,松开鼻孔,让气体再从肺部排出。如此反复进行,每分做14~16次即可(儿童为18~20次)。

进行人工呼吸之前,要将患者的裤带、领口和胸腹部的衣扣解开,适当清除口腔中的分泌物,对溺水者不应过分强调倒水,以免延误宝贵的时间。吹气的压力和气量开始要稍大些,10~20次之后再逐渐减小,维持胸部轻度升起即可。

(2)举臂压胸人工呼吸法。使患者仰卧,头偏向一侧,抢救者跪在患者头前,双手握住患者两臂近腕关节处,将两臂向斜后拉直,使胸廓被动扩大形成吸气;然后将手放回胸廓下半部,稍用力下压,使胸廓缩小,形成呼气;如此反复进行,每分14~16次(儿童18~20次即可)。

2. 胸外心脏按摩

对心跳骤停的患者必须立即进行心脏按摩。只要发现患者突然昏迷或惊厥,在静动脉或股动脉处摸不到搏动,即可诊断为心跳骤停。心脏骤停常伴有瞳孔散大,呼吸停止,心前区听不到心音,面如死灰等典型状,此时应马上采用人工方法来恢复其心跳,在现场最容易做到的方法是胸外心脏按摩。心脏位于纵隔的前下方,前面有胸骨,后面有脊柱,因胸廓具有一定弹性,故可做轻度的被动活动,加上昏迷患者的胸壁松软,所以挤压胸骨即可间接压迫心脏,使心腔内的血液排空;去掉外力,由于弹性作用,胸廓又恢复原状,此时胸腔内压力下降,静脉血便流回心脏。反复挤压和放松胸骨,常可恢复心脏的跳动。

进行心脏按摩时,要使患者仰卧在硬板或平地上。抢救者用一手撑按在患者胸骨的下半段,另一手压在该手手背上,伸直肘关节,借助身体的重量和肩臂部肌肉的力量,有节奏地、带有冲击性地向脊柱方向压迫胸骨,使胸骨及相连的肋软骨下陷3~4厘米,然后快速松开,每分按压60~80次。儿童少年的胸廓比较单薄,只用一个手掌用力就可以了。

心跳骤停一般都伴有呼吸停止,进行胸外心脏按摩时应同时进行口对口人工呼吸。口对口人工呼吸与胸外心脏按摩的频率之比应保持在1:4。

### 十二、夏日锻炼中暑的防治

人体的体温一般维持在36.5~37 ℃左右,不发生特殊的情况经常是不大变动的。体温的这种恒定性,是由于人体内具有调温的机能,而这种机能是靠散热与产热的平衡来维持的。

在一些特殊情况下,如天气太热,体内的温度就不易散发出去;又如在较长时间运动时,身体产生的热量急剧增加,体温的调节作用就一时不能把过多的热量慢慢积累起来,体温就会显著升高。在夏天,特别是闷热的天气,气温既较高,热的放散力又较小,长时间运动时体温可能升高到39~40 ℃,体温就会显著升高,就会引起身体的整个机能,特别是大脑的机能发生障碍,就可能引起中暑。

另外,在夏天强烈的日光下照射时间太长,对身体也会产生不良的影响,这就是常说的日射病。这又是怎样发生的呢?原来,日光中有一种红外线(不是平常所说的紫外线),这种光线在夏天太阳光中格外强烈,长时间受日光射时,这种光线就能透过人的毛发、皮肤等射到脑膜和细饱,就会引起大脑的病态变化,也会引起类似中暑的症状。

1. 中暑时的表现

发生中暑时,病人感到头昏头痛、全身无力、烦躁心慌、恶心呕吐、舌干口渴,继则发高烧、面色发红、皮肤发烫,有时还可能流鼻血、心慌气短。严重的中暑,病人昏迷不醒、脸色苍白、出冷汗、体温不高、脉搏细弱、血压下降、呼吸短促、瞳孔扩大,甚至死亡。此外,有的中暑病人体温不高、头痛、呕吐强烈。还有的发生腹部及四肢肌肉痉挛,剧烈疼痛。

2. 中暑的抢救

轻度中暑时,应迅速离开热环境,到阴凉处休息,喝些凉开水、十滴水或藿香正气水,吃些人丹很快就会恢复。对于高热的中暑者,应将其移到阴凉通风的地方,安静仰卧,头部垫高,松解衣服,用扇子扇风,额部做冷敷,用温水(水温可逐渐降低)或500%酒精(白酒也可以)擦身,给饮凉开水、冷茶、淡盐水或西瓜汁等。对伴有肌肉痉挛者,可服大量盐开水,用纱布蘸白酒或醋在抽筋处反复摩擦。对昏迷者,可针刺或用指掐点急救穴位,如人中、内关、涌泉等穴,在积极进行现场抢救的同时还应迅速请医生来处理。

3. 中暑的预防

(1)夏季在炎热的天气进行体育运动时要避免阳光长时间直射头部。活动时要穿浅色运动服、戴凉帽,以防阳光直射。

(2)适当调整训练时间,一般可安排在下午三点钟以后进行,减少高温对人体的影响。在运动过程中,应增加休息次数,最好到阴凉的地方去休息。运动的时间切不可过长,这一点对于没有锻炼习惯的人来说,更应注意。

(3)在运动前应补充充足的食盐水。夏天进行锻炼,出汗很多,体内的水分和盐分随着汗水的排出而减少。这时,体温的调节机能同其他机能暂时失去联系,因此就很容易引起中暑。若在休息时喝少量加盐的凉水,不但可以补充体内因出汗而缺少的盐分,还可限制住一部分水不至大量排出。

(4)夏季应保证充足的睡眠及休息,注意加强营养。在运动后即用温水洗澡,对避免中暑也有很大好处。

(5)天气过热时,运动量应酌情减量,防止过度疲劳。夏季健康体育锻炼的时间不宜过长,应安排适当的休息时间,运动量大的项目(如长跑)应放在上午或傍晚进行。此外,平时要坚持在较热的环境中锻炼,逐步提高身体的耐热能力。

### 十三、"八字脚"的防治

"八字脚"是指走路或者跑步时,脚尖偏向外侧或者内侧,脚印呈八字形,分别称为外八字脚、内八字脚。由于八字脚走跑时,脚掌不是向外,就是向内,大腿和脚掌不在同一平面,因此,步幅比正常人小,速度慢,易疲劳,同时走跑时左右摆晃,影响身体姿势的优美。

形成八字脚的原因很多,主要是由于后天不良习惯养成的。因此,纠正八字脚最简单的方法,就是坚持正确的走跑姿势。下面介绍几种八字脚矫正的体育疗法,只要坚持锻炼,即使是较严重的八字脚,也能得到矫正。

1. 沿直线走路

在画有直线的场地上,如田径跑道线上、篮球场地线上,进行走步练习,注意使脚尖指向正前方,脚步落在直线上或者与直线平行。开始练习时可能会感到很别扭,肌肉也可能酸疼,但只要坚持下去,并逐渐增加步行的距离和速度,不适症会逐渐消失。

2. 矫枉须过正

锻炼时要求外八字脚练习脚尖朝内走路,内八字脚练习脚尖朝外走路,这样进行过度矫正可使八字脚矫正得更快些。但要特别留意矫正效果,不要去了旧的毛病,养成新的毛病。

3. 找一个高台阶或者跳箱,练习从上往下跳

要求落地时双膝双足并拢,并要注意缓冲。这个练习可以提高腿部内收内旋肌群力量,有利于外八字脚的矫正。

4. 踢毽子、踢足球

要求是:内八字脚可采取屈膝用脚内侧踢毽子,用脚内侧踢足球;外八字可采取屈膝用脚外侧踢毽子,用外脚背踢足球。两脚交替进行,可使腿不外展外旋或者内收内旋肌群力量得到发展,有利于矫正八字脚。

5. 拉橡皮条练习

这种练习是增强腿部肌群外展外旋和内收内旋力量的最有效的方法。具体做法是:找一条橡皮条,一端固定,另一端套绑在小腿下端,身体侧立。外八字脚的人应使皮条固定端在练习腿的外侧,练习内收大腿的动作;内八字脚的人应使练习腿在皮条固定端的另一侧,练习外展大腿的动作。在内收或者外展大腿时要注意加上内旋或者外旋动作。练习时膝关节要伸直、动作速度不宜快,以防肌肉拉伤。

上述矫正体育疗法,只要每天坚持轮流练习,保证练习的质量和数量,加上平时监督自己的走跑姿势,八字脚这一异常形态是可以矫正的。

### 十四、晕动病的防治

车、船是外出旅游观光的交通工具。但不少人在乘坐时会出现头晕目眩,面色苍白,四

肢发冷,恶心呕吐等现象。这就是人们常说的晕车晕船,医学上称之为"晕动病"。虽然它不是什么大病,但却会影响人们旅游的心情和效果,还会影响身心健康。

晕动病是怎样产生的?从生理学角度分析,人体在车船进行中会受到正负加速度、颠簸摇摆、旋转及振荡等多种刺激,而感受这些刺激的是人的内耳中一个调节人体平衡的器官叫前庭器官。当它的平衡调节力和耐受力弱,超过它的适应力时就会出现暂时性失调,并会反射性引起上述自主神经性不良反应。

防治晕动病,除加强乘车船时的预防保健措施外,最好的方法是采取体育疗法加以矫治。因为体育疗法能锻炼前庭器官的平衡能力,降低前庭器官的敏感性,提高前庭器官的调节适应力和耐受力,从而在根本上防治晕动病的出现。下面介绍几种体育疗法。有晕动病的青少年患者不妨一试。

1. 绕横轴的运动

垫上前滚翻后滚翻;单杠上前翻下,骑撑前后回环;双杠上蹬地后翻至屈体悬垂再还原,挂臂撑摆屈身上。

2. 绕纵轴的运动

原地转圈,纵跳转体360°,篮球运球前后转身,跳起后转身投篮,足球后转身停球或转身带球,旋转掷铁饼或掷链球。

3. 绕复合轴的运动

转头操:头部依次做前俯所仰、左右转动,按顺时针和逆时针环转;转腰:两脚开立,两臂自然下垂,以髋关节为轴,上体前俯,两臂随之向左前下方伸出,然后向前、向左、向后、向左翻转绕环,尽量增大绕环幅度。

4. 水平的运动

变速跑、后退跑、侧身跑、下坡加速跑、来回折返跑、起跑—加速跑—急停转身加速跑、起跑—急停—后退跑、助跑跳箱、急行跳远。

5. 纵跑运动

纵跳摸高、深蹲跳、跪跳起、连续跳台阶或栏架、跳绳、跨步跳、单脚跳、排球扣球。

6. 其他娱乐性活动

跳快步华尔兹舞、健美操、溜冰、游泳、倒立、侧手翻、荡秋千、坐转椅、乘电梯、快速仰卧起坐、空中飞车等。

7. 注意事项

(1)锻炼前要做好准备活动,选择开阔平坦无杂物的场地。要检查运动器材的安全性。

(2)要在学会和掌握基本动作的技术要领及单个动作较熟练的基础上,再进行连续组合成套的练习,从易到难,不能急于求成。

(3)锻炼的运动量和刺激强度要循序渐进,使身体逐渐形成适应—加量—再适应—再加量的提高过程。

(4)选择练习的动作要全面。前庭器官的适应性有其特异性,即如果只给予旋转刺激,它就只产生对旋转的适应。因此,经常改变练习的动作方位和姿势,可以使前庭器官的适应性更广泛,锻炼的效果会更好。

# 第五节 大学生健康与医疗康复

## 一、运动与月经

女子经期是从性成熟期开始出现的周期性月经来潮,是女大学生一个重要的生理特点。一般约从13~16岁开始出现月经,每隔28天左右一次,每次约持续3~7天。月经期间,一般并没有什么明显的生理变化,只有少数人会有轻微的头晕、头痛、腰痛、下腹胀痛等感觉。月经期人体的工作能力并没有明显的变化,仅在个别月经不调的女大学生身上,学习能力会有所下降。月经是女大学生的正常生理现象。

提出月经期要不要完全停止健康体育锻炼的问题,往往是怕月经期进行体育活动会引起月经不调或给身体带来不良影响。这种顾虑是不必要的,只要我们在月经期科学地进行锻炼,就不会有不良后果。

实践证明,经期参加适当的健康体育锻炼,不但对身体无害反而有益。因为,月经期间的子宫内膜变化是剥落与修复再生交替的过程,经期参加适当的锻炼,可以增进全身和骨盆腔的血液循环,减轻局部瘀血,改善内生殖器官的血液供应,有利于子宫内膜的再生;加之腹壁和盆底肌的轻度节律性收缩,无异于是对子宫的按摩,可以促进子宫内膜的剥离和促进经血排出,缩短行经过程,还由于身体活动和户外环境的刺激作用,可以抑制感觉中枢兴奋性,从而减轻身体不适感。这一点,许多习惯在月经期活动的女大学生都深有体会。

不过,女子在月经期间毕竟和平时有所不同。因此,在经期进行体育活动时,应该注意以下五点。

(1)根据自己的身体情况,继续参加平时习惯的运动项目,只是运动量减少些。慢跑、做操、打拳、打乒乓球、打羽毛球、打排球、投篮、散步等都较适合,只是锻炼的时间可缩短些,速度可放慢些。如果平时参加活动剧烈的运动项目,经期可改参加缓和的。

(2)避免参加剧烈的、震动大的运动,比如跳高、跳远、快速跑、踢足球;不能进行增加腹压的力量性练习,比如举重、练哑铃。否则,容易引起经期血过多或子宫位置改变。

(3)经期不能参加游泳。因为子宫内膜正在出血,子宫口又处在微开状态,病菌很容易进入,会引起生殖器官发炎等妇女病。另外,冷水刺激,子宫和盆腔的血管会收缩,可能引起经血过少,甚至闭经。

(4)平时习惯进行冷水锻炼的,包括冷水洗脚、冲淋和浸泡等,应暂时停止,可改为冷水擦身、洗脸等。擦身的水温可稍高一些,持续的时间可短一些,只擦四肢和胸背,不要擦腰腹部,并且在擦洗后及时保温。

(5)一般不宜参加比赛。因为比赛时争夺激烈,运动强度大,精神过度紧张,神经系统往往不能适应,会引起内分泌失调,产生痛经、月经过多或过少等症状。

对那些有明显月经不正常、严重痛经、内生殖器官有发炎性疾病及经期全身不适的女大学生,月经期间则应暂停参加健康体育锻炼。对于月经期间有明显的腰酸背痛、下腹疼痛较剧烈、全身不适、月经不正常(周期过频、持续时间过长、血量过多等)、内生殖器官有发炎性疾病的女大学生,经期也应暂停参加健康体育锻炼。

那么,参加了运动队的女大学生,月经期能不能进行系统的训练和比赛呢?月经正常、平时坚持经常锻炼的女大学生,在参加运动队后可逐步地让她们在经期参加运动训练,但运动量要减少,注意区别对待,做好医务监督,使女运动员逐步获得经期进行训练的适应能力。近来运动医学观察说明,平时月经期从事运动训练,可使运动员机体对经期比赛逐步适应。对训练能逐步适应的女运动员,经期可以参加一定的比赛而不会产生不良后果。科研工作者曾在一些全国性的运动会上对参加比赛的月经来潮的女运动员进行过调查,发现有75%的女运动员比赛后行经正常。当然,这种适应能力要逐步在训练中获得。

至于一般锻炼身体的女大学生,月经期则不宜参加比赛。因为比赛运动强度大、神经系统负担紧张,平时又没有适应习惯,容易引起内分泌失调而影响正常行经。

## 二、运动与感冒

有些大学生认为,得了感冒病后,不用吃药治疗,打一场球,出一身大汗,就会好。这种看法,不够全面,这种做法,也不宜提倡。

在实际生活中,我们看到,的确有一些大学生,在感冒后适当打打球或跑跑步(不是剧烈运动),出些汗后,感冒症状就减轻一些,这是因为,人在运动,交感神经兴奋,心跳加快,呼吸加速,体内白血球和其他抗体所组成的防御体系的机能提高,再加上出汗时体内的毒素排出体外较快,使感冒症状得到一些缓解。这种情况多见于少数体质较强,感冒初期,症状较轻的人身上。

这是因为,感冒是一种常见的急性上呼吸道感染病,是由病毒或细菌引起的鼻、鼻咽或咽喉部的局部性炎症。感冒后会出现各种程度不同的症状。这些症状的多少和轻重,与外来的或原来已在呼吸道存在的病毒或细菌的毒力大小、患病者的体质强弱有密切的关系。感冒常见于身体受寒劳累后,体弱者、呼吸道局部防御功能较弱者(如扁桃体增大、慢性咽炎等),当引起感冒的细菌或病毒侵入人的机体后,机体就动员体内的防御系统与之展开斗争,表现为一定限度内的身体发热,白细胞数增多,细胞的吞噬作用、抗体的生成、肝脏的解毒作用等都增强,同时,体内的新陈代谢也增强,以便加速组织的物质交换和提高机体的抵抗能力。这时为机体创造有利的"斗争"条件甚为重要,其中适当的休息就是重要的一条。如果再进行打球、赛跑等体育活动,就会使体内产热更增加,代谢更旺盛,这样热上加热,会造成过高的发热,而使体内调节功能失常,使中枢神经系统的兴奋性增加过高,体内能量物质(糖、脂肪和蛋白质等)消耗过多,削弱了病人的体力,并使氧的消耗量大大增强,以致加重心、肺等系统的负担,甚至引起急性心、肺功能不全。

当感冒为细菌引起时,由于致病细菌大多为一种溶血性链球菌,少数为肺炎双球菌等,全身症状较重,如不及时休息和治疗,除了可继发鼻窦炎、支气管炎外,还有可能引起风湿病、肾炎等。

当感冒为流行性病毒引起时,除出现常见的感冒症状(医学上称为单纯型感冒)外,也可能直接出现肺炎型或全身中毒型感冒。如果这时不好好休息和治疗,就更容易从单纯型流感转化为肺炎型,少数可继发病毒性心肌炎。

还应指出,某些急性传染病如百日咳、麻疹、小儿麻痹症、流行性脑脊髓膜炎、病毒性肝炎等的初期均可出现类似感冒的上呼吸道症状,早期检查时与单纯的感冒较难区别。如果这时再参加剧烈运动,更会加重症状。

因此,大学生在感冒后,应该及时找医生治疗,并好好休息,不要参加打球、赛跑等剧烈体育活动。

### 三、运动与低血糖

健康人体的血糖维持在一定的水平(每100毫升血液中80~120毫克)。当低于50~60毫克时,就会出现一系列症状,就叫"低血糖症"。

进行健康体育锻炼时,体内新陈代谢旺盛,肌肉收缩要消耗能量,而这种能量主要来源于体内糖的氧化,因此消耗的是体内的糖。所以当较长时间剧烈体育运动时,由于血内葡萄糖大量消耗,就可能产生"运动性低血糖症"。此病多发生于长跑、超长跑、长距离滑冰、滑雪、自行车和长时间的球类活动的过程中或结束后。

1. 低血糖症的原因

体育运动中发生的低血糖症,主要是由于长时间剧烈运动时体内血糖因大量消耗而减少所造成的。体育运动前饥饿、比赛时情绪过分紧张或患病未愈参加锻炼等,都是低血糖症的重要诱因。

2. 症状

健康体育锻炼时发生低血糖症后,病员感到非常饥饿和极度疲乏,并感觉头昏、心慌,面色苍白,出虚汗。较重者可出现神志模糊、语言不清、四肢发抖、躁动不安或精神错乱(如赛跑者返身向相反方向跑),甚至会发生惊厥和昏迷。

3. 急救

使病员平卧,保暖。神志清醒的可以给他喝浓糖水或姜糖水,并吃少量食品,一般短时间后即可恢复。若昏迷,可针刺或用指尖掐点人中、百会、涌泉、合谷等穴,并迅速请医生处理。如有条件,这时若能静脉注射50%葡萄糖浓液50~100毫升,提高血糖浓度,就会使病情迅速好转。

4. 低血糖症的预防

平时健康状况不佳、没有锻炼基础,或患病未愈,或空腹饥饿的时候,不要参加长时间的剧烈运动(如万米跑、马拉松赛跑、长距离滑冰、公路自行车等)。马拉松赛跑时应准备一些含糖的饮料,供途中饮用。

### 四、运动与近视

有人看到眼睛近视的大学生戴着眼镜仍然在运动场上打球跑跳时,就对他们说:"视力已经不好了,别再打球跳高了吧!这些活动太剧烈,小心把眼球震坏,造成视网膜脱离。"真的会这样吗?

只有一般近视,而没有高度近视的话,打球跳高等是不会引起视网膜脱离的。在参加一些个人与球之间容易发生接触或碰撞的运动项目时最好不要戴眼镜。近视的大学生摘下眼镜后由于视力不佳,判断的准确性受影响,应配戴特别的接触眼镜。因为,通常人们戴的眼镜片是无机玻璃制成的,这种挂在眼前易碎的玻璃片,一旦受撞击即散成无数细小锐利的碎片,它溅进眼睛里,轻者波及眼睑、结膜和角膜的表皮,划破或嵌顿异物;重者导致角膜溃疡、穿孔、房水外溢合并白内障,甚至有失明的危险。这样,应配戴吸附在角巩膜上的接触镜,即隐形眼镜,它是用有机玻璃或化学塑料制成的,其大小跟衬衣纽扣差不多,且有薄、轻、透明、柔软的特点。

参加田径、网球、乒乓球等项目锻炼的大学生,最好戴安全眼镜。它的镜架是塑料框镶嵌的,这种镜架比金属框安全得多。一般来说,镜片边缘受到打击较之正中更危险,金属框架很易传递边缘震动波,加速镜片破碎;而塑料框架能吸收、缓冲边缘来的震动波。安全眼镜的镜片由一种叫作聚甲基丙烯酸酯的塑料材料制成。当镜片受撞击时,产生的碎片通常不会超过三块,且破片大而边缘钝,较之小而尖锐的玻璃镜片伤害力小。但是,近视程度如果达到6屈光度(俗称六百度)以上,成为高度近视时,情况就不同了。高度近视时,眼球变长、巩膜变薄,脉络膜萎缩视网膜周边部很容易发生变性。有高度近视的大学生,在打球、踢球或进行其他对抗性强和冲撞机会较多的剧烈运动时,有时可能会撞击眼部,在这种情况下,已经变性的视网膜有可能与周围组织脱离或受到其他损伤。所以高度近视的大学生是不宜参加打球跳高等剧烈运动的。当然,这并不是说有高度近视的大学生就不能参加健康体育锻炼了,他们还是可以参加做操、打太极拳和慢跑步等一些较缓和的体育活动的。

有一般近视的大学生戴着眼镜打球跳高,是有些不大方便,眼镜容易被震脱或撞掉,但是,只要在眼镜的后面系上皮筋或细带子,把眼镜保护好,还是可以参加这些项目的锻炼的。在比赛场就常看到这类项目的运动员也有戴眼镜的。

### 五、运动与记忆力

人们都渴望有良好的记忆力。加强健康体育锻炼,则是生理、心理学家们推荐的提高记忆力的简易方法。

体育运动对神经系统,特别是大脑功能的增强起很大的作用。人的每个动作都是由大脑指挥的,经常运动能提高大脑皮层的强度、均衡性的灵活性,协调兴奋、抑制过程,增强大脑皮层的分析和综合能力。这正是一个人良好记忆力的基础。

心理学研究认为,记忆力不佳与脑疲劳有关。人们在工作和学习时,大脑皮层相应部分的细胞处于工作状态(兴奋状态),其余处于休息状态(抑制状态)。这就是大脑皮层"镶嵌式"活动的特点。开始时大脑细胞能量恢复过程超过消耗过程,继续下去消耗过程逐渐大于恢复过程疲劳随即产生。记忆力下降正是脑疲劳产生的重要标志。此时,如果仍继续学习、工作,记忆力就会下降。如果参加一些健康体育锻炼(如体操、打拳、打球等),使大脑皮层兴奋和抑制区转换,疲劳会很快消除,记忆力便大大改善。

生理学表明,脑疲劳与缺氧有关,而体育运动少、肌肉衰弱是缺氧的重要原因。大脑需氧量占人体总需氧量的20%到25%,所以缺氧对脑影响很大。体育运动可促进血液循环,加速气体交换,心脏输出更多的含氧血液,全身血管开放,从而使大脑得到充足的氧和养料,疲劳迅速解除。国外科学家做动物实验证明:"运动训练"能促进大脑中能量供应的再合成过程,使三磷酸腺苷合成骤聚,改善大脑营养状态。

基于上述理论,一种增强记忆力的新颖体操——单侧体操应运而生。人的大脑分为左右两个半球,左半球管语言、思维逻辑、高级神经活动及右半身的各种活动;右半球主司智慧和理性思维及左半身的各种活动。当人的右半身活动过量时,必然会引起左侧大脑半球的疲劳,继而发生记忆力减退。为了减轻大脑左半球的负担过重,防止疲劳,就要增强左手左足的活动,用来强化右侧大脑半球的功能,以达到增强记忆力的目的。

单侧体操的具体方法有投弹、舞剑、举哑铃、单腿跳、单臂伸屈等,可在每日清晨或傍晚各做一次,每次20分。平时惯用右手者,可做左侧体操;惯用左手者做右侧体操。

### 六、运动与智力

有人做过这样的实验:把同样的小白鼠分成两组,第一组放在小笼子里喂养,除了取食和喝水之外,不让它活动;第二组放在大笼子里喂养,笼子里装有各种运动设备,小白鼠可以任意跑、跳活动。十几天后的测量表明,第一组小白鼠的大脑重量比第二组轻3%,脑细胞的分支也比第一组少得多。可见,运动能促进大脑的发育。

一个人的智力高低取决于大脑,大脑的发育靠营养,只有满足大脑的营养需要,智力才能够得到充分发展。最能有效地促进大脑吸收营养的方法莫过于运动。

比如说,脑组织对氧的供应十分敏感,它消耗着人体需氧量的四分之一。供氧充足时,人的思维就会敏捷,记忆力也强;供氧不足时,人就会感到头晕目眩,思维不敏。健康体育锻炼可使肺活量成倍增加,可使人体的用氧率得到大幅度提高,这为向大脑提供足够的氧气创造了优越的条件。

大脑活动所需要的能量主要来源于糖,而大脑本身糖的储备很少,这就必须依靠血液输送。当每100毫升血液中血糖升到120毫克的时候,大脑的活动正常,记忆力最佳。当血糖降到60毫克左右的时候,人就会感到四肢无力、思维迟钝。体育运动能使消化力增强,消化力一强,食物中的淀粉就可以更多地转化成葡萄糖,葡萄糖一多,血液中的血糖含量就会随之增高。

健康体育锻炼还能使大脑释放脑啡呔等特殊物质。长期坚持锻炼的人,脑内的核糖核酸含量比普通人的平均水平高10%到12%。核糖核酸能促进脑垂体分泌神经激素——多肽组成的新的蛋白质分子,这种蛋白质被人们称为记忆分子,对促进记忆和智力的生长具有良好的作用。

大脑的氧气及营养物质的运送与红血球的数量、血红蛋白的含量和血液循环量有关。经常运动的人,每立方毫米血液中的红血球比一般人多100到150万个。经常运动的人,血液循环也比一般人快1.8到2倍。血液量增多,向大脑提供的氧气和养料也就更充足。

健康体育锻炼可以消除疲劳,提高大脑的工作效率。大脑最容易兴奋,也最容易疲劳。适宜的兴奋可以提高思维能力,加强记忆力;疲劳,特别是过度疲劳则会大大降低记忆和思维能力。加强记忆力,就要消除疲劳、提高记忆和思维能力。这就要劳逸结合,注意休息。在保证睡眠的情况下,适当的健康体育锻炼是消除疲劳的好方法。

人的大脑皮层共有几千个不同的功能区域,就是平时所说的中枢。这些不同的中枢有的专管记忆,有的专管运动,当一处中枢兴奋时,周围其他的中枢就会受到抑制,健康体育锻炼正是利用这一生理现象,有意识地调整大脑的兴奋区域,使得大脑得到积极休息的。比如说,当我们进行健康体育锻炼的时候,思维中枢就会处于抑制状态,这样,思维中枢就能得到更好的休息。

总之,发达的智力寓于健全的体格中,对脑力劳动者,特别是对青年学生来说,健康体育锻炼从表面上看是失去了一些时间,但换来的却是事半功倍的学习效率。

### 七、运动与大脑健康

大脑是人体代谢最活跃的器官。大脑的重量只占体重的四十七分之一,而它需要的氧气量约占全身用氧量的四分之一,在人体各部位当中占首位。另外,大脑组织所需要的糖比其他器官要多得多,大脑的血流量大约相当于心脏总排出量的五分之一,可见要维持大脑的活动,心脏和血液循环的负担是很大的。

科学家做过这样一个实验:让一个人平躺在一个大天平上,然后让他做一道复杂的数学题,随着思考的不断深入,人们可以见到天平上人的头部所在的一侧逐渐下沉,这表明血液对大脑的工作有直接影响。脑力劳动时,人们一般是静坐姿势,而人体的其他器官,比如消化、呼吸、循环等系统都由于人体的相对静止,其机能状态跟不上大脑紧张活动的需要,于是就出现"养料"不足的情况。因此,长时间的脑力劳动后,人会感到精力分散,甚至头昏眼花,产生疲劳的感觉。休息的方式有两种,一种是一般的安静休息,包括睡眠;另一种是积极性休息,即用体育活动代替脑力劳动。

整个大脑共分几十个功能不同的区域,它们之间有相互诱导作用,一处大脑区域的兴奋必定会带来其他几处区域的抑制。当脑力劳动者参加健康体育锻炼的时候,大脑中与活动有关的区域引起了兴奋,原来和脑力劳动有关的曾经兴奋的区域,这时候被诱导而引起抑制,行使保护的作用。同时,健康体育锻炼可以使人的精神振奋,也能促使脑中释放脑啡呔、内啡呔等特殊的生化物质,这些物质有促进智力帮助记忆的作用。此外,健康体育锻炼还能消除因身体不活动或者活动比较少而引起的血液在内脏器官中的停滞状态,促进血液循环,使大脑等器官因得到更丰富的血液供应而强健起来。

健康体育锻炼对人的心理活动也有良好的影响。大脑右半球主司运动,左半球主司思维。研究表明:忧郁等不良情绪通常发自左脑半球的思维部分,而产生愉快情绪的区域在大脑右半球。人在运动的时候右半球的活动占主导地位,左脑半球的活动处于抑制状态。因此,运动可以使人忘记忧愁、烦恼和不快。

由于脑力劳动者平时缺少体力活动,所以只要根据循序渐进的原则,掌握适当的活动量进行各种健康体育锻炼都是会有好处的。脑力劳动者应该多到室外去,要充分利用空气、阳光、水这三个促进健康的要素进行锻炼。新鲜的空气中含有充足的氧气,可以使身体获得更多的氧气。日光是大地上一切生物的培育者,合理地接触它,能增强神经活动,促进新陈代谢。水能清洁皮肤,增强皮肤的排泄机能,对神经系统具有缓和的影响。学校在每节课之后,都有十分钟的休息,这对于消除学习时大脑的紧张活动所造成的疲劳,以及调和由于长时间坐着不动所产生的不良影响有明显作用。因此,在课间休息时,同学们应尽量到操场上去散步,活动活动。

一些简单易行、容易做到的活动有慢跑、体操、太极拳等。还可以进行一些季节活动,如夏季游泳、冬季溜冰及滑雪、春秋季郊游等。如果体力比较充沛,健康状况许可,做些比较剧烈的活动,如打球、长跑、武术、举重、器械运动等,对身体帮助更大。

### 八、运动与助眠

有些同学学习较紧张,想通过晚上进行跑步锻炼,但总担心晚上跑步会影响睡眠。那么晚上跑步怎样锻炼才能达到健身的目的,又具有促进睡眠的效果呢?

运动医学专家进行实验研究,他们把参加受试的人分为3组,每组32人,规定用三个不同的强度,跑完三个不同的距离。观察结果表明,不同距离、不同强度的跑步对睡眠的影响是不同的。

第一组以每秒3.4米的速度跑完600米,受试者在跑时,心率达到每分150次左右,并感到跑后大脑处于长时间的兴奋状态。生理学研究表明:大脑皮层过度兴奋将会导致兴奋扩散。因此,强度较大的跑步是不利于睡眠的。第三组以每秒3米的速度跑完1500米,强度虽然不大,但距离较长,中枢神经系统通过兴奋的综合作用,同样诱发了大脑皮层的高度兴奋,跑后使受试者迟迟不能入睡。而对于促进睡眠有良好效果的是第二组,它以每秒2.7米的速度,每分121次的心率,跑完900米的距离。这组受试者感到:跑步时,头脑只是清醒,但不兴奋;身体只是发热,但不出汗(值得注意的是,跑步出汗容易使大脑兴奋,造成失眠,这在生理学上已被证明),跑后较容易进入睡眠状态。

在观察中还发现:跑步后到上床睡觉的间隔时间以15~20分为宜。这是脉搏可以基本上恢复到安静时的状态。当间隔时间太短,脉搏基本没有恢复时,上床睡觉会感到气喘、难受,而影响入睡。

睡前跑步为什么会有助于睡眠呢?运动医学专家分析认为,跑步主要使大脑运动中枢形成一个新的"兴奋灶"。通过神经调节作用,抑制大脑中学习或其他中枢的活动。但过度兴奋则会导致兴奋的扩散,起不到抑制学习等中枢活动的作用。因此睡前跑步的关键是要掌握合理的强度、抑制距离,使大脑处于适宜的兴奋状态。它的标志是:心情放松而不紧张,大脑平静而不烦乱。这样才能为入睡觉创造一个良好的心理环境。

你如果想用晚上跑步的方法锻炼促进睡眠,就必须掌握适当的强度、距离和与睡眠间隔的时间。这一点应引起足够重视。

最后应重视跑步后放松和保健,如拍打下肢肌肉,用热水洗脚,换上干净的服装。最好在运动场上进行,以确保安全。

### 九、运动与长高

许多大学生经常提出这样的一个共同的问题,即人长到什么时候才停止,现在我还能再长高些吗?有什么办法解决个矮的忧烦?

一个人身体的高矮取决于先天遗传和后天环境两大类因素。研究表明,人体身高的70%~75%取决于父母的遗传因素,25%~30%取决于后天因素,即营养、运动、气候、疾病等。我们知道,人不是一辈子都在长个子,男子在20~25岁、女子在19~23岁就停止生长。但具体到每个人,究竟到什么时候停止生长,还取决于自己的遗传程序,尽管有遗传因素的限制,但男学生到25岁前、女学生到23岁前都不要放弃对长高的努力,应该在后天因素方面多做努力。

(一)运动对长高的促进作用

医生研究表明:青少年身材长高取决于下肢骨的发育情况,骨骼长长得依靠长骨顶端的骨骺。它是管骨骼生长的软骨,随着年龄的增加,骨骼软骨不断骨化变硬,同时不断长出新的软骨,这样就保证骨骼不断变长,身高不断增加。体育运动对身高有着重要的促进作用,主要体现在以下几个方面。

1. 机械物理作用

适量的运动可增加骨骼的刺激,使长骨两端的骺后软骨经常挤压摩擦,应该说,受压力大的部位,比受压力小的部位发育快。经常锻炼可增加长骨的长度,而且还可使骨内的骨小梁排列得更加整齐而有规律。

## 2. 生理生化作用

由于运动改善了体内的水、氧气和热的平衡,可以促进生长素的分泌,还可以促进糖、蛋白质、脂肪等能量物质更好地代谢,同时运动加快全身血液循环,有效改善骨骼的营养,加速骨细胞的增殖,有利于骨质的合成,满足身高增长的需要。

## 3. 调节激素作用

体育运动可以调节情绪,振奋精神,激昂精神状态,可提高人的神经和内分泌的功能,刺激脑垂体更多分泌生长素,增加血液中激素的浓度,加快生长发育的过程。

### (二)运动方法

那么,采用什么样的运动方法更有利身体长高呢?从事哪些项目的锻炼能使身体长得更高呢?从广义上说,并不是所有运动锻炼项目都有助于长高,而且强度过于激烈过量运动不仅无助于长高,还会影响长高。因此,锻炼首先要根据本人年龄、性别身体条件、健康水平和环境条件进行合理安排。选择促进身高发育的运动项目应符合下列几条标准。

#### 1. 有全面锻炼作用的项目

跑、跳、球类运动需要全身大部分肌肉参加,从促进骨骼生长发育角度看,比只需要局部肌肉参加活动的项目(哑铃、杠铃练习等)更有益。能大大加快全身血液循环,增强内脏功能,改善骨骼系统营养,起到促进长高的作用。

#### 2. 能伸展和放松肢体的项目

如游泳、体操、悬垂、跳绳等深蹲跳这类项目。锻炼方法如下。

(1)肢体伸展练习。可由几个动作组成。第一个动作是向前弯腰,然后两上肢轮流向左右侧做最大的向上、向后的伸展动作。开始阶段先做二八呼练习,经过一段时间后,可做四八呼练习。第二个动作是坐在体操垫或地板上,一侧下肢向后屈膝,另一侧下肢向前伸直时向侧弯腰。左右下肢轮换做。第三个动作是坐在椅子上,两臂两腿尽量向两端伸展,边伸展边放松,重复4~8次。

(2)单杠悬垂。两上肢尽量伸直。开始时先悬垂10~20秒,2~3分后,再重复一次。反复4次。经过1~2周后,每次悬垂时间可延长到30~40秒。悬垂时两腿尽可能地向两端伸展,边伸展边放松。

(3)跳绳练习。可单人跳或多人跳。单人跳时可配合蹬地屈膝和蹬地直膝尽量向上跳的练习。开始持续2~3分,逐渐增加到10分,间歇1~2次。

(4)深蹲跳练习。开始每天全力起跳20~30次,逐渐增加到50~100次。经过一段时间练习后,每天可增加到150~200次。

在进行这些专门练习时,可配合放松体操、放松跑或游泳活动。练习要遵守循序渐近的原则,持之以恒,才能获得较好的效果。

#### 3. 户外活动项目

应尽量争取到室外活动。骨骼是由蛋白质有机物和磷酸钙无机物组成的,两者相结合,骨骼才能正常发育。而人体吸收钙磷必须有足够的维生素 D,进行户外锻炼即可在阳光照射下,使皮肤中的麦角固醇转化维生素 D,以助钙磷的吸收。

### 十、运动与消除课后疲劳

学生连续听课或长时间看书学习,会感到头晕,注意力不集中,影响学习效果。这时,如果适当进行体育活动,加以调节,有助消除疲劳,提高学习效率,向大家介绍一套有效的消除课后疲劳的方法。

(一)课内调节法

在课内,学生可利用教师布置作业、抄写黑板、自学或变换学习内容的机会,在不影响他人的情况下,有意识地进行自我调节。

1. 转头法

保持听课学习姿势,两前臂平放于桌面,接着进行小幅度的旋转头部练习,连做数次。其作用为:促进颈部血液流通,消除肌肉疲劳。

2. 旋肩法

基本姿势同上,两前臂自然放于桌面,向前后做肩关节的旋转练习。其作用为:消除肩部肌肉疲劳。

3. 压指法

基本姿势同上,五指分开,指尖相对,接着用力向内压指,使掌心靠拢,连做数次。其作用为:消除因长时间书写所引起的指腕肌肉疲劳,提高手指的灵活性。

4. 抓拳法

基本姿势同上,两手离开桌面,前臂平放,手腕稍上抬,然后做抓拳练习,连做数次,其作用同3。

5. 旋转法

基本姿势同上,前臂离开桌面,以肘支撑,两手指交叉,做腕部血液循环,消除肌肉疲劳。

6. 伸肘法

基本姿势同上,两前臂离开桌面,以肘支撑,然后小臂向内外活动,屈伸肘关节,连做数次。两臂自然下垂于体侧,做同上练习效果会更好。其作用为:活动小臂,提高肘关节灵活性,消除其疲劳。

7. 转踝法

基本姿势同上,两脚平放地面,然后脚掌离地,脚指朝上,连续做踝关节练习。其作用为:提高踝关节灵活性,促进小腿血液循环;在冬天还能起到防止冻疮的作用。

8. 摆膝法

两脚平放地面,接着大腿稍抬起,使脚掌离地,以膝关节为轴,小腿不停地做前后钟摆,其作用为:消除长时间成屈膝坐势所引起的小腿肌肉发麻。

9. 挺胸法

基本姿势同前,上体正直,接着收腹挺胸,两肩尽量向后拉,使胸部前挺,连做数次。其作用为:克服长时间含胸曲背姿势,有利于矫正驼背,消除肩背肌肉疲劳。

10. 收腹法

基本姿势同上,上体正直,配合深呼吸,连续做紧张收腹部练习。其作用为:改变长时间的弯腰压腹姿势,促进肠胃蠕动,消除腰腹肌肉疲劳。

(二)课间调节法

为尽快地消除上课所引起的大脑和肌肉的疲劳,为之后的学习创造条件,课间可采用下列调节法。

1. 远视法

下课后,来到室外,眼睛尽可能向远外眺望,把校园周围的山水、田野、树木全环视一遍,然后慢慢将视线收回,接着进行数次眼球环转练习。其作用为:调节视力,消除眼睛疲劳。

2. 展体法

站在走廊或操场上,两脚平行开立,两手指平行交叉,两臂经胸前,翻掌上举,同时做提踵、抬头挺胸、收腹立腰动作。连做数次。其作用为:改变上课时弯腰、屈背、低头的不良状态,促进全身血液流通,放松肌肉,消除疲劳。

3. 俯撑法

站在走廊上,手扶栏杆,两脚向后退一步,然后做斜体俯卧撑,连做数次。其作用同2。

4. 踢腿法

手扶墙壁,两腿直腿轮换向前后踢腿,连做数次。其作用为:活动髋关节,提高灵活性,消除臀背肌肉的疲劳。

5. 提拉法

站在走廊上,手扶栏杆,成斜体支撑,接着一腿蹬伸,另一腿屈膝往上提拉至大腿靠近腹部。两腿轮换做数次。其作用同上。

6. 蹬跳法

站于台阶前,一腿屈膝放在台阶上,然后两腿同时蹬地,空中做上下换腿,速度宜慢,连做数次,其作用为:促进下肢血液流通,消除肌肉疲劳。

7. 游戏法

在室外,七八人一组进行反应游戏,方法是参加者立于圆心,向前平举一臂,练习者马上向前跨一大步;向后举,练习者马上向前跨一大步;向侧平举,练习者向侧跨一步,两臂同时上举,然后马上退回成立正姿势。另外,可采用脚夹掷小石块比准、比远的游戏。其作用为:提高学生的注意力,判断反应力,有利于消除身心疲劳。

以上练习比较简单方便,学生如能充分利用空间和时间,有目的地坚持锻炼,那么,一定能达到消除身心疲劳,提高学习效果之目的。

### 十一、运动与女大学生健美

女大学生正处于青春期向成年期过渡阶段,也是健美训练的最佳年龄段。女大学生的健与美应包括健壮美、曲线美、协调美和形体美四个方面。

(一) 健壮美

健壮美是健康的身体和健美的身材的有机统一。因此,健美锻炼应注意机体内的全面机能锻炼——内脏器官的功能锻炼和关节肌肉的锻炼。虽然每个人的骨骼大小有胖瘦受一定的遗传因素的影响,但通过各种健美锻炼形式,可以在提高内脏器官工作机能的前提下,达到胖就胖得灵活,富有弹性,胖得壮而有力,而不是臃肿、笨拙无力;瘦就瘦得精干,充满活力,而不是弱不禁风,软弱无力。从这个意义上说,在健美锻炼中,不能追求单一的外形美,这样才能真正达到在健康基础上的健壮美。

(二) 曲线美

它是女性特有的风韵。目前就当代女大学生曲线美的标准而言,就是肩围大于胸围10厘米左右,胸围大于腰围25厘米左右,臀围不能大于胸围3厘米。以上几个围度,是体现曲线美的主要标准。而现在大多数女大学生的身体情况是肩部狭窄,胸部平坦,腹部微凸腰围肥大,臀部不是平坦就是下垂或大臀等。出现了该凸不凸不该凸的却凸了起来的反差现象。因此要求女大学生们在健美锻炼中,除注意全面锻炼外,还应根据这个标准,进行有针对性的局部锻炼。

(1)要加强肩部练习。要多练一些压肩、拉肩、转肩、绕环和上举、上推等练习,久而久之就会有一个圆润而丰满的肩部。

(2)应加强胸部练习。多做一些扩胸、展胸、挺胸等一些伸展性练习,还可做一些锻炼胸肌如俯卧撑的练习,促使胸部丰满而挺拔。并可在锻炼后对胸部和乳房进行按摩。

(3)要加强腹部练习。多做一些收腹性练习——包括上腹肌、中腹肌、下腹肌和侧腹肌。如果腹部脂肪减少且弹性良好,自身就是收缩(收腹),腰腹部的曲线也就自然产生了。腹部锻炼中,脐上部分主要通过仰卧起坐等练习,使胃部凸出部分收紧平坦;脐下部分主要通过仰卧举腿等练习拉紧下腹肌。腰部转体练习等主要锻炼腹外斜肌。

(4)要加强髋部或臀部的锻炼。因为臀围主要由髋部和臀部所组成,为此,须重视髋的顶髋、提髋、绕髋、髋绕环动作,以及臀部的站立直腿前举、外内侧举、俯卧屈膝后踢等练习,这样才能确保适中的臀围和髋部灵活性。

(5)要加强腿的锻炼。因为结实健美的双腿,不但使人的体形匀称挺拔,而且有力的双腿走起路来能给人一种坚定和充满活力的感觉。女大学生们的锻炼主要应以减缩多余的脂肪、增强肌肉弹性、增进腿部健美线条为主。为此,应适当做蹲、俯卧腿弯举、站立提腿等多种练习。

(三)协调美

如果说男性美主要表现为"阳刚之美"——舒展挺拔、魁梧健壮,那么,女性美就主要表现为刚柔相济的协调美。它会使女大学生更具青春韵味,因而在锻炼时既要注意大肌肉群的肌力练习,又要注意各部位的柔韧性练习。下肢一般多做各种压腿、摆腿、劈腿等练习。腰部和髋部应多做一些体前屈、侧屈绕环、转体和顶髋、绕髋等综合性练习。具体可通过徒手操、健美操、舞蹈、垫上运动等各种器械性练习,以达到全身各关节的韧带的灵活和柔软。

(四)形体美

身体骨骼发育成比例、左右对称、身体舒展挺拔并富有表现力,双腿笔直,无驼背含胸等不良姿态,才能称作形体美。这也是女大学生在健美锻炼中外形设计的重要部分。它主要通过各种芭蕾基训,伸展性练习和肌力练习,同时任何时候都注意保持正确的身体姿态来获得。实践证明,不仅靠健美锻炼,而且平时随时保持正确的身体姿态,是获得形体美的不可缺少的重要环节。正确的体态感觉应该是"提臀""收腹""松肩""挺胸",整个身体感觉是向上"拔",行走时,应该脚尖朝前,与肩平行,不能"内撇""外八",要挺胸收腹,自然摆动双臂;坐时应特别注意背部与颈椎的挺直姿态,不能按背缩颈等。美化体形的基本练习按人体结构可分成头颈组合练习、手位组合练习、身体躯干组合练习和基本步伐练习等。其目的是培养头颈、手臂及腰、胸部的控制感,发展躯干的柔韧性、灵活性,增添对体态的控制力,进而达到姿态的挺拔、健美而富有韵味。但有些女大学生只在每周3~8小时训练中注意形体美,却在余下的80小时里随意纵容自己的不良体态,这种训练的结果只能是事倍功半。另外,锻炼的目的是为了获得形体美,而保持正确的姿态是锻炼的结晶和体现。

当代女大学生的健美标准不是单一的,而是全方位的美,如只保持姿态美,没有肌力的配合,只能是林黛玉式的病态美,而谈不上健美。因此在锻炼的过程中,应根据自身的情况,进行全面的、有针对性的锻炼,这样,一定会收到满意的健美效果。

### 十二、游泳与卫生保健

游泳是一项很好的运动,既可以增强大学生的体质,又可以锻炼意志,在有条件的地方应广泛开展游泳活动。

#### (一)什么样的人不适宜游泳

患有心脏病、高血压、肺结核、精神病、癫痫病的人不适宜参加游泳,因为这些人难以承受大运动量,容易在水中发生意外,因此上述疾病患者未痊愈前不要游泳。

凡有传染性皮肤病,严重的沙眼、中耳炎、细菌性痢疾的患者,在未痊愈前,也不应到公共游泳场所游泳,以免传染给他人。

凡有病或病后初愈的人,由于身体抵抗力差,如下水游泳易产生不良反应,容易感染其他疾病或使病情加重,所以此时也不要游泳。

饭后即刻也不适宜游泳,因入水后胃部受到水的压力及冷刺激,容易引起痉挛、腹痛,久而久之还会引起慢性胃肠炎。一般饭后要过40分方可游泳。

喝酒以后也不要马上去游泳,因为酒中的酒精对中枢神经有麻痹作用,此时身体机能低下,游泳易发生意外。

另外,女生在月经期最好不参加游泳活动,因为此时子宫口开放,细菌易进入阴道而引起感染发炎。

#### (二)游泳前务必做准备活动

游泳入水前的准备活动是极为重要的。它可以改善人体各系统器官的机能状态,提高中枢神经系统的指挥能力。准备活动还可以提高心脏血管系统及呼吸系统的功能,使血液循环和物质代谢加快。同时准备活动还可以提高运动系统的工作能力,使肌肉弹性及力量增加,扩大关节活动范围,这对于防止游泳运动创伤有很大的作用,还可以避免入水后发生身体不适应的情况。

准备活动的内容及运动量要根据游泳姿式的不同而选择不同的内容,基本原则是把参于活动的所有肌肉、关节充分活动开,活动量不宜太大。

入水前还需要用冷水擦身,以使人体对冷水刺激适应。

#### (三)初学游泳时应注意什么

初学游泳者在游泳前,一定要调查清楚水的深浅及水中情形。不能一人去游泳,应几个人组织起来一同去,其中必须有会游泳者,这样才可以互相照顾,防止发生意外。

初练游泳时时间不宜过长,以免引起过度疲劳及肌肉酸痛现象。如感到头晕眼花、恶心应立即上岸披好毛巾或衣服,平卧休息。如果皮肤出现过敏反应也应上岸擦干皮肤、穿好衣服。

一般初学游泳时往往会发生腹痛现象,这是由于过度紧张或在水中时间过长造成的,只要适当调整就可缓解,如果是器质性疾病造成,应请医生详细检查。

（四）游泳锻炼的特殊卫生保健

（1）预防眼结膜炎。结膜是眼睑和眼球之间的一层黏膜。在游泳时，水中的病菌侵入结膜就可能引起结膜炎。患了结膜炎，开始感到眼睛刺痒，有灼热感或异物感；以后发生结膜充血，眼睛红肿、畏光、流泪、疼痛，并有黄白色的分泌物。预防结膜炎的有效方法是做好池水的消毒工作，保持水的清洁。游泳以后不要用手揉眼睛，有条件时可用氯霉素眼药水或0.50%~10%的硫酸锌眼药水点眼。如果得了结膜炎，一定要停止游泳，待痊愈之后再下水。

（2）预防中耳炎。中耳炎是由于细菌侵入中耳之后，所引起的化脓性炎症。在中耳炎的急性期，常有剧烈的刺痛感，听力减退，外耳流脓，同时还伴有头痛、发烧、恶心、呕吐等全身症状，如果不及时治疗，常转变成慢性中耳炎。预防中耳炎应该注意：注重池水的清洁卫生。若有耳膜穿孔者，最好不要下水游泳，如果下水游泳，应用耳塞或棉球将耳朵堵好，然后在耳塞或棉球外面涂上一层凡士林油，以防水进入中耳。如果水已经进入外耳道，应及时排出，把头偏向进水的一侧，用手掌紧紧压住进水的耳朵，屏住呼吸，然后迅速松开手掌，反复数次，即可将水吸出；也可以在岸上进行，将头偏向进水的一侧，用同侧腿做连续的单腿跳跃，同时要用手拉耳廓，以便将外耳道拉直，水即可慢慢流出；这些方法都不奏效，还可以用干棉花或软纸卷成捻子，轻轻送入外耳道，慢慢将水吸出来。

另外，大学生游泳的水温一般不要低于 14 ℃。如果一定要在低水温条件下游泳，在水中停留的时间也不应超过 3~5 分。当出现嘴唇青紫、皮肤苍白、浑身起鸡皮疙瘩，或打寒战时，应立即上岸晒晒太阳。如果气温比较低上岸后应马上擦干皮肤，穿好衣服，以防感冒。

### 十三、运动与"极点"及"第二次呼吸"

（一）"极点"

在进行一定强度和一定持续时间的运动开始后不久，人体所产生的呼吸急促、胸部胀闷、动作迟缓、协调性下降、精神低落、运动欲望骤减，甚至伴有恶心的生理现象被称为"极点"。产生"极点"的原因是由于内脏器官的惰性大于运动器官，内脏器官的功能一时跟不上运动器官的要求，不能及时把氧送到骨骼肌，也不能及时带走肌肉运动时产生的大量二氧化碳和乳酸等代谢产物，使这些代谢产物大量堆积引起呼吸、循环系统活动失调和活动功能的降低，导致动力定型的暂时紊乱，使运动中枢产生抑制。

"极点"出现的时间与人的运动水平、运动项目、运动强度和运动前的准备活动有直接关系，运动水平较高、运动强度较小、运动前做适当的准备活动，"极点"出现得较晚，生理反应也较小。运动中的"极点"现象是正常的生理反应，运动者应以顽强的毅力坚持运动，就会度过此阶段进入"第二次呼吸"。

（二）"第二次呼吸"

"极点"出现后应坚持运动。由于"极点"出现，运动速度有所下降，运动器官对氧的需要量暂时减少，而持续的运动会使人体的植物性神经机能逐步得到提高，内脏器官的惰性逐步得到克服，呼吸和循环系统功能逐步赶上运动器官的活动需要。当内脏器官的供氧能力又开始加强，体内堆积的乳酸得到氧化，血液中的化学刺激得到缓解，体热放散作用也开始顺利进行，激素分泌旺盛时，动力定型的协调关系会达到新的平衡，就出现了所谓的"第二次呼吸"。此时，呼吸变得均匀而加深，动作轻快，一切不舒适的感觉消失。

"第二次呼吸"机能状态出现也和人的训练水平、运动能力及准备活动有关,训练水平高、运动能力强、准备活动充分,"第二次呼吸"出现得就早。"第二次呼吸"状态的出现标志着人体进入工作状态结束,开始进入一种稳定状态。

在体育运动中存在着人体对运动负荷的适应—不适应—再适应的循环往复的过程,人体只有在不断地克服"极点"的基础上,逐渐适应并增加运动负荷,身体的机能水平才能得到发展,运动能力和运动成绩才能逐步得到提高。

怎样才能减轻和克服"极点"更快获得"第二次呼吸"呢?

(1)运动前要充分做好准备活动,使管理内脏器官的神经提高到较适宜的兴奋程度,也就是说,要在身体完全"起动"开以后再逐渐加大运动量,以便使内脏器官适应身体剧烈运动的需要,防止发生内脏器官和运动程度不相称的现象。

(2)刚开始运动时,要掌握好运动的速度,速度太快易引起强烈的"极点"现象出现,速度太慢,又发挥不出应有的运动水平。速度要根据自己的身体条件、训练水平、个人体会而定。

(3)运动时要注意呼吸的节奏,有意识地使自己的呼吸加深加慢,使肺吸入较多的氧气,排出较多的二氧化碳,防止身体在缺氧状态下进行物质代谢。

(4)经常坚持锻炼,提高训练水平,增强心脏等内脏器官的活动能力和各器官系统的协调性。实践证明,经常参加体育运动的人,体质较强,内脏器官的工作能力较高,在剧烈运动时,"极点"相对出现得晚,持续的时间短,难受的感觉轻,甚至有些锻炼有素的运动员,在运动中不出现"极点"。

### 十四、运动与准备活动、整理活动

(一)准备活动

在运动或比赛前所做的各种身体练习称为准备活动。其主要目的是通过有目的的适量的身体练习提高中枢神经系统的兴奋性,克服内脏器官的生理惰性,使各器官系统缩短进入工作状态的时间,为正式练习或比赛做好机能上的准备。

准备活动能够缓解运动者对比赛的过分关注,能够调整不良的紧张或抑制状态,使中枢神经系统的兴奋性达到适宜水平;准备活动能使体温升高,神经传导速度加快,内脏植物性神经逐渐兴奋起来,从而提高呼吸系统和心血管系统的功能,加强体内物质能量代谢;准备活动能降低肌肉及韧带的黏滞性,加快肌肉收缩与放松的速度,增加肌肉韧带的力量和弹性;高质量的准备活动可使各器官功能相互适应和协调,充分发挥机体各器官系统在运动时的最大机能水平,对取得优异运动成绩和防止运动损伤有积极的生理意义。

准备活动的内容可分为一般性准备活动和专门性准备活动,一般性准备活动包括走、跑、跳、徒手操和游戏。专门性准备活动是指与运动项目相类似的活动内容,可根据项目特点进行徒手或利用轻器械进行练习。一般性锻炼的准备活动需要 5~8 分,运动员的专项准备活动可达半个小时。准备活动的强度应由小到大,身体微微出汗即可。有时运动员的肌肉温度可升高至 39 ℃,心率可达 100~120 次/分。做好充分的准备活动与正式比赛或练习开始时间的间隔一般为 2~3 分为宜,最长不超过 15 分,期间应注意保暖。

(二)整理活动

在剧烈运动结束后做一些放松练习,可以使人体由紧张激烈的运动状态逐步过渡到安静放松状态,使肌体得到更快的恢复,此时,剧烈运动虽然停止,但体内在此运动时欠下了氧债,堆积了导致疲劳的代谢产物,这就需要心血管和呼吸系统仍处于一个较高的活动水平,来偿还氧债和清除代谢产物。另外,通过一些整理活动可使各部肌肉有节奏地放松和收缩,使肌肉中的血流通畅,可以加速体内乳酸的清除,消除疲劳,促进人体机能的恢复。如果在剧烈运动结束后马上停下,肌肉对静脉的挤压作用消失,会使大量血液因重力的作用滞留在下肢,造成回心血量减少,心输出量也相应减少而导致血压下降,就会造成暂时性贫血,出现面色苍白、头晕、恶心及呕吐等现象,甚至出现"重力性休克"。

做整理活动时,运动负荷不宜过大,要尽可能使参与活动的肌肉得到伸展和拉长,可做2～3次的伸展练习和牵拉活动时长1分,以减轻肌肉的酸痛和僵硬;做深呼吸可加大肺的通气量,提高气体交换率,对神经系统也有良好的调节作用。

### 十五、运动与身体疲劳恢复

运动训练或健康体育锻炼后,如何使体力恢复得快的问题,已越来越被人们所注意。目前国内外很重视运动后的疲劳消除问题,大家清楚地认识到只有加速消除疲劳,人体才能更好地承担新的运动量,从而才能提高运动成绩和改善人体器官系统的功能,因此它对运动实践有很大的意义。

运动后怎样才能使体力恢复得快呢?

1. 运动后的整理运动

运动后的整理活动,也叫结束活动,它对消除疲劳、促进体力的恢复有良好的作用。但是在运动实践中,有些人由于对结束活动意义认识不清,所以对结束活动重视不够,认为可有可无。

体育运动使人体发生一系列的生理反应,这些反应并不是随着运动的停止而马上消失的。例如人体在激烈的运动时,能量消耗是很大的,需要摄取大量的氧气,但是许多运动项目,无论呼吸如何加强,也不能满足运动时对氧的需要,所以剧烈活动时,肌肉常常是在缺氧的情况下进行工作的,尤其是内脏器官在运动停止后还要继续工作,弥补运动时短缺的氧,突然停止运动而不做整理活动,这不仅会影响氧的补充,而且会影响静脉血的回流,继而影响心输出量,造成一时性的脑贫血、血压低等不良现象,所以整理活动是十分必要的,整理活动一般应包括深呼吸运动及比较和缓的运动,量不可过大,要使肌肉主动放松,使身体逐步恢复到安静状态,例如在中长跑以后可仰卧在垫子上,将双腿举起抖动,可以促进血液的回流,改善血液的供给,这对于消除疲劳有积极的意义。

2. 运动后按摩

运动后按摩可反射性地改善和调节中枢神经的机能、消除疲劳,在运动时堆积在肌肉中的乳酸(无氧代谢产物)可以通过运动后按摩尽快地被转化或排出。

运动后按摩一般应在运动后20～30分后进行,按摩的顺序,开始可先做推摩,逐渐过度到重推摩、擦摩、揉捏、按压和叩打,同时可配以局部抖动和被动活动,手法可随部位的不同而加以选择,运动后按摩可采用相互按摩或运动员的自我按摩。

3. 温水浴

温水浴(水温在32 ℃～40 ℃)对心脏活动和神经系统有镇静作用,同时还能够更好地保持皮肤的清洁,除去灰尘、污物和汗液,温水浴后可感到精神爽快,从而加速疲劳的消除。

4. 供应充足的维生素和营养物质

剧烈的体育运动,由于强度和量均较大,所以对运动员的要求很高,训练的能量消耗大。要尽快恢复体力,就必须供给运动员充足的维生素和营养物质。维生素能提高人体的耐久力,增强对传染病的抵抗力,而且能加速疲劳的消除。例如维生素 C 可提高某些酶(如脂肪酶)的效用,能加速肌肉中磷酸肌酸及糖元的合成并促使血液及肌肉中的乳酸尽快恢复到正常水平。同时维生素 C 能促进机体的氧化过程,降低运动时产生的氧债,缩短恢复期。缺乏维生素 C 可致全身无力,肌肉、关节酸痛,骨膜下出血,易骨折等倾向。

维生素 B1、B12、E 等也同样具有减轻疲劳、提高工作能力的作用。缺乏维生素 B1 脚底感觉障碍,腓肠肌压痛、痉挛、下肢股四头肌无力。除了维生素以外,其他营养物质,如糖、脂肪、蛋白质及矿物质也有调节器官功能的作用,使运动时体内代谢过程的中间反应顺利进行,还可提高运动能力,促进运动后的体力恢复。运动时体内消耗的物质主要由饮食中补充,所以合理的饮食制度有助于体力的恢复。

5. 营养药物的运用

为了加速体力的恢复,国内外已有不少研究成果证明,营养药品具有良好的作用。目前运用到实践中的营养药品已有不少,像人参、五味子、黄芪、蜂蜜等均已运用到实践中,并已证明效果良好。例如人参已被证明能增强脑力、延缓疲劳、提高工作能力,同时能降低血中胆固醇、促进铁的代谢和健肠胃,并能提高耐久力。五味子、黄芪等药物也被证明可加速疲劳的消除。

6. 保证充足的睡眠

充足的睡眠对于保护人体健康、消除疲劳、恢复体力是极为重要的。睡眠对大脑皮质细胞可起到保护作用,通过睡眠使疲劳的神经、肌肉得到休息,防止大脑皮质细胞过度消耗,促进人体器官功能的恢复,使第二天精力充沛、头脑清醒。一般来说,每天有 8 个小时的睡眠就够了,但是儿童和少年由于在生长发育期,睡眠时间应适当延长,应保证 10～12 小时。运动员在大运动量训练期或比赛期,睡眠时间应有所增加。

7. 暂短的额外刺激

在运动训练或比赛中,给以某种感受器暂短的刺激可以短时间地增强体力,消除疲劳。这是由于较强及短暂的刺激,可以提高相应的各分析器的兴奋性;兴奋可以扩散到运动分析器,从而可消除疲劳,提高肌肉的工作能力。例如用酸或甜的水漱口,嗅芳香气味,冷水刺激皮肤,甚至在短距离的比赛中用力眨一下眼睛对恢复工作能力、消除疲劳都是有好处的。

8. 吸氧

剧烈的运动或比赛后,进行吸氧对疲劳的消除作用明显。运动员在长跑、超长距离比赛后吸氧具有特殊的效果,它有助于氧债的尽快消除。

### 十六、运动与猝死

在运动中或运动后,症状出现后 30 秒内死亡称即刻死,症状出现后 24 小时内死亡称为猝死。

运动与猝死间的关系长期以来有争论,但大多数人认为剧烈运动可能诱发猝死。有学者认为,在剧烈运动中,心脏骤停的急性危险性增加,国外学者曾对运动中猝死做过统计,估计率为男子每小时每万人 0.3～2.7,女子每小时每万人 0.6～6.0。

### (一)运动猝死的原因

绝大多数是由于心血管性疾患(如动脉粥样硬化、心瓣膜和心肌病变及传导系统异常)所致,在激烈运动中诱发急性心力衰竭,或引起主动脉瘤破裂;其次是脑性猝死,主要由于脑血管畸形、动脉瘤或高血压、脑动脉粥样硬化等导致脑溢血;还有不少病例(有的甚至是高水平竞技运动员)在猝死前无任何自我症状及体征,尸解也未发现任何器质性病变,其死因可能是剧烈运动时,人体代谢率增高,血中儿茶酚胺水平升高,心肌需氧量增加,从而引起心肌缺血、心肌应激性增高,导致急性心肌梗死、心律严重失常。

此外,其他某些原因也可引起猝死。猝死者死前多有劳累、兴奋或紧张等诱因,有些在运动中有晕厥病史,部分病例还出现猝死的先兆症状如心前区疼痛、背痛、胸闷、头痛、头晕及上腹部不适等,继而在运动中或运动后突然晕倒死亡。

### (二)运动猝死的预防

**1. 及早识别可能发生运动中猝死的高危人群**

某些患有心、脑血管疾病者,因无任何临床可疑的症状而猝死为疾病的最早表现。据调查,家族中有心脏病史、脑血管意外病史、猝死病史及晕厥病史等,属运动中发生猝死的高危人群。因此,通过体格检查及询问病史可及时发现高血压、心脏杂音、高血脂等可及早识别一些猝死的高危人群。

**2. 要注意观察猝死的先兆症状**

部分猝死的病人在猝死发生之前会出现某些先兆,因而提出了在运动前、中、后出现明显的胸闷、压迫感、极度疲劳等症状时,应及时终止运动,并进行详细检查。若有发热或呼吸道急性感染症状时,应避免参加剧烈运动。还要避免过度运动或过度训练。有资料报道,健康人没有做准备运动就突然进行剧烈运动,60%的人出现心电图 ST~T 变化。也有人提出过度运动可能引起猝死。因此,训练或比赛前应做好充分的准备活动,运动后要做好整理活动,可减少心律失常的发生。

**3. 重视运动员心脏的自我保健**

研究认为,香烟中尼古丁与一氧化碳对冠状动脉管壁和心肌细胞具有毒性和致炎作用。因此,运动员应戒烟,以保护心脏。

## 十七、运动与摔倒的自我保护

我们在观看体育训练或比赛时,常常可以看到有些运动员由于种种原因身体失去平衡而摔倒。譬如短跑运动员跑到终点由于冲刺失去平衡摔倒,跨栏运动员因碰栏架摔倒,体操运动员从器械上做下法动作身体失去平衡摔倒,篮球和足球运动中相互碰撞后摔倒等。在摔倒时,都有可能受伤,轻者擦伤、挫伤、拉伤,重者骨折、脱位、脑震荡、颈椎严重骨折等。

在体育运动中摔倒时,有些轻度损伤也许是不能完全避免的,但是,只要根据人体结构(尤其是易伤部位)的特点,采取相应的身体姿势着地,因势利导,进行自我保护,是可以避免某些严重损伤,或者减轻其损伤的。

摔倒时发生严重损伤,在很多情况下是由于摔倒时身体着地的姿势不当引起的。例如,当人体向前摔倒时用手撑地,就有可能发生手的周骨骨折,甚至于前臂骨(尺骨和桡骨)骨折;如果人体向后(或向侧)方摔倒,上臂又是处于外展、外旋或后伸的姿势撑地时,就有可能造成肱骨在肩关节处向前下方脱位,或者造成尺骨在肘关节处后上脱位甚至骨折;若是人体从高处下落时以头颈着地,那就更危险了,有可能造成脑震荡或者发生颈椎(尤其是第二颈椎)严重骨折而引起的除头部以外的全身瘫痪。

那么,在摔倒时如何进行自我保护,来避免一些严重创伤呢?

在摔倒时,要尽可能使身体团成球状着地,并以肌肉较发达的部位先着地,从而更好地得到缓冲。具体来说,就是不管人体向哪个方向或以什么姿势摔倒,都应立刻屈肘,上臂内收于体侧,前臂和手紧贴胸前,低头团身收腹,以肩或背着地,并顺势进行滚翻。另外,当人体从高处下落时注意用前脚掌着地并屈膝缓冲,也是很重要的。

当然,在摔倒时,要想把自我保护动作运用自如,收到预期的效果,从理论到运用还有一个过程。对于每个运动员来说,除了必须了解预防受伤的知识外,不妨在平时有意识地去练一练有关项目的自我保护动作。

### 十八、运动与柔韧性

人到中年以后,连接骨与骨的关节囊、韧带、肌腱和筋膜等都会逐渐发生变性,甚至老化,柔韧性和弹性也变得越来越差。由于柔韧性较差,很容易引起颈椎间盘突出症、腰椎间盘突出症、肩周炎、腰腿痛、落枕等疾病,给工作生活带来许多不便。

实际上,人柔韧性老化的过程是因人而异的,自然老化只占1/3,其余2/3是缺乏锻炼所致。这与运动生理学"用进废退"的原理相符。

调查表明,大多数人忽视了柔韧性的锻炼。他们觉得柔韧性的好坏对健康影响不大,且进行这方面的锻炼太浪费时间。那么,真的就不需要进行柔韧性锻炼吗?

运动医学研究表明,柔韧性是各项运动的重要身体素质之一,人们在进行各种体力活动时,身体各部分所以能做出前屈、后伸、左右侧弯、旋转等姿势,全靠连接骨与骨的关节囊、韧带、肌肉、肌腱和筋膜有较好的柔韧性。我们注意到,经常进行柔韧性锻炼的,不仅能保持较好的柔韧性,而且在体力活动中动作灵活、轻松自如,很少得上述运动系统的疾病,肩、膝、腰等关节的扭伤很少发生,一些不明原因的腰酸背疼、四肢痛、活动障碍等现象也很少出现。这说明经常进行柔韧性锻炼是非常有益的,具体说有以下几方面的好处:①柔韧性锻炼能扩大关节韧带的活动范围,可做较大幅度的动作,有利于提高身体的灵活性和运动能力,特别是当发生意外事故时,可避免和减轻对身体的伤害;②进行柔韧性锻炼时,通过拉伸,可降低肌肉的紧张度,防止肌肉痉挛,减轻肌肉的疲劳和酸疼;③柔韧性锻炼能增加肌肉、韧带的弹性,加强肌肉韧带的营养供应,延缓其衰老,还能保持血管壁的弹性,延缓皮肤松弛;④柔韧性锻炼有利于精神放松。

进行柔韧性锻炼的方法很多,下面介绍几种适合中老年人的锻炼方法。

1. 压腕

两手指交叉,手心向外,做压指、压腕的动作,尽力向前、向上伸展,或有节奏地振压。

2. 压肩

面对肋木(一种体育运动的辅助器材,是在两根立柱间装置若干根平行圆形横木),上体前俯(挺胸,塌腰,收髋),并做下振压肩动作。也可两人面对面站立,互相扶按肩部,做体前屈的振动压肩动作。

3. 压腰

坐在坐垫上,两腿伸直,挺胸,塌腰,并向前屈体,两手尽量贴膝拭脚,使胸部贴近腿部,持续一段时间。

4. 压腿

面对肋木或高物,左腿提起,脚跟放在肋木上,两腿伸直,直腰,收髋,上体前屈,向前、向下做压振动作。左右腿交替进行。

5. 压踝

跪在垫上,臀部压在踝关节处,向下振压。还可进行脚外侧走、脚尖走、脚跟走和脚内侧走,牵拉踝关节韧带。

要使中老年人的柔韧性锻炼更科学、更有效,还应注意以下几点:①要循序渐进,锻炼时不要太使劲,被牵拉的肌肉、韧带有轻微不适感即可,不能急于求成;②伸展时不要屏住呼吸,伸展动作缓慢,可采用伸展—放松—伸展的方法;③健身活动前后都可做柔韧练习,健身前做有助于热身,防止受伤,健身后做有助于放松肌肉,消除疲劳;④要持之以恒,不可一曝十寒,因为肌肉、韧带等组织柔韧性的提高,须逐渐改善。

### 十九、运动与心理暗示放松训练

心理暗示放松训练以一定的暗示套语使人的肌肉得到充分的放松,心率、呼吸得到调整,将人的注意力集中于体会身心放松与宁静的感受,降低大脑的兴奋度。这种心理暗示放松训练对于克服失眠、消除身心疲劳、增强自信心、发挥人的潜在能力有显著的效果。

放松训练的步骤与要求如下。

1. 练习环境

开始练习时环境要安静,光线要幽暗,要没有干扰,这样可以便利于创造一种良好的意境,使人能迅速进入"自我恢复"的状态。

2. 姿势

一般采用坐姿,衣带要宽松,坐椅不能过高或过低,两脚着地,双手放在膝盖上;身体不要靠在椅背上;头部平直略低,轻轻闭上眼睛,舌头舔住上牙床,嘴唇轻闭,眼球透过眼皮向前看。

如果采用卧姿,则枕头不可过高,不要盖被子(但要注意保暖),放松过程中不能睡着。侧卧、平卧均可。

3. 呼吸练习

最好采用腹式呼吸,吸气时要求慢、匀、细、深,吸气时身体慢慢升起,使人有一种轻飘感,吸气同时对自己说:"我很安静,现在只有我一个人。"心情逐渐宁静下来。呼气时身体渐渐下沉,节奏要徐缓、绵长,如释重负,使人感到全身肌肉非常放松、惬意,似乎紧张、焦虑、胆怯、懊丧等不愉快情绪都已烟消云散。

呼吸练习有助于人体获得足够的氧气,有助于建立健康体育锻炼所需要的呼吸方式和控制健康体育锻炼过程中突发性的兴奋,呼吸练习还有助于集中人的注意力和降低健康体育锻炼的疲劳。呼吸练习以约5次/分最为理想。

4. 肌肉放松练习

肌肉放松练习不仅能消除紧张、恐惧、焦虑所带来的诸如心率、呼吸加快,毛细血管扩张,血压升高,血糖变化等生理反应,以恢复体力与心理平衡,还是人与自身潜意识建立联系的必要步骤。在放松时,大脑处于"瞌睡"状态时,进入体内的刺激大大减少,这个时候,他人的语言暗示可以帮助放松者解除心理障碍,或者使人回忆起愉快的场景,这样身心就可同时放松。

5. 温热感

这是由语言暗示引起自主神经系统活动使外周血管扩张而产生的一种温暖感,因为它可以改善血液循环,加快身体内营养的输送,所以有利于消除疲劳、恢复体力与精力。反复按照下面的句子进行暗示,就可以产生这种温暖感:"我的背部渐渐发热了,好像是温暖的阳光沐浴着我……右臂变得发沉、发热了,舒服极了,好像在淋浴,温暖笼罩着我,我感到松弛、平静极了。"这种练习可以使人的体温升高 2~4 ℃。因此,夏天不适宜采用。

6. 语言暗示

暗示是用含蓄、间接的方法对人的心理状态施加影响。行为暗示与语言暗示是影响人的心理与行为的主要方法。健康体育锻炼的信心与勇气需要积极的他人语言暗示过渡到自我语言暗示而起作用。最好把语言编成系列套语,录成盒式磁带按时收听、练习。语言暗示应当是正面积极的、简练而亲切的;消极、指责式的语言只会挫伤人的自尊、自信,甚至产生逆反心理。

为了增强语言暗示的效果,可以配上轻柔、优美动听的音乐,增加放松训练的效果。

要根据心理调整的要求和调整者的文化素养、音乐欣赏能力选择音乐,过于高雅的"阳春白雪"不合适,它会引起人遐想而分散注意力,如果是为了动员人的内在潜力,提高人的战斗情绪,就应该选择激昂、明快、节奏感强的音乐。

下面是进行自我恢复、消除消极心理状态的暗示语系列,使用时请配上适当的音乐。自我恢复暗示练习每天可做 2~3 次,每次 15~20 分,练习确有成效可逐渐减少练习的次数和时间。

现在周围非常安静,只有你(我)一个人静静地漫步在沙滩上,微风轻拂着你的面颊,海浪轻拍着海岸,和煦的阳光撒满了全身,蓝天白云使你(我)心旷神怡;现在,呼吸变得轻柔、缓慢而深沉了,轻轻地吸气,慢慢地呼气,疲劳、烦恼、紧张都渐渐消除了。吸气是那么平缓、均匀、深沉,好像要把力量传遍全身;呼出废料全身变得轻飘,惬意极了(这里要多重复几遍)。

展开眉头,面部肌肉放松了,脸上表情淡漠了,眼球透过眼皮向前看,看到遥远遥远的天边,轻拍着海岸的海涛声让人感到疲倦。

放松颈部肌肉,肩部肌肉也随着呼吸的节奏慢慢放松了,发沉了,手放在膝盖上,松松的、发沉,手心暖洋洋的,好像有一股暖流徐徐向下传,膝盖、双腿、踝关节都变得暖和、放松了,驱散了烦恼、紧张……心中更加恬静、安定了……呼吸更平稳、更深沉了……全身的肌肉、关节都松弛了,一点力气也没有了,全身都沉浸在温暖的情境之中,舒服极了,马上就要进入梦乡了……

今天,你(我)会以更充沛的精力、更清醒的头脑搞好新的工作……

伴奏的音乐必须是宁静的、平和的,必要时,可以加录一些海涛、鸟语声以增强暗示的心理效果。

如果放松训练之后还要继续工作,可以采用下面的诱导语:

你(我)的全身都得到了休息,放松了,体力渐渐恢复了,呼吸比刚才深沉有力了,节奏快了,心跳更平稳、有力了……肌肉也有力、变得有弹性了……你(我)的头脑更清醒了,光明和信心又回到你(我)身上,你(我)更有力量了……你(我)的四肢有劲了,双腿变得轻快了……精神更振作了,情绪不错,新鲜氧气充满了全身……慢慢睁开眼睛,这世界是多么美好!你(我)将以全部聪明才智去完成自己的任务。

这种语言诱导可以和美好的回忆和憧憬结合起来。这部分音乐要节奏欢快、充满活力。

**思考题**

1. 对照自己,你存在哪些不适,如何科学地指导自己的运动实践?
2. 当朋友或者熟悉的人得了某些疾病的时候,你怎么指导他们进行康复锻炼?

# 下篇 体育运动技能篇

# 第五章 田径

## 第一节 田径运动概述

### 一、田径运动的概念
田径运动是由人体进行竞技和锻炼身体的走、跑、跳跃、投掷等身体练习组成的。通常把在田径场跑道上或自然环境中进行竞技和锻炼身体的走和跑等身体练习称为径赛项目;把在田径场中间或临近场地上进行竞技和锻炼身体的跳跃和投掷等身体练习称为田赛项目。径赛项目和田赛项目合称为田径运动。

### 二、田径运动的作用
(一)锻炼身体、增强体质的重要手段

经常从事田径运动锻炼,能提高人体走、跑、跳跃、投掷等基本活动能力;能促进人体正常生长发育和各器官、系统功能的发展;能全面发展力量、速度、耐力、柔韧性、灵敏度等身体素质。

(二)具有基础性

田径运动既是一个运动项目,又是其他运动项目的基础,同时也是其他运动项目的手段。任何项目的运动技能从某种意义上讲都是建立在基本活动技能的基础之上的,也就是说都是基本活动技能的不同组合和演变。因此,很多竞技运动项目都把田径作为身体训练的重要手段,使田径运动成为其他运动项目的基础。

(三)进行心理品质和思想品德教育的有力手段

通过田径运动教学、锻炼、训练和竞赛,能对学生和运动员进行爱国主义、集体主义等方面的教育,并能培养竞争意识和勇敢、顽强、吃苦耐劳、克服困难、组织性和纪律性等优良品质。

### 三、田径运动的分类和竞赛项目
田径运动包括走、跑、跳跃、投掷及由跑、跳跃、投掷的部分项目组成的全能运动等类项目的竞赛。田径运动的正式比赛项目见表 5 - 1 - 1 至表 5 - 1 - 5。

表 5 - 1 - 1 竞走类

| 类别 | 成人 | | 少年 | | | |
|---|---|---|---|---|---|---|
| | 男子 | 女子 | 男子甲组 | 男子乙组 | 女子甲组 | 女子乙组 |
| 场地 | 20 000 米 | 5 000 米<br>10 000 米 | 5 000 米<br>10 000 米 | 3 000 米<br>5 000 米 | 5 000 米<br>10 000 米 | 3 000 米<br>5 000 米 |
| 公路 | 20 000 米<br>50 000 米 | 10 000 米 | — | — | — | — |

表 5-1-2 跳跃类

| 类别 | 成人 | | 少年 | | | |
|---|---|---|---|---|---|---|
| | 男子 | 女子 | 男子甲组 | 男子乙组 | 女子甲组 | 女子乙组 |
| 高度 | 跳高<br>撑竿跳高 | 跳高<br>撑竿跳高 | 跳高<br>撑竿跳高 | 跳高 | 跳高 | 跳高 |
| 远度 | 跳远<br>三级跳远 | 跳远<br>三级跳远 | 跳远<br>三级跳远 | 跳远 | 跳远 | 跳远 |

表 5-1-3 投掷类

| 类别 | 成人 | | 少年 | | | |
|---|---|---|---|---|---|---|
| | 男子 | 女子 | 男子甲组 | 男子乙组 | 女子甲组 | 女子乙组 |
| 推铅球 | 7.26 千克 | 4 千克 | 6 千克 | 5 千克 | 4 千克 | 3 千克 |
| 掷标枪 | 800 克 | 600 克 | 700 克 | 600 克 | 600 克 | |
| 掷铁饼 | 2 千克 | 1 千克 | 1.5 千克 | 1 千克 | 1 千克 | |
| 掷链球 | 7.26 千克 | | | | | |

表 5-1-4 跑类

| 类别 | 成人 | | 少年 | | | |
|---|---|---|---|---|---|---|
| | 男子 | 女子 | 男子甲组 | 男子乙组 | 女子甲组 | 女子乙组 |
| 短距离跑 | 100 米<br>200 米<br>400 米 | 100 米<br>200 米<br>400 米 | 100 米<br>200 米<br>400 米 | 60 米<br>100 米<br>200 米 | 100 米<br>200 米<br>400 米 | 60 米<br>100 米<br>200 米 |
| 中距离跑 | 800 米<br>1 500 米<br>3 000 米 | 800 米<br>1 500 米<br>3 000 米 | 800 米<br>1 500 米 | 400 米<br>800 米 | 800 米<br>1 500 米 | 400 米<br>800 米 |
| 长距离跑 | 5 000 米<br>10 000 米 | 5 000 米<br>10 000 米 | 3 000 米 | | 3 000 米 | |
| 超长距离跑 | 马拉松<br>(42 195 米) | 马拉松<br>(42 195 米) | | | | |
| 跨栏跑(栏高) | 110 米栏<br>(1.067 米)<br>400 米栏<br>(0.914 米) | 110 米栏<br>(0.84 米)<br>400 米栏<br>(0.762 米) | 110 米栏<br>(1.00 米)<br>200 米栏<br>(0.762 米)<br>400 米栏<br>(0.914 米) | 110 米栏<br>(0.914 米)<br>300 米栏<br>(0.84 米) | 100 米栏<br>(0.84 米)<br>200 米栏<br>(0.762 米)<br>400 米栏<br>(0.762 米) | 100 米栏<br>(0.84 米)<br>300 米栏<br>(0.762 米) |
| 障碍跑 | 3 000 米 | 3 000 米 | | | | |
| 接力跑 | 4×100 米<br>4×400 米 | 4×100 米<br>4×400 米 | 4×100 米 | 4×100 米 | 4×100 米 | 4×100 米 |
| 越野跑 | 距离不等 | | | | | |

表 5-1-5　全能运动类

| 组别 | 项目 | 内容和比赛顺序 |
|---|---|---|
| 成人男子 | 十项全能 | 第一天:100 米、跳远、推铅球、跳高、400 米<br>第二天:110 米栏、掷铁饼、撑竿跳高、掷标枪、1 500 米 |
|  | 五项全能 | 跳远、掷标枪、200 米、掷铁饼、1 500 米 |
| 成人女子 | 七项全能 | 第一天:100 米栏、跳高、推铅球、200 米<br>第二天:跳远、掷标枪、800 米 |
| 少男甲组 | 七项全能 | 第一天:110 米栏、跳高、掷标枪<br>第二天:200 米、掷铁饼、跳高、1 500 米 |
| 少男乙组 | 三项全能 | 100 米、推铅球、跳高 |
| 少女甲组 | 五项全能 | 第一天:100 米栏、推铅球、跳高<br>第二天:跳远、800 米 |
| 少女乙组 | 三项全能 | 100 米、推铅球、跳高 |

# 第二节　短跑与中长跑

短跑是田径运动径赛项目中距离最短、速度最快、人体运动器官和内脏器官在大量缺氧情况下完成的极限强度的周期性运动项目。400 米和 400 米以下距离的赛跑项目,称为短跑。

## 一、短跑技术

短跑技术由起跑、起跑后的加速跑、途中跑和终点跑这 4 个有机部分组成。

(一)起跑

起跑的任务是使身体迅速摆脱静止状态并获得一个较大的向前冲力,为起跑后的加速跑创造有力的条件。

短跑比赛时必须使用起跑器以蹲踞式开始。常见的起跑器的安装方式有两种:普通式和拉长式(见图 5-2-1)。普通式起跑器采用较为普遍。普通式起跑器安装的方法是:前起跑器抵足板离起跑线后约本人的一脚半长,后起跑器抵足板离前起跑器抵足板也约本人的一脚半长。前起跑器抵足板的倾斜度为与地面成 40°~45°角,后起跑器抵足板的倾斜度为与地面成 70°~80°角,两起跑器的中轴距离一般在 15 厘米左右。

起跑技术包括"各就位""预备""鸣枪"3 个环节。

(1)各就位。听到"各就位"口令后,轻松自信地走到起

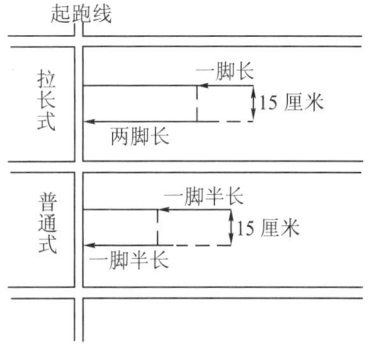

图 5-2-1　起跑器的安装

跑器前,下蹲,两手撑地,两脚依次踏在前、后起跑器抵足板上,后腿膝跪地,两手紧靠起跑线后沿处,两臂伸直,两手距离比肩稍宽,四指并拢与拇指呈"八"字形,颈部自然放松,两眼视前下方约50厘米处,等待"预备"口令[见图5-2-2(a)]。

(2)预备。听到"预备"口令时,臀部逐渐平稳地抬起,稍高于肩,重心前移,两肩稍过起跑线,使体重主要落在两臂和前腿上,前后小腿接近平行,两足掌贴紧抵足板,脚尖触及地面,集中注意力,等待枪声[见图5-2-2(b)]。

(3)鸣枪。听到枪声后,两手迅速推离地面,两臂屈肘做有力的前后摆动,同时两腿迅速蹬起跑器,使身体向前上方冲出,上体前倾与地面成15°~20°角,后腿迅速屈膝前摆,前摆时脚掌不应离地面过高。同时,前腿快速有力地蹬伸髋、膝、踝3个关节,腿的后蹬角为42°~45°[见图5-2-2(c)]。

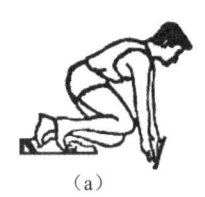 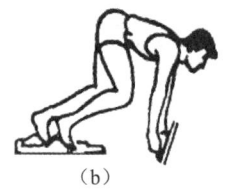 

(a) (b) (c)

图5-2-2 起跑

(二)起跑后的加速跑

起跑后的加速跑是指从前脚蹬离起跑器到进入途中跑之前这一段距离。其任务是在较短的距离内(通常为20~25米),尽快发挥到较高的速度,迅速转入途中跑。

起跑第一步大腿前摆抬得不宜过高,步长也不宜过大。当前腿髋、膝、踝3个关节伸直蹬离起跑器时,后腿已由前摆转入积极下压,并在靠近身体重心投影点的地方着地,完成第1步动作。

加速跑时,两臂屈肘有力地前后摆动,两腿交替前摆和用力向后下方蹬地。开始时,上体前倾角度很大,两脚落点左右之间的距离也较宽,以后随着步长和跑速的不断增加,上体逐渐抬起,两脚落点逐渐趋于一条直线上,当上体达到正常跑的姿势并发挥到较高跑速时,即转入途中跑(见图5-2-3)。

图5-2-3 起跑后的加速跑

(三)途中跑

途中跑是短跑中距离最长、速度最快的一段,是全程的最主要部分。其任务是发挥和保持最大速度跑完全程。途中跑的速度取决于两腿扒蹬与摆动的效果、上体姿势和两臂摆动的正确配合及肌肉用力与放松交替的能力。

(1)两腿动作。当身体重心移过支点后,支撑腿首先从伸展髋关节开始,之后伸展膝关节和踝关节,最后脚趾蹬离地面。支撑腿蹬伸时,膝关节过直会影响腿的折叠和前摆速度,且塑胶跑道弹性大,有利于后蹬。所以,支撑腿膝关节以150°～155°为宜,两腿扒蹬力量越大,速度越快,蹬地角度越小,效果越好(见图5-2-4)。

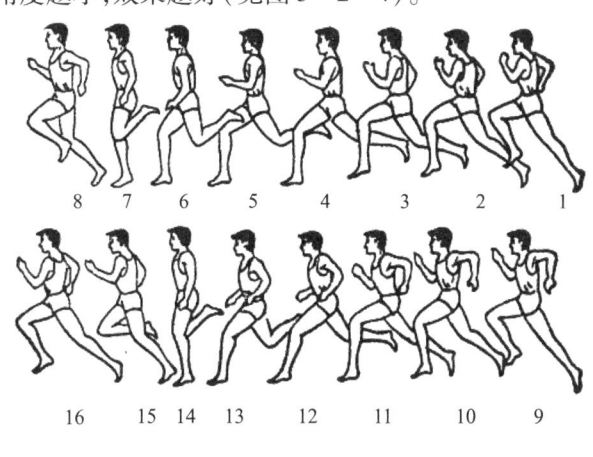

图5-2-4 途中跑

(2)腿的摆动是从后蹬脚离地开始的,此时,小腿随大腿顺惯性折叠,摆到垂直部位时,小腿折叠到最大程度,大腿摆过垂直面后,继续积极向前上方摆动,并把同侧髋关节带出,两腿夹角为105°。

当大腿摆到最大程度后,大腿积极下压,膝关节放松,小腿在重心投影点前,用脚前掌向后"下扒"着地,整个动作呈"鞭打"状态。脚着地后顺势屈膝、伸踝,以缓冲着地时产生的阻力。在途中跑的过程中,一腿的"扒蹬"为另一腿的前摆创造牢固的支撑条件,而另一腿的前摆又有助于"扒蹬"腿力量和速度的发挥。

(3)摆臂动作。正确的摆臂能维持平衡,加快步频和加大步长。摆臂是以肩为轴,前后摆动,轴关节自然弯曲约成90°,前摆时高不超过下颌,肘关节稍小于90°,后摆时肘稍向外,肘关节角度为150°左右。

(4)上体姿势。上体基本正直,这对两臂摆动和两腿蹬摆效果都有积极的影响。

(四)终点跑

终点跑是全程最后15～20米的一段跑。由于体力消耗和疲劳出现,终点跑阶段出现速度下降现象。因此,终点跑的任务是减小速度下降的幅度,尽量保持高速度跑过终点。在临近终点时,加大上体前倾角度,加强两腿蹬地力量和摆臂。在距离终点线前一步时,做上体急速前倾动作,以胸部或肩部触撞终点带,并跑过终点,然后逐渐减慢跑速(见图5-2-5)。

图5-2-5 终点跑

## 二、弯道跑技术的特点

短跑中的200米和400米跑,有一半以上距离是在弯道上跑进的,为了适应在弯道上的跑进,技术上存在着一些特点。

(一)弯道起跑和起跑后的加速跑

为了便于加速,起跑后应尽可能有一段直线跑进的距离,起跑器的安装位置应靠近外侧分道线的切点方向。起跑时,右手撑在起跑线后沿内,左手撑在起跑线后5～10厘米处,身体正对弯道切点。在弯道起跑后加速跑是沿着切线跑进,上体要抬起早些,跑道切点前身体要逐渐向左倾斜,从容地进入弯道(见图5-2-6)。

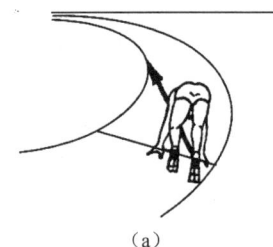
(a)

(b)

图5-2-6 弯道跑

(二)弯道跑的特点

在弯道跑时,整个身体应向内倾斜,右肩稍高于左肩,左臂靠近身体前后摆动,后摆用力稍大,并偏右后方。右臂摆动的幅度和力量大于左臂,并稍离开身体,后摆向右后方,前摆向左前方。脚落地时,右膝和左脚尖稍向内扣,用脚前掌内侧着地和蹬地。左膝和左脚尖稍向外转,用脚外侧着地和蹬地。

## 三、中长跑

中长跑是800米到10 000米之间中距离跑和长距离跑的合称。它是以有氧代谢为主的耐力性和周期性运动项目,具有较大的锻炼价值。经常参加中长跑锻炼,能提高呼吸系统和心血管系统的功能,发展耐力,培养坚毅、顽强的意志和克服困难的精神。

(一)中长跑技术

中长跑包括起跑和起跑后的加速跑、途中跑和终点跑3个阶段。

1.起跑和起跑后的加速跑

起跑一般都采用站立式起跑。当听到"各就位"的口令后,便迅速而沉着地走向起跑线,将有力的一只脚放在起跑线的后沿,另一只脚放在距离前脚跟约一脚长的地方,两脚左右间隔约半脚长。两腿微屈,上体前倾,两臂自然下垂,保持稳定,集中精力听发信号。

听到枪声后,立即迅速摆臂蹬腿向前冲出,在不妨碍别人和不被阻挡的情况下,抢占有利位置,发挥到预定速度,即转入途中跑。

2.途中跑

途中跑时,上体稍前倾,头正眼平视,躯干要收腹拔背,形成良好的近端支撑的支柱,并为呼吸系统提供良好的工作条件。两臂自然屈肘约90°,以肩为轴前后协调摆动,一则维持身体平衡,二则调节跑的节奏和步长。

一腿后蹬离地,身体腾空,变为摆动腿,大腿积极向前摆,膝关节以下放松,小腿自然折叠,经过垂直部位后,大腿带动同侧髋向前上方加速摆出,同时腰部协同送髋。当摆动腿摆到最高点时,大腿转为积极下压,小腿顺势前摆,脚掌"下扒"着地,形成"鞭打"动作。脚掌应富有弹性落地,与前进方向一致,两脚内侧在一直线上。当脚落地之后,摆动腿又变为支撑腿。由于另一条腿的积极前摆,身体重心前移超过支撑腿后应立即开始后蹬,腰部发力送髋,先展髋,依次加速伸膝、蹬踝,用脚趾扒离地面。

中长跑时,有一半以上距离是在弯道上跑进。为了克服离心力的影响,在弯道上跑时整个身体应向左倾斜,右侧先于左侧,右腿前摆时膝与脚稍向内扣,左腿前摆时膝与脚稍外转,上肢做相应的技术转变,配合下肢协调地跑好弯道。

3. 终点跑

终点跑是中长跑跑程结束前的最后一段距离的冲刺跑,应动员全身力量,加强摆臂、摆腿与后蹬,以接近短跑技术的要求,一鼓作气向终点冲去。

(二)呼吸

中长跑时,呼吸的节奏应和跑的步子配合起来,一般是跑两三步一呼气,跑两三步一吸气。一般用鼻子与半张的口同时呼吸。冬季练长跑或顶风跑时,为了避免冷空气和强气流直接刺激咽喉,应将舌尖上翘,微微舔住上腭,并注意尽力呼气,才能多吸气,加大肺通气量以减少氧债。

## 第三节  跳高与跳远

跳高是学校体育教学、训练和田径运动竞赛的主要项目之一,深受广大青少年的欢迎。跳高是人体通过快速的助跑和起跳,采用合理的过竿姿势和动作,使身体腾越垂直距离的运动项目。在跳高技术的发展过程中,曾出现过跨越式、剪式、滚式、俯卧式、背越式等5种姿势。从竞技和表现运动成绩的角度来看,俯卧式和背越式是效果最好的跳高姿势,尤其是背越式。但在学校体育教学和课外体育锻炼中,跨越式跳高占有重要的地位。

### 一、跳高

跳高技术动作由助跑、起跳、腾空过竿和落地4个紧密联系的技术环节组成。

(一)助跑

助跑的任务是使人体获得一定的水平速度,为有利地跳和顺利地过竿创造条件。

1. 助跑的种类

(1)直线助跑。整个助跑沿直线进行,脚尖正对助跑方向,两脚沿着直线着地,起跳脚踏上起跳点时也是这样。直线助跑适用于跨越式跳高和俯卧式跳高。

(2)弧线助跑。这种助跑方法是助跑前段采用直线助跑,后段采用弧线助跑。两脚先沿直线着地,后沿弧线着地。弧线助跑适用于背越式跳高。

2. 助跑丈量步法的方法

直线助跑通常采用跑步丈量法,即从起跳点开始,按采用的助跑步数和速度反方向跑向助跑起点,然后再从助跑起点向起跳点(横竿)方向跑。经过反复练习和调整,最后把助跑步点确定并丈量下来。

弧线助跑通常采用走步丈量法,即先从起跳点向助跑一侧平行于横竿的方向自然地走5步,然后向助跑起点方向(与横竿垂直)自然地走6步,此处做一标记,它是直、弧段助跑的交接点。由此点再继续向前走7步做一标记就是助跑的起点。把直弧段助跑的交接点与起跳点用弧线连接,这一段就是弧线段。弧线段大体跑4步,直线段也跑4步(见图5-3-1)。

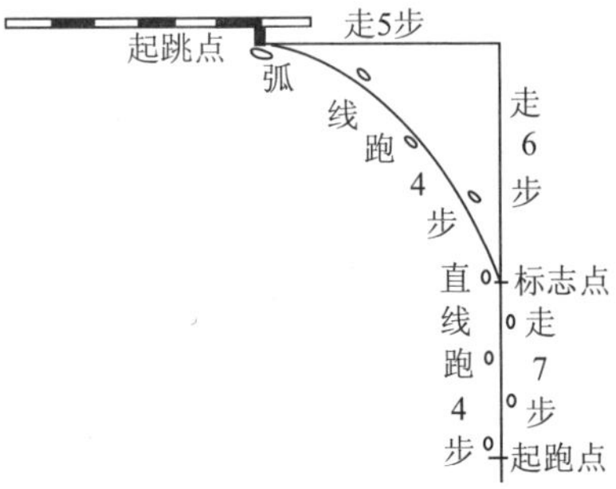

3. 助跑方法

助跑的开始姿势有两种:一种是由静止状态开始起动,另一种是行进间起动。初学者大都采用由静止状态开始助跑的姿势。

图 5-3-1 起步丈量法

跨越式跳高因采用的是直线助跑,所以在助跑的倒数第2步时,应加大步长做专门的降低身体重心的动作,使身体重心降到助跑阶段中最低的位置。而背越式跳高在沿弧线跑进时,由于身体为了克服离心力而自然形成的向圆心倾斜,使得身体重心轨迹与足迹轨迹线步相吻合,这就使人体重心比跑直线时位置低,为加快起跳和迅速有力地做踏蹬动作提供有利条件。

(二)起跳

起跳的任务是在助跑取得水平速度的基础上,尽可能地获得最大的垂直速度,改变人体运动的方向,使身体充分向上腾起,为腾空过竿做好准备。

在助跑最后1步前,摆动腿屈膝支撑时要压紧,然后积极送髋,用力后蹬。起跳腿以髋带动大腿,大腿带动小腿快速向前迈步,最后用伸直腿的脚跟(直线助跑)或脚跟外侧(弧线助跑)在前方起跳点下插地。着地后,由于助跑速度的惯性和身体重力的作用,迫使起跳腿髋、膝、踝三关节迅速地弯曲缓冲,摆动腿和两臂要与起跳腿蹬伸动作紧密配合进行摆动,提肩、拔腰,使整个身体充分向上伸展,最后用脚尖蹬离地面。

(三)过竿落地

在跨越式跳高中,当摆动腿摆动超过横竿时开始过竿。摆动腿过竿时,两臂放下,上体适当前倾。此时,起跳腿积极上提,摆动腿过竿后,脚尖内转下压,当人体腾空到最高点时,起跳腿开始过竿,上体继续前倾,两臂向前下伸,以缩小上体与横竿的角度和提高臀部,起跳腿积极上提,使膝部接近于胸部并摆过横竿。过竿后,上体抬起,两臂上举,用摆动腿落地,及时做屈膝缓冲动作(见图5-3-2)。

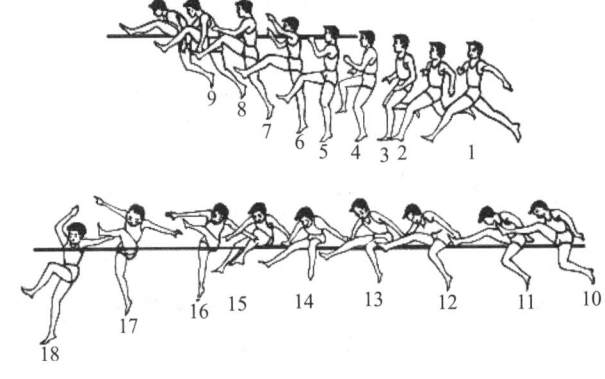

图 5-3-2 过竿落地

背越式跳高是当起跳离地后,人体在飞向横竿的过程中,身体沿纵轴旋转,逐渐转为背对横竿。先是右臂过竿(左腿起跳者),后是头、肩和左臂过竿。当头、肩过竿后,头向后仰,两臂向体侧张开,此时摆动腿保持上抬姿势并稍向外转,起跳腿也屈膝外展,随即髋部向上挺出,头部继续后仰,弯曲的两膝向外分开,小腿下垂,身体呈背弓形。随后,髋部继续保持上挺姿势,肩部下沉,使向外分开的两膝高高升起,待臀部过竿后,要及时做低头、屈髋和小腿上甩伸直动作,使整个身体越过横竿。落地时,用肩、背着海绵包(见图5-3-3)。

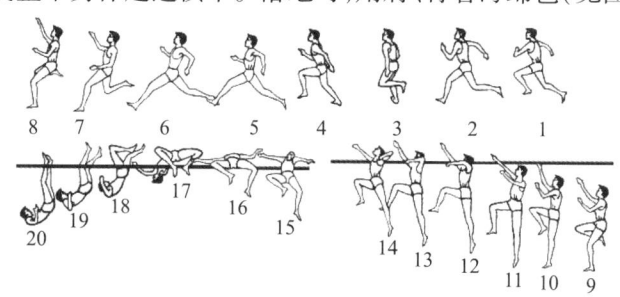

图 5-3-3 背越式

## 二、跳远

跳远是人体通过快速的助跑和积极的起跳,采用合理的姿势和动作,使身体腾越水平距离的运动项目。跳远分为立定跳远和急行跳远两种,在急行跳远中,因人体腾空的不同姿势又分为蹲踞式、挺身式和走步式。

跳远的技术由助跑、起跳、腾空和落地4部分组成。

(一) 助跑

助跑是为了获得较高的水平速度,并为准确地踏板和起跳做好准备。

1. 助跑的速度和距离

助跑的速度对跳远的成绩影响很大。优秀的跳远运动员在起跳前的水平速度可达到10~10.7米/秒,要达到或接近这样高的速度,要经30~45米的助跑距离。

2. 助跑的方法

助跑开始,可用两脚前后开立的"站立式"静止开始和先走几步或跑几步踏上起点后,再开始加速跑。起跑后的加速方式可分为一开始就步频很高的用力跑,以加大步长提高速度的积极加速和逐渐加速的两种方式。最后几步助跑要保持跑的动作结构和可控制的最高速度,保持稳定的步长和跑的节奏,身体重心平稳地向前移动,上板时髋前送,整个动作放松协调,有助于准确踏板和正确起跳。

3. 准备踏板

在正式跳远之前应根据个人的特点,调整好助跑距离,做到心中有数。要有固定的起动姿势和起动加速方式,正确地使用助跑标记,一般第1标记设在跑道上,第2标记设在最后6步或4步起跳脚的落地处。

(二) 起跳

起跳的任务是在尽量减少水平速度消失的情况下获得必要的垂直速度,改变身体重心向前运动的方向,使它按适当的腾起角向空中腾起。起跳的过程可分为放脚、缓冲和蹬伸3个部分。

1. 放脚

起跳脚在距离身体重心投影点较近的前方起跳板柔和地着地。着地前,脚掌的运动方向应是向下、向后,向后的动作越快,对着地后迅速转入蹬伸越有利。

## 2. 缓冲

由于助跑速度的惯性和身体重力的作用,对起跳腿产生了很大的压力,迫使起跳腿髋、膝、踝三关节很快地弯曲缓冲。这种缓冲动作,不仅减小了起跳腿着地时的前进阻力,加速了身体前移,而且使起跳腿的伸肌拉长,为加快蹬伸起跳创造了有利条件。

## 3. 蹬伸

蹬伸不仅是起跳腿快速有力地蹬地,而且要与摆腿、摆臂、提肩、伸腰等动作协调配合。起跳腿的髋、膝、踝三关节充分伸展,上体保持正直,摆动腿大腿接近水平,小腿自然下垂,两臂前后摆起。蹬伸动作结束时,身体重心应处在较高位置,这时的蹬地角约为75°。在起跳过程中,摆动腿和两臂积极、快速而有力的摆动不仅可维持身体平衡,而且对完成快速有力的起跳动作起着重要作用。

### (三)腾空

腾空的任务是维持身体平衡,为合理、完善的落地动作创造有利条件。起跳腾空后,摆动腿屈膝前摆,摆至大腿接近水平位置,起跳腿自然放松地留在身体后面。起跳结束时,身体姿势在空中的延续叫腾空步。腾空步以后的腾空姿势有蹲踞式、挺身式和走步式3种。现将蹲踞式和挺身式动作介绍如下。

#### 1. 蹲踞式

腾空步后,起跳腿向前摆动,与摆动腿靠拢,然后两腿一起上举,从而使膝接近胸部(见图5-3-4)。

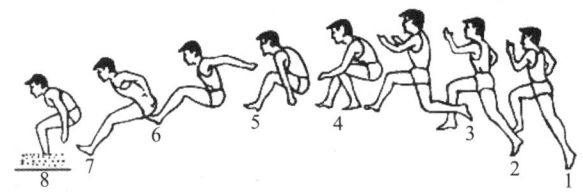

图5-3-4 蹲踞式

蹲踞式跳远的动作简单易学,但起跳后容易产生前旋,因而要注意上体与头保持正直的姿势,以维持身体平衡。

#### 2. 挺身式

腾空步后,展髋放下摆动腿,起跳腿屈膝前带向摆动腿靠拢。两臂在腾空步开始时一前一后,当摆动腿放下时,两臂也同时下落,然后摆动腿继续向后运动,两臂外展,肩和头也同时做稍向后运动,并挺胸送髋使躯干微呈反弓形(见图5-3-5)。

图5-3-5 挺身式

### (四)落地

落地的任务是在身体不后倒的前提下,尽量获得较大的落地距离,并缓冲落地的冲撞力,防止发生外伤事故。

落地前,上体不要过于前倾,以免引起身体前旋,大腿要向前提举,膝关节主动向胸部靠拢,小腿前伸,尽可能加大着地点和身体重心投影点之间的距离。即将落地时,膝关节伸直,脚尖勾起,同时两臂后摆,使身体重心迅速移过落点,避免后倒坐于沙坑内。

## 第四节　推铅球与掷标枪

### 一、推铅球

推铅球是单手持球置于肩上锁骨窝处,站立在投掷圈的后部,经过滑步(或旋转),用全身的力量和最快的出手速度,把铅球推出可能获得远度的投掷项目。

推铅球的方法主要有侧向滑步、背向滑步和旋转推铅球3种。下面以右手推铅球为例,对侧向和背向滑步推铅球的技术进行叙述。

(一)侧向滑步推铅球

1. 握球

五指自然分开,把铅球放在食指、中指和无名指的指根处,拇指和小指扶在球体的两侧,手腕向后伸。握好球后,将球放置在锁骨窝处,铅球紧贴颈部和下颌,投掷臂肘部抬起并自然外展(见图5-4-1)。

图5-4-1　握球

2. 预备姿势

握、持好铅球后,侧对投掷方向,两脚平开立,与肩同宽,右脚靠近投掷圈的后沿,左脚以前脚掌内侧着地,体重落在伸直的右腿上,左臂微屈在体侧上方自然举起,眼平视或视前下方。

3. 滑步

滑步前通常先做1~2步预摆,预摆时,左腿膝关节微屈,用大腿带动小腿向投掷方向摆起,同时上体向右倾斜,接着右腿屈膝下蹲,左腿屈膝回收靠近右腿,左臂也摆至身前,上体右倾,收腹含胸。滑步时,首先使身体重心向投掷方向移动,随之侧向摆出左腿,同时右腿用力侧蹬,使人体向投掷方向移动。紧接着向身下收拉右小腿,使右脚在投掷圈圆心附近着地,并与投掷方向成90°~135°角。在收拉右小腿右脚即将着地的同时,左腿积极下压,继右脚着地后,右脚以前脚掌内侧着地,并与投掷方向成45°角,并使左脚尖与右脚跟保持在一条直线上。完成滑步时,右膝要保持弯曲,上体要保持右倾,以形成良好的超越器械姿势,为最后用力创造条件。

4. 最后用力

当滑步结束左脚一着地就开始进行最后用力。首先是髋部大肌群发力右腿用力蹬地使右髋向投掷方向移动,继而上体向投掷方向抬起。当身体左侧移至与地面垂直部位时,左肩和左臂要及时制动,做好左侧支撑。继而右腿迅速蹬直,上体向投掷方向移动,抬头挺胸,右臂向前上方做推球动作。将铅球以33°～42°角的方向推出。

侧向滑步推铅球完整技术动作见图5-4-2。

图5-4-2　侧身滑步推铅球

(二)背向滑步推铅球

1.握球

背向滑步推铅球的握球方法与侧向滑步推铅球方法相同。

2.准备姿势

准备姿势有两种,即高姿势和低姿势。

(1)高姿势。持球后,背对投掷方向,站在投掷圈内靠近后沿处。两脚前后开立,相距20～30厘米,右脚尖靠近投掷圈内沿,左腿在后并自然弯曲,以前脚掌或脚尖着地。上体正直放松,左臂自然上举,持球臂的肘略低于肩(见图5-4-3)。

(2)低姿势。持球后,背对投掷方向,右脚尖靠近投掷圈后内沿,右腿弯曲支持体重。左脚在后,以前脚掌或脚尖着地,两脚相距50～60厘米。上体前屈探出圈外,左臂自然下垂或前伸,左肩稍向内扣(见图5-4-4)。

图5-4-3　高姿势

图5-4-4　低姿势

3. 滑步

通过持球人的滑步,使铅球获得水平速度并为最后用力创造有利条件。滑步前先做一两次预摆,摆动时左腿自然弯曲,大腿用力向投掷方向起摆,上体前屈,左臂微屈,使头与背保持一条直线,在左脚摆到一定高度时收回左腿,靠近右腿,完成团身动作,为右腿蹬地和左腿摆动创造条件。当左腿收回接近右腿时,臀部做向投掷方向的移动,使身体重心移离支点,右腿顺势积极蹬伸,左腿迅速向抵趾板方向摆出;右腿推,左腿带,使身体平稳地向投掷方向移动;接着迅速收拉右腿,脚尖逐渐向内转扣,在圆心附近用脚前掌着地,与投掷方向约呈90°角;左腿完成摆动后积极下落,脚尖稍向外转,带动髋部向左转;左脚用前脚掌内侧落在圆圈直径线的左侧,两脚着地时间相隔愈短愈好,以保证迅速有力。

4. 最后用力

滑步结束时,右脚先着地。右脚着地后,右脚积极蹬伸,推动右髋向投掷方向转动。上体在转动中逐渐抬起,同时躯干的肌群积极收缩,用以加快铅球运行的速度。为了帮助上体运动,左臂向胸前左上方摆动,使原来背对投掷方向转至左侧对投掷方向。左臂和左肩高于右肩,铅球尽可能保持较低位置,体重大部分仍在弯曲而压紧的右腿上,形成推铅球的有利姿势。由于右腿不停地蹬伸,加速右髋继续向投掷方向转动和上体逐渐前移。体重移至左腿,左膝微屈,左臂向体侧摆动,胸和头部转对投掷方向。右脚蹬伸,进一步将右髋向投掷方向送出,随着右肩前送,左臂已摆至体侧制动,保证右臂做出正确的推球动作及推出方向。此时两腿充分蹬伸,抬头(稍后仰),右臂迅速有力地将球推出,球快出手时,手腕稍向内转,同时屈肘,快而有力地将球拨出。推铅球的角度一般是33°~42°。球离手后两腿弯曲或交换,降低重心,缓冲以维持身体平衡,防止出圈犯规。

背向滑步推铅球完整的技术动作见图5-4-5。

图5-4-5 背向滑步推铅球

## 二、掷标枪

掷标枪是一项古老的、技术比较复杂的投掷项目。它是由助跑及连接跑投的投掷步和爆发式用力作用于标枪的纵轴上,将枪从肩上投落在投掷区域内的运动。

掷标枪的技术由握枪、持枪、助跑、最后用力和标枪出手后的身体平衡等部分组成。

### (一)握枪

常见的握枪方法有两种。

(1)现代式握法。标枪斜放在掌心上,用大拇指和中指握在缠绳把手末端第一圈上沿,食指自然弯曲斜放在枪身上,无名指、小指自然地握在缠绳把手上[见图5-4-6(a)]。

(2)普通式握法。标枪斜放在掌心上,用大拇指和食指握在缠绳把手末端第1圈上沿,其余手指顺着食指握在缠绳把手上[见图5-4-6(b)]。

现代式握枪法能充分利用长而有利的中指,便于控制枪的出手和飞进,手腕放松,有利于提高标枪出手的初速度,故绝大多数人采用这种握枪方法。

### (二)持枪

将握好的标枪上举于肩上,大、小臂的夹角约为90°,肘关节稍向外,标枪稍高于头,枪尖稍低于枪尾。由于个人的习惯不同,肩上持枪法在细节上可以有所不同(见图5-4-7)。

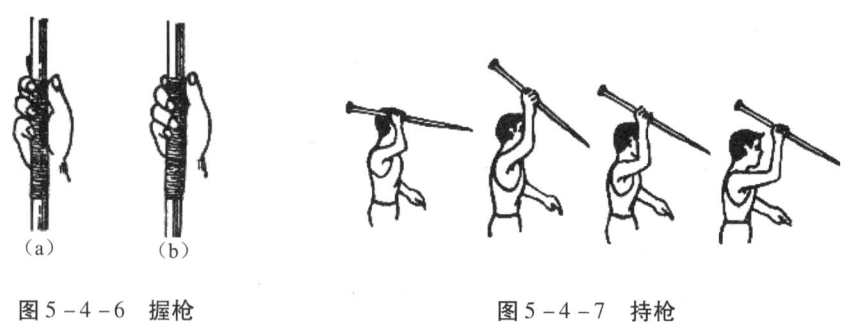

图5-4-6 握枪　　　　　图5-4-7 持枪

### (三)助跑

标枪的助跑既要完成引枪又要在投掷步中下肢超越上体,做出最后用力的有利姿势。助跑分为预跑和投掷步两个阶段。运动员通常在自己的助跑距离内设置两个标志线,第一标志线是助跑的起点线,第二标志线是投掷步的起点线(见图5-4-8)。

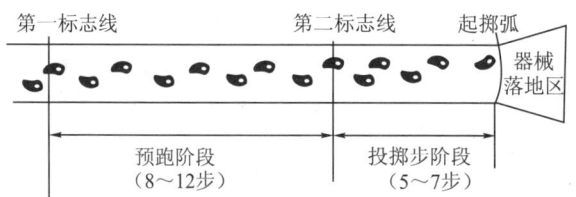

图5-4-8 助跑

1. 预跑阶段

从第一标志线起到第二标志线止为预跑阶段,长 15~20 米,跑 8~12 步。

助跑前,运动员握持标枪面对投掷方向,左脚在前,右脚在后,自然站立,然后向前走或慢跑几步,当左脚踏上第一标志线,即开始助跑,也可采用静止的方式开始预跑,即左脚先踏在第一标志线上,由静止姿势进入预先助跑。采用静止的方法开始预先助跑,步点比较稳定,适合于初学掷标枪者采用。

2. 投掷步阶段

投掷步阶段是由第二标志线起到起掷弧内沿止,长 9~12 米,多数运动员用 5 步完成(包括最后 1 步缓冲步在内),也有少数运动员用 7 步完成,当运动员完成预跑阶段用左脚踏上第二标志线后就进入投掷步阶段。下面对 5 步投掷步前 4 步的技术进行叙述。

第一步:左脚踩上标志线,右脚积极前迈,同时右肩后撤并向后引枪,左肩稍微向右转,左臂自然摆至胸前,髋对投掷方向。

第二步:当右脚落地,左脚离地前就开始了第二步,左脚前迈时,髋稍向右转,右肩继续后撤完成引枪动作,右手同肩高,枪身与前臂夹角较小,枪尖靠近左眉,保证标枪纵轴和投掷方向一致。

第三步(交叉步):交叉步是助跑过渡到最后用力关键的一步,这一步两腿加速前迈,迅速超越上体和髋部(超越器械),左脚一落地,右腿膝关节自然弯曲,大腿带动小腿积极有力地向前摆,右腿靠近左腿时,左腿快速有力地蹬伸,促使右腿加快前迈。由于两腿快速蹬摆,使下肢得以迅速向前,形成良好的超越器械的状态,此时髋轴转向投掷方向,并与肩轴形成交叉状态,拉长了躯干肌肉。左臂自然摆至胸前帮助左肩向右转,投掷臂充分伸直,枪尖不要高于头,右脚尖外转用脚跟先着地,然后过渡到全脚掌与投掷方向呈 45°角。

第四步:在交叉步右脚尚未落地前,左腿就要积极前迈。右脚落地后,右膝下降,右小腿与地面构成比较小的夹角。体重落在弯曲的右腿上。右腿积极蹬伸,加快髋部向水平方向移动,同时左腿前迈,用脚内侧或脚跟先着地,做出强有力的制动和支撑,保持下肢超越上肢的良好姿势,这样有利于完成最后用力的动作。

(四)最后用力

投掷步第三步右脚落地后,由于惯性,髋部继续向前,在超越了右腿支撑点之后,右脚就开始最后用力,左腿一着地,便形成了以左脚到左肩的左侧支撑,为右腿继续蹬地转髋创造了条件。右腿继续蹬地推动右髋加速向投掷方向运动,髋轴超越肩轴,投掷臂向上转动,带动前臂,手腕向上翻转,形成"满弓"。此时投掷臂处于身后,由于向前的惯性和右腿蹬伸的力量,重心前移,体重移向左腿,左腿弯曲,当上体与躯干成一直线时,左腿做迅速而有力的收缩,带动上臂迅速向前做爆发性"鞭打"动作,使全身力量通过手臂手指将枪掷出。标枪出手的适宜角度为 30°~35°。但在不同风向的情况下,可适当改变出手角度。

(五)标枪出手后的身体平衡

为了防止由于向前的惯性作用使身体继续向前运动造成犯规,在标枪出手后,右腿应完成投掷步的最后一步(第五步)——及时向前跨出一大步,上体向前倾并稍向后转,屈膝降低身体重心,以维持标枪出手后的身体平衡。

掷标枪完整的技术动作见图 5-4-9。

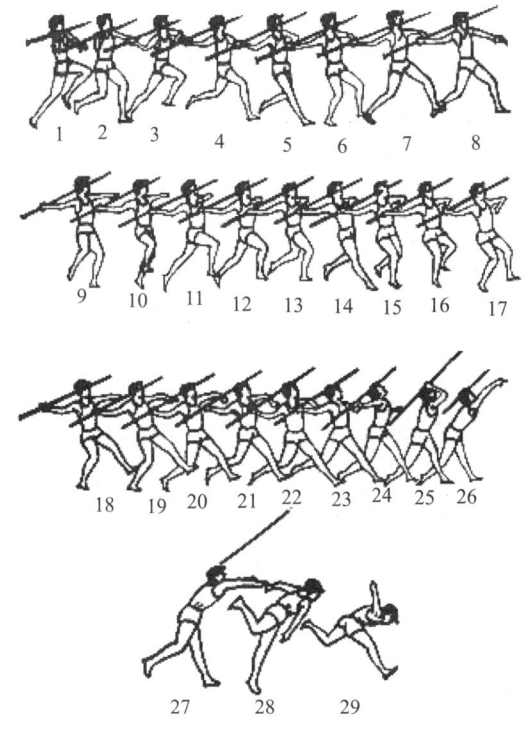

图 5-4-9 掷标枪完整的技术动作

## 第五节 田径规则

标准田径场应为400米半圆式并由两个平行直道和两个半径相等的弯道构成。半径为36.50米,分道宽为1.22(±0.01)米,分道线宽5厘米,所有分道宽应相同(分道宽应包括右侧分道线)。

田径比赛的依据有田径规则、裁判方法、竞赛规程、补充通知、技术会议的有关规定,这些是田径比赛中裁判员、运动员、教练员必须遵守的法则。比赛中如有运动员对裁判员的判决、判罚有异议或不满,可向裁判长提出口头抗议并保留成绩,再以书面的形式向仲裁委员会提出抗议,仲裁委员会的裁决为最终判决。

### 一、竞赛规则简介

(一)短距离跑

短距离运动员必须使用起跑器,采用蹲踞式起跑。

在"各就位"口令之后,运动员必须走向起跑线在自己的分道内完成起跑准备姿势。双手和一个膝盖必须触地,双脚必须触及起跑器。"预备"口令时,运动员应立即抬高身体重心,做好起跑姿势。此时,运动员的双手仍须与地面接触,双脚不得离开起跑器,双手或双脚均不得触及起跑线或线前地面。

在"各就位"或"预备"口令发出后,所有运动员应立即做好预备姿势,不得延误。对经适当时间仍未做好预备姿势者,则以起跑犯规论处。鸣枪或启动经批准的发令器,运动员开始起跑动作。

分道跑时,运动员必须在规定的各自跑道内跑完全程。在弯道跑中,运动员的脚不得触及左侧分道线,不得串道、阻碍其他运动员在其跑道内的正常跑进。

(二)中距离跑、长距离跑

中距离跑、长距离跑项目(800米距离以上和竞走),除执行短距离跑规则外,起跑时只使用"各就位"口令。在所有运动员稳定时,鸣枪或启动经批准的发令器。起跑时,运动员不得单手或双手触地。

运动员在做好最后预备姿势之后和鸣枪之前,开始起跑动作应判为起跑犯规。

比赛中,运动员挤撞或阻碍他人,妨碍其他运动员跑或走时,应取消其比赛资格。

在分道起跑比赛中,800米应在第一个弯道末端的抢道标志线之前为分道跑;允许运动员越过抢道线后离开自己的分道切入里道。

(三)接力跑

除执行短距离跑规则外,接力跑比赛还有特殊的规定:运动员起跑时接力棒不得触及地面;必须在接力区完成交接棒(以接力棒为准);不得有抛掷接力棒行为;接棒人不得借助外力后跑进,必须持棒跑完全程。掉棒后,必须由原掉棒人捡起而跑进,不得因捡棒而缩短跑的距离。运动员交棒后离开自己的分道时,不得阻碍他人跑进。4×400米接力跑,第一棒分道跑;第二棒在第一个弯道跑末端的抢道标志线之前为分道跑,运动员越过抢道线后允许离开自己的分道切入里道;第三棒运动员应以各队第二棒运动员在200米起点处的跑进顺序在公共接力区由里道向外道排序站位,接棒时不得因名次变化而改变顺序;第四棒运动员同第三棒运动员。

## 二、田赛规则简介

(一)比赛方法

奥运会田赛项目的比赛通常先分两组进行及格赛,通过及格标准的直接进入决赛,如达到及格标准的运动员人数不足12人,不足的人数按及格赛成绩递补。远度项目决赛前三轮比赛的顺序抽签决定。决赛前三轮比赛结束后,按成绩取前8名运动员进行最后三轮比赛;第四、五轮比赛排序按前三轮成绩的倒序排列,第六轮比赛排序则按前五轮成绩的倒序排列,成绩最好的在最后跳(掷)。

(二)有效成绩

(1)除犯规外,跳跃远度项目比赛中,运动员每次试跳的成绩均为有效成绩。

(2)除犯规外,高度项目比赛中,运动员每次跳过的高度为有效成绩。

(3)投掷项目比赛除犯规以外,当运动员投出的器械完全落在落地区内(不包括落地区边线)时才算有效,丈量成绩时从距离投掷区最近的落地点算起。其中标枪必须是枪尖首先触地成绩才算有效。

(三)录取名次

(1)远度项目比赛结束以后,以运动员最好的一次试跳(掷)成绩,包括因第一名成绩相等而进行的决名次赛的成绩,作为最后的决定成绩判定名次,成绩好者列前。如成绩相等,按下列规定解决:如出现最好成绩相等,则以第二好成绩来确定名次,依此类推,直到最后一个成绩。如果还是相同,除了第一名以外,可以并列;如果涉及第一名成绩相同,必须让这些涉及第一名的运动员继续比赛,直到决出第一名为止。

(2)在高度项目比赛中,如出现最好成绩相等,则按以下规定解决:①在出现成绩相等的高度上,试跳次数较少者名次列前;②如成绩仍然相等,则在包括最后跳过的高度在内的决赛全部比赛中,试跳失败次数较少者名次列前;③如成绩仍相等,当涉及第一名时,进行决名次赛,直到分出名次为止,如成绩不涉及第一名,名次并列。

(四)犯规

1. 跳远、三级跳远

跳远、三级跳远有下列之一情况即判犯规:

(1)运动员以身体任何部位触及起跳线之前的地面。

(2)从起跳板两端之外起跳,无论是否超过起跳线的延长线。

(3)触及起跳线和落地区之间的地面。

(4)在落地过程中触及落地区以外的地面,而落地区外的触地点较落地区内的最近触地点更靠近起跳线。

(5)离开落地区时,运动员在落地区外地面的第一触地点较落地区内最近触地点和在落地区内因身体失去平衡而留下的任何痕迹更靠近起跳线。

(6)在助跑或跳跃中采用任何空翻姿势。

(7)还未通知该运动员试跳,而进行试跳,不管是否成功,都应判该次试跳失败。

(8)无故错过该次试跳顺序。

(9)无故延误时限。比赛时,运动员无故延误时间,即不准参加该次跳,以失败论处。如果在比赛中再次无故延误比赛时间,即取消该运动员的比赛资格,但在此之前的比赛成绩仍然有效。每次试跳的时限为1分,只有当一名运动员连续两次试跳时,其试跳时限为2分。在时限只剩最后15秒时,计时员举黄旗示意,当时限到时,落下黄旗,主裁判应判定运动员该次试跳失败。如时限到的同时,运动员已开始试跳,应允许其进行该次试跳。当裁判员通知运动员试跳开始后,运动员才决定免跳,当时限已过时,应判为该次试跳失败。

三级跳远运动员的三跳顺序是一次单足跳、一次跨步跳和一次跳跃。单足跳时应用起跳腿落地,跨步跳时用另一条腿(摆动腿)落地,然后完成跳跃动作。

2. 跳高

跳高有下列之一情况即判犯规:

(1)使用双脚起跳。

(2)由于运动员的试跳动作致使横竿未能停留在横竿托上。

(3)在越过横竿之前,身体触及立柱前沿垂直面以外的地面或落地区。但如果裁判员认为运动员并没有受益,则不应由此而判该次试跳失败。

(4)无故延误时限。

(5)当裁判员通知运动员试跳开始后,运动员才决定免跳,当时限已过时,应判该次试跳失败。

(6)试跳时,运动员有意用手或手指把即将从横竿托上掉下的横竿放回。

(7)无故错过该次试跳顺序。

3.投掷项目

投掷项目在比赛过程中,运动员如果有下列违反规则的行为,则会被判犯规,成绩无效:

(1)超出时间限制。

(2)投掷铅球和标枪技术不符合规则规定(规则要求铅球和标枪必须由单手从肩上掷出)。

(3)在投掷过程中,身体和器械的任何一部分不得触及投掷圈铁圈上沿或圈外的地面和标枪投掷弧、延长线及线以外地面任何一部分,包括铅球抵趾板的上面,否则即为投掷失败。

(4)只有当器械落地以后,运动员才允许离开投掷圈或助跑道。标枪运动员在投出的枪落地前,不能在投掷后转身完全背对其投出的标枪。完成投掷后,链球、铁饼和铅球运动员必须从投掷圈后半圈的延长线后面退出。标枪运动员必须从投掷弧及延长线以后退出。

(5)在没有犯规的情况下,参赛者可以中止已开始的试掷动作,将器材放下以后暂时离开投掷区,并重新开始,但是必须在规定的时限内完成投掷。

(6)参赛者可以在比赛期间离开比赛区域,但必须由裁判员许可并由裁判员陪伴。

(7)比赛过程中,运动员不能在比赛场地使用以下电子设备:摄像机、便携式录放机、收音机、CD机、报话机、手机、MP3及类似的电子设备。

(五)裁判员的旗示

(1)在跳跃项目比赛中,通常有一名主裁判手中持有红、白旗帜各一面,用来示意运动员试跳是否成功。举红旗表示试跳失败,成绩无效;举白旗表示成功,成绩有效。

(2)在投掷项目比赛中,通常由两名主裁判手中持有红、白旗帜各一面,用来示意运动员试投是否成功。举红旗表示试投失败,成绩无效;举白旗表示成功,成绩有效。其中一名站在投掷区附近的称为内场主裁判,主要判定运动员在试投过程中是否犯规;另一名在落地区内的称为外场主裁判,主要判定器械落地点是否有效。

# 第六章 篮　球

## 第一节　篮球运动概述

篮球运动是一项集体对抗性的运动项目,具有强烈的竞争性和观赏性,并有浓厚的趣味性和娱乐性。它不仅是青少年喜爱的运动项目,也适合男女老少进行锻炼和活动,是目前世界上参加人数较多的运动项目之一。

篮球运动是1891年由美国马萨诸塞州斯普林菲尔德市基督教青年会训练学校体育教师詹姆士·奈史密斯(James Naismith)博士发明的。奈史密斯先生当时是为了设计一项适合冬季室内进行体育竞赛的运动项目,他从工人和儿童用球向"桃子篮"做投准的游戏中得到启发。当初,他设计将两只桃篮分别钉在健身房内看台的栏杆上,以足球作为比赛工具向篮筐内投掷。这项运动最初称为"筐球"或"奈史密斯球",后来,正式命名为"篮球"。

篮球运动发明以后,很快传向世界各地。1904年,美国青年会男子篮球队在第三届奥运会上进行了表演赛。1908年,美国全国高等院校体育协会制定了篮球竞赛规则,并以30种文字向全世界出版发行。1932年,在瑞士日内瓦成立了国际业余篮球联合会,1936年第十一届奥运会将男子篮球列入正式比赛项目。1951年和1953年分别举行了第一届世界男、女篮球锦标赛。1976年第二十一届奥运会上又把女子篮球列为正式比赛项目。

自1891年篮球运动诞生至今已有100多年的历史。篮球运动具有集体性、竞技性及可观赏性等特征,体现了强大的生命力和吸引力,并且随着比赛规则的不断完善,这项运动的技术、战术不断得到新的发展。目前,国际篮球联合会成员已达190多个国家和地区。主要赛事有世界男、女篮球锦标赛,世界青年男、女篮球锦标赛,奥运会男、女篮球比赛,均为每4年举行1次。

## 第二节　篮球运动的基本技术

篮球技术是队员在比赛中以攻、守为目的所运用的各种专门动作的总称,是队员进行比赛的主要手段。基础阶段基本技术掌握的好坏,直接影响着队员在提高阶段技术的提高和高难度动作的掌握。因此,在基础阶段掌握好基本的技术,对以后比赛中取胜有着重要的意义。

篮球技术是篮球战术的基础,任何战术形式都取决于技术的合理运用和巧妙发挥。没有技术,也就没有战术,战术的发挥又给技术提出了更高的要求,促使篮球技术不断地改进、完善、丰富和创新,从单个技术向综合技术、高难技术方向发展。篮球运动的主要技术如表6-2-1所示。

表6-2-1 篮球运动主要技术

| 类别 | 名称 | 主要内容 |
| --- | --- | --- |
| 进攻技术 | 传接球 | 双手胸前传接球,单手肩上传接球 |
| | 投篮 | 双手胸前投篮,单手肩上投篮,行进间投篮,跳起投篮 |
| | 运球 | 高运球,低运球,运球急停疾起,转身运球等 |
| | 持球突破 | 交叉步突破,同侧步突破 |
| 防守技术 | 防守对手 | 防守无球队员,防守有球队员 |
| | 抢打断球 | 抢球,打球,断球 |
| 综合 | 抢篮板球 | 抢防守篮板球,抢进攻篮板球 |
| | 移动 | 起动,变向跑,侧身跑,急停,滑步 |

## 一、移动技术

（一）起动

动作方法：从基本站立姿势开始,向前起动是以后脚或异侧脚（向侧起动）前脚掌短促有力地蹬地,同时上体迅速前倾或侧转,向跑动方向移动重心,手臂协调摆动,充分利用蹬地的反作用力,迅速向跑动方向迈出。

要点提示：移重心,起动后的前两三步前脚掌蹬地要短促有力。

（二）变向跑

动作方法：变向跑是队员在跑动中利用方向的变化完成攻守任务的一种方法。从右向左变向时,最后一步用右脚前脚掌内侧用力蹬地,同时脚尖稍加内扣,迅速屈膝降重心,腰部随之左转,上体向左前倾,移动重心,左脚向左前方跨出,蹬地脚及时跟上。

（三）侧身跑

动作方法：侧身跑是队员在向前跑动中,为观察场上情况,侧转上体进行攻守行动的一种方法。队员在向前跑动时,头部与上体侧转向球的方向,脚尖正对跑动的前进方向,内侧腿深屈,外侧脚用力蹬地。

要点提示：面向球转体,切入方向的内侧腿深屈,外侧脚用力蹬地,重心内倾。

（四）急停

1.跨步急停

动作方法：急停时向前跨出一大步,腿微弯曲,脚跟先着地,同时上体稍后仰,重心后移,上第二步时重心下降,用脚掌内侧蹬地,停后重心移至两脚上。

要点提示：第一步要大,第二步要跟得快,脚前掌内侧用力蹬地。

2.跳步急停

动作方法:移动中用单脚或双脚起跳,上体稍后仰,落地时全脚掌着地,两腿弯曲,两臂屈肘微张,以保持身体平衡。

要点提示:重心放在两脚之间,两腿弯曲,两臂屈肘在体侧,保持平衡。

(五)滑步

动作方法:滑步是防守移动的一种主要方法,可分为侧滑步、前滑步和后滑步。以侧滑步为例:滑步前,两脚左右开立约肩宽,膝微屈,上体稍前倾,两臂侧伸,目平视;向左滑步时,右脚前脚掌内侧用力蹬地,同时左脚向左跨出,在落地的同时,右脚迅速随同滑行,然后重复上述动作,滑步时身体要保持平稳。

要点提示:重心平稳,移动时做到异侧脚先蹬,同侧脚同时跨出,异侧脚再跟上。

(六)移动技术学练方法

(1)在明确各种技术动作要领的基础上做模仿练习,重点体会重心变换和脚用力的部位。

(2)在练习过程中,根据熟练程度,逐渐加快移动速度,直至达到实战要求。

(3)做各种移动技术的组合练习,以提高动作的连接能力。

(4)结合对抗做移动技术练习,以增加对抗性。

(5)在实战中体会移动技术要点,以提高动作的实效性。

## 二、传球技术

传球是篮球比赛中进攻队员之间有目的的转移球的方法。它是场上队员之间相互联系和组织进攻的纽带,是实现战术配合的具体手段。

(一)双手胸前传球

动作方法:两手手指自然分开,拇指相对成八字形,用指根以上的部位持球,手心空出,屈肘持球于胸前。传球时,后脚蹬地重心前移,同时前臂迅速向传球方向伸出,拇指用力下压,手腕前屈,中指、食指用力拨球将球传出(见图6-2-1)。

图6-2-1 双手胸前传球

要点提示:蹬地,展体,伸臂,扣腕,手腕急促地由下而上、由内向外翻,同时拇指下压,中、食指用力拨球。

(二)单手肩上传球

动作方法:以右手传球为例,双手持球于胸前,两脚平行开立。传球时,左脚向传球方向迈出半步,同时将球引至右肩上方,肘外展,右手托球,左肩侧对传球方向,重心落在右脚上,右脚蹬地,身体向传球方向转动,以大臂带动小臂,肘关节领先,前臂迅速向前挥摆,手腕前屈,通过食指、中指拨球将球传出。球出手后,重心前移,右脚向前迈出半步,保持基本站立姿势(见图6-2-2)。

图6-2-2 单手肩上传球

要点提示:转体挥臂,扣腕,自下而上发力。

(三)传球技术学练方法

(1)明确传球的动作要领,做原地徒手模仿练习。
(2)对墙设定目标,做原地传球练习,体会手臂、腕、指的动作及传球路线和掌握落点。
(3)原地将球传给跑动中的队员,体会移动传球的提前量和落点。
(4)在消极防守的情况下练习传球的落点。
(5)在实战中体会合理地运用不同的传球技术,控制球的速度、路线。

### 三、运球技术

运球是一项进攻技术。只有在下面四种情况下才使用运球技术:①从后场向前场推进时运球;②在调整传球角度时运球;③在突破上篮时运球;④做进攻动作时运球。

在运球时,应注意以下几点:①运球要有目的;②从后场向前场推进时,最好用弱侧手运球;③进攻时,进攻者接球后一定要先转身面对篮,不要马上运球;④不要轻易停球。

运球是用手掌的边缘触球,手掌心空出。发力时用手指和手腕控制球的方向,用肘带动肩运球,两腿自然开立,略与肩宽,躯干保持在防守者和球之间,运球时屈膝。重心要低,背要直,头抬起,目平视观察场上情况。不运球的手要抬起来护球,有人防守时,眼睛要看防守人,随时观察场上情况并做出正确判断。

(一)高运球

动作方法:运球时两腿微屈,目平视,运球手用力向前下方推压球,球的落点在身体的侧前方,使球反弹起的高度在腰腹之间,手脚配合协调,使球有节奏地向前运行(见图6-2-3)。

图6-2-3 高运球

要点提示:运球手虎口向前,注意球的落点。

(二)低运球

动作方法:两脚前后开立,两腿弯曲,重心下降,上体前倾,远离防守队员的手用力向下

121

短促地推压球,使球反弹起的高度在膝部以下(见图6-2-4)。

图6-2-4 低运球

要点提示:大小臂的发力要协调,手腕的用力要柔和,控制好球的反弹高度。

(三)运球急停疾起

动作方法:在快速运球中,突然急停时,手拍按球的前上方。运球疾起时,要迅速起动拍按球的后上方,要注意用身体和腿保护球(见图6-2-5)。

图6-2-5 运球急停疾起

要点提示:运球急停疾起时,要停得稳,起得快。

(四)转身运球

动作方法:以右手运球为例,变向时,左脚在前为轴,做后转身的同时,右手将球拉至身体的左侧前方,然后换手运球加速前进(见图6-2-6)。

图6-2-6 转身运球

要点提示:运球转身时要降低重心,拉球动作和转身动作要连贯一致。

(五)背后运球

动作方法:以右手运球为例,向左侧变向时,右脚在前,右手将球拉到右侧身后,迅速转腕拍按球的右后方,将球从身后拍按至身体的左侧前方,然后左手接着运球,左脚向前加速前进(见图6-2-7)。

要点提示:右手将球拉至右侧身后时,要以肩关节为轴,并迅速转腕拍按球的后上方。

(六)运球技术学练方法

(1)做原地的各种运球练习,体会手臂、手腕、手指及上下肢配合的协调性。

(2)做左、右手的直线运球,体会行进间运球的部位。

(3)运球熟练后,做多种运球的组合练习。

图 6-2-7 背后运球

(4)结合防守做各种运球练习。

(5)在实战中体会各种运球的合理运用。

## 四、投篮技术

投篮技术是篮球运动中最关键的一项技术,也是唯一的得分手段。投篮得分的多少决定着比赛的胜负,这项技术也是当代大学生最薄弱的环节。这里重点阐述投篮技术中的单手肩上投篮技术的动作要领及练习方法。

(一)双手胸前投篮(女球员采用比较多)

动作方法:两脚前后站立,双手中有力手的同侧脚在前约 10 厘米,左右脚分开与肩同宽。双手持球于胸前,肘关节自然下垂,上体稍前倾,两膝微屈,身体重心放在两脚之间,目视篮筐。投篮时,两脚蹬地,腰腹伸展,两臂上伸,拇指向前传送,两手腕同时外翻,指端拨球,用拇指、食指、中指投出,腿、腰、臂自然伸直(见图 6-2-8)。

图 6-2-8 双手胸前投篮

要点提示:动作的关键在于掌握好屈膝蹬地、腰腹伸展、手臂上伸和球出手时,手腕、手指用力动作的连贯性、协调性和一致性。

(二)单手肩上投篮(原地)

动作方法(见图 6-2-9):

(1)两脚前后开立,投篮手一侧的脚在前大约 10 厘米,两脚脚尖正对篮筐。两脚左右开立,与肩同宽或略宽于肩,重心在两脚之间。

(2)膝关节适度弯曲,随投篮距离的增加适度增加动作半径。

(3)上身要含胸拔背,像坐在椅子上,头保持正视前方目标,不能前后、左右摇动。

(4)肘关节在投篮手没有举起时,应放松地贴住自己的身体。手举起后,肘关节适度外展,自己感觉能舒服地发力把球投出去。如果肘关节不向外展,就变成平推出去,太向内,手臂会挡住眼睛视线。手和球一举起来,要形成三个90°,即躯干与上臂、上臂与前臂、前臂与手腕都保持90°。

(5)投篮时,五个手指张开,手指和掌沿触球,掌心空出。利用手指的附着力黏住球,发力时作用力要通过球的中轴,不投篮的那只手的大拇指与投篮手的大拇指在球面上形成一个"T"字形。

(6)球举起放在额前上方,球投出后,手要有一个跟随动作。食指最后离球并指向篮圈,手腕柔和下翻(附乔丹球出手后手的跟随动作图)。

(7)整套动作要保持协调性和连贯性。

图6-2-9　单手肩上投篮

要点提示:投篮时要自下而上发力、抬肘、手臂上伸,屈腕拨球,将球投出。

(三)行进间单手低手上篮(三步跨篮)

动作方法:右手投篮时,一般右脚腾空接球落地,接球时第一步稍大,第二步稍小,用左脚向前上方起跳腾空时,持球手指自然分开,托球的下部,手臂向上伸展。接近球篮时,手腕柔和上摆,食指、中指、无名指向上拨球,擦板或空心投篮(见图6-2-10)。

图6-2-10　行进间单手低手上篮

要点提示:第一步大,第二步小要继续加速,腾空高且时间短,投篮瞬间要控制好身体平衡。

(四)原地投篮的练习方法(双手或单手)

(1)建立整套动作的表象,也就是"意练"。练习时首先把整套动作闭上眼睛想一遍。

(2)进行无球的徒手投篮动作,按动作要领反复、正确地做投篮动作,使动作定形。

(3)对墙或对人练习,两人一组或一人对墙上固定点进行投篮练习,体会从脚到手整个身体的发力顺序,掌握好上体重心动作的连贯一致。

(4)面对球篮做投篮练习,根据投篮技术的掌握程度,变换投篮距离和角度。

(5)"抄球练习"。"抄球"就是练习者单手拍一下球,马上将球抄回,手持球,紧接着举球投篮。

(6)在消极防守时进行投篮练习。

(7)在实践中体会投篮动作,掌握投篮出手的力量、角度和时机。

### 五、持球突破技术

持球突破是持球队员运用脚步动作和运球技术快速超越对手的一项攻击性技术。

(一)交叉步突破

动作方法:以右脚做中枢脚为例,两脚左右开立,两膝微屈,降低身体重心,持球于胸腹之间。突破时,左脚的前脚掌内侧用力蹬地,上体稍右转,左肩向前下压,重心移向右前方,左脚向右侧前方跨出,将球引于右侧,右手运球,中枢脚蹬地向前跨出,迅速超越对手(见图6-2-11)。

图6-2-11 交叉步突破

要点提示:蹬跨积极,贴近防守,转体探肩保护球。

(二)顺步突破

动作方法:准备姿势和突破前的动作要求与交叉步相同。突破时,右脚向右前方跨出一步,向右转体探肩,重心前移,右手将球运在右脚的外侧,左脚迅速蹬地,向右、前方跨出,突破防守(见图6-2-12)。

图6-2-12 顺步突破

要点提示:蹬跨积极,起动迅速,转体探肩保护球。

（三）持球突破技术学练方法
(1)原地徒手做持球突破练习,体会脚步动作的要领。
(2)原地持球做突破练习。
(3)结合球做持球突破接行进间投篮练习。
(4)消极防守做持球突破接行进间投篮练习。
(5)在实战中结合比赛的情况,合理运用突破技术。

## 六、防守对手技术

防守对手是防守队员合理地运用脚步移动和手臂动作积极地抢占有利位置,阻挠和破坏对手的进攻意图和行动,并以争夺控制球权为目的。

（一）防守无球队员

动作方法:防守时,位置要保持在对手与球篮之间,偏向有球的一侧。防守队员要根据球和人的移动合理地运用上步、撤步、滑步、交叉步、并步和快跑等脚步动作,并配合身体动作抢占有利防守位置,堵截其摆脱、移动路线。在与对手发生对抗时,重心下降,双腿用力,两臂屈肘外展,扩大站位面积,上体保持适度紧张,在发生身体接触的瞬间提前发力合理对抗。

要点提示:要抢占"人球兼顾"的有利位置,防守时,要做到内紧外松,近球紧远球松,松紧结合。防止对手摆脱空切,随时准备协防、补防。

（二）防守有球队员

动作方法:应站位在对手与球篮之间,平步防守时,两脚平行站立,两手臂侧伸,不停地挥摆,适合于防运球和突破。斜步防守时,两脚前后站立,前脚同侧手臂向前上方伸出,另一手臂侧伸,适合于防守投篮。

要点提示:要及时抢占对手与球篮之间有利的防守位置,并根据防守队员的技术特点,采用平步防守、斜步防守步伐。

（三）防守对手技术学练方法
(1)在对手静止站立状态下,选择正确的位置和距离。
(2)在对手移动时选择正确的位置和距离。
(3)结合移动技术练习,进行消极对抗下的防守练习。
(4)在对抗状态下积极练习抢、打、断球等。
(5)结合实战,根据场上情况,合理运用技术动作。

## 七、抢球、打球、断球技术

抢球、打球、断球技术是防守中具有攻击性的技术,它是积极的防御思想在防守过程中的体现,是积极防守战术的基础。

（一）抢球

动作方法:抢球动作可分为两种。一种是转抢,防守队员抓住球的同时,迅速利用手臂后拉和两手转动的力量,将球从对方手中抢过来。另一种是拉抢,防守队员看准对手的持球空隙部位,迅速用两手抓住球后突然猛拉,将球抢过来(见图6-2-13)。

图6-2-13 拉抢

要点提示:判断准确,下手及时。

(二)打球

动作方法:打持球队员手中的球时,要根据持球的部位采用不同的动作,队员持球高时,打球时掌心向上,用手指和手掌打球的下部(见图6-2-14);队员持球低时,打球时掌心向下,用手指和手掌打球的上部。

图6-2-14 打持球队员手中的球

要点提示:打球时动作小而快,切忌动作过大、过猛。

(三)断球

动作方法:断球方法分两种:一是横断球,二是纵断球。横断球时,降低身体重心,当球由传球队员传出时,单脚(或双脚)用力蹬地,突然跃出,两臂前伸将球断掉。纵断球,防守队员从接球队员的右侧向前断球时,右脚先向右侧前方跨出半步,然后侧身跨左脚绕过对方,左脚(或双脚)用力蹬地向前跃出,两臂前伸将球断掉(见图6-2-15)。

图6-2-15 纵断球

要点提示:掌握断球时机,动作快速突然。

(四)抢、打、断球技术学练方法

(1)徒手体会抢、打、断球的手部动作。

(2)练习抢、打、断球的脚部动作。
(3)抢、打持球队员手中的球。
(4)结合实战合理运用抢、打、断球技术。

### 八、抢篮板球技术

比赛中双方队员在空间争抢投篮未中从篮板或篮圈反弹出的球,统称为抢篮板球。抢篮板球技术又分为抢进攻篮板球和抢防守篮板球。抢篮板球技术由抢占位置、起跳动作、抢球动作和抢球后的动作所组成。

(一)抢占位置

动作方法:无论是进攻队员或防守队员,在抢篮板球时,应根据对手和投篮队员所处的位置,判断球的反弹方向,运用快速的脚步移动,抢占在对手与球篮之间靠内线的位置,力争将对手挡在自己的身后。

要点提示:判断准确,移动及时,抢位得当。

(二)起跳动作

动作方法:两腿屈膝,重心降低,上体稍前倾,两臂稍屈,举于体侧。起跳时,两脚用力蹬地,两臂上摆,手臂向上伸展,腹、腰协调用力。防守队员一般多采用转身跨步起跳,进攻队员则多采用助跑单脚起跳或跨步双脚起跳。

要点提示:起跳迅速,时机掌握好。

(三)抢球动作

动作方法:双手抢篮板球时,两臂用力伸向球反弹的方向。身体和手达到最高点时,双手将球握紧,腰腹用力,迅速屈臂将球下拉置于身前。单手抢篮板球时,身体在空中要充分伸展,达到最高点时,手臂要伸直,指端触球,用力屈腕、屈指、屈臂拉球于胸前,另一手护球。当遇到对方身材比较高,不能直接获球时,可用手指点拨的方法,将球点拨给同伴或点拨到自己便于接球的位置。

要点提示:抢到球时,要迅速持球到有利位置,并加以保护或采用下一个进攻动作。

(四)抢篮板球技术学练方法

(1)徒手模仿起跳和抢球练习。
(2)自己向上抛球,练习单、双脚起跳抢球动作。
(3)两人一球,站篮圈两侧,轮换跳起在空中用单手或双手将球托过篮圈,碰板后传给同伴。
(4)三人一组,一人投篮,另两人练习抢进攻篮板球或防守篮板球。
(5)结合实战,练习抢篮板球。

## 第三节 篮球运动的基本战术

篮球比赛是遏制与反遏制的较量,篮球战术是为比赛的最终胜利服务的,是在比赛中队员运用的攻守方法的总称,是队员对技术合理应用和队员之间相互协调配合的组织形式。

篮球运动的基本战术见表6-3-1。

表6-3-1　篮球运动的基本战术

| 基础配合 | 进攻 | 传切、掩护、突分、策应等配合 |
|---|---|---|
|  | 防守 | 关门、交换、穿过、挤过等配合 |
| 全队战术 | 进攻 | 快攻、长传快攻、短传快攻、阵地战 |
|  | 防守 | 半场人盯人、区域联防、防守快攻 |

## 一、基础配合

战术配合是两三个人之间有目的、有组织、协调行动的方法。它包括进攻与防守两部分，是组成全队战术的基础。

(一)进攻战术的基础配合

1. 传切配合

配合方法：如图6-3-1所示，⑤传球给④后，立即摆脱对手5，切入篮下，接④的回传球投篮。

要点提示：传球队员要注意用假动作吸引对手，切入队员掌握好切入的时机。

2. 策应配合

配合方法：如图6-3-2所示，④摆脱防守插到罚球线做策应，⑤将球传给④并立即空切篮下，接④的策应传球投篮。

要点提示：策应者抢位要及时到位，传球者要迅速将球传给策应者。

3. 突分配合

配合方法：如图6-3-3所示，⑤从防守者的右侧突破，4协防，封堵⑤的篮下突破的路线，此时④及时跑到有利进攻位置，接⑤的球投篮。

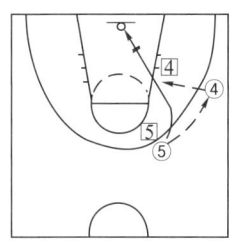
图6-3-1　传切配合

图6-3-2　策应配合

图6-3-3　突分配合

4. 掩护配合

掩护可给同伴创造投篮机会，同时也可给自己带来投篮机会。质量高的掩护是进攻体系中最难掌握的，而质量高的掩护也是最难于防守的。高质量掩护的关键是：把握好角度、距离、时机。而掩护成功与否，取决于被掩护人的行动。掩护配合可分有球掩护与无球掩护两种。

1) 无球掩护

无球掩护包括下掩护、后掩护、横掩护、定位掩护四种。

(1) 下掩护。动作方法：假动作后直线跑，背向球，用快速的双脚跳步急停为同伴做掩护。掩护动作的要领是两脚分开比肩稍宽，手放在保护位置，身体要"绷"住劲，准备身体接触。此时特别注意：当做好掩护动作后，身体一定不能移动。做掩护的人只要一动，就是掩护犯规，要等着被掩护的人自己来找掩护。离同伴的防守者的距离根据其是否能看到掩护来定，如防守者看不到来掩护的人，就要给其留出一步距离；如防守者能看到来掩护的人，则可紧靠他（见图6-3-4）。

（2）后掩护。从底线向中线方向移动的掩护属于后掩护。后掩护主要分为两种。

离球场中心近的，背向球篮，向上去做掩护。由于防背掩护的人看不见掩护的到来，所以要给其留出至少1~2米的活动距离。

另外一种常用的后掩护是掩护者⑤背对场角，向上移动为④做掩护，当④把球传给策应的队员后向下移动，似乎要去做下掩护或空切上篮，这时底线的⑤上提后掩护（见图6-3-5）。

（3）横掩护。下掩护和后掩护都是在球场的同侧进行，而横掩护（见图6-3-6）是球员从球场的一侧移动到另一侧去做掩护。横掩护大部分发生在底线策应的位置上，可以是内线之间的掩护，也可以是一内一外的掩护。

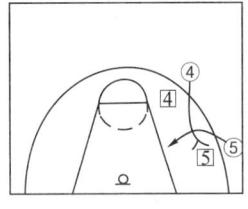 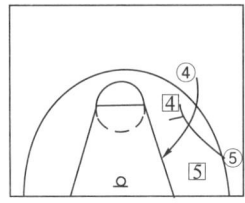 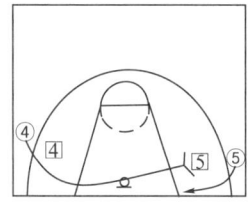

图6-3-4　下掩护　　　　图6-3-5　后掩护　　　　图6-3-6　横掩护

动作方法：注意角度、距离、时机、变速、变向。两个人在做掩护和找掩护之前，都要先向反方向移动。做掩护的人注意掩护的角度及自己的动作。被掩护人要根据假想防守人的位置，决定自己移动的时机、速度及方向。

（4）定位掩护。定位掩护多数在身材高大的内线队员占据好位置时使用，攻击性强的外线队员把防守人"带"到同伴身边。这个时候内线队员要降低重心，两脚站得尽量宽一些，占据尽可能多的面积，站稳，用上力。

2）有球掩护

有球掩护俗称"挡拆"。近年来，很多球队都使用移动进攻法，即传球后反掩护，通过球不断地转移、人不断地掩护，创造出投篮机会。这种配合通常是一内一外两人进行。内线队员去为持球的外线队员做掩护。与无球掩护一样，配合的成功与否取决于被掩护者的行动，看他是否能观察防守，把防守带入进攻的掩护当中。运用这一技术堪称经典的是曾效力犹他爵士队的马龙与斯托克顿（见图6-3-7）。

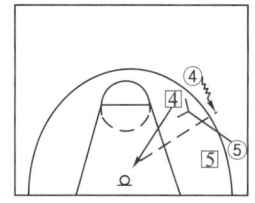

图6-3-7　挡拆

（二）防守战术的基础配合

1."关门"配合

配合方法：如图6-3-8所示，当⑤从正面突破时，④与⑤、⑤与⑥进行"关门"配合。

要点提示：在防守队员积极堵截持球队员的突破路线的同时，靠近突破一侧的防守队员要及时快速地向同伴靠拢，进行"关门"配合。

2. 交换配合

配合方法：如图6-3-9所示，⑤去给④做掩护，5要主动发出信号，及时封堵④向篮下突破的路线，此时4应及时调整自己的防守位置，防止⑤向篮下空切。

要点提示：防守掩护者的队员要主动发出换人信号，双方准备换防。两防守队员要到位，及时换防。

3. 穿过配合

配合方法：如图6-3-10所示，⑤传球给⑥后去给④做掩护，5要提醒同伴，离⑤远一点。当⑤掩护到位前一刹那，4主动后撤一步，从⑤和5中间穿过，继续防守④。

要点提示：防守掩护的队员要及时提醒同伴，并主动让路，穿过队员要迅速穿过，并立即调整防守位置的距离。

4. 挤过配合

配合方法：如图6-3-11所示，④传球给⑤后跑去给⑥做掩护，4发现后要及时提醒同伴6，6在④临近的瞬间，迅速抢在④之前继续防守⑥。

要点提示：挤过时要贴近进攻者，上前侧抢步的动作要及时，要主动说话联络。

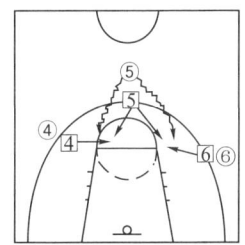 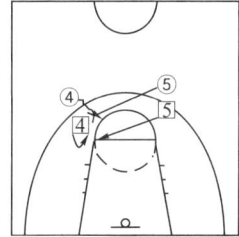 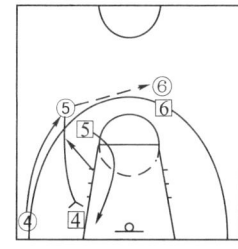 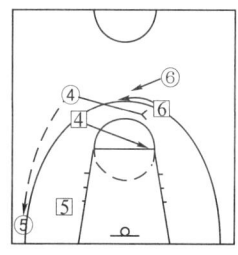

图6-3-8 "关门"配合　　图6-3-9　交换配合　　图6-3-10　穿过配合　　图6-3-11　挤过配合

## 二、快攻战术

快攻是由防守转入进攻时，以最快的速度、最短的时间，在对方尚未部署好防守之前，创造人数上、位置上的优势，果断而合理地进行攻击的一种快速的进攻战术。快攻的战术形式有长传快攻、短传结合运球推进快攻两种类型。

（一）长传快攻

配合方法：如图6-3-12所示，以抢后场篮板球通过接应发动长传快攻为例进行说明。当⑦抢到篮板球后，⑤和⑥已经起动快下，但是由于受到7的严密封锁，⑦不能及时直接长传球给快下队员，此时应立即将球传给⑧，⑧接应后再长传给快下队员⑤和⑥，⑨及时插中，做接应准备。⑧和⑦随后跟进。

（二）短传快攻

短传快攻由发动与接应、推进、结束三个阶段组成。

1. 接应阶段

接应的方式有固定队员固定地区、固定地区不固定队员、固定队员不固定地区和机动接应等几种形式。以固定地区不固定队员的接应为例，如图6-3-13所示，图中四方块为接应区，但接应队员不固定，⑦和⑧都可以接应，当⑥控制球时，⑧的接应更有利，⑦立即改变路线快下，而⑧立即插上接应。

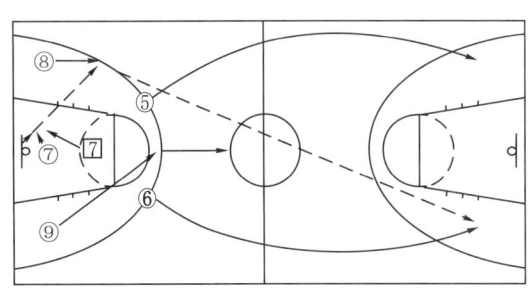 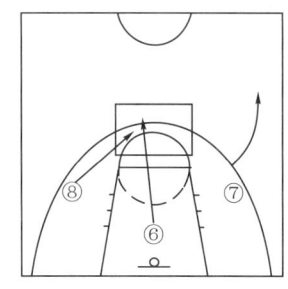

图 6-3-12　长传快攻　　　　　图 6-3-13　接应

**2. 推进阶段**

推进阶段有三种形式:传球推进、运球推进、传球与运球结合推进。以中路运球推进为例,如图 6-3-14 所示,⑤控制球后,⑧插中接应从中路快速推进,在后方的⑥和⑦迅速沿边线快下,④和⑤随后插空跟进。

**3. 结束阶段**

快攻二攻一配合:如图 6-3-15 所示,在二人快攻推进到篮下形成二攻一时,⑩利用快速运球逼近篮下,[4]上前堵截时,⑩立即将球传给⑨投篮。

快攻三攻二配合:如图 6-3-16 所示,当三人推进到对方篮下,形成三攻二,防守队员平行站位时,⑧首先从两防守之间的中路运球突破,突破中遇到[4]的堵截时,⑧立即传球给⑨,当⑨遇到[5]的堵截时,⑨则将球传给⑩投篮。

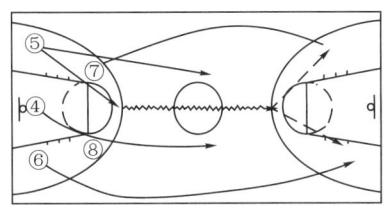 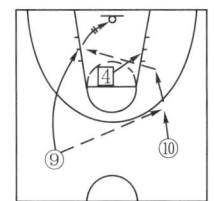 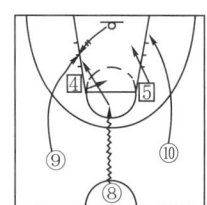

图 6-3-14　中路运球推进　　图 6-3-15　快攻二攻一配合　图 6-3-16　快攻三攻二配合

要点提示:快攻的发动和接应时,持球队员的意识要强,获球后要先远后近传好一传。快攻中要以传球为主结合运球突破,结束时要敢打,以攻击为主吸引防守。

**(三)防守快攻**

防守快攻是防守战术的重要部分。掌握防守快攻的方法,能有效地减慢对方的进攻速度,为本队快速回防争取宝贵的时间。防守快攻的方法有:

(1)减少进攻中的失误。

(2)积极拼抢前场篮板球。

(3)堵截快攻第一传和破坏对方的接应。

(4)控制对方快攻的推进速度。

(5)防守对方的快下队员。

(6)提高个人防守能力,利用防守假动作,增强以少防多的战术训练。

要点提示:合理运用封、夹、堵、断、抢等手段,用最大的力量破坏和减少对方发动快攻的质量和次数。

### 三、全队战术配合

（一）半场人盯人防守

半场人盯人防守是在后场进行人盯人的防守战术。基本要求是：

（1）合理分工，强防强，弱防弱。

（2）以盯人为主，近球紧，远球松，积极移动，抢占有利位置。

（3）根据分工防守自己对手，同时注意协防、补防、夹击或抢断球。

（4）针对攻方的进攻特点，扩大或缩小防守范围。如对手中远投命中率较高，则应扩大防区。如对方内线和突破能力强，则应缩小防区。

要点提示：迅速退回后场，立即找到对手，选择有利位置，做到人、球、区、时兼顾，并与同伴协同防守。

（二）区域联防

区域联防是一种半场防守的全队战术。形式有"2-1-2""2-3""3-2""1-3-1"等，基本要求是：

（1）合理分工，强防强，弱防弱。

（2）在分工防守各自区域时，积极地随球移动，对从本区穿过的队员做到一迎、二送、三交接，做到既有分工，又有合作，分工不分家。

（3）加强对有球一侧（强侧）的防守，兼顾无球一侧（弱侧），做到以防球为主，人、球兼顾，根据情况队员可越区换区防守。

（4）当进攻队员采用频繁穿插移动时，要协助同伴进行"关门""夹击""补位"等防守配合。

要点提示：每个队员必须认真负责自己的防区，并以防球为重点，做到人、球兼顾，要严防进入罚球区附近和罚球区的进攻队员，随时准备协防、换位、越区、护送等防守配合。总而言之，每一个队员"人、球、区、时"兼顾，才能有效遏制对方的进攻。

## 第四节　篮球运动的竞赛规则

篮球规则是篮球运动不可分割的重要组成部分，是临场裁判员执法的主要依据，也是运动员在规则规定的范围内合理运用各种技术动作的主要依据。因此，要想成为一名优秀的篮球运动员，必须了解和掌握篮球竞赛规则。

### 一、场地与球的规格

篮球比赛场地是一块长28米、宽15米的平坦且无障碍物的坚实平面。球为圆形，充气后，周长为74.9~78厘米，重量为567~650克。

### 二、比赛时间

国际篮联（FIBA）是篮球比赛规则制定者，除美国篮球职业联赛（NBA）外，全世界大多数国家都使用国际篮联制定的比赛规则。篮球比赛由4节组成，每节时长10分。如果第4节比赛结束时两队比分相等，则需要一个或多个5分的决胜期来继续比赛，直至分出胜负。

前3节,每队每节可允许1次须登记的暂停,第4节允许2次须登记的暂停,每个决胜期有1次须登记的暂停。

### 三、违例

违例是指队员违反了规则的规定,主要情况有非法运球、球回后场、带球走、干扰球、使球出界,3秒、5秒、8秒、24秒违例等。违例后,罚则是失去球权,由对方在违例的就近地点的边、端线外,掷界外球恢复比赛。

(一)运球违例(两次运球或非法运球)

运球的概念:持球队员在原地或移动中,用单手连续按拍借助地面反弹起来的球的技术。球在一手或双手之中停留的一刹那运球即停止。不能翻腕运球(携带球),不能双手同时拍球,不能两次运球。漏接:运球开始或结束时,队员偶然地失去球,接着又恢复控制球。漏接不是运球。"三不碰"可以再次接触球。

(二)持球移动违例(走步)

1. 中枢脚的确定

第一种类型:队员双脚着地接到球(原地接球),可用任一脚为中枢脚,一脚抬起的一刹那,另一脚就成为中枢脚。

第二种类型:队员在移动或运球中接到球。第一种情况:队员接到球时一脚正触及地面,另一脚一触及地面,原先那只脚就成为中枢脚;如队员跳起原先触及地面的那只脚并双脚同时落地,则哪只脚都不能成为中枢脚。第二种情况:队员接到球时双脚离开地面:双脚同时落地,任一脚都可作为中枢脚;两脚分先后落地,先触及地面的脚是中枢脚;一脚落地又跳起这只脚并双脚同时落地,哪只脚都不能成为中枢脚。

2. 判定持球移动

确定中枢脚后,队员在传球或投篮中,可抬起中枢脚,但在球离手前不准落回地面;队员开始运球时,在球离手前不准提起中枢脚。哪只脚都不能作为中枢脚时,如队员传球或投篮,可抬起一脚或双脚,但在球离手前不准落回地面;如运球,在球离手前哪只脚都不可以抬起。

(三)球回后场违例

1. 三个必备条件

(1)控制球队才能出现球回后场。

(2)必须是控制球队使球从前场进入后场。

(3)必须是控制球队的队员在后场首先触球。

2. 球回后场违例的几种情况

队员从前场跳起,在空中直接从中圈跳球中获得控制球,并一脚或双脚落回后场;队员在前场跳起于空中获球后落在后场;队员从后场起跳,在空中接住同队队员从前场传来的球后落在前场;队员骑跨中线时接前场来球等。

3. 不算球回后场违例的情况

被防守队员断回后场的球,可以被双方任一球队重新获得;运球队员在中线附近由后场向前场做后转身运球,即使身体接触了前场地面但球运在后场地面上,继续向前运球;在前场投篮出手后球弹回后场。

（四）球出界与掷界外球违例

当球触及界外队员或任何其他人员、界线上或界线外的地面或任何物体、篮板的支柱或背面时即为球出界。

（五）时间类的违例

1. 3秒违例

在比赛计时钟已经启动、某队在场上控制活球时，该队队员在对方限制区内不得停留超过连续3秒。队员在限制区内停留接近3秒时，可允许他向篮下运球投篮。连续投抢不受3秒规则限制。队员准备离开限制区时或当处于限制区内的队员正在做投篮动作且球正在离手或已离手时不算3秒违例。

2. 5秒违例

罚球队员在裁判员递交球后5秒没有投篮出手；掷界外球的队员在裁判员递交球后或已将球放在他可处理球的地点后5秒没有将球掷入场内；持球队员被严密防守，在5秒内没有传、投、滚或运球时。

3. 8秒违例

进攻队员在后场控制活球时，该队没有在8秒内使球进入前场。

4. 24秒违例

当一名队员在场上控制一个活球时，该队必须在24秒内完成投篮。必须满足下列条件才构成一次投篮。

（1）24秒装置鸣响之前球必须离手。

（2）球离手后在24秒装置鸣响前必须触及篮圈。

当在24秒接近结束时投篮，球已离手在空中飞行时24秒装置鸣响，如球进入球篮，此球为投中。如果球触及篮圈但未进入球篮，球仍是活球，没有违例发生并且比赛不中断应继续进行。

下列情况24秒从中断处连续计算：球出界仍由原控制球队掷界外球，裁判员中止比赛以保护受伤队员。

（六）干扰球违例

（1）在投篮的时候，当球在飞行中下落并完全在篮圈水平面上时，进攻或防守队员均不能触球。

（2）当球在球篮中时，防守队员不得触球或球篮。

（3）当球触及篮圈时，攻守队员都不得触及球篮或篮板，但可以触球。

进攻队员违例，投中无效；防守队员违例，球即使没中也要判攻方得分。

（七）脚踢球与拳击球

故意踢球、用拳击球或用腿的任何部分拦阻球为违例，脚或腿偶然地碰球不算违例。

（八）跳球——交替拥有

交替拥有规则是以掷球入界而不是以跳球来使球进入比赛的方法。

在非每半时和决胜期开始的跳球情况中，双方球队将交替在最靠近出现下一次跳球情况的地点掷球入界。在每半时或决胜期最初的跳球中未获得控制球的队应开始交替程序，将球判给该队在最靠近出现下一次跳球情况的地点掷球入界。当一名裁判员将球置于掷球入界队员可处理时,交替拥有程序开始,当传出的球触及一名界内队员或掷球入界队发生违例时结束。

### 四、犯规

犯规是违反规则的行为,含有与对方队员的身体接触或违反体育道德的举止。对犯规队员要进行登记,随后按规则的有关条款进行处罚。

接触从理论上讲,篮球是一项没有接触的竞赛活动。然而10名队员在有限的场地上高速度地移动,显然不可能完全避免身体接触。如果确实为了去抢球(正常的篮球动作)而发生身体接触,而此接触没有把被接触的对方置于不利,这样的接触则可当作意外情况不必给予处罚。从背后发生接触是不正当的篮球动作。通常后面的队员对此接触负责任,因为就他与球和对方队员来说是处于不利的位置。

(一)侵人犯规

侵人犯规则是在活球、球进入比赛状态或死球时涉及与对方队员接触的队员犯规。

队员不准通过伸展臂、肩、髋、膝、脚或弯曲身体成不正常姿势以阻挡、拉、推、撞、绊等动作来阻碍对方行进,也不准使用任何粗野动作。

1. 定义

(1)阻挡:是阻止对方队员行进的身体接触。

(2)撞人:是持球或不持球的队员推动或移动到对方队员躯干上的身体接触。

(3)从背后防守:是防守队员从对方队员的背后与其发生的身体接触。即使防守队员正在试图去抢球,与对方队员发生身体接触也是不正当的。

(4)用手阻挡:是防守队员在防守状态中用手接触对方队员,或是阻碍其行动或是帮助防守队员来防守对手的动作。

(5)拉人:是干扰对方队员移动自由而发生的身体接触。能用身体的任何部位来造成这个(拉人)接触。

(6)非法用手:发生在队员试图用手抢球接触了对方队员时,如果仅仅接触了对方队员持球的手,则被认为是附带的接触。

(7)推人:是用身体的任何部位强行移动或试图移动已经或没有控制球的对方队员时发生的身体接触。

(8)非法掩护:是试图非法拖延或阻止非控制球的对手到达希望到达的场上位置。

2. 罚则

在所有情况下都要登记犯规队员一次侵人犯规。此外:

(1)如果对没有做投篮动作的队员犯规:由非犯规队在距发生犯规地点最近的界外掷界外球重新开始比赛。

(2)如果对正在做投篮动作的队员犯规:①如果投中篮,要计得分并判给一次罚球;②如果两分投篮没有成功,则判给两次罚球;③如果3分投篮没有成功,则判给3次罚球;④如果控制球队的队员发生犯规,由非犯规队在距发生犯规地点最近的界外掷界外球重新开始比赛。

(二)垂直原则

在篮球场上,每一位队员都有权拥有他所在的地面位置及在他上面的空间(圆柱体)。

这个原则保护队员所占据的地面位置和他上面的空间。一旦队员离开了他的垂直位置(圆柱体)并与已经确立了垂直位置(圆柱体)的对方队员发生身体接触,则离开了垂直位置(圆柱体)的队员要对此接触负责。

(1)对于防守队员垂直地离开地面(不超出他的圆柱体)或在圆柱体内全面伸展他的双手和双臂,则不必判罚。

(2)进攻队员无论是在地面还是腾起在空中,都不得与防守队员发生接触,或用他的手臂来扩展他自己的额外空间。

(三)队员的技术犯规

1. 定义

队员的技术犯规是指所有不包括与对方队员接触的队员犯规。队员不得漠视裁判员的劝告或运用不正当的行为,如:

(1)同裁判员、到场的技术代表、记录员、助理记录员、计时员、30 秒计时员或对方队员讲话或接触没有礼貌。

(2)使用很可能引起冒犯或煽动观众的言语或举动。

(3)戏弄对方或在对方眼睛附近摇手妨碍其视觉。

(4)妨碍迅速地掷界外球以延误比赛。

(5)被判犯规后,在裁判员要求举手时不正正当当地举手。

(6)没有报告记录员和主裁判员擅自更换比赛号码。

(7)没有报告记录员及没有得到裁判员招呼的替补队员进入场地。

(8)离开场地去获得不正当的利益。

(9)违反《篮球规则》第六十条第四款,出现罚则第三款(注)"干扰最后一次或仅有一次的罚球"的情况。

(10)队员抓住篮圈并把整个身体的重量悬挂在篮圈上。根据裁判员的判断,如果某队员正试图防止自己或另一名队员受伤而抓住篮圈是可以的。

显然是无意的和对比赛没有影响的,或属管理性质的技术性违犯不被看作是技术犯规;除非在裁判员提出警告后又重犯。

有意的、不道德的或给违犯者带来不正当利益的技术性违犯,要立即判罚技术犯规。

2. 罚则

(1)要登记违犯者一次技术犯规。

(2)判给对方队员两次罚球。

(3)队长指定罚球队员。

注解:

(1)行为十分恶劣或屡次违反此条规定的队员会取消其比赛资格,令其退出比赛并执行取消比赛资格的犯规的相同罚则。

(2)如果技术犯规是在球进入比赛状态后才被发现的,则如同在发现时发生的犯规一样要受到判罚。

(3)队员在一些小问题上即将构成违犯时(如未向记录员报告的问题),裁判员会提出警告以阻止技术犯规的发生。

(4)裁判员事先阻止和在某些情况下对那些显然是无意的、不影响比赛的小的技术性违犯会不予追究。

**五、半场3人制篮球比赛特定规则**

半场3人制篮球比赛是在全场5人制篮球比赛的基础上新兴的一项趣味性较强的比赛项目,比赛仍采用全场5人制篮球比赛规则。但因3人制比赛的特殊性,各地相继出台了一些不同版本的"3人制篮球比赛特定规则"。为使大学生在进行半场3人制篮球比赛时有章可循,介绍半场3人篮球规则如下:

(1)每队由5名队员组成,上场比赛队员3人。每场比赛中5名队员都要上场,每个队员上场比赛的时间不得少于5分。

(2)每场比赛分上、下半时,每半时10分,两半时中间休息5分。

(3)若比赛结束双方得分相等,延长3分作为决胜期继续比赛。必要时延长若干个3分,直至决出胜负。

(4)在2×10分(含决胜期)的比赛中,上、下半时可各暂停1次。

(5)比赛和决胜期开始,在罚球线两侧跳球开始比赛,跳球后获球方必须将球传、运到3分投篮区以外再进攻。比赛中出现的所有跳球情况,均在罚球线两侧进行。

(6)比赛中防守队员抢得篮板球或抢、断球成功,都必须将球传、运到3分投篮区外再进攻。

(7)每次投球中篮后(含最后一次罚球得分),由对方在中场圆弧线内掷球继续比赛。

(8)最末一次罚球不中时,进攻方抢得篮板球可直接进攻,防守方抢得篮板球,必须将球运、传到3分投篮区外再进攻。

(9)每次违例或犯规后,由对方在违例、犯规的就近的边线外掷界外球开始比赛。

(10)每名队员全场犯规4次后,取消本场比赛资格。全队每半时犯规累计4次以后,从第5次开始执行两次罚球。如涉及更为严重的罚则,另行处理。

# 第七章 足 球

## 第一节 足球运动概述

足球运动是以脚支配球为主,两个队互相进行攻守对抗,以射门进球多少来决定胜负的一项体育运动项目。它是世界上开展最广泛、影响最大的体育运动项目,被誉为"世界第一运动"。一场精彩的足球比赛能吸引成千上万的观众和数以亿计的电视观众。

据史料记载,我国早在战国时期就有了足球游戏——蹴鞠。蹴鞠一词最早记载在《史记·苏秦列传》里,"蹴"是踢的意思,"鞠"是球名。唐代是我国蹴鞠最为盛行的时期,并且传到了日本。到了元、明、清逐渐衰落,直至清代中期(1750年前后)走向消亡。1980年4月,布拉特在亚洲足联举办的各会员国协会和秘书长学习班上所做的报告《国际足球发展史》中曾说,"足球发源于中国,由于战争而传入西方"。1985年7月26日,时任国际足联主席阿维兰热在北京举办的首届"柯达杯"16岁以下国际足联世界少年足球锦标赛开幕式讲话时说:"足球起源于中国。"

1857年,英国成立了第一个足球俱乐部。1863年,在伦敦成立了第一个足球运动组织——英格兰足球协会。因此,人们都把1863年作为现代足球运动的开端,并且认为现代足球运动起源于英格兰。1904年5月21日,在巴黎由法国、瑞士、瑞典、比利时、西班牙、丹麦等国发起成立了国际性的足球组织——国际足球联合会(简称"国际足联"),英文缩写为"FIFA"。

## 第二节 足球运动的基本技术

足球技术是指运动员在足球比赛中所采取的合理动作的总称。随着足球运动的不断发展,足球技术不仅在内容上更加丰富,而且动作的难度也在不断提高。运动员只有熟练地掌握技术,才能在比赛中正确地处理好球。

足球技术从足球比赛场上队员的分工和技术特点上看可分为锋卫队员技术和守门员技术两大部分。而从队员在场上的运动形式来看,又可分为无球技术和有球技术两大类。

### 一、无球技术

无球技术是指运动员在比赛中不控球的情况下所采取的合理动作的总称。无球技术又分为起动、快跑、急停、跳跃、转身、移动和假动作。经统计,在时长90分的比赛中,一名队员接触球的时间只有两三分,而其他时间都是在无球的情况下活动的。

（一）起动

起动是指运动员由静止或在活动中突然加速快跑,占据有利空间或地域的一种技术。起动时,要求蹬地有力、重心下降、上体前倾、前几步要短促。

（二）快跑

足球比赛中的跑与田径中的跑不同,运动员要根据场上的情况来选择跑动的方向和方式。足球比赛中跑动的方式主要有直线跑、侧身跑、变向跑、变速跑、后退跑等。

（三）急停

急停是运动员在比赛中由快速运动状态突然转换成静止状态的一种制动方法。急停时要做到制动脚尽量全脚掌着地,并且用力蹬地以抵消自身的冲力,同时重心下降,膝关节弯曲。

（四）跳跃

跳跃是指运动员在比赛中为了取得有利的空间位置而采取的一种移动方法。跳跃时一般采用单脚或双脚两种起跳方法。

（五）转身

转身是利用脚步的移动和身体的转动来改变自己原来所处状态的一种方法。转身一般分为前转身和后转身两种。

（六）移动

移动是指运动员在比赛中为了抢占有利位置,采用适当的步法进行移动。使用较多的步法是跨步、撤步、交叉步和滑步等。在比赛中多采取数种步法结合使用。

（七）假动作

为了达到进攻或防守的目的,运动员在比赛中经常利用假动作来掩饰自己的真实意图。因此,假动作要逼真稍慢,而真动作要快速突然和隐蔽。

## 二、有球技术

足球比赛是根据比赛双方攻入对方球门球数的多少来决定胜负的。因此,有球技术在足球技术中是最重要的。有球技术主要分为颠球、踢球、停球、头顶球、运球、抢截球、掷界外球、假动作和守门员技术。

（一）颠球

颠球虽然不是一种踢球技术,但它可以使运动员建立起良好的"球感",对其他有球技术有很大的帮助。

1. 颠球的方法

颠球可分为拉挑球、脚背正面颠球、脚内侧颠球、脚外侧颠球、大腿颠球、头颠球、肩部颠球和胸部颠球。

(1)拉挑球。支撑脚站在球的侧后方约30厘米处,膝关节微屈。拉挑球脚的前脚掌踏在球的上方并向后轻拉,在球开始滚动的同时,脚尖和脚掌迅速落在球的后方,在球滚上脚背的同时,脚尖稍翘向上挑起(见图7-2-1)。

(2)脚背正面颠球。支撑腿的膝关节微屈,当球落至膝关节以下时,颠球脚的膝、踝关节适当放松,并柔和地向前上方甩动小腿,脚尖稍翘起,用脚背轻击球的底部(见图7-2-2)。

图 7-2-1 拉挑球　　　　　　　图 7-2-2 脚背正面颠球

（3）脚内侧颠球。支撑腿膝关节微屈，当球下落至膝关节以下时，颠球腿屈膝盘腿，小腿向上摆起，脚内翻成水平状，轻击球的下部（见图7-2-3）。

图 7-2-3 脚内侧颠球

（4）脚外侧颠球。支撑脚膝关节微屈，当球落至膝关节稍靠下时，小腿向外向上摆动，脚外翻成水平状，轻击球的下部（见图7-2-4）。

（5）大腿颠球。支撑腿膝关节微屈，当球落至髋关节高度时，颠球腿屈膝，大腿上抬击球的下部（见图7-2-5）。

图 7-2-4 脚外侧颠球　　　　　　　图 7-2-5 大腿颠球

（6）头颠球。两腿左右或前后开立，膝关节微屈，重心下降至两腿之间，两臂自然张开微屈肘，仰头展腹，使前额成水平状，当球落至前额稍上方时，蹬地伸膝，腰部稍向上用力，颈部也轻轻向上用力,用前额正面击球的下部。

(7)肩部颠球。两臂自然下垂或微屈肘,两脚自然左右开立,重心落于两脚之间,当球下落至靠近颠球肩时,肩上耸,击球的下部。

(8)胸部颠球。两臂屈肘自然张开,两脚左右或前后开立,膝关节微屈,重心落在两脚之间,展腹,上体后仰成背弓,收下额,当球落至胸部高度时,两脚同时蹬地挺胸,击球的下部。

颠球时应注意颠球动作的正确性和协调性,以及击球的下部。

2. 颠球技术学练方法

(1)原地颠自己手坠的下落球。

(2)原地拉挑球练习。

(3)原地拉挑球接着进行颠球。

(4)原地拉挑球接着两只脚交替颠球。

(5)原地拉挑球接着两只脚交替颠低球(球颠起的高度不超过膝部)。

(6)原地拉挑球接着高、低交替颠球(3次或4次低球,1次高球)。

(7)原地拉挑球接着用各种部位颠球。

(8)拉挑球接着颠球过顶转身再接着颠球。

(9)拉挑球接着走动中颠球。

(10)两人相对,一人拉挑球颠给对方,另一人接着颠。

(11)两人进行对颠。

(二)踢球

踢球是运动员有目的地用脚的某一部位将球击向预定目标的技术动作。

1. 踢球的方法

踢球的方法有脚内侧踢球、脚背正面踢球、脚背内侧踢球、脚背外侧踢球、脚跟踢球和脚尖踢球。踢球的方法虽然很多,但它们的整体结构却一致,都是由助跑、支撑脚站位、踢球腿摆动、脚触球和踢球的随前动作等五个环节组成。

(1)脚内侧踢球(又称脚弓踢球)。直线助跑,支撑脚踏在球的侧面约15厘米处,脚尖正对出球方向,膝关节微屈,在开始支撑的同时踢球腿以髋关节为轴开始前摆,在前摆的过程中膝关节外展,当膝关节接近球的正上方时小腿加速摆动,脚尖微微翘起,脚掌与地面平行,脚内侧正对出球方向,踝关节紧张击球的后中部。击球后身体随前移动,髋关节前移,踢球脚落地(见图7-2-6)。

图7-2-6 脚内侧踢球

脚内侧踢球时要注意膝关节微屈外展,脚尖微翘,脚掌与地面平行。

(2)脚背正面踢球。直线助跑,最后一步稍大,支撑脚踏在球的侧面约10厘米处,脚尖正对出球方向,膝关节微屈,踢球腿以髋关节为轴,大腿带动小腿,在支撑的同时由后向前摆动,当膝关节摆至接近球的正上方时,小腿加速摆动,以脚背正面击球的后中部。击球后身体及踢球腿随球前移(见图7-2-7)。

脚背正面踢球时应注意支撑脚支撑要有力,用小腿摆动的爆发力带动踢球脚的脚背正面击球的后中部。

(3)脚背内侧踢球。斜线助跑(助跑方向与出球方向约成45°角),最后一步稍大,支撑脚踏在球的侧后方约20厘米处,脚尖指向出球方向,膝关节微屈,在支撑的同时踢球腿以髋关节为轴,大腿带动小腿由后向前摆动,当大腿摆至与支撑腿接近同一平面时,小腿加速摆动,以脚背内侧击球的后下部。击球后身体及踢球腿随球前摆(见图7-2-8)。

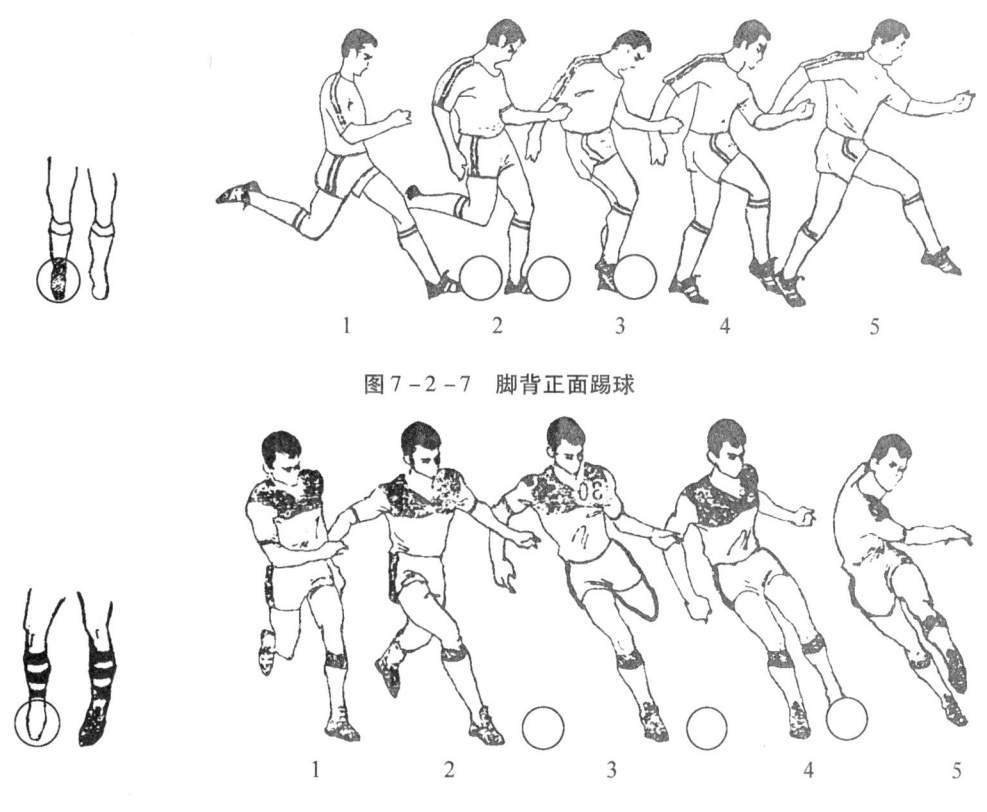

图7-2-7 脚背正面踢球

图7-2-8 脚背内侧踢球

脚背内侧踢球时应注意支撑脚脚尖要指向出球方向,小腿摆动要爆发式用力,击球的后下部。

(4)脚背外侧踢球。助跑、支撑脚站位、踢球腿摆动及随前动作都与脚背正面踢球相同,但脚触球是用脚背外侧击球的后中部(见图7-2-9)。

脚背外侧踢球时应注意踢球腿的摆动方向应与出球方向一致。

(5)脚跟踢球。这种踢球的方法力量较小,但由于其出球的方向向后,故具有隐蔽性和突然性。当球在支撑脚外侧时,踢球脚在支撑脚前面交叉摆到支撑脚外侧,小腿以膝关节为轴,向后摆动用脚跟击球;当球在支撑脚内侧时,小腿以膝关节为轴,向后摆动用脚跟击球(见图7-2-10)。

图 7-2-9 脚背外侧踢球

图 7-2-10 脚跟踢球

脚跟踢球时应注意小腿摆动要迅速,幅度要小,踝关节要紧张。

(6)脚尖踢球。这种方法主要用来踢离身体较远的球。由于支撑脚离球较远,故踢球腿要屈膝前跨,髋关节尽量前送,小腿前伸,在踢球脚落地前用脚尖捅球的后中部。由于是脚尖触球,着力点集中,所以踢出的球快而有力(见图7-2-11)。

脚尖踢球时应注意小腿要迅速前弹,趾关节要紧张。

2. 踢球技术动作的练习方法

图 7-2-11 脚尖踢球

(1)两人一组一球,一人踩球,另一人运用各种方法踢球。

(2)对墙运用各种方法踢静止的球。

(3)踢准练习,即把球踢向既定目标。

(4)踢从各个方向来的运动中的球。

(5)两人一球,相距一定距离互相传球。

(三)停球

停球是指运动员有目的地用身体的合理部位触球,以改变运行中的球的力量、方向,把球停挡在所需要的控制范围内的动作。

1. 停球的方法

比赛中常用的停球部位有脚内侧、脚底、脚背正面、脚背外侧、大腿、胸部、腹部和头部。

1）脚内侧停球

支撑脚正对来球,膝关节微屈,接球腿提膝外展,停球脚脚尖微翘,脚掌与地面平行,踝关节放松,脚内侧正对来球并前迎,脚内侧触球瞬间迅速后撤,把球停在需要的位置(见图7-2-12)。

脚内侧停球时应注意踝关节要放松,停球脚不能抬起太高,以免使球漏过。

2）脚底停球

支撑脚正对来球,膝关节微屈,停球脚提起,脚尖上翘高于脚跟,膝关节自然弯曲,踝关节放松,用前脚掌挡压球的后上部,把球停在需要的位置(见图7-2-13)。

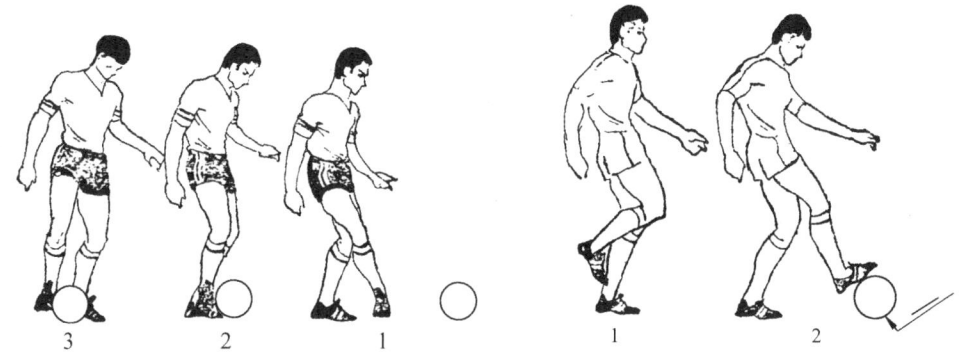

图7-2-12　脚内侧停球　　　　图7-2-13　脚底停球

脚底停球时要注意脚尖翘起高于脚跟,停球脚不能抬起太高,以免使球漏过,也不能用力踩球,使球停不稳。

3）脚背正面停球

这种方法主要用来停从空中落下的球。停球时判断好落点,支撑脚站在落点的侧后方,膝关节微屈,停球脚脚背正面上迎下落的球,踝关节放松,触球瞬间与球同速下落,此时大腿、膝关节、踝关节和脚趾均保持适度的紧张,把球停在需要的位置(见图7-2-14)。

脚背正面停球时应注意踝关节放松,脚一触球,大腿、膝、踝和脚趾要马上紧张,脚要与球同速下落。

4）脚背外侧停球

支撑脚正对来球,膝关节微屈,停球脚稍提起内翻,膝盖和脚尖内转,踝关节放松,脚背外侧正对来球,触球的侧后部向外轻拨,把球停在需要的位置(见图7-2-15)。

脚背外侧停球时应注意踝关节放松,停球脚不能提起太高,脚要内翻。

5）大腿停球

面对来球,停球腿大腿抬起,前迎来球,触球后大腿放松,与球同速后撤,把球停在需要的位置(见图7-2-16)。

大腿停球时应注意停球腿大腿前迎及时,后撤与球同速。

6）胸部停球

胸部停球有挺胸和收胸两种方法。

(1)挺胸停球。两脚开立面对来球,膝关节微屈,身体后仰,下颌微收,两臂自然张开,触球瞬间两脚蹬地,膝关节伸直用胸部轻托球的下部使球微微弹起,把球停在需要的位置(见图7-2-17)。

挺胸停球时应注意收颌,上体后仰。

(2)收胸停球。面对来球,两脚开立,两臂自然张开,挺胸迎球,触球瞬间收胸、收腹,臀部后移,把球停在需要的位置(见图7-2-18)。

收胸停球时应注意收胸时两肩前送,上体前倾下压来球。

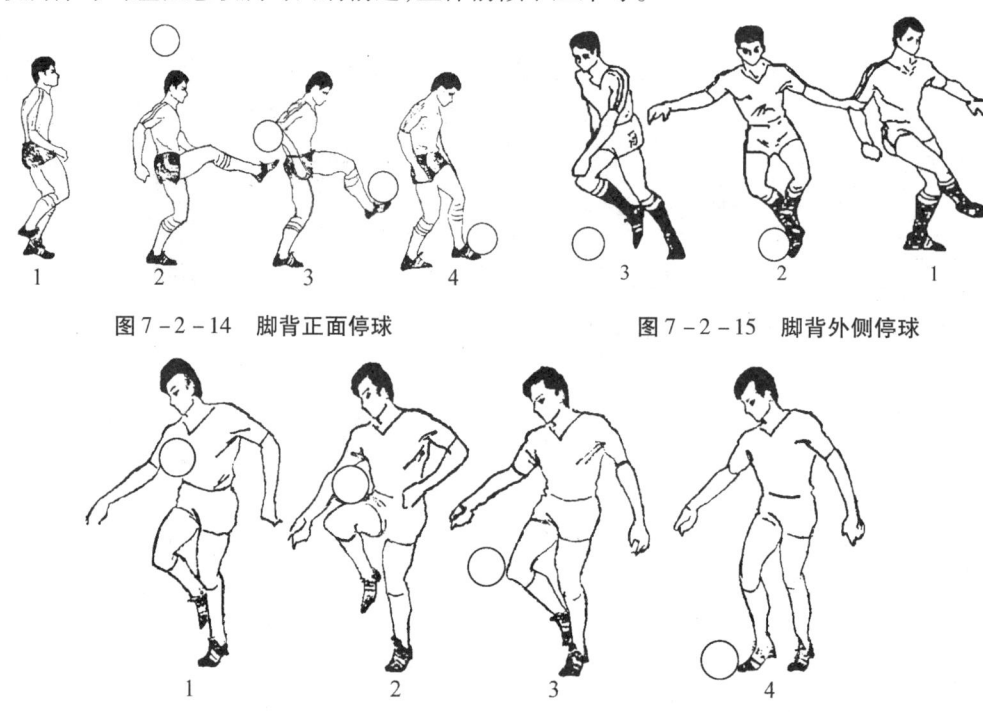

图7-2-14　脚背正面停球　　　　　图7-2-15　脚背外侧停球

图7-2-16　大腿停球

图7-2-17　挺胸停球　　　　　图7-2-18　收胸停球

7)腹部停球

身体前倾正对来球,腹部肌肉紧张向下推压来球,把球停在需要的位置(见图7-2-19)。

图 7-2-19 腹部停球

腹部停球时应注意身体前倾,腹部肌肉紧张。

8) 头部停球

身体面对来球,下颌微抬,两臂自然张开,用前额正面接触球的中下部,触球瞬间,塌腰缩颈,把球停在需要的位置。

头部停球时要注意抬颌、塌腰、收颈。

2. 停球技术动作的练习方法

(1) 无球练习,体会动作方法和要领。

(2) 两人一球,互相踢、停地滚球练习。

(3) 两人一球,互相抛、停反弹球练习。

(4) 两人一球,互相抛、停空中球练习。

(四) 头顶球

头顶球是指运动员有目的地用前额将球击向预定目标的动作。

1. 头顶球方法

常用的头顶球方法有前额正面头顶球、前额侧面头顶球和鱼跃头顶球。

(1) 前额正面头顶球。身体正对来球方向,两眼注视来球,两臂自然张开,挺胸展腹,上体稍后仰,当球运行至身体垂直部位前时,迅速向前摆体,微收下颌,颈部紧张,用前额正面击球的后中部(见图 7-2-20)。

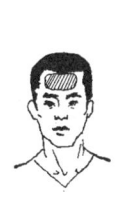
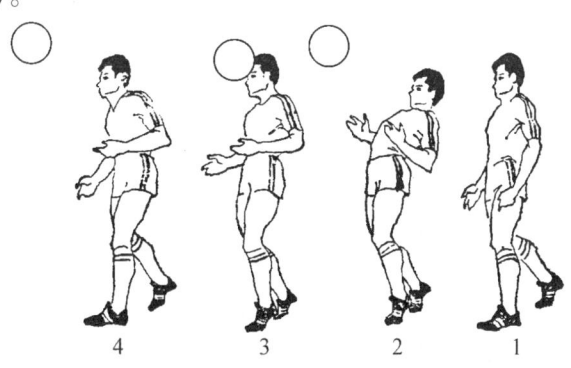

图 7-2-20 前额正面头顶球

(2)前额侧面头顶球。两眼注视来球方向,上体向出球方向的反方向稍侧转,两臂前后自然张开,当球运行至体前上方时,上体迅速向出球方向扭摆,同时用力向出球方向甩头,以前额侧面击球的后中部(见图7-2-21)。

图7-2-21 前额侧面头顶球

(3)鱼跃头顶球。对离身体较远的低空球来不及移动到位处理,为了争取时间抢救险球或射门,可运用鱼跃头顶球技术。单脚或双脚用力蹬地,身体呈水平状跃出,同时两臂微屈向前伸,眼睛注视来球,颈部紧张,利用向前跃出的惯性冲力,以前额上部击球。顶球后身体成背弓,两臂屈肘前伸,两手着地,接着以胸部、腹部和大腿依次着地,或稍屈体侧转滚动着地。

头顶球时要注意两眼注视来球,颈部紧张,主动迎击球。身体摆动不要过早,身体摆动和腰腹伸展要协调用力。

2. 头顶球技术的练习方法

(1)原地做头顶球的模仿练习。
(2)两人一组,一人举球,另一人做头顶球练习。要求眼要注视着球。
(3)自己把球向上垂直抛出,待球下落到头部高度时顶球,体会身体摆动时机。
(4)两人一组,相距一定距离,一人抛球,另一人顶球。

(五)运球

运球是指运动员在跑动中有目的地运用推、拨、挑、拉、扣和颠球等动作,使球处在自己控制下的触球动作。运球技术包括运球的部位与方法及运球过人。

1. 运球部位

常用的运球部位有脚背正面、脚背内侧、脚背外侧和脚内侧。

(1)脚背正面运球。运球跑动时的身体姿势与正常跑动时相同,上体稍前倾,步幅不宜过大,运球腿提起,膝关节微屈,脚尖向下,在着地前用脚背正面推球前进。

(2)脚背内侧运球。身体稍侧转,并自然协调放松,步幅小,上体前倾,运球腿提起外展,膝微屈外转,脚跟提起,脚尖外转,使脚背内侧正对运球方向,在运球脚落地前用脚背内侧推拨球,使球随身体前进。

(3)脚背外侧运球。运球跑动时的身体姿势与正常跑动时相同,上体稍前倾,步幅不宜过大,运球腿提起,膝关节稍屈,脚尖稍内转,使脚背外侧正对运球方向,在运球脚落地前用脚背外侧推拨球的后中部(见图7-2-22)。

图 7-2-22　脚背外侧运球

（4）脚内侧运球。运球前进时支撑脚始终领先于球，位于球的侧前方，肩部指向运球方向，支撑腿膝关节微屈，重心放在支撑脚上，另一只腿提起并屈膝，用脚内侧推球前进（见图 7-2-23）。

图 7-2-23　脚内侧运球

2. 运球方法

常用的运球方法有推球、拨球、拉球、挑球、扣球和颠球。

（1）推球。利用身体向前移动的力量，以脚的不同部位触球，使球随身体一起移动。

（2）拨球。利用踝关节向侧向的转动，以达到用脚背内侧或脚背外侧触球，使球拨向身体的侧前方、侧方、侧后方。

（3）拉球。前脚掌放在球的上部或侧上部，另一只脚在球的侧后方支撑，然后触球脚向后下方用力，将球拉回。

（4）挑球。用脚背与脚尖翘起上挑的动作或用脚背上撩的动作，使球向前上方改变方向。

（5）扣球。用突然转身和踝关节急转扣压的动作，以脚背内侧或脚背外侧触球，使球向侧后方停下或改变运动方向。

(6)颠球。根据需要,将在空中的球或在地面上跳动的球,用合理的部位把球颠起,使球随身体移动或改变方向。

运球时要注意不能只低头看球,要抬头观察场上形势,及时进行传球或射门。也不能太用力击球,致使球远离自己而失去控制。还要注意身体重心和脚步移动的协调配合。

3. 运球过人

常用的运球过人方法如下：

(1)利用速度强行过人。持球者以突然的快速推拨球与快速的奔跑相结合越过对手的阻拦。使用这种方法时对手身后要有较大的空当。

(2)利用身体的掩护强行过人。当持球者接近对手时双方速度减慢,持球者侧身用身体靠住对手以另一侧脚将球拨出,同时转身将对手倚在身后并随球越过对手。使用这种方法时要求控球队员要有能力倚住对手,重心不能偏移,将球控制在远离对手一侧。

(3)利用变速运球过人。对手在持球者侧面,持球者用另一侧脚运球,并利用运球速度的变化,达到甩掉对手或越过对手的目的。

(4)利用穿裆过人。当运球者遇到对手正面阻拦时,对手两脚开立过大,运球者将球从对手两腿之间推过,身体也随着从防守者侧面越过并控制球。

(5)人球分路过人。运球者将球从对手的一侧推向前方,身体也随着从对手的另一侧越过并控制球。

(6)运球假动作过人。这种方法是运球者利用腿部、上体和头部的晃动,使对手产生错误判断,从而做出抢球动作,使重心产生错误的移动,运球者抓住时机从另一方向越过对手。

(7)恰当地组合推、拨、拉、挑、扣和颠等动作过人。以单脚或双脚轮流选用上述动作,使组合起来的动作适时地变化运球的方向与速度,使对手难以准确判断过人的方向与时机,或造成对手重心发生错误的移动,运球者抓住其漏洞而越过对手。

运球过人时注意根据场上的情况来选择不同的方法,要时刻保持头脑清楚。

4. 运球技术的练习方法

(1)在慢速中用单脚推拨球前进。

(2)迅速推拨球前进,掌握好推拨球的力量。

(3)在运球过程中,运用推、拨、拉、挑、扣和颠等技术,来改变运球方向。

(4)运球越过固定障碍物。

(5)两人一球,做一过一练习。

(六)抢截球

抢截球技术是指运动员在规则允许的范围内,使用身体的合理部位,把对手对球的控制权夺过来或破坏掉。

1. 抢截球方法

抢截球包括抢球和截球两个内容。抢球是指用规则允许的动作,把对手控制的球抢过来或破坏掉。截球是指用规则允许的动作,利用对手的传接球过程将球抢断或破坏掉。

抢球可分为正面抢球、侧面抢球和侧后抢球三类。

1)正面抢球

正面抢球分为正面跨步抢球和正面铲球两种方法。

(1)正面跨步抢球。面向对手两脚前后开立,两膝微屈,重心下降置于两脚之间。当抢球者向前跨一大步可能触及球,运球者脚触球后即将落地或刚着地时,抢球者后脚用力蹬地并跨步向前,以脚内侧去堵截球,当已堵住球时,另一只脚应迅速上步。若抢球脚堵住球,而对手也堵住球时,则抢球者应将另一只脚迅速前移做支撑脚,抢球脚在不脱离球的情况下迅速向上提拉,使球从对手脚面滚过,身体重心也迅速跟上并将球控制好(见图7-2-24)。

图7-2-24 正面跨步抢球

(2)正面铲球。膝关节微屈,重心下降,当运球者脚触球后尚未落地时,抢球者双脚沿地面向球滑铲,并随即用手扶地做向一侧的翻滚,并尽快起身。或是单脚蹬地后,另一只脚向前滑出,蹬地脚迅速绕髋关节摆动沿地面将球扫踢出去(见图7-2-25)。

图7-2-25 正面铲球

2)侧面抢球

侧面抢球分为合理冲撞抢球、同侧脚铲球和异侧脚铲球三种方法。

(1)合理冲撞抢球。当与运球的对手成并肩跑动时,身体重心下降,靠近对手一侧的手臂紧贴身体,利用对手同侧脚离地的过程,用肘关节以上部位适当冲撞对手同样部位,使对手身体失去平衡,乘机将球控制住(见图7-2-26)。

图7-2-26 合理冲撞抢球

(2)同侧脚铲球。防守者在跑动中根据双方离球的距离做出判断,当对手不能立即触球时,用异侧脚用力蹬地,使身体向前方跃出,同侧腿沿地面向前滑出的同时向外摆踢,用脚背外侧将球踢出,也可用脚尖将球捅出。接着向对手一侧翻转,手撑地后立即起身。

(3)异侧脚铲球。当双方在跑动中都不能用正常的动作触球时,防守者应根据与球的距离,同侧脚用力蹬地使身体跃出,异侧脚向前沿地面对着球滑出,脚底将球铲出,然后小腿外侧、大腿外侧和手依次着地。或铲出球后身体向铲球腿一侧翻转,手撑地后立即起身(见图7-2-27)。

图7-2-27 异侧脚铲球

3)侧后抢球

侧后抢球是当防守者追赶控球的进攻者而未与对手平行时,为了制止对手将球传出或继续控球所采取的一种抢球方法。它分为同侧脚铲球和异侧脚铲球两种方法,动作要领和侧面抢球相同。

抢截球时要注意把握好抢球的时机,抢球脚要紧张,且不能抬得太高造成犯规。

2. 抢截球的练习方法

(1)无球情况下,抢球动作的模仿练习包括跨步练习、合理冲撞练习和铲球练习。

(2)固定球的抢截练习。

(3)一人慢速运球,另一人做抢球练习。

(4)一对一的抢截球练习。

(七)掷界外球

掷界外球是指运动员将比赛中越出边线的球,按照规则的规定用双手掷入场内预定目标的动作。

1. 掷界外球方法

掷界外球的方法有原地掷界外球和助跑掷界外球两种。

(1)原地掷界外球。面对场内出球方向,两脚左右开立,膝关节适当弯曲,或两脚前后开立,后腿弯曲,上体后仰展腹成背弓,两手自然张开,拇指相对,持球的后侧部,曲肘将球置于头后。掷球时,两脚用力蹬地(或后脚用力蹬地),两膝伸直收腹并伴随两手持球由后向前摆动,当球摆过头顶时,用力甩腕将球掷入场内。掷球时脚可沿地面滑动,但不得离开地面(见图7-2-28)。

图7-2-28 原地掷界外球

(2)助跑掷界外球。双手持球于胸前,在助跑迈出最后一步时,双手持球至头后,同时身体后仰展腹成背弓,其余动作均与原地掷界外球动作相同。

掷界外球时要注意按照规则的要求进行,动作要连贯协调,两臂用力要一致。

2.掷界外球的练习方法

(1)持球模仿练习。要求动作要正确。

(2)两人一球对掷界外球。

(3)掷远练习。要注意腰腹用力。

(4)掷准练习。

(八)假动作

假动作是指运动员为了隐蔽自己的意图,运用各种动作的假象迷惑或调动对手,使其做出错误的动作或失去身体的平衡,从而取得时间、位置、距离等有利条件,更好地实现自己真正意图的各种动作。

1.假动作方法

假动作主要分为传球前的假动作、过人时的假动作和接球前的假动作三种。

(1)传球前的假动作。准备传球时,先做假踢动作,诱使对手堵截传球路线,然后改变方向传球。

(2)过人时的假动作。在对手紧逼的情况下,采用身体的左右晃动和运球路线的改变,诱使对手失去平衡或闪出空当,从而越过对手。

(3)接球前的假动作。在接球前,先做出假踢或向一侧接球的动作,诱使对手做出错误的动作,使自己顺利地把球接走。

做假动作时要注意假动作要逼真,真假动作要连贯。

2.假动作的练习方法

(1)运球中的变速、变向练习。

(2)左晃右拨或右晃左拨练习。

(3)两人一组,一人传球,另一人做假踢真接练习。

(4)两人一组,一人传球,另一人做向一侧晃动向另一侧接球练习。

(九)守门员技术

守门员是全队的最后一道防线,他的主要任务是不让球射入本方球门。守门员除要沉着冷静,具有顽强的意志、快速敏捷的反应能力和全面熟练的守门技术,还要善于观察全局,随时注意攻守发展情况,扩大自己在罚球区的活动范围,尽早截获来球,起到协助指挥全队防守和进攻的作用。

1.技术分类

守门员技术分为接球、扑接球、拳击球、托球、掷球和抛踢球。

1)接球

接球是守门员技术中最基本的技术,也是最主要的技术。它包括接地滚球、接平直球和接高球。

(1)接地滚球。接地滚球有直腿式和单腿跪撑式两种方法。

直腿式接球:两腿直膝自然开立,以球不能通过为原则,脚尖正对来球,上体前屈,两臂并肘前迎,将球收入怀中[见图7-2-29(a)]。

单腿跪撑式接球:身体正对来球,一腿弯曲支撑身体,另一腿内转跪撑,膝盖接近地面并靠近前脚脚跟,上体前屈,手臂下垂前迎,将球收入怀中[见图7-2-29(b)]。

(a) 直腿式　　　　　　　　　　(b) 单腿跪撑式

图7-2-29　接地滚球

(2)接平直球。面对来球,两掌心向前,手指向下并张开,两小指相靠,上体前屈,当手触球时微撤缓冲,将球抱于胸前(见图7-2-30)。

(3)接高球。面对来球,两臂上伸,两拇指相对呈八字形,手指微屈,手掌对球,当手触球时,手指、手腕适当用力将球接住,并顺势屈肘、下引、转腕将球抱于胸前(见图7-2-31)。

图7-2-30　接平直球　　　　　　图7-2-31　接高球

2)扑接球

扑接球是守门员技术中难度较大的技术动作。扑接球大致可分为倒地扑侧面低球、鱼跃扑侧面地滚球、扑平直球和扑高球。

(1)倒地扑侧面低球。扑接左(右)侧低球时,左(右)腿屈膝向左(右)跨出一步,身体左(右)倒。左(右)脚着地后,接着小腿、大腿、臀部、上体和手臂外侧依次着地,同时两臂向球伸出,左(右)手掌对准来球,右(左)手在球的前上方,两手腕稍向内屈(见图7-2-32)。手触球时手指、手腕用力,屈肘把球收回胸前,然后起立。

图 7-2-32 倒地扑侧面低球

(2)鱼跃扑侧面地滚球。两膝弯曲,重心下降,在身体向扑球方向侧倒的同时,同侧脚用力蹬地跃出,挺胸使身体展开,两臂快速伸出,两手指展开,手掌对球向球扑去,以两手按球,前臂、肘、肩部、上体、臀部、大腿、小腿侧面依次着地,并以屈肘、扣腕的连续动作将球抱于胸前,同时屈膝团身(见图7-2-33),站起。

(3)扑平直球。扑平直球的动作与鱼跃扑侧面地滚球的动作基本相同,只是来球的方位不同(见图7-2-34)。

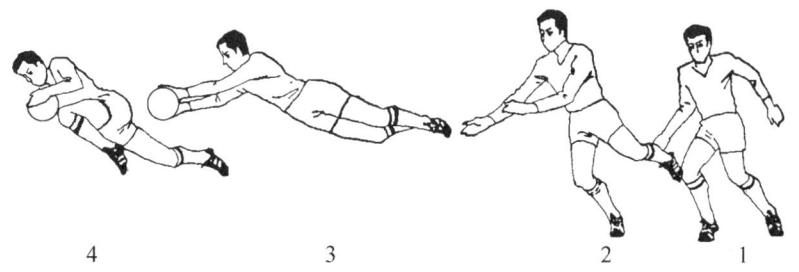

图 7-2-33 鱼跃扑侧面地滚球

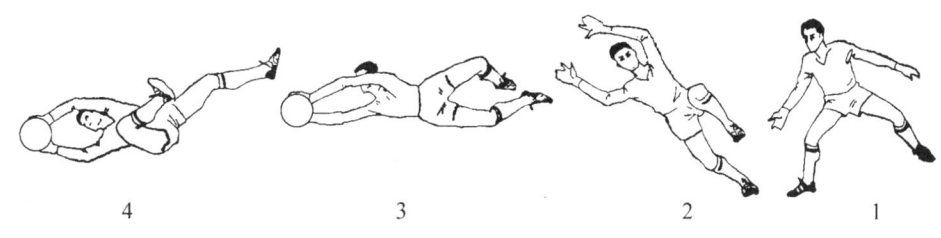

图 7-2-34 扑平直球

(4)扑高球。扑高球的动作与扑平直球的动作基本相同,只是落地时以腿先着地,依次由下至上落地,并迅速团身(见图7-2-35)。

图 7-2-35 扑高球

3）拳击球

在没有把握接住射来的球或有对手猛烈冲门等情况下,为了避免接球脱手,常采用拳击球。拳击球分为单拳击球和双拳击球。

（1）单拳击球。屈肘握拳于胸前,当跳起接近最高点即将触到球的刹那快速冲拳,以拳面将球击向预定的目标。单拳击球动作灵活,动作幅度大,击球点高,击球力量大,多用于击侧面来的传中球和高吊球（见图 7-2-36）。

（2）双拳击球。双臂屈肘握拳于胸前,两拳靠拢,拳心相对。当跳起接近最高点即将触到球的刹那,双拳同时快速冲出,以拳面将球击向预定的目标。双拳击球动作接触球的面积大,准确性高,多用于击正面来的高球和平高球（见图 7-2-37）。

图 7-2-36 单拳击球

图 7-2-37 双拳击球

4）托球

跳起准备托球时,全身伸展成背弓,一臂快速上伸,掌心稍向上,用手掌前部和手指用力将球向后上方托起,使球越过球门横梁。托球多在来球弧度较大,其运行路线又是奔向球门横梁的情况下,守门员跳起接球把握性不大时运用（见图 7-2-38）。

5）掷球

掷球是为了争取时间组织快速反击,用手把球掷给同伴的方法。掷球分为单手肩上掷球、单手低手掷球和勾手掷球。

（1）单手肩上掷球。两脚前后开立,两膝稍屈,单手持球屈臂于肩上,持球手臂后引,同时身体侧转,重心移至后脚上,利用后脚蹬地、转体和挥臂、甩腕将球掷向预定目标(见图7-2-39)。单手肩上掷球多用于中等距离的掷球。

图7-2-38 托球　　　　　　　　图7-2-39 单手肩上掷球

(2)单手低手掷球。两脚前后开立,两膝稍屈,单手低手持球于体侧,持球手臂后引,同时身体转成侧前屈,重心移至后脚上,利用后脚蹬地、向前摆臂、展腕和手指拨球的力量将球掷向预定目标(见图7-2-40)。单手低手掷球多用于近距离的掷球。

图7-2-40 单手低手掷球

(3)勾手掷球。两脚前后开立,身体侧对出球方向,单手持球后引,臂微屈,重心移至后脚上,后脚用力蹬地、转体,重心移向前脚,持球手臂由后经体侧摆至肩上时,甩腕,手指用力拨球,将球掷向预定目标(见图7-2-41)。勾手掷球多用于距离较远的掷球。

图7-2-41 勾手掷球

6)抛踢球

抛踢球是守门员将所获得的球直接踢自抛的下落球或踢自抛的反弹球传给同伴的动作。这种踢球技术与脚背正面踢球基本相同,但由于要求踢得远,守门员都会向前上方踢球

（见图7-2-42）。

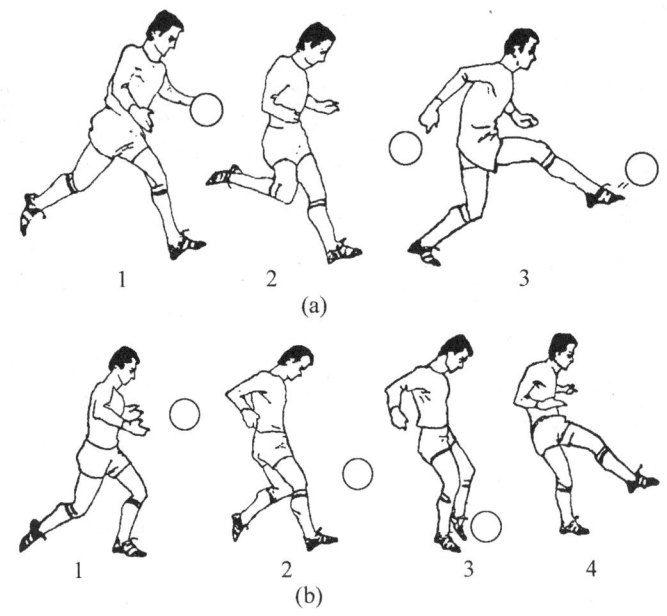

图7-2-42 抛踢球

守门员在比赛中要注意判断的准确性、出击的及时性、动作的实效性和完成动作的敏捷性。

2.守门员技术的练习方法

(1)按教师的手势进行前、后、左、右的移动练习。
(2)两人一球进行一抛一接练习。先接地滚球,然后接平直球和高空球。
(3)两人一球进行一踢一接练习。
(4)在沙坑或垫子上做扑接球练习。
(5)一对一扑单刀球练习。
(6)扑点球练习。

# 第三节 足球运动的基本战术

足球战术就是指在比赛攻守过程中,为了战胜对手,根据主客观的实际所采取的个人行动和集体配合的总称。

足球比赛是由攻守这一对矛盾所组成的。因此,足球战术可分为进攻和防守两大系统。在进攻和防守战术中都包含着个人和集体战术,故足球战术又可分为个人战术、局部战术、全队战术、定位球战术和防守战术。足球运动战术的形式如下。

## 一、个人战术

个人战术是指队员在比赛中为战胜对方,完成全队攻守战术任务而采取的行动。

（一）摆脱与跑位

(1)摆脱。摆脱对手紧逼的方法可以采用突然起动、冲刺跑、急停、突然变向、变速和假动作等。

(2)跑位。跑位就是有目的地跑位,跑向有利位置和空当。跑位可以起到接应、策动、牵制和突破等作用。

（二）运球过人

运球过人是进攻战术中一种极为重要的个人战术。它是调动、扰乱对方防线,造成以多打少,觅得传球空当,突破密集防守,获得射门机会的有效手段。

## 二、局部战术

两三人的传球配合是集体配合的基础,在任何场区都可能出现。在进攻时,两人之间的传切配合,直传斜插二过一,回传反切等;在防守时二至三人的保护、补位、围抢等,这些都属于局部战术。

## 三、全队战术

（一）分类

全队战术由个人战术及局部战术所组成,其具体打法千变万化,大致可归纳为两类,即边路进攻和中路进攻。

(1)边路进攻。在对方半场两侧地区发展的进攻称为边路进攻。一般是快速下底传中或回扣传中,中间包抄射门或跟进射门。

(2)中路进攻。在对方半场中间地带发展的进攻称为中路进攻。罚球区外的远射是破密集防守的最好方法。

（二）一次完整进攻的三个阶段

一次完整的进攻都由发动、发展和结束三个阶段组成。

(1)发动阶段。可有两种方式发动进攻:一种是快速反击,另一种是逐步推进。

(2)发展阶段。一般指中场附近到对方罚球区附近的进攻,通过中场要快,即是说发展阶段不要过多地横、回传。通过前方队员的交叉跑动,当出现空当时,应立即将球传向空位,或自己快速运球突破,把球推向对方门前。

(3)结束阶段。一般是指离对方球门30米左右的进攻。这一阶段的进攻拼抢激烈,防守人数众多,逼得又紧。所以,结束阶段的进攻要有快速突然的特点,并要有一点儿冒险精神。

## 四、定位球战术

踢定位球在实战中是常遇到的。有时一场比赛的胜负往往取决于定位球战术运用得如何。因此,在日常训练中,对定位球的战术要加强练习。

（一）定位球的进攻战术

定位球可分为角球、球门球、点球、直接任意球、间接任意球、中圈开球、掷界外球等。其进攻战术分为直接射门和配合射门两种。

(1)直接射门。罚直接任意球时,如距球门较近,防守组织的"人墙"有漏洞或守门员位置不当,可采用直接射门。

(2)配合射门。踢球队员把球传过"人墙",同队队员快速插上射门。

(二)定位球的防守战术

防守一方对攻方的定位球战术必须有很好的了解,并能相应地有一整套的防守战术和方法。一般"人墙"由 2～6 人组成,"人墙"可封堵距球门较近一侧,"人墙"要听守门员的指挥,其他防守队员,有的人盯人,有的守区域,他们都不能站在"人墙"线的后面,因为这时的"人墙"线就是限制进攻队员的越位线。

### 五、防守战术

(一)选位与盯人是防守战术中的重要内容

选位是指防守队员在防守时选择占据合理的防守位置。防守队员的位置一般应处于对手与本方球门中心所构成的一条直线上。在回防过程中,防守队员应根据自己的防守范围与对手情况,迅速选择有利位置,并朝着本方球门退却收缩,以便封锁对方的进攻线路。

盯人是指防守队员在防范与限制进攻队员时所采取的行动。一般情况下,对有球队员及其附近队员应采用紧逼盯人,贴近对手,不给对手从容得球与处理球的机会;对离球远的对手可采用松动盯人的战术。

(二)保护与补位、围抢等局部防守配合的关键

保护是指在同伴紧逼控球队员时,自己选择有利位置来保护同伴,防止对手突破的配合行动。保护是补位的前提,没有保护也就不可能做到有效的补位防守。在防守中,积极主动地逼抢控球队员是十分重要的。因此,防守队员之间必须互相保护。当距球较近的同伴逼抢对手时,临近的队员应撤到同伴的侧后方进行保护,对手一旦越过同伴的防守,便可随时补位。

补位是防守队员之间互相协作防守的一种方法。补位有两种:一种是补空位,如边后卫插上进攻时,有一同伴应暂时补他的位置,以防在插上进攻失误时,对方利用这一空当进行反击;另一种是互相补位,即交换防守,互相补位一般都是临近的两个同伴之间互相交换防守,这样能减少漏洞。

围抢是指几个防守队员同时围堵对方控球队员的防守配合。围抢的出现与运用是现代足球比赛的特点。在防守中除提高个人防守能力,还可增加局部区域的人数,以多防少进行围抢来提高防守效果。

(三)全队防守战术的形式

全队防守战术的形式主要有人盯人防守、区域盯人防守和综合防守。

(1)人盯人防守是指由攻转守时,每个防守队员盯住对方一个相应的对手,封锁对方的进攻活动,不给对手任意活动及传球或控球的机会。这种防守方法虽然积极,但如果防守队员不能看住自己的对手,就会使防线出现很大漏洞,同时消耗体力较大。因此,在比赛中单纯采用人盯人防守方法的比较少。

(2)区域盯人防守是由攻转守时,根据场上队员位置的分布,每个防守队员防守住一个区域,在对方某一队员跑入本区时,就用盯人的方法积极防守限制对方的进攻。这种方法虽然节省体力,但对方可以任意交叉换位或传接球,造成局部地区以少防多的被动局面。目前,这种比较消极的防守方法在比赛中已很少采用。

(3)综合防守就是把人盯人防守和区域盯人防守结合起来。有的队员进行区域盯人,有的队员进行对号盯人;或者在有的区域进行人盯人防守,有的区域采取区域盯人防守。

### 六、比赛阵型

比赛阵型是指比赛场上队员的位置排列、攻守力量搭配和职责分工的形式。阵型的序列一般是从后卫排向前锋。守门员的人数、职责固定,不予计算。例如,"三五二"阵型从后至前分三条线,后卫线 3 名队员,前卫线 5 名队员,前锋线 2 名队员。

比赛阵型种类繁多,要依据本队队员的条件、特长和对手的特点来选用。确定阵型,要在每个场上队员明确基本位置和主要职责的前提下,充分发挥每个队员的主动性和创造性及全队攻守特点,切不可刻板地追求阵型的形式而限制了队员的特点。

随着足球技战术水平的不断提高,人们对足球阵型有了新的认识和应用,目前普遍采用的比赛阵型有"四四二""五三二""三五二"等。

"四四二"阵型有 4 个后卫防守;4 个前卫既助攻又防守,既加强了进攻,又保证了防守,使攻守趋于平衡。这一阵型得到了广泛的运用。

"五三二"阵型是由"四四二"阵型变化而来的。它是把 1 名前卫撤回到后卫线,成为盯人中卫而形成的。其主要特点是能组成巩固的防线,有利于快速反击。中、后场队员可随机插上进攻,增加了进攻的突然性。

"三五二"阵型是典型挤压争夺中场的阵型。5 名前卫要有效控制中场,进可助攻,退可防守,并能及时、有效地组织二次进攻。两边前卫要阻滞对方的边路进攻,1 名中前卫稍拖后侧重防守,横向跑动拦截对方进攻作为后卫的前沿屏障。突前的两名前卫是二线攻击者,伺机插上传切配合或运球突破射门。根据对手实力的强弱,"三五二"与"五三二"阵型互变性较强。

## 第四节　足球运动的竞赛规则

足球运动竞赛规则是运动员的行为法规,是教练员指导比赛的依据,是裁判员执法的准则。

### 一、比赛场地与比赛用球

(1)比赛场地。比赛场地必须是长方形,边线(两条长线)的长度必须长于球门线(两条短线)。国际比赛的要求是:长度最短 100 米,最长 110 米;宽度最短 64 米,最长 75 米(国际比赛标准场地为长 105 米,宽 68 米)。

(2)比赛用球。其要求是:圆形;用皮革或其他适当材料制成,圆周不长于 70 厘米、不短于 68 厘米,重量在比赛开始时不多于 450 克、不少于 410 克,球中气体压力在海平面上等于 0.6～1.1 个大气压力。

### 二、队员

(1)比赛时,每队上场不得超过 11 人,其中必须有 1 人为守门员。如果任何一队少于 7 人则比赛不能开始。

(2)队员因伤或其他原因可以换人,正式比赛只限 3 个替补场上名额。

(3)守门员可与场上队员互换位置,但必须事先通知裁判员,并应在比赛成死球时进行。

(4)替补队员必须在死球时,经裁判员允许方可进场。

(5)队员在比赛中不得擅自离场,否则为不正当行为,裁判员应给予警告。

## 三、比赛时间与比赛开始

(1)正式比赛时间为90分,分为上、下半场,各45分,中间休息时间不超过15分。

(2)凡竞赛规程规定要决出胜负的比赛,90分内踢成平局,要加时30分。在加时赛前休息10分,并重新选择场地,决胜期时间仍分上、下半场,各15分,中间换场地不休息。如双方都未进球,要以罚球点球决出胜负。

(3)上、下半场都要以中圈开球开始比赛,中圈开球可以直接射门得分。

(4)除罚球点球,比赛时间终了,均应立即鸣哨结束比赛。

## 四、裁判员

每场比赛由一名裁判员控制,他被任命具有全部权力去执行与比赛有关的竞赛规则。裁判员的职责是:

(1)执行竞赛规则。

(2)与助理裁判员和第四官员(如有)合作控制比赛。

(3)记录比赛时间和比赛成绩。

(4)因违反规则停止、推迟或中止比赛。

(5)因外界干扰停止、推迟或中止比赛。

(6)如果他认为队员受伤严重,则停止比赛,并确保将其移出比赛场地。受伤队员只有在比赛从新开始后才能重返比赛场地。

(7)如果他认为队员只受了轻伤,则允许比赛继续进行直到比赛停止。

(8)确保队员因受伤流血时离开比赛场地。该队员经护理流血停止,在得到裁判员信号后方可重回场地。

(9)当一个队被判犯规而根据有利条款能获利时,则允许比赛继续进行。如果预期的"有利"在那一时刻没有接着发生,则判罚最初的处罚。

(10)当队员同时出现一种以上的犯规时,对较严重的犯规进行处罚。

(11)对应实施纪律处罚的队员进行警告或罚令出场。根据情况,纪律处罚不一定立即做出;但在比赛下一次停止时必须做出。

(12)向对自己行为不负责任的球队官员执行处分,并可酌情将其驱逐出比赛场地及其周围地区。

(13)对于自己未看到的情况,可根据助理裁判员的意见进行判罚。

(14)确保未经批准的人员不得进入比赛场地。

(15)比赛停止后重新开始比赛。

(16)将在赛前、赛中或赛后对队员和球队官员进行的纪律处分及其他事件的情况用比赛报告提交有关部门。

裁判员根据与比赛相关的事实所做出的决定是最终的。只有在比赛未重新开始或未终止时,裁判员可以根据自己的判断或助理裁判员的意见而改变确实不正确的决定。

## 五、比赛停止

(1)当球的整体从地面或空中全部越过边线或球门线,为球出界,即为比赛停止。

(2)当比赛已被裁判员停止即为比赛停止。

## 六、计分方法

当球的整体从球门柱间及横梁下越过球门线,而此前未违反竞赛规则,即为进球得分。

## 七、任意球

任意球分直接任意球和间接任意球两种。直接任意球又称"一脚球",直接射入对方球门为胜1球。间接任意球又称"两脚球",直接射入球门无效,只有球再触及其他队员而进入球门方为有效。

罚任意球时,防守队员必须退出距球9.15米范围以外,如果罚球地点距球门不足9.15米,允许防守队员站在球门线上。

## 八、罚球点球

(1)执行罚球点球时,在球被踢出前,守门员的两脚必须站在球门线上。否则,球未踢进,则重罚。

(2)罚球点球时,除了主罚队员和守方守门员,双方队员都应站在罚球区及罚球弧外、罚点球后,裁判员鸣哨后,主罚队员方可射门。

## 九、掷界外球

(1)球越出边线时,由出界前最后触球队的对方在球出界处掷界外球。掷界外球时,可将球掷向场内任何方向。

(2)掷界外球的规定是,双手持球置于头后方,面向场内,两手同时用力不间断地从头后经头顶用一个完整动作将球掷入场内。

(3)掷界外球不能直接得分。

## 十、球门球

(1)队员将球踢出对方球门线,由对方踢球门球。

(2)踢球门球时,必须直接把球踢出罚球区,才算进入比赛。

## 十一、角球

当球被防守队员踢出本方球门线时,由对方踢角球。踢角球时,不得移动旗杆,必须将球放在角球区内执行。踢角球可以直接射门得分。

## 十二、越位

(一)越位位置

队员处于越位位置是指:

(1)在对方半场。

(2)较球更接近于对方球门线。

(3)较对方倒数第二名防守队员更接近对方球门线。

(二)非越位位置

队员处于非越位位置是指:

(1)他在本方半场内。

(2)他齐平于最后第二名对方队员。

(3)他齐平于最后两名对方队员。

(三)越位犯规

处于越位位置的队员,在同队队员踢或触及球的一瞬间,裁判员认为其就下列情况而言

"卷入"了现实比赛中时才被判为越位犯规：

(1)干扰比赛。

(2)干扰对方队员。

(3)利用越位位置获得利益。

如果队员直接接得球门球、掷界外球、角球，则没有越位犯规。

对于任何越位犯规，裁判员应判给对方在犯规发生地点踢间接任意球。

### 十三、对犯规与不正当行为的判罚

(一)直接任意球

1. 第一类情况

裁判员认为，如果队员草率、鲁莽地或使用过分的力量造成下列七种犯规中的任意一种，将判给对方踢直接任意球：

(1)踢或企图踢对方队员。

(2)绊摔或企图绊摔对方队员。

(3)跳向对方队员。

(4)冲撞对方队员。

(5)打或企图打对方队员。

(6)推对方队员。

(7)抢劫对方队员。

2. 第二类情况

如果队员造成下列三种犯规中的任意一种，也判给对方踢直接任意球：

(1)拉扯对方队员。

(2)向对方队员吐唾沫。

(3)故意手球(不包括守门员在本方罚球区内)。

处罚：在犯规发生地点踢直接任意球。

(二)间接任意球

1. 第一类情况

如果守门员在本方罚球区内造成下列四种犯规中的任意一种，将判给对方踢间接任意球：

(1)用手控制球后超过6秒没有放开(手对球的控制)。

(2)在放开对手球的控制后，未经其他队员触及球再次用手触球。

(3)用手触及同队队员故意踢给他的球。

(4)用手触及同队队员直接掷入的界外球。

2. 第二类情况

裁判员认为，队员在出现下列情况时，也将判给对方踢间接任意球：

(1)以危险方式比赛。

(2)组织对方队员行进。

(3)阻挡对方守门员从其手中发球。

(4)因《足球规则》第十二章之前未提及的任何其他犯规而不停止比赛，对队员进行警告或罚令出场。

处罚：在犯规发生地点踢间接任意球。

（三）可警告的犯规

如果队员造成下列七种犯规中的任意一种，将被警告并出示黄牌：

(1)犯有非体育行为。

(2)以语言或行动表示不满。

(3)持续违反规则。

(4)延误比赛重新开始。

(5)当以角球、任意球或掷界外球重新开始比赛时，不退出规定的距离。

(6)未得到裁判员许可进入或重新进入比赛场地。

(7)未得到裁判员许可故意离开比赛场地。

如果替补队员或被替换下场的队员违反下列三种犯罪中的任意一种，将被警告：

(1)犯有非体育行为。

(2)以语言或行动表示不满。

(3)延误比赛重新开始。

## 十四、应罚令出场的犯规

如果队员、替补队员或被替换下场的队员违反下列七种规则中的任意一种，将被罚令出场：

(1)严重犯规。

(2)暴力行为。

(3)向对方或其他任何人吐唾沫。

(4)故意用手球破坏对方的进球或明显的进球得分机会（不包括守门员在本方罚球区内）。

(5)用将被判为任意球或点球的犯规，破坏对方向本方球门移动着的明显的进球得分机会。

(6)使用有攻击性的、侮辱的或辱骂性的语言和/或动作。

(7)在同一场比赛中得到第二次警告。

被罚令出场的队员、替补队员或替换下场的队员必须立即离开比赛场地附近及技术区域。

# 第八章 排球

## 第一节 排球运动概述

排球运动起源于美国,由美国马萨诸塞州(旧称麻省)霍利约克市基督教青年会体育干事威廉·摩根(William Morgan)于1895年发明。它最初是一种游戏项目,参加活动的人数和击球的次数都不限制,随着技术水平的提高,规则也逐渐形成。1900年排球运动传入亚洲,1905年排球运动传入中国。排球运动在亚洲的发展过程中先后经历了16人制、12人制、9人制的比赛形式,直到1947年国际排联成立后才正式开展6人制排球运动。

国际排联成立至今,发展迅速,有崇高的威望。目前在五大洲有200多个会员国,是国际体育单项组织中成员最多的一个组织。国际性的重要排球赛有奥运会排球赛、世界排球锦标赛、世界杯排球赛、世界青年排球锦标赛。

我国女排在20世纪80年代,坚持高标准、严要求的训练,树立良好的训练作风和团结拼搏的精神,在1981年第三届世界杯赛、1982年第九届世界锦标赛、1984年第二十三届奥运会、1985年第四届世界杯赛、1986年第十届世界锦标赛中夺取桂冠,赢得了世界女排"五连冠"的殊荣,为祖国争得了荣誉。

排球运动不仅能提高人的速度、弹跳力、耐力、柔韧性和灵活性等素质和运动能力,而且能使人体各器官、各系统的功能得到改善,增强人的体质。排球运动是集体运动项目,通过训练和比赛,能使人的心理素质、思想修养及行为作风都受到集体主义的教育。

## 第二节 排球运动的基本技术

排球技术是运动员在排球规则允许的条件下所运用的各种合理的击球动作。排球技术分为准备姿势和移动、发球、垫球、传球、扣球、拦网六大类。

### 一、准备姿势和移动

准备姿势和移动是排球运动中各项技术的前提。准备姿势的好坏是能否正确完成技术动作的关键。在比赛中,任何一种技术的运用都离不开准备姿势和移动。

(一)准备姿势

在整个比赛过程中,必须始终保持正确的准备姿势。准备姿势的重心高低不一样,其动作形式可分为稍蹲、半蹲和低蹲三种(见图8-2-1)。半蹲姿势是最重要的准备姿势,在比赛中运用较多,为此主要介绍半蹲姿势。

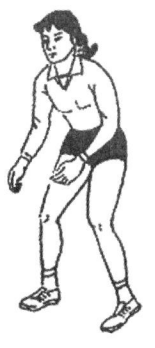

**图8-2-1 准备姿势**

半蹲准备姿势动作要领:两脚左右开立,距离与肩同宽,一脚稍前(根据各自的习惯)或两脚前后开立,前脚脚跟与后脚尖相距一脚左右;两膝弯曲,脚跟稍提起,脚尖稍内扣;重心保持在两脚之间,上体稍前倾,两臂自然放松,肘关节弯曲并下垂,两手置于腹前。

(二)移动

移动是为了迅速接近来球,取得合理的击球位置,保持好人与球的位置关系以便击球。移动的种类有并步、滑步、交叉步、跨步、跨跳步、跑步、后退步。

(1)并步和滑步。当身体距离来球一步左右时采用并步。如向左移动,首先右脚或双脚同时蹬地,左脚先向左侧方向跨出一步,右脚迅速并上成击球前的准备姿势。并步可向前、后、左、右各个方向移动。连续的并步称为滑步。

(2)交叉步。当身体距离来球三步左右时采用。如向左移动,身体稍向左侧转动,右脚先从左脚前面向左交叉跨出一步,然后左脚再向左跨出一大步,同时左脚尖内扣,重心移至左脚,身体转向来球方向,保持击球前的准备姿势。

(3)跨步与跨跳步。当来球较低、距离身体约1米时采用。跨步可向前、斜前、左右侧方向。如向前跨步,后脚用力蹬地,前脚向前跨出一大步,膝部弯曲,上体前倾,身体重心移至前腿上(见图8-2-2)。跨跳步时,后脚向前蹬,使身体离开地面有一个短暂的腾空阶段,前脚落地后迅速屈膝,后脚及时跟上,同时降低重心,上体前倾准备击球。

**图8-2-2 跨步**

(4)跑步。当来球距离身体较远时采用。首先要判断好来球方向,两臂要用力迅速摆动,逐步加大步幅,加快步频,不要过早做击球动作的准备,以免影响跑步速度。

(5)后退步。当来球在身体背后,来不及迅速转身时采用。身体重心适当降低并朝前,两脚迅速交替向后退步,上体不要后仰。

## 二、发球

发球是排球运动的一项重要的基本技术。它是比赛的开始,也是进攻的开始。好的发球不但可以直接得分,也可以破坏对方组织进攻战术,减轻本方防守压力,为防守反攻提供有利条件。

发球技术种类较多,对初学者来说正面下手发球、侧面下手发球比较适用,另外还有正面上手发球、正面上手飘球、跳发球、勾手飘球等。下面主要介绍前三种发球技术动作(以右手发球为例)。

(一)正面下手发球

(1)准备姿势。发球队员面对球网站立,两脚前后开立,左脚在前,两膝微屈,上体前倾,左手持球于腹前。

(2)抛球。左手将球抛起在身体右侧,离手20~30厘米抛球,同时,右臂伸直往身体右侧后下方摆动。

(3)击球。右脚蹬地,右臂以肩为轴,由后向前摆动,在腹前以虎口或掌根击球的后下方。

正面下手发球动作分解如图8-2-3所示。

图8-2-3 正面下手发球

(二)侧面下手发球

(1)准备姿势。发球队员左肩对网站立,两脚左右开立,与肩同宽,两膝微屈,上体稍前倾,重心落在两脚之间,左手持球置于腹前。

(2)抛球。左手将球平稳上抛于胸前约一臂之距,球离手高度约一个半球。在抛球的同时右臂摆至右侧后下方。

(3)击球。右脚蹬地,身体向左转体带动右臂向体前上方挥动,在腹前以全掌或掌根、虎口击球的右下方。

侧面下手发球动作分解如图8-2-4所示。

图8-2-4 侧面下手发球

(三)正面上手发球

(1)准备姿势。发球队员面对球网,两脚前后开立,左脚在前,左手托球于体前。

(2)抛球。左手将球平稳地抛于右肩前上方,高于击球点2~3个球,抛球的同时右臂屈肘后引,肘关节约与肩齐平,手掌自然张开,呈勺形,上体稍向右转,抬头、挺胸、展腹,身体重心移至右脚。

(3)击球。利用蹬地转体动作带动手臂快速挥动,在右肩前上方用全掌击球的后中下部。击球时,手掌要充分伸直,手掌和手腕要迅速明显地做推压动作,使球向前呈上旋飞行。

正面上手发球动作分解如图8-2-5所示。

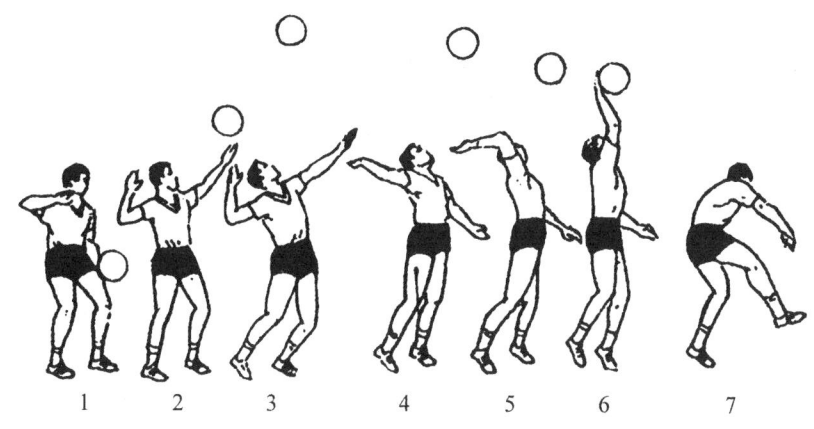

图8-2-5　正面上手发球

### 三、垫球

垫球是指除手指弹击动作外的身体任何部位击球的动作。它是排球基本技术之一,主要用于接发球、接扣球、接拦回球及接应各种低球。垫球技术较简单易学,在比赛中运用较多,但难以控制,准确性相对较差。

垫球技术一般可分为正面双手垫球、体侧垫球、跨步垫球、背垫球、低姿垫球、单手垫球、前扑垫球、滚翻垫球、鱼跃垫球等。下面主要介绍前四种垫球技术。

(一)正面双手垫球(见图8-2-6)

(1)准备姿势。正面对准来球方向,呈半蹲准备姿势。

(2)手形。目前常用的是叠掌式,即两手手指和前半手掌上下重叠,掌根紧靠,两拇指朝前平行,两臂自然伸直,手腕下压,两臂外翻,使前臂内侧形成垫击平面(见图8-2-7)。

(3)击球点。腹前一臂距离。

(4)垫击部位。前臂腕关节以上10厘米左右,桡骨内侧平面去击球(见图8-2-8)。

图8-2-6　正面双手垫球

图8-2-7 手形

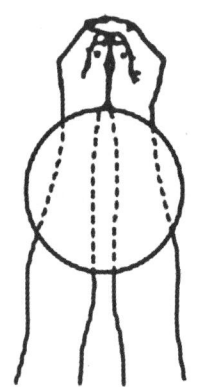
图8-2-8 垫击部位

(5)击球。手臂插入球下,蹬腿抬体,身体重心向前上方移动,同时将含胸收肩、压腕抬臂等动作密切结合,把球准确地垫在前臂上,身体及两臂要做出自然的随球伴送动作。垫击动作结束后,立即松开双臂准备做下一动作。

(二)体侧垫球

当身体来不及正对来球时,向来球一侧做侧弓步,同时两臂并拢伸出,异侧肩下倾,臂夹紧内旋对准来球,在体侧用前臂垫击球的后下部,同时含胸提肩送臂,配合蹬地转腰收腹的协调动作(见图8-2-9)。

图8-2-9 体侧垫球

(三)跨步垫球

当来球的速度较快,弧线低,距身体1米左右时,迅速向前或向侧跨出一步,屈膝深蹲,重心落在跨出腿上,上体前倾,臀部下降,两臂夹紧伸直插入球下,用两前臂的内侧平面击球的后下部,对准垫出方向,将球平稳垫起(见图8-2-10)。

(四)背垫球

判断来球的飞行方向,迅速移动到垫球位置附近,背对垫出方向,两臂夹紧伸直,击球点一般高于肩部,利用前臂内侧平面击球的前下部。击球时以蹬腿、抬头、挺胸及展腹后仰动作带动两臂将球向后上方平稳垫出(见图8-2-11)。

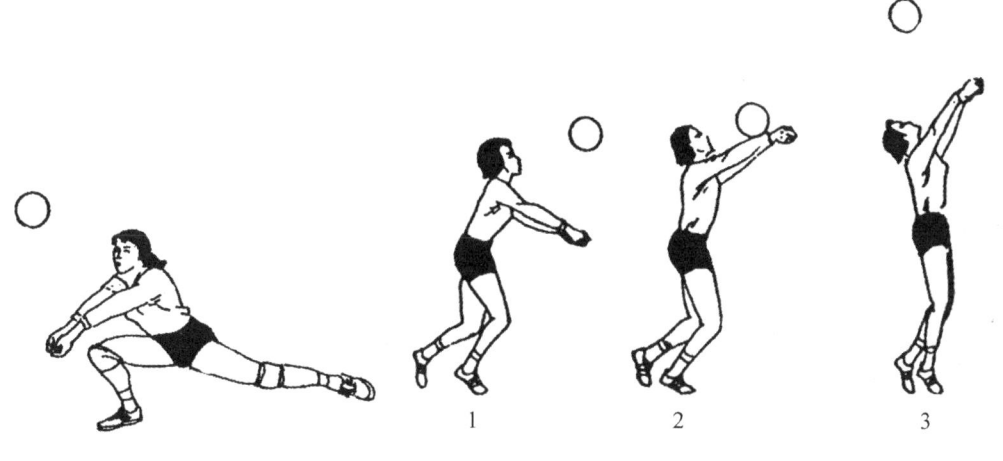

图 8-2-10　跨步垫球　　　　　　图 8-2-11　背垫球

## 四、传球

传球是排球运动的一项重要技术,是利用手指和手腕的力量及身体的协调动作,通过手指击球,将来球传给同伴进攻的技术动作。

传球有正面双手传球、背向传球、侧面传球、跳传等,其中正面双手传球是运用最为广泛的基本传球方法。

正面双手传球要领如下(见图 8-2-12)。

图 8-2-12　正面双手传球

(1)准备姿势。两脚左右开立,与肩同宽。一脚在前,后脚跟稍提起,两膝微屈,身体稍前倾,两臂屈肘抬起,肘部下垂,两手张开成近似传球手形,放在脸前。

(2)击球点。脸前或额前上方约一球距离处。

(3)手形。手腕后仰,两手指自然张开,围成半球形,拇指尖相对呈近似"一"字形。以拇指内侧、食指全部、中指的二三指节触球的后下部,无名指和小拇指在球两侧辅助控制球的方向(见图 8-2-13)。

(4)用力。利用蹬地、伸髋、伸臂的协调动作和手指、手腕的弹力将球传出。

图 8-2-13　手形

### 五、扣球

在排球技术中,扣球是攻击性最强、最有效的进攻手段。它是队员跳起在空中用一只手或手臂将本方场区上空高于球网上沿的球击入对方场区的一种击球方法。在比赛中,一个队攻击力量的强弱,往往取决于该队的扣球技术水平。因此,掌握好正确的扣球技术非常重要。扣球的种类较多,一般分为正面扣球、调整扣球、扣快球等。现主要介绍正面扣球(以右手扣球为例)。

正面扣球动作要领,分以下几个步骤(见图 8-2-14)。

图 8-2-14　正面扣球

(1)准备姿势。两脚自然开立,一脚在前,另一脚在后,两膝稍屈,上体自然前倾,两臂稍屈自然下垂于体侧,两眼密切注视来球,站在离球网 3 米处。

(2)助跑。一般采取两步助跑方法。助跑时,左脚先向前自然迈出一步,接着右脚再迅速跨出一大步,同时两臂迅速向体侧后下方划弧摆动,右脚以脚后跟先着地,迅速过渡到全脚掌落地,左脚迅速并上,落在右脚的前面,两脚之间的距离与肩同宽,两脚尖稍向右转,膝关节弯曲。

(3)起跳。起跳时,两膝弯曲并稍内扣,上体前倾,在两脚迅速蹬地的同时,两臂由体侧后迅速向体前上方摆动,并迅速展腹,带动整个身体垂直腾空而起。

（4）空中击球。起跳后，挺胸展腹，上体稍向右转，右臂向后上方抬起，身体成反弓形。挥臂时，以迅速转体、收腹动作发力，依次带动肩、肘、腕各部位关节向前上方成鞭甩动作挥动。击球时，五指微张，以掌心为主，全掌包满球，在手臂伸直的最高点前上方击球的后中部，同时主动用力屈肘屈指向前推压，使扣出的球呈上旋（见图8-2-15）。

图8-2-15 空中击球

（5）落地。以两脚前脚掌先着地，再过渡到全脚掌着地，同时顺势收腹、屈膝，以缓冲下落的力量，并立即做好下一个准备动作。

## 六、拦网

拦网是防守的第一道防线，是反攻的重要环节，不但可以直接拦死或拦起及拦回对方的扣球，还可以直接得分，使本方由被动变为主动，削弱对方的进攻力量，减轻本方防守上的压力。根据情况，比赛时可采用单人拦网和集体拦网。集体拦网包括双人拦网和三人拦网。

（一）单人拦网

单人拦网技术是最基本的技术，也是集体拦网的基础。对初学者来说，只有比较熟练地掌握了单人拦网的技术，才能进一步练习集体拦网。单人拦网动作要领如下（见图8-2-16）。

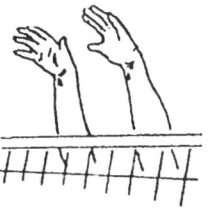

图8-2-16 单人拦网

（1）准备姿势。面对球网，两脚平行开立，约与肩同宽，距球网0.3～0.4米，一般不宜距网太远，以免拦网造成"窝果"。两膝稍屈，两臂置于体侧，自然屈肘。

（2）移动。根据移动距离远近采用不同的移动步法。短距离移动时，采用并步移动；较远距离移动时，采用交叉步移动；远距离移动时，采用快速跑步；向前或斜向前移动时，采用助跑起跳拦网。

（3）起跳。移动后，两膝弯曲，重心下降，起跳时，两脚迅速用力蹬地，两臂在体侧划小弧用力向体前上方摆动，带动身体垂直向上跳。起跳后，身体应稍微收腹，以控制身体平衡和延长腾空时间。

（4）空中击球。当身体腾空后，两手沿网的前上方向上伸出，抬肩伸臂，肘关节伸直，触球前不宜过分紧张，双手自然张开，两手之间间距稍小于一个球的直径，以防止球从两手之间漏过，前臂靠近球网，两臂平行上伸，根据对方扣球的路线及自己负责的拦网区域，在扣球者击球出手的一刹那，双手尽量伸展靠近球体，在手触网的同时，手腕用力前屈"盖帽"。

(5)落地。空中拦击后,落地时,身体应稍收腹,以保持身体稳定,以两脚前掌先着地,屈膝缓冲下落的力量。

(二)集体拦网

集体拦网是以单人拦网为基础,进行两人或三人协同一致拦一个进攻点的配合行动,目的在于扩大拦截面。它主要是对扣球进攻力强、路线变化多、很少轻扣和吊球的情况采用。

(三)拦网的学练方法

(1)徒手原地学习移动拦网动作。

(2)徒手原地模仿拦网动作,体会拦网的伸臂和拦击球动作。

(3)网前做原地起跳徒手拦网动作。

(4)两人一组,徒手移动配合拦网。

(5)一方扣球,另一方单人原地拦网。

(6)双人原地配合拦网。

(7)双人移动配合拦网。

## 第三节 排球运动的集体战术

排球集体战术是指两个或两个以上的队员,根据排球规则、排球运动的规律、彼此双方的具体情况及临场的发展变化,灵活地运用合理技术,并按照一定的形式,所采取的有组织、有目的和有预见性的集体配合行动。

### 一、阵容配备

阵容配备就是合理地使用本队队员的一种组织手段。其目的在于把全队的力量有效地组织起来,最大限度地发挥每一个队员的特长和作用,从而发挥全队的优势。

(一)"四二"配备

指由4名进攻队员(两名主攻,两名副攻)和两名二传队员所组成的上场阵容。在比赛过程中,前排始终保持着1名主攻队员、1名副攻队员和1名二传队员(见图8-3-1)。

(二)"五一"配备

指由5名进攻队员和1名二传队员所组成的上场阵容。此种配备加强了拦网和进攻力量(见图8-3-2)。

(三)"三三"配备

指由3名进攻队员和3名二传队员所组成的上场阵容(见图8-3-3)。

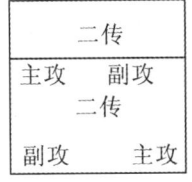

图8-3-1 "四二"配备

图8-3-2 "五一"配备

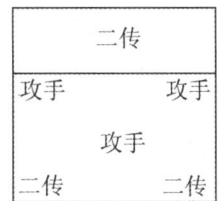

图8-3-3 "三三"配备

## 二、进攻阵型

(一)"中二三"进攻阵型

由前排3号位队员担任二传,其他队员将球垫、传给二传队员,再由二传队员将球传给前排4号位队员、2号位队员或后排三名进攻队员进攻。这种阵型是排球战术中最基础、最简单的一种进攻阵型。其特点是二传队员位置居中,距离场上各个位置都比较近,一传的目标明确,二传队员也易于接应,另外战术配合简单,便于组织。但是战术配合方法少,进攻点较清楚,战术意图易被对方识破,对方容易组成集体拦网。

(二)"边二三"进攻阵型

由前排2号位队员站在2号位与3号位之间,担任二传,其他队员将球垫、传给二传队员,再由二传将球传给前排4号位队员、3号位队员或后排三名队员进攻。这对一传、二传的要求都较高,其战术配合也较为复杂。

## 三、防守阵型

(一)"心跟进"防守阵型

固定由6号位队员跟进防吊球及前区球,称为"心跟进"防守阵型。多在对方采取以扣吊结合为主的进攻战术时,为了解决心空问题时采用。其特点是加强了网前的防守,但后场防守人少,空隙较大,力量相对有所减弱。

(二)"边跟进"防守阵型

由1号位或5号位队员跟进防吊球及前区球,称为"边跟进"防守阵型。一般在对方进攻力量较强、战术变化较多、吊球较少时采用。

# 第四节 排球运动的竞赛规则

## 一、排球比赛的特性

排球比赛是两队运动员在由球网分开的场地上进行的集体比赛项目。它是各队遵照规则,将球击过球网,使其落在对方场区的地面上,而防止球落在本方场区的地面上。每队可击球3次(拦网触球除外)将球击回对区。

比赛由发球开始。发球队员击球使其从网上飞至对区,比赛由此连续进行,直至球落地出界或某队犯规。

现在的排球比赛为每球得分制,即某队胜一球时得1分,同时获得发球权,队员按顺时针方向轮转一个位置。

正式比赛采用五局三胜制。每局(决胜局第五局除外)先得25分并同时超出对方两分的队胜一局。当比分为24∶24时,比赛继续进行至某队领先两分为止。胜三局的队胜一场,如果2∶2平局,决胜局(第五局)打至15分并领先对方两分获胜。

(一)排球比赛场地

排球比赛场地为长方形,边线长18米,端线宽9米,场地平坦,上空7米以内的空间和四周至少两米(室外至少3米)的范围内不得有障碍物,中间有球网隔开。男子网高2.43

米,女子网高2.24米(儿童和少年的球网高可根据实际情况另行规定)。

(二)犯规

1. 击球时的犯规

(1)4次击球:一个队连续击球4次。

(2)借助击球:队员在比赛场地内借助同伴或任何物体的支持进行击球。

(3)持球:击球被接住和(或)抛出,而不是被弹击出。

(4)连击:一名队员连续击球两次或球连续触及身体不同部位。

2. 队员在球网附近的犯规

(1)对方进攻性击球前或击球时,在对方空间触及球或对方队员。

(2)从网下穿越进入对方空间并干扰对方比赛。

(3)队员的双脚(单脚)全部越过中线进入对方场区。

(4)队员干扰比赛有下列情况(不仅如下):击球时触及球网上沿的帆布带或球网以上的80厘米标志杆,或击球时借助球网的支持,或造成了对本方有利,或妨碍了对方合法的击球试图。

3. 发球时的犯规

1)发球犯规

下列犯规应判为发球犯规,即使对方位置错误。

(1)发球队:发球次序错误。

(2)球被抛起或持球手撤离后,必须在球落地前用一只手或手臂的任何部分将球击出,否则视为发球犯规。

(3)球只能被抛起或撤离1次,否则视为发球犯规。但拍球或在手中摆弄球是允许的。

(4)击球时或发球起跳时,脚踏及场区(包括端线)和发球区以外地面。

(5)在第1裁判员鸣哨允许发球后8秒内未将球发出。

2)发球击球后的犯规

球被发出后出现以下情况仍为发球犯规(除非位置错误):球触及发球队队员或球的整体没有从过网区通过球网垂直平面,界外球,球越过发球掩护。

4. 位置错误犯规

(1)当发球队员击球时,如果队员不在其正确位置上,则构成位置错误犯规,其中包括通过错误替换上场的队员。

(2)当发球队员击球时的犯规与对方位置错误同时发生,则发球犯规被认为在先。

(3)如果发球队员击球后的犯规与对方位置错误同时发生,则对方位置错误在先。

5. 轮转错误犯规

没有按照轮转次序进行发球。

6. 进攻性击球的犯规

(1)在对方空间击球。

(2)击球出界。

(3)后排队员在前场区完成进攻性击球,并且击球时球的整体高于球网上沿。

(4)在前场区内对高于球网上沿的对方发球完成进攻性击球。

### 7. 拦网犯规

（1）在对方进攻性击球前或击球的同时，在对方空间完成拦网。

（2）拦对方的发球。

（3）拦网出界。

（4）从标志杆以外伸入对方空间拦网。

## 二、软式排球

软式排球是继正规（硬式）排球及沙滩（沙地）排球之后，又一项既符合竞技体育又符合全民健身的新兴体育运动项目。它在20世纪80年代末起源于日本。目前，亚洲和欧洲等一些国家已开展软式排球运动，并相应制定了竞赛规则和举办了国际比赛。此项运动于1995年传入中国后，迅速在广大群众活动中得以推广。

### （一）场地与器材

比赛场区为长13.4米、宽6.1米的长方形。限制线距中线2.2米。其四周至少有2米宽的无障碍区。从地面向上至少有7米高的无障碍空间。球网设在场地中央中心线的垂直上空，拉紧时长6.6米、宽0.8米（±2厘米）。球网网孔为8~10厘米。球网上、下沿的全长各缝有4~6厘米的双层帆布带（最好是鲜明的颜色）。以两条宽4~6厘米、长80厘米的彩色带子为标志带，分别设在球网两端，垂直于边线，标志带是球网的一部分。标志杆长1.6米，直径10毫米，分别设在标志带的外沿，球网的不同侧面。标志杆高出球网80厘米，为球网的一部分。球网的高度：成人组2.2米；家庭组和12岁以下2.1米；10岁以下组2米。球是圆形的，用海绵材料制成，不用充气。球的重量为180克（±10克）。球体积与硬排球相同，周长65~67厘米，球的颜色有红、黄、蓝、白等。

### （二）比赛常规

#### 1. 人数

一个队由3~8名队员组成，上场比赛的为6名队员。

#### 2. 计分方法

比赛采用三局两胜制，采用每球得分制，前两局以某队赢得25分并至少高出对方2分为该局获胜（如25∶23或26∶24），无最高分限制；决胜局时，比分到8分时交换场地，先得15分并超过对方2分的队获胜，比分为14平时，比赛继续进行直至某队领先2分，无最高分限制。

### （三）犯规

犯规的处罚同正规六人制排球比赛一样。

# 第九章 羽毛球

## 第一节 羽毛球运动概述

羽毛球是深受学生喜欢的项目之一,经常参加羽毛球活动,可以提高身体灵活性和协调性,促进心肺功能发展,增强体质。教师在教授羽毛球前,要让学生正确认识到学习羽毛球不是简单的来回击球,应该从掌握正确的基本技术动作开始,才能更好地入门羽毛球运动,使之成为日后锻炼的体育爱好项目。

### 一、羽毛球运动的起源与发展

1873年,在英格兰格拉斯哥郡伯明顿庄园的一次宴会上,恰逢下雨,客人只能待在室里。当时,有位从印度退役的英国军官,将其在印度孟买见到的"普那"向大家做了介绍,于是大家就在大厅内进行这种羽毛球的游戏。因这项活动极富趣味性,很快就风行起来。由于这项活动诞生在伯明顿庄园,便以这个庄园的名称"Badminton"命名了这项运动,因球上插着羽毛,故中文称为"羽毛球"。

1893年,在英国成立了世界上第一个羽毛球协会。1899年,该协会举办了第一届"全英羽毛球锦标赛"(All England Open Badminton Championships)。这就是自1899年起在英国伦敦温布利体育中心举行的传统性非正式世界羽毛球锦标赛。

1981年5月国际羽联重新恢复了中国的合法席位,从此揭开了国际羽坛历史上新的一页,进入了中国羽毛球选手称霸国际羽坛的辉煌时期。在1988年汉城奥运会上,羽毛球第一次进入奥运大家庭,被列为表演项目。1992年巴塞罗那奥运会列为正式比赛项目,设男女单打和男女双打四块金牌。1996年的亚特兰大奥运会上,又增设了混合双打。

羽毛球运动于1920年左右传入我国,新中国成立后,得到迅速发展。20世纪60年代前期,中国队后来居上,于1963年和1964年两度打败世界冠军印度尼西亚队。此后,中国队又多次获得汤姆斯杯、尤伯杯、苏迪曼杯和奥运会羽毛球比赛的冠军,出现了汤仙虎、韩健、赵剑华、杨阳、李玲蔚、李永波、龚智超、叶钊颖、张军、高凌、林丹、鲍春来、陈金、张宁、杜婧、于洋等一大批优秀运动员。如今我国羽毛球运动已达到世界先进水平。

### 二、羽毛球运动的意义和价值

(一)促进身心健康发展

羽毛球是一项全身性的体育运动,在运动中,需要调动各神经系统、感官系统、运动中枢系统、肌肉关节系统、心理调节系统等参与,这些系统在不断的刺激和反应后,功能水平不断得到提升,使得身体更加灵敏和协调,神经反应水平得到提高,心肺功能得到增强,心理素质得到发展,运动过程中也疏解了生活中的压力,愉悦了心情,促进了身心的全面健康发展。

### (二)简便性

羽毛球活动对器材与设备的要求比较简单,只需两个球拍、一个球和一条球网就行。平时进行羽毛球活动只要有块平整的空地就可以了。无风的情况下,在户外进行活动时,只要把球网架起来,在一定长度和宽度的空地上画上几条线,双方就可以进行练习活动,不需要复杂或是昂贵的器材和设施。羽毛球运动的简便性提高了大众的参与热情和程度,因此羽毛球是一项深受大众喜爱、适合经常参加的体育项目。

### (三)游戏性强

羽毛球运动是比赛双方隔着球网,通过速度变化、方向变化、远近变化、高低变化、策略变化等旨在使对方在场地内接球失误,无法回球的一项活动,其游戏性较强,比赛方法简单,趣味性强,在活动身体的同时,又娱乐了心情。不同年龄、不同性别及不同体质的人都能在羽毛球运动中找到乐趣。羽毛球是现代职业者,特别是办公室职业喜好的一项体育娱乐活动。不同职业、领域、年龄和性别的爱好者通过羽毛球运动,可以相互切磋技艺,提高技能水平,愉悦业余生活,并在交流活动中相互建立友谊,促进社会交往。

总之,羽毛球运动可以全面增强人的体质,促进社会交往,娱乐身心,减轻工作与生活压力。

## 三、羽毛球运动的特点

### (一)非直接身体接触

羽毛球运动与乒乓球、排球、网球都属于隔网的运动。在进行隔网运动时,双方没有身体上的接触与对抗,减少了身体上的冲撞而带来的运动损伤。

### (二)运动量可调节

羽毛球运动适合于男女老幼,运动量可根据个人年龄、体质、运动水平和场地环境等特点来进行调节。青少年活动时可快速多变,运动强度较大,时间长,这样可有效促进身体生长发育,提高身体功能,增强体质,并在快速激烈的活动中培养青少年自信、勇敢、果断等优良的心理素质。

### (三)全身性运动

无论是进行正规的羽毛球比赛还是作为一般性的健身活动,练习者都要在场地上不停地进行脚步移动、跳跃、转体、挥拍,合理地运用各种击球技术和步法将球在场上往返对击,能够充分调动全身各关节和肌肉系统的参与。因此,羽毛球运动能够活动全身关节,提高人体的身体协调性。

### (四)益智养心

羽毛球运动速度快、变化多,比赛双方需要在短暂的时间内斗智斗勇,因此,不断需要做出判断和总结,并在成功与失败中提高自己的羽毛球运动水平。因此,也逐渐提高了参与者的智力水平。羽毛球是一项在室内进行的比赛项目,比赛双方隔着球网进行着文明的技艺交流,重视比赛礼仪,尊重比赛对方,双方在交流中不断提高自己的心理素养和品质,愉悦身心。

# 第二节 羽毛球运动的基本技术

羽毛球运动的基本技术主要由上肢的手法和下肢的步法两部分组成。上肢手法包括握拍、发球和击球；下肢步法包括基本站位、前场上网、中场左右和后场后退。

## 一、握拍法

### (一) 正手握拍法

动作要领：先用左手（以右手握拍为例，下同）握住球拍中杆，使拍面与地面垂直。张开右手使虎口对准拍柄窄面内侧斜棱，拇指和食指贴在拍柄的宽面上，其余三指并拢，自然握住拍柄，食指和中指稍分开，柄端靠近手掌的小鱼际，掌心与拍面之间应留有空隙，便于击球发力（见图9-2-1）。

### (二) 反手握拍法

动作要领：在正手握拍的基础上，将拍柄稍外旋，食指向中指靠拢，拇指内侧顶在拍柄的宽面，下三指放松并拢握住拍柄，柄端靠近小指根，拍面稍后仰，掌心、拍柄、小鱼际间要留有空隙，以便于发力（见图9-2-2）。

图9-2-1 正手握拍

图9-2-2 反手握拍

## 二、发球法

发球方法从握拍方法和发球姿势上，分为正手发球和反手发球；从球的飞行角度和距离上，分为高远球、平高球、平快球和网前球。

### (一) 正手发球

单打时，一般站在发球区内离前发球线1米左右的中线附近。双打时可站靠前一些的位置。左脚在前，脚尖指向球网，右脚在后，脚尖指向右前方，两脚间距与肩同宽，上体自然伸直，身体重心放在右脚上，左肩斜对球网。右手握拍向右后侧举起，肘部稍屈。左手拇指、食指、中指捏在球的中部，举在身前，两眼注视对方准备接球的动向。

### (二) 反手发球

站在发球区内靠近前发球线的位置。右脚在前，左脚在后，上体自然伸直，身体重心放在右脚上，面对球网。左手拇指、食指、中指捏住球置于腹前腰下。右手反手握拍，肘部略抬起使拍框下垂于左腰侧。两眼注视对方准备接球的动向。

反手发球主要靠挥动前臂和伸腕闪动发力，动作小，力量也较小，但速度较快，动作一致性好，可以发除高远球以外的其他各种飞行弧线的球，主要用于双打比赛。

### (三)发高远球

发球时松开左手,使球自然下落,向左转体转肩,重心前移,右臂由后上方经体侧下方向前上方挥拍并以手腕的爆发力,在身体右前下方将球击出,随后使球拍顺势向左上方缓冲。

正手发高远球时应注意击球点在右前下方,击球瞬间前臂带动手腕由伸展至微屈,闪动发力。

### (四)发平高球

1. 正手发平高球

其方法与正手发高远球的方法基本一致。由于平高球飞行弧线比高远球低,所以挥拍击球时多运用前臂带动手腕发力。球与球拍接触时,球拍后仰的程度比发高远球时小(球拍与地面形成的仰角一般为120°~130°),拍面略微向前推送击球。

2. 反手发平高球

发球时,主要以前臂带动手腕从左下方向右上方快速挥拍,在拍将要击到球之前,左手自然撒手放球,在拍面与地面形成的仰角为120°~130°时,用反拍面正击球托。

发平高球时应注意掌握好击球时球拍的仰角,击球力量要适当。

### (五)发平快球

1. 正手发平快球

其拍挥的前一段动作与发高远球相似。区别在于在击球前的瞬间,应在前臂的快速带动下,靠手腕和手指突然向前发力将球击出。击球时,拍面稍微后仰(拍面与地面形成的仰角一般应为110°左右),在不"过腰""过手"的限度内尽量提高击球点。

2. 反手发平快球

其方法与反手发平高球的方法基本一致。区别在于击球时,拍面与地面形成的仰角一般为110°左右,击球应更平直一些。

发平快球时应注意发球姿势应与发其他弧线球的姿势保持一致,使对方无法判断发球意图,要靠手腕的爆发力击球。

### (六)发网前球

1. 正手发网前球

挥拍幅度较小,主要靠前臂和手腕带动挥拍,上臂动作则不明显,球击出后,即应控制球拍挥动。挥拍的加速不明显,甚至可以缓缓地挥动。击球的力量较小,拍触球时,握拍仍然较放松,利用手腕和手指的力量从右向左横切推送,使球贴网而过正好落在前发球线附近的发球区内。

2. 反手发网前球

发球时,前臂带动手腕使球拍从左下方向右前上方做半弧形挥动。在拍将要击到球之前,左手自然撒手放球,用球拍做横切推送动作,使球贴网而过,正好落在前发球线附近的发球区内。

发网前球时应注意掌握好击球的力量和方向,击球时拍面与地面的仰角一般在120°左右,在不违例的情况下尽量提高击球点。

3. 发网前球练习方法

(1)挥拍练习。模仿发球动作做挥拍练习,或持球手臂靠墙(不碰墙)做挥拍练习。

(2)对发练习。两人一组,隔网做对发高远球练习。

(3)准确性练习。在对方场区画出圆圈,将球发至圈内,并可逐步缩小范围,变换位置。

### 三、后场击球技术

后场击球技术主要包括击高远球、击平高球、吊球、扣杀等,且有正手、头顶、反手三种击球方法。其特点是击球点高,力量大,速度快,可给对方造成较大的威胁。

#### (一)击高远球

1. 正手击高远球

判断来球,侧身后退(可参阅"步法"内容),左脚在前,右脚在后,两脚与肩同宽,自然开立,侧身对网,重心在右脚上。左手自然上举,右手正手握拍屈肘举于右侧,目光注视来球。击球时,上臂后引,肘关节上提且高于肩部,引拍至脑后,手腕后伸外展,随后在右脚蹬地、转体加上腰腹的协调用力下,以肩为轴,上臂带动前臂快速向前上方甩手腕,在手臂自然伸直的最高点击球。之后随惯性减速摆动,自然收拍至胸前,右脚随身体重心跨步前移。

2. 头顶击高远球

其方法与正手击高远球基本一致,只是击球点选择在头顶前上方(或左前上方)。

3. 反手击高远球

当判断来球是在左后场区上空时,左后转身向落点位置移动,与此同时换成反手握拍法,右肘关节稍往左移,手臂和握拍手放松,举拍于左胸前,重心移到右脚上,膝关节微屈,左脚在后,脚跟提起,脚掌内侧点地,背向球网,微收腹,头上仰,眼盯球,击球点选择在右肩上方,当球降落到适当高度时,右脚蹬地,上体往后伸展以带动右肘关节往上提,前臂加速往上挥拍击球。击球时,握紧拍柄,加速向后甩腕,将球击出。之后随着挥拍的惯性和右脚向右后蹬转的力量,身体随即转成正面对网,向球场中心位置移动。

击高远球时应注意选择好击球点,击球时手腕快速闪动,以爆发力击球。

4. 击高远球练习方法

(1)挥拍练习。按照动作要领反复做挥拍练习,体会整体用力感觉。

(2)击悬挂吊球练习。用绳子将球悬挂于空中适当位置,以正确动作反复做挥拍击球练习,培养"球感"。

(3)对打练习。两人各站于底线附近,做先原地后移动、先直线后斜线的对打练习。

#### (二)击平高球

1. 基本方法

其方法与击高远球的方法基本一致,只是击球时拍面的仰角比击高远球时稍小。

击平高球时应注意根据对方的身材和弹跳能力,控制好球的飞行弧线和落点。

2. 击平高球练习方法

(1)挥拍练习。按照动作要领反复做挥拍练习,体会整体用力感觉。

(2)力量练习。加强手腕的爆发力。

(3)准确性练习。在对方半场放置一定高度的标志物,并且画出圆圈,对回球的高度和落点加以限制。

#### (三)吊球

1. 基本方法

(1)正手吊球。正手吊球的方法与正手击高远球方法类似,区别在于拍面要适当前倾,击球力量要小一些。

（2）头顶吊球。其方法与正手吊球基本一致，只是击球点选择在头顶的前上方。

（3）反手吊球。反手吊球的方法与反手击高远球的方法类似，只是挥拍的速度较慢，力量小，拍面角度小（使反拍面略前倾），要准确地控制拍面角度，运用手腕的转动做明显的切击球托的动作。

吊球时应注意准备动作、引拍动作要和击高远球一致；吊斜线时拍面的"包切"动作要大一些，吊直线时小一些。

2. 吊球练习方法

（1）定点练习。练习者固定站在后场，以直线或斜线吊球至对方网前，对方将球挑回练习者的后场，如此反复练习。

（2）移动练习。练习者后场吊球后，及时回动（回到场地中心位置）。对方将球挑回后，再移动到底线进行吊球。

（四）杀球（扣杀）

1. 基本方法

杀球的方法与击高远球的方法基本相同，区别在于拍面的角度要小一些（一般控制在75°~80°为宜），击球点略前一点，力量较大。

杀球时应注意选择好最佳击球点，勿靠前或靠后；全身要协调用力，蹬腿、转体、收腹、挥臂、甩腕等发力要连贯、充分。

2. 杀球练习方法

（1）按照动作要领做正确的挥拍练习。

（2）对抗练习。一杀一防或一杀两防，提高练习的连续性和实战效果。

（3）多球练习。陪练者连续发球至后场，练习者连续做杀球练习，以提高练习密度和强度。

### 四、前场击球技术

1. 基本方法

前场击球技术包括网前搓球、挑球、扑球、推球和勾对角球等，且有正手、反手之分。

（1）搓球。侧身对网，右腿跨出成弓步上网（可参阅"步法"内容），前臂外旋向前伸拍，上体略前倾，左臂于身后自然打开，保持身体平衡。击球时，拍面稍前倾，以手腕、手指的力量切击球。一种是手腕由伸腕至收腕，拍面由右至左切击球的右后侧，使球呈下旋过网；另一种是手腕由收腕至伸腕，拍面由左至右切击球托的左后侧，使球呈上旋过网。击球后，收腕制动，右脚蹬地回动，并收拍至胸前。正、反手搓球除握拍法不同，其余动作相同。

（2）挑球。正手挑球在右脚向前做最后一个跨步并向前伸臂时，应放松伸腕，使球拍垂在后下方，紧接着，以肩为轴，以小臂带动手腕发力，由右下方向左上方做弧形挥拍，将球挑出。反手挑球在右脚向前做最后一个跨步并向前伸臂时，应放松屈肘、屈腕，使球拍垂于后下方，由左下方向右上方做弧形挥拍，将球挑出。

（3）扑球。以肘为轴，前臂稍外旋回环引拍。击球时，前臂内旋，拍面前倾，上臂带动手腕（正手扑球屈腕，反手扑球伸腕）快速闪动发力，击球后制动收拍，以免触网。如来球较近，为避免击球后触网,可采取与网平行的挥拍方向击球。

(4)推球。推球的方法与搓球相仿,区别在于击球时拍面竖得较直,正手推球时,由前臂内旋,用腕部的转动和手指(主要是食指)的力量向前快速推击。反手推击时(用反手握拍法),由前臂外旋,用腕部的转动和手指(主要是拇指)的力量向前快速推击。

(5)勾对角球。准备、引拍及击球后动作与搓球动作相同。正手击球时,前臂内旋向左拉收,由伸腕到收腕适当发力,拨击球托右后侧,使球沿对角线方向飞行;反手击球时,前臂外旋,伸腕发力,拨击球的左后侧部位。

前场击球时应注意上网击球身体不要前冲,结合上网步法,控制手臂、手腕的用力大小和拍面击球角度。

2. 前场击球练习方法

(1)正、反手的多球练习。

(2)隔网一对一的对搓、对勾练习。

(3)结合上网步法进行网前练习。

### 五、移动步法

羽毛球的步法有基本步法和场上移动步法两种。基本步法包括跨步、蹬步、并步、垫步、跳步等。场上移动步法是从场地中心位置开始,按移动方向分为上网、后退和两侧移动步法,由起动、移动、到位击球(制动)和回动几个环节组成。

(一)上网步法

上网步法就是从中心移动到网前的步法,有两步、三步交叉蹬跨及并步(垫步)三种步法形式和反手区、正手区两个移动方向。

1. 基本方法

(1)两步。两脚前后分立,上网时,重心在右脚,左脚迅速向前跨出一小步,随即蹬地发力,协助右脚向网前跨出一大步,到达击球位置。

(2)三步交叉蹬跨。与两步上网的动作要求基本一致,只是右脚先多出一步。

(3)并步(垫步)。即始终保持右脚在前,左脚在后,跨右脚跟左脚,连续上步至网前。

上网时要注意起动、蹬跨、回动要快而有力,最后一步要以右脚着地(左手持拍者相反),且先以脚跟外侧着地,再过渡到脚掌,最后以脚趾制动。搓球、勾球时身体较直,重心稍高。扑球时须向前方蹬跳。

2. 上网步法练习方法

(1)先分解练习,再做完整动作上网。

(2)听口令、看手势做上网步法练习。

(3)结合网前击多球,练习反手和正手的上网步法。

(二)后退步法

后退步法即从中心移动到后场击球位置的步法,有正手击球的并步、交叉步后退步法和反手击球的两步、三步的后退步法等几种形式。一般向右场区移动时采用正手击球,向左场区移动时采用头顶或反手击球。

(1)并步(垫步)。移动时,右脚始终在后,左脚在前,连续并(垫)步退至击球位置。步数视击球位置远近而定。

（2）交叉步。在后退过程中，两脚轮换交叉退步。其他方面同并步。

（3）反手（反拍）。距离较近时采用两步后退，较远时采用三步后退。两步移动时，以髋关节带动身体左转，背向球网，左脚向左侧跨出一小步，重心移至左脚时，右脚继续向后场跨出一大步。落地时配合上肢协调用力，完成反手击球。三步后退步法与两步步法相同，只是右脚先多出一步。

（三）两侧移动

从中心向两侧击球位置移动的步法称为两侧移动步法。这种步法主要用于中场接杀球。较近时蹬跨一大步到位击球，较远时则垫一小步再跨一大步。

## 第三节　羽毛球运动的基本战术

羽毛球战术是指在比赛中根据双方情况运用合理技术，组织有预见性、针对性的个人或团队行为。具体可以有个人战术与双打战术。

### 一、个人战术

（一）压后场底线

这是一种以高球压对方后场底线，迫使对方后退，然后寻找机会以大力扣杀或吊网前空当争取得分的打法。这是初学者必须学会的基本打法。运用这种打法对付后退步子较慢或基本技术掌握较差的对手是十分有效的。应当注意，压后场时，不论是高远球还是平高球，都要压得狠、压得低，如果压后场绵软无力且达不到底线，则易遭受对方的攻击，致使这种打法失效。

（二）打四方球

以高球或吊球准确地将球击到对方场区的四个场角，调动对方前后左右跑动，打乱其阵脚，使对方来不及回场心位置，对回球质量较差的对手较为有效。它要求运动员本身有较强的控制球的能力和快速、灵活的步法，以及较强的进攻能力。

（三）快拉快吊

以平高球快压对方后场两底角，配合快吊网前两角，吸引对方上网。以网前搓球、勾对角球结合推后场底线，迫使对方疲于奔命、被动回球，从而为自己创造中后场大力扣杀或网前扑杀机会。这是一种积极主动、快速进攻的打法。它要求运动员有较全面的攻守技术，且手法准确熟练，步法快速灵活。

（四）打吊结合

本方在后场扣杀对方击来的高远球，结合吊球，迫使对方被动挡网前球，这时可趁机主动快速上网搓、推球，创造机会，再以重杀或劈杀解决战斗。这是一种全攻型的打法，具有先发制人、快速凶狠的特点。它要求运动员体力好、连续大力扣杀的能力强、脚步移动快而积极。

（五）守中反攻

这种打法是利用拉、吊四方球及防守中的球路变化，调动对方，伺机反攻（扣杀、吊或平抽空当)。此打法较适合本身进攻能力不强,但防守技术较好、反应较快、身体灵活且身材较矮的选手。

## 二、双打战术

### (一)快攻压网

从发球抢攻开始,以左、右分边站位,平抽平打快速杀球为主,压在前场进攻。这种打法要求运动员要有较好的半场平抽平打技术和较强的封网意识,力争在前场解决战斗。

### (二)攻中路战术

将球击到对方两名队员站位之间的空隙,从而造成对方经常出现争抢回击,或相互让球漏接等错误,尤其针对一些配合不够默契的对手,比较行之有效。当对方前后站位时,可将球击到对方中场两侧边线处。而在对方左右站位防守时,则可利用杀球、吊球等技术攻击对方的中路。

### (三)前场打点

通过网前搓、勾对角及推半场球或找空隙进攻,打乱对方站位,创造后场进攻机会。它要求运动员有细腻的网前技术。

### (四)后攻前封

两运动员基本保持前后站位,后场逢高球就下压,当对方还球到前半场或网前时,即予以致命的扑杀。这种打法要求站在后场的运动员具有连续扣杀的能力,站在前场的运动员具有较强的封网意识和技术。

### (五)抽压底线

以快速的平高球或长抽球压住对方底线两角,即使在对方扣杀时也能以平抽反击或挑高球回击对方两底角来调动对手,伺机进攻。要求运动员具有较强的防守能力和较好的底线平抽球技术。

# 第四节 羽毛球运动的竞赛规则

## 一、场地器材

正规羽毛球比赛场地长13.4米,宽度为单打5.18米,双打6.1米。球网中央高1.524米,两端(网柱)高1.55米。场区内有前发球线,与球网平行,此线的中点与端线的中点连成的一条直线,把场区分成左、右发球区(在发球与接球时使用)。场区端线为单打后发球线,离端线前76厘米处有一横线为双打后发球线。每条线宽4厘米。场地上方应有8米的空间,场地四周1.25米内不得有任何障碍物。球拍一般用铝合金或碳素材料制成,总长度不超过68厘米,宽不超过23厘米。球拍框为椭圆形,拍框长度不超过29厘米。用羊肠线或尼龙线织成弦面,弦面长不超过28厘米,宽不超过22厘米。球拍重95~120克(不包括弦的重量)。手握处直径最多不得超过2.8厘米。正规比赛使用的羽毛球是用羽毛插在羊皮包裹着的软木球托上制成的。

## 二、比赛方法

羽毛球比赛有男、女单打,男、女双打,混合双打五个单项比赛和由单、双打组成的男、女团体比赛及混合团体比赛。在单项比赛中,均采用三局两胜制,且不受时间限制,每局21分制计分。男、女团体赛由男、女各三场单打和两场双打比赛组成,采用五场三胜制;混合团体赛则将男、女单打,男、女双打和混合双打组合在一起,采用五场三胜制。基层比赛(小团体赛)可采用三场两胜制,按第一场单打、第二场双打、第三场单打的顺序,或者第一场单打、第二场单打、第三场双打的顺序进行。

在比赛中,率先得到21分的一方赢得当局比赛。每局比赛若打到20∶20平,获胜一方须超过对手两分才算取胜。如双方比分打成29平,则得分先到30分的一方取胜。每赛完一局或决胜局中一方先得11分时,双方须交换场区。如应交换而未交换,一经发现,要立即交换,已得分数有效。

### 三、常见的几种违例现象及罚则

(1)过腰。发球时,球的任何部分在击球的瞬间高过运动员的腰部。

(2)过手。发球时,球拍顶端未向下,击球瞬间整个拍框未明显低于发球员握拍的整个手部。

(3)脚步移动。发球时,发球员、接发球员的任何一脚离地或在地面移动。

(4)踩线。发球时,发球员、接发球员的任何一脚踩到或触到发球区的任一界线,或站在发球区外发球。

(5)短球。发球员发出的球未落入规定的场区内,而是落在球网与前发球线之间。

(6)长球。双打比赛中,发球员发出的球落在双打后发球线以外。

(7)发球错区。发球员发出的球未落入对角规定的区域内,而落在同侧场区。

(8)持球。击球时,球停滞在球拍上,接着又有拖带动作。

(9)连击。运动员两次挥拍,连续两次击中,或双打比赛中,两队员连续各击中一次。

(10)阻挠。比赛中用球拍或身体阻挠对方击球,或大喊大叫妨碍对方击球。

(11)触网。比赛中,在成"死球"前,球拍、身体或衣服的任何部位触及球网或球网的支撑物。

(12)过网击球。一方所击之球尚未过网,另一方就抢先击球。

比赛中如发球方被判"违例",则失去一次发球权;如接发球方被判"违例",则失1分。

# 第十章 乒乓球

## 第一节 乒乓球运动概述

乒乓球是中国的国球，深受大众的喜爱。经常参加乒乓球活动，可以提高身体灵活性和协调性，促进心肺功能发展，增强体质。大部分学生一般都打过乒乓球，有的学生还有一定的技术基础，也有的学生从未接触过乒乓球。因此，学生的乒乓球水平相差较大，在教学安排上需要有针对性地去考虑，从而使不同乒乓球水平的学生在教学后得到提高。

### 一、乒乓球的起源与发展

乒乓球运动直接派生于中世纪的网球运动。19世纪后半期，最早始于英格兰。当时，英国有一些大学生把室内的餐桌作为球台，用书或以两把高背椅子挂上一根线当作球网，采用软木或橡胶做成的球，以羔皮纸贴成的长柄椭圆形空心球拍在台子上打来打去。最初这种游戏不叫作"乒乓球"，而是叫作"弗利姆－弗拉姆"，又称"高西玛"。球台和球网的大小及高度均无统一规定。计分法有10分、20分、50分或100分为一局。发球的方法也无严格限制。1890年左右，赛璐珞球取代软木球和橡胶球，由于当时普遍使用的羔皮纸球拍击到球和球碰台后发出"乒乓"的声音，模拟其声而叫作"乒乓球"，其后也称"桌子上的网球"(table tennis)。

乒乓球运动至19世纪末还仅停留在游戏阶段，最初的球拍是两面贴羊皮纸的空心球拍，后改用木板拍。1902年英国人发明了胶皮拍；1950年奥地利人发明了海绵拍；1952年日本选手首次使用海绵拍参加第19届世界锦标赛并取得优异成绩，从此开创了海绵拍的时代，随后相继又出现了正胶海绵拍和反胶海绵拍。因此，球拍的变化大大地促进了乒乓球技术的发展。

20世纪初期，乒乓球运动逐渐在世界各国开展起来。1926年12月在英国伦敦成立国际乒乓球联合会(简称国际乒联)，总部设在英国东苏塞克斯郡的里斯廷斯，与此同时举办了第一届欧洲乒乓球锦标赛。第二届世界锦标赛于1928年1月在斯德哥尔摩举行。此后国际乒联决定每年举办一次世界锦标赛，1957年后改为每两年举行一次。

20世纪初乒乓球运动传入中国，新中国成立后乒乓球运动在我国迅速得到了普及和提高。1952年中国加入国际乒联，1953年第一次参加第二十届世界锦标赛。在1959年第二十五届世界锦标赛中，容国团夺得了男子单打世界冠军，成为我国乒乓球世界冠军第一人，自此中国选手不断在世界级乒乓球比赛中取得佳绩，涌现出许多世界冠军与奥运冠军。2008年北京奥运会上，中国乒乓球健儿们更取得了男单、女单、男团、女团全部四个项目的金牌，书写了新的辉煌。

中国乒乓球运动长盛不衰的主要原因就是乒乓球运动在中国有着雄厚的群众基础，乒乓球运动与中国人结下了不解之缘，人们对乒乓球运动也是情有独钟。因此，乒乓球运动在中国被誉为"国球"。

## 二、乒乓球运动的意义和价值

乒乓球运动的特点、功能及其价值决定了乒乓球运动是人们日常生活锻炼、娱乐、交友的手段。乒乓球运动在我国经久不衰，从容国团夺得第一个乒乓球世界冠军后，中国相继培养出数百名世界冠军，在世界乒坛史上写下了不朽的历史，并且至今中国占据着乒乓球运动强国的称号。乒乓球运动在中国有着雄厚的群众基础，深受广大人民的喜爱，加上中国乒乓球运动一直在国际上成绩卓著，为祖国争得了荣誉，因此有"国球"的美誉。

乒乓球运动深受人们喜爱的另一个原因在于它是一个非常好的社交平台和媒介。人们以乒乓球运动为媒互相交流技艺，增进友谊。"场上是对手，场下是朋友"，乒乓球运动拉近了人们情感之间的距离。乒乓球运动不仅拉近了人与人之间的距离，而且还拉近了国与国之间的距离。著名的"乒乓外交"拉近了中国与美国之间的距离，消除了两国之间的长期隔绝与敌对状态。从此，小球推动大球的"乒乓外交"成为佳话。

### （一）健身性

经常参加乒乓球锻炼，需要大脑经常快速应变，通过身体各感官和运动中枢及肌肉关节系统对变化多端的来球位置、方向、旋转、力量、战术意图做出判断，并采取相应的手法、步法、旋转、力量及战术方式应对方式。经常参加乒乓球锻炼，可以增强神经系统功能，可以发展身体的灵敏性和协调性，提高动作的速度和上下肢活动的能力，改善心血管系统的功能，促进新陈代谢，增强体质，促进身体的全面发展。在乒乓球练习和比赛中，还可以培养勇敢顽强、机智果断、团结拼搏、积极向上的心理素质，并在运动中释放生活和工作中的压力，为身心解乏，起到促进身心健康发展的目的。

### （二）观赏性

由于乒乓球技、战术的千变万化，使得乒乓球运动具有很高的观赏性。乒乓球赛是由竞技双方在对抗中一板一板组合而成的，对峙双方用球拍围绕小小的银球，通过对球的速度、力量、旋转、落点和弧线的变化，利用发球、削球、攻球、弧圈球等技术，呈现出妙趣横生的比赛场面，加上运动员的个人魅力，使比赛极具观赏性。

### （三）教育性

乒乓球运动具有规范的礼仪，如比赛前、后双方运动员彼此之间握手；运动员与裁判员之间的握手；擦边儿、擦网球所固有的抱歉手势，这些礼仪使学生懂得比赛中尊重对手、尊重他人，生活中也应该是这样。

## 三、乒乓球运动的特点

### （一）非直接身体接触

乒乓球运动与排球、网球、羽毛球都属于隔网的运动。在进行隔网运动时，双方没有身体上的接触与对抗，减少了身体上的冲撞而带来的运动损伤。

### （二）简便性

乒乓球运动对器材的要求比较简单，可在室内外进行。只要有两把拍子一颗乒乓球，隔着课桌或是室外的水泥台子就能快乐地进行运动。20世纪八九十年代,我国广大的乒乓球运动爱好者就是在条件比较简单的户外水泥台上进行活动的。即便在这样简便的条件下,我国的乒乓球整体水平也不断得到提高,并涌现出一大批高水平的乒乓球运动员。

### (三)速度快

乒乓球球台面积小,球到对方球台的距离较短,球在空中飞行的速度较快,1秒内可以击球2~3次,正手攻球只需0.15秒就可到达对方台面,平均球速达到每秒20米。因此,比赛双方在不停的攻或防的状态当中来完成各个技术动作,这样也锻炼了身体的灵敏反应。

### (四)运动量可调节

乒乓球运动游戏性较强,运动量可大可小,速度可快可慢,男女老少,都可以根据自己的情况来变换运动节奏,从而达到锻炼身体、娱悦身心的作用。乒乓球运动既活动了身体,又娱悦了心情,不同年龄、不同性别及不同体质的人都能在乒乓球运动中找到乐趣,可以说打乒乓球是进行终身体育锻炼的一个好项目。

## 第二节　乒乓球运动的基本技术

### 一、握拍技术

(一)直握拍法

(1)快攻型直握拍法。拍柄贴在虎口上,拇指的第一指节压住球拍左肩,食指的第二指节压住右肩,拇指第一指节和食指第一、二指节位于球拍前面成钳形,两指尖距离1~2厘米,其他三指自然弯曲叠置于拍后(见图10-2-1)。

(2)弧圈型直握拍法。食指扣住拍柄与拇指共同形成环状,其他三指在拍背面自然微伸叠置于拍后(见图10-2-2)。

(3)削球型直握拍法。拇指弯曲紧贴拍柄左侧,稍用力下压,其余四指分开并自然伸直托住球拍的背面(见图10-2-3)。

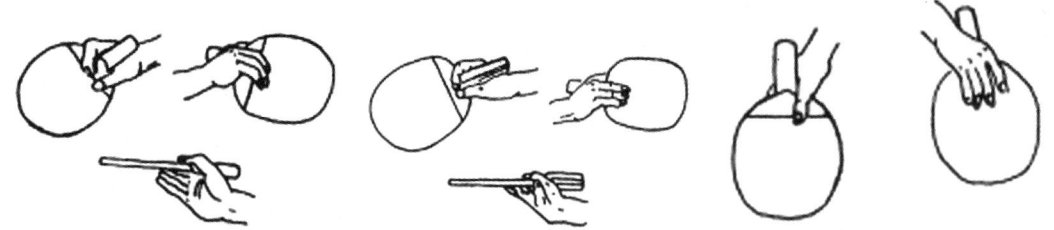

图10-2-1　快攻型直握拍　　　图10-2-2　弧圈型直握拍　　　图10-2-3　削球型直握拍

(二)横握拍法

(1)攻击型横握拍法。拇指自然斜伸,贴于拍面。食指自然斜伸,贴于球拍背后,用第一指节顶住球拍,顶点略偏上(见图10-2-4)。

(2)削攻型横握拍法。拇指在前自然弯曲贴于拍柄,食指在拍后自然斜伸贴于拍面,其他各指自然握住拍柄(见图10-2-5)。

图10-2-4　攻击型横握拍　　　　　　图10-2-5　削攻型横握拍

## 二、站位技术

运动员为了便于回击各种不同落点和性能的球,在每次击球前,都会根据个人的打法和身体特点力求使自己处于一个相对固定的位置,并保持一种相对稳定的姿势。这个相对固定的位置就叫基本站位,这种相对稳定的姿势就叫基本姿势。选择正确的基本站位与姿势,有利于迅速起动移动步法,占取合理的击球位置,充分发挥自己的技术特长。

### (一)基本站位

进攻型打法一般距离球台50厘米左右,擅长近台进攻的选手,站位可再稍近些。擅长中近台进攻的选手,站位可稍靠后些。擅长正手侧身抢攻的选手,可站在球台偏左侧。擅长打相持球或反手实力较强的选手,可站在球台中间略偏反手的位置。削攻型打法一般距离球台100~150厘米,多在球台中间略偏反手的位置。

基本站位所指的是一个大概范围,并不是固定的一点。各种类型打法的基本站位不仅不一样,而且它们所指的范围大小也不相同。直拍近台快攻打法的基本站位所指范围较小,弧圈球打法就大些,而削球打法则更大。

### (二)基本姿势

两脚开立,比肩稍宽,左脚稍前,右脚稍后,前脚掌内侧着地,脚后跟略提起,两膝自然微屈,重心在两脚之间,含胸收腹,身体略前倾,肩关节放松,执拍手位于身前偏右处,球拍略高于台面。另外,每个选手的基本姿势还要依其身体条件及技术特点略有变化。

## 三、基本步法

### (一)步法分类

(1)单步。以一脚为轴,另一脚向前、后、左、右不同方向移动,重心随之跟上。其特点是移步简单、灵活,重心平稳。它适用于来球速度快,在离身体不远的小范围内击球,如接近网球、搓球、推挡球、离身体不远的削球等。

(2)并步。先以与来球异方向的脚向同方向的脚迈一步,然后同方向的脚再向来球的方向迈一步,重心随之交换。其特点是身体不腾空,重心起伏小且很稳定。并步一般为攻球、削球选手在左右移动时采用。

(3)换步(即跟步)。先以与来球同方向的脚向来球方向跨出一步,另一只脚跟着移动一步,重心随之交换。其特点基本上同并步。一般运用于来球稍远的情况,还运用于侧身攻球。

(4)跨步。以一脚蹬地,另一只脚向来球方向腾空跨出一大步,身体重心随即移到摆动脚上,另一只脚跟着移动。其特点是速度快,比单、并、换步移动范围大。进攻型选手多用于扑打正手球,削球选手多用于对对方的突然攻击。

(5)跳步。以与来球异方向的脚用力蹬地为主,使两脚同时或几乎同时离地向来球的方向跳动。蹬地用力大的脚先落地,另一只脚紧跟着落地,可以原地或向左、右、前、后跳动。其特点是快速、灵活,移动幅度比单、并、换步大,有短暂的腾空时间,靠膝关节和踝关节的缓冲来减少重心的起伏。快攻打法用跳步侧身抢攻较多,弧圈球打法在中台左右移动或侧移动时常用,搓球、削球时用跳步调整位置较多。

(6)交叉步。先以靠近来球方向的脚作为支撑脚,远离来球方向的脚向来球方向移动,并超过另一只脚,然后另一只脚随即向来球方向再迈一步。其特点是移动幅度比上述步法的移动幅度都大。主要用于来球离身体较远的情形,如快攻、弧圈球打法在侧身进攻后扑右空当或削两边大角度来球时,常用此种步法。

(7)小碎步。它是在原位高频率的小垫步或在小范围内的小跑动,可用于原地的重心调整、小范围的取位移动、击球后的还原、不同步法间的衔接、回击中路追身球的取位移动,以及离台很远进行大范围步法移动前的预动。

(二)基本步法的练习方法

(1)徒手的设想性练习,熟练各种步法。
(2)采用多球训练法,一组球单个步法或多种步法组合练习,逐渐加大供球速度和难度。
(3)与身体素质练习相结合,如各种姿势的突然性起跑、加速跑、折返跑、变速跑、双摇跳绳、抬腿跳绳等。
(4)练习某一种步法时,规定组数和次数,或要求在规定时间内完成。

### 四、发球技术

发球是乒乓球运动中非常重要的技术,是比赛的开始,它不受对方来球的制约和限制。在比赛中,发球可以直接得分,可以为发球抢攻创造条件,充分发挥自己的技术风格和特点,限制对方技术特长的发挥,破坏对方的战术;造成对方心理恐惧,增强自己比赛的信心。

(一)基本分类

1. 平击发球

动作要点:正手发球时左脚在前,身体稍向右转,左手掌心托球,置于身体右侧,右手持拍也置于身体右侧。持球手将球向上抛起,同时右臂稍向后引拍,在球略低于网时,持拍手从身体右后方向前挥拍,拍形稍前倾,撞击球的中部靠上。击球后,前臂和手腕继续随势向前挥动,身体重心移至前脚。击出的球应先落在本方台面的中区。反手发球时,右脚在前,球向上抛起后,右手持拍从身体左后方向前挥动,拍形稍前倾,击球中部靠上,身体重心移至前脚。这种方法球速一般,基本不转或略带上旋。

2. 反手发急上旋长球

动作要点:右脚稍前,持拍手位于身前,球向上轻轻抛起,同时持拍手向后引拍。上臂自然地靠近身体右侧,当球从高点下降到低于球网时,持拍手以肘为中心,前臂向右前方横摆发力击球。触球时拍面向前倾,摩擦球的中上部,使球快速前进并具有一定的上旋。球离拍后,第一跳要落在球台端线附近。这种方法球速快,弧线低,前冲力大,是快攻型打法常用的发球技术。

3. 反手发轻短球

动作要点:手臂先向后上方引拍,当球下降至比网稍高时,前臂向前下方轻微用力送出,拍面后仰,接球中下部并向底部摩擦。球离拍后,第一跳要在本方台面近网区弹起,越网落到对方近网区的地方。这种方法动作小,出手快,力量轻,落点靠近球网,使对方不易发力还击,可牵制对方。

4. 反手发急下旋长球

动作要点:拇指要用力压拍的左肩,使拍面稍后仰。发球前前臂先向后上方引拍,当球下降到低于球网时,前臂迅速向前下方用力推切球,拍面触球的中下部使球快速前进并具有一定的下旋。手腕在球拍触球一刹那,要略加一点弹击动作,以加快急下旋球的速度。球离拍后,第一跳要落在球台端线附近。这种方法球速较快,带有一定的下旋,对方接球时不易借力。

5. 正、反手发转与不转球

动作要点:球拍触球时,拍面较平,摩擦球的中下部或偏底部,并向前下方发力为加转球。触球时拍面稍立,不是摩擦球体而是将球推送出去为不转球。这种方法动作相似,出手迅速,线路短,不出台。

6. 正手发右侧上旋急球(奔球)

动作要点:持拍手向右后上方引拍,上臂向后引拍时手腕要放松,拍面较垂直。当球从高点下降时,上臂带动前臂由右后方向左前方挥摆,同时腰髋也由右向左转动。拍面触球的一瞬间,拇指用力压迫拍子左肩,手腕同时从后向前使劲抖动,球拍沿球的右侧中部向中上部摩擦球。这种方法球速快,角度大,突然性强,并向对方右侧偏拐。

发球时应注意:抛球要稳定,击球部位要准确。

(二)发球技术的练习方法

(1)徒手做抛球、引拍与挥拍击球模仿练习。

(2)先发斜线,后发直线;先发不定点,后发定点。

(3)练习发各种旋转性能的球。

(4)用同一动作发单一速度、线路、落点、旋转的球。

(5)用近似动作发不同速度、线路、落点、旋转的球。

(6)采用多球训练法,结合个人技术特点,练1~2套质量高的特长发球。

## 五、接发球技术

接发球处于被动地位,它的难度主要是分析判断对手的发球意图及旋转、速度、落点等因素从而决定自己的回接方法。接发球既是受控于对手的发球,又要反控制对手的一板抢攻。接发球技术的优劣对比赛胜负起着重要的作用。如能有效地接好对方发球,遏制或瓦解对方发抢的主动优势,那么在比赛中就有了一半以上的取胜可能。接发球技术包括点、拨、搓、拉、攻、推、削、摆短、撇侧旋球等。

接发球技术的练习要点:首先是接好台内短球,可采用快搓摆短、快捅底线长球、快挑多种落点、撇大角、拧搓左右侧旋、拧挑左右侧旋、推送下沉球等技术手段。其次是要突出"快"和"变",以快为主,如点球快,拉球快,挑球快,运用搓球、推挡球也要快;变就是落点、速度、旋转的变化。落点和速度的变化包括拉、挑、拨斜直线,推两角,压中路,快搓短球、快捅底线长球等。旋转变化包括撇侧旋、拉小弧圈、拧挑左右侧旋、拧搓左右侧旋、搓转与不转球等。接发球要力争做到有拉、有攻、有点,快摆、快捅、时长时短、忽左忽右等多种旋转变化,给对方制造难度,使其不能随心所欲,要力争变被动为相持,甚至转为主动,为第四板创造进攻机会。接发球后,应迅速还原成准备姿势。

### 六、推挡技术

推挡是直拍左推右攻打法的一项重要基本技术,也是初学者入门的一种技术。其特点是站位近、动作小、速度快、变化多。推挡是争取主动的助攻手段,也是积极防御的技术。掌握推挡技术要求速度快、力量大、变化多、有韧性。技术种类可分为平挡、反手快推、加力推挡、推挤、下旋推挡、减力挡和正手推挡等。

(一)基本分类

1. 平挡

动作要点:拍面近半垂直,略高于台面,手指手腕控制拍形,在上升前期击球,触球中部靠上,借助来球反弹力,前臂和手腕向前上挥动,将球平挡过网。这种方法借力还击,力量轻,速度慢,线路短。

2. 反手快推

动作要点:上臂、前臂向后下方稍引拍(动作要小),手臂迅速迎前,在球的上升期击球。击球一刹那手腕外旋用力,使拍面触球的中上部,手臂要向前稍微向上辅助用力快推。这种方法速度快,变化多,灵活,命中率较高,一般运用于相持、接弧圈球、拉球和中等力量的突击来球。

3. 加力推挡

动作要点:前臂提起,上臂后收,肘部贴近身体,在上升后期或高点期击球,适当运用伸髋转腰动作,加大手腕发力,并用中指顶住拍背向前用力,身体重心同时向前移动。这种方法力量大,速度快,并有落点变化。主要运用于助攻,常迫使对方离台造成被动,为抢攻创造条件。还可适当用于对付速度较慢、旋转较弱的上旋来球或力量较轻的攻球和推挡球。

推挡球时应注意手腕不要下垂,肘关节贴近身体,食指用力,拇指放松。

(二)推挡技术的练习方法

(1)正反手对墙面做挡球练习。

(2)反手对反手斜线、中路、直线的对推挡。

(3)一点推两点或左半台不同落点的对推挡。

(4)反手推挡对方正手攻直线、侧身攻斜线、反手攻斜线等。

(5)采用推挤与加力推结合回击弧圈球练习。

### 七、攻球技术

我国的攻球技术已成为世界乒坛的先进技术之一,在各类打法中占据着重要的地位。其主要原因是在同世界各种技术的较量中,逐步形成了站位近、判断快、动作小、击球速度快、变化多的特点,具有击球还原快、动作放松快、步法移动快等优点,并能攻打各种来球。

(一)基本分类

攻球技术分为正手攻球、反手攻球和侧身攻球三大类,包括快攻、快点、快拉、突击、扣杀、快带、杀高球、中远台攻球、攻打弧圈球等各种技术,它们的特点不同,所起的作用与运用方法也不一样。

1. 正手快攻

动作要点:右脚稍后,两膝微屈,身体略向右转,重心在右脚。前臂在腰的带动下横摆引拍(忌大臂后拉抬肘,引拍过大或过小),前臂与台面略平行。拍形与台面垂直或略前倾,手腕手指持拍自然放松,球拍呈半横状(忌手腕上翘或下吊)。击球时,右脚稍用力蹬地,膝髋稍向前挺,腰向左转,带动手臂向前挥动迎球。击球点在体前右侧,触球瞬间前臂快速用力收缩,以向前打为主,略有摩擦。在来球的上升或高点期击球,触球的中上部。手腕手指调节好拍形辅助发力,触球瞬间有一摩擦球的动作。这种方法站位近,动作小,速度快,进攻性强。

2. 正手快拉

动作要点:击球前的准备动作和引拍动作与正手快攻相似,不同之处是身体重心稍下降,前臂略下沉,球拍略低于球。拉球时,以前臂发力为主,在来球的高点期或下降前期击球,手腕同时向前、向上用力转动球拍摩擦球,以便制造弧线。应注意判断好来球下旋的强弱,若来球下旋强,球拍向上摩擦球的力量要大些,弧线要高些;反之,向上摩擦球的力量要小些,弧线应低些。拍面角度和触球部位也要根据来球下旋的强弱来调节。这种方法速度较快,动作较小,线路较活,并与突击动作较接近。用它快拉不同落点,配合拉大小力量和旋转变化等,伺机进行突击、扣杀。

3. 正手扣杀

动作要点:站位视来球长短而定,若来球较短,站位应靠近球台;当来球较长时,应稍向后移位;左右来球,应向左右移位。击球前,整个手臂应随步法、重心、腰髋转动向后引拍,要适当加大引拍距离,便于提高触球瞬间的挥拍速度。击球时,主要靠腰髋的转动及腿的蹬力,带动手臂向前发力。手腕手指除控制落点,还应辅助手臂一起向前下爆发用力,在来球高点期击球,亦可在上升期击球。扣杀一般来球,拍面稍前倾,击中上部;扣杀强烈下旋球时,拍形与台面垂直,高点期击球中部,发力以撞击为主,略带摩擦。若来球高且近网,可直接将球向下稍前扣杀。这种方法力量大,球速快,威力大,攻击性强,常用于还击各种机会球。

4. 正手中远台攻球

动作要点:站位中远台,上臂带动前臂以向左前上方发力为主,手腕控制拍面角度。右脚蹬地,上体左转,重心前移,在来球高点期或下降前期击球的中上部或中部。手臂挥动要快,用力要集中,适当运用腰、腿的力量。这种方法力量较大,进攻性较强,常用于侧身后扑正手球和正手打回头。

5. 正手攻打弧圈球

动作要点:高手引拍,拍形稍前倾,相对固定。发力以大臂和腰髋的转动为主,触球瞬间前臂有一收缩动作。击球点一定要在身前,发力方向为向前、向下,击球时间在上升后期。这种方法速度快,力量大,威胁性强。

6. 反手攻球技术

(1)直拍反手攻球动作要点:两脚开立,身体略向左侧,右髋和腰右侧略向左后方压转重心,两膝微屈,前臂稍向后摆,引拍稍高。髋关节略向右转,前臂向右前方用力,肘部内收,左肩稍向后拉,击球中部稍偏左侧,手腕辅助发力,稍带摩擦球,食指掌握好拍形,拍后中指决定发力方向。

(2)横拍反手攻球动作要点:腰髋部略向左转的同时,带动前臂略向后引拍,手腕稍后屈。在腰髋部略向右转的同时,前臂和手腕向前右方发力,触球的中部或中上部。前臂和手掌背部的运行方向决定击球的方向,拇指控制拍形和击球弧线。

这种方法出手快,突然性强,能快拉、快攻,也能发力。

攻球时应注意正手攻球时不要抬肘,手腕不要下垂;反手攻球时,拍面角度要调节好,不要过于前倾或后仰。

(二)攻球技术的练习方法

(1)反复徒手挥拍练习,结合步法一起练。

(2)一人推挡,一人攻球,先定点定线路,然后有规律地变化落点,最后无规律地一点推不同落点练习。

(3)对攻练习:1/2 台斜线对攻、直线对攻,2/3 台移动中对攻。

(4)左推右攻对方两点,对方也交替左推右攻至本方两点,即两条斜线对两条直线。

(5)一人推挡,一人反手攻斜、直线,或侧身攻斜、直线等。

(6)二人对推或对搓,一人拉弧圈球,一人攻打弧圈球,可采用侧身、扑正手等。

## 八、弧圈球技术

(一)基本分类

弧圈球是一种上旋力非常强的进攻技术。弧圈球可分为加转弧圈球、前冲弧圈球和侧旋弧圈球。

(1)正手拉加转弧圈球。左脚在前,两膝微屈,身体略向右转,球拍低于来球。右脚掌内侧蹬地,以腰、髋扭转带动手臂由后向前挥动,快速收缩前臂,在高点期或下降前期,向前上方摩擦球的中部或中上部。拍形与台面垂直或稍前倾,触球瞬间甩动手腕。

(2)正手前冲弧圈球。持拍手引至腰部右侧与台面同高,手腕相对固定,拍面前倾。击球时,上臂带动前臂向左前方挥拍,上体随势转动,触球瞬间,手腕略微转动发力,在高点期擦击球的中上部直至顶部。

(3)正手侧旋弧圈球。持拍手向右后下引拍,手腕内屈、固定。击球时,上臂带动前臂由右侧后方向左前上方挥出,上体随势向内扭转,在下降前期擦击球的右侧中部偏下。

(4)反手弧圈球。拍形前倾,引至腹下。当球弹起时,以肘为轴,前臂迅速向上挥动,结合手腕向上转动的力量,在下降期摩擦球的中部或中上部,在击球过程中,两腿向上蹬伸。

拉弧圈球时应注意击球的时机和部位及发力方向。

(二)弧圈球的练习方法

(1)徒手做模仿拉弧圈球动作的练习。

(2)一人发出台下旋球,一人拉弧圈球,体会击球手法、拍面角度和击球部位。

(3)两人对搓,固定一人或两人抢拉弧圈球。

(4)一人推挡,另一人练习连续拉弧圈球。

## 九、搓球技术

搓球类似削球的动作,又称为"小削板",它是过渡性技术。其特点是站位近、动作小、出手快。回球多在台内进行,用它对付下旋来球是一种比较稳妥的方法,也是学习削球的入门技术。搓球可分为快搓、慢搓、快摆(摆短)、搓侧旋等。

(一)基本分类

1. 快搓

动作要点:站位近台,两脚开立,左脚在前。拍面稍后仰,手臂要迅速前伸迎球。在上升前期击球。若来球下旋强,拍触球的底部,前臂和手腕向前用力摩擦要大些;若来球下旋弱,拍触球的中下部,前臂和手腕向下向前用力切摩要大些。根据来球旋转强弱调节拍形。这种方法击球时间早,回球速度快,可以变节奏。主要用于对付近网下旋球,可以回搓近网球和底线长球。

2. 慢搓

动作要点:击球时间为下降前期,触球中下部,拍形稍后仰,前臂配合手腕动作向前稍下切摩用力。正手搓球以拇指和中指用力为主,横拍以靠近虎口处的肌肉和拇指、食指的协调用力为主。根据来球旋转程度,调节拍面角度和用力方向。若来球旋转强,触球靠近底部,向前摩擦用力大;若来球旋转弱,触球中下部,向下向前切摩用力。搓加转球时,用球拍的下部触球,前臂和手腕手指向前下用力摩擦击球,以摩为主;搓不转球时,用球拍的上部或中部触球,前臂和手腕手指向前下撞推送用力,以撞为主。这种方法击球时间晚,回球速度慢,利于加转,同快搓结合运用可改变击球节奏。

3. 快摆

动作要点:站位近台,身体迎前,重心前移,在上升前期击球。拍面后仰,触球的下中部或底部。击球时动作幅度很小,前臂向前伸的动作和快搓相似,触球时手臂和手腕用力很小,可借助来球的反弹力,有时还有一定的减力动作。这种方法速度快,落点短,弧线低。主要是对付近网下旋球,限制对方抢拉或抢攻。

4. 搓侧旋

(1)反手搓右侧旋。动作要点:在高点期或下降前期击球,球拍先迎球,触球的中下部,手臂向右发力摩擦球,同时手腕辅助用力。直拍手腕向右拧挑动作,也可向右上拧挑出右侧上旋球。

(2)正手搓左侧旋。动作要点:手臂略提起,右脚和身体迎前,在高点期或下降前期击球。击球时手腕要略后屈,触球的左侧中下部,手臂向左侧发力摩擦球体,同时手腕辅助用力。直拍选手的手腕向左有一勾挑动作,也可向左上勾挑出左侧上旋球。

这种方法使回击过去的球向两侧拐弯,会造成对方回球弧线较高。

搓球时应注意动作不要太大,要充分利用前臂和手腕转动的力量;搓转与不转球时,其动作要力求相似。

(二)搓球技术的练习方法

(1)徒手模仿练习。自己向台内抛球,待球弹起后将球搓过网。

(2)一人发一定旋转的球,一人将球搓回对方球台。

(3)一人用多球固定线路发下旋球到正、反手位,一人正、反手结合搓球,先慢后快,先长后短。

(4)反手斜线对搓,正手斜线对搓,一人反手、一人正手直线对搓。

(5)1/2台不同落点的正手或反手对搓,结合正、反手攻球。

## 十、削球技术

削球是一项防御性技术,它具有稳健性好、冒险性小的特点。削球能限制对方进攻,迫使对方被动甚至失误,可为自己的进攻创造条件。削球的种类可分为削轻拉球、削追身球、削突击球、削加转球、削前冲弧圈球等。

(一)基本分类

1. 正手削球

左脚稍前,身体离球台1米以上。击球前手臂自然弯曲,将球拍向右上引至与肩同高,重心放在右脚上。击球时,手臂向左前下方挥动,拍形稍后仰,在球的下降期击球的中下部,同时手腕向下用力。

2. 反手削球

击球前,右脚稍前,手臂弯曲,将球拍向左上引至与肩同高,拍柄向下,重心放在左脚上。击球时,手臂向右前下方挥动,拍形稍后仰,在球的下降期击球的中下部,同时手腕向下用力。

削球时应注意拍面不要过于后仰,以免造成回球过高;手臂和腰、腹、腿要协调用力。

(二)削球技术的练习方法

(1)徒手模仿削球动作练习。

(2)先学正手削球,后学反手削球。

(3)两人一组在接平击球或急球时,用正、反手削球。

(4)用正、反手连续削对方轻拉过来的球。

(5)先练削斜线,然后再练削直线;先学远削,后学近削。

(6)利用多球做削球练习。

# 第三节 乒乓球运动的基本战术

战术是一种综合运用技术、心理和身体素质的方法,其目的是争取比赛的胜利。战术是以基本技术和技术实力为基础,技术掌握越全面、越纯熟、越实用、越有质量,越能更好地完成战术实施,并取得良好的效果。基本战术有发球抢攻、对攻、搓攻、拉攻、削攻结合、挡攻削结合、接发球抢攻等。

## 一、发球抢攻战术

发球抢攻战术是各种类型打法的重要战术之一,是比赛的重要得分手段,特别是在关键时刻,果断运用发球抢攻显得格外重要。

(1)以反手发急下旋球为主,配合发短球和急上旋球后抢攻或推挡。

(2)反手发右侧上、下旋球至对方中间偏右近网处,配合发大角度长球,伺机抢攻。

(3)正手发下旋转球与不转短球至对方右角或中路为主,配合发长球至对手左方,伺机抢攻,一般先发加转球。

## 二、对攻战术

对攻是进攻型选手相互对抗时,双方利用速度、旋转、落点变化和力量大小进行控制与反控制对方,力争主动的重要手段。它主要是发挥快速多变的特点来调动对方,以达到攻击的目的。快攻对付以弧圈球为主的打法,主要是用速度、落点和力量大小的变化,迫使对方难以发挥旋转球的作用,拉不出高质量的弧圈球。快攻对付以快攻为主的打法,主要是用速度、力量和落点的变化,迫使对方难以发挥速度和力量的作用。各种具体对攻战术,主要是由左推右攻或正反手攻球结合变化落点和力量大小组成。

(1)紧压对方反手,结合变线,伺机正手抢攻或侧身抢攻。

(2)压左调右(亦称压反手变正手),压左等右,伺机抢攻。

(3)用加、减力推挡结合推下旋,压对方反手、中路,伺机抢攻。

(4)连压对方中路,突变两角,或压两角抢攻中路。

(5)采用轻重球相结合的战术。

### 三、搓攻战术

搓攻战术是削中反攻和攻守结合类打法的主要进攻战术,又是快攻类打法对付攻球和削球打法的辅助战术。它主要是利用旋转和落点变化控制对方,为进攻创造机会。

(1)搓不同落点,如搓两角、搓同线长短、搓异线长短、搓追身等,伺机突击。

(2)搓转与不转结合落点变化,如快搓转与不转结合、快慢搓结合、下旋和侧旋结合等,伺机突击。

(3)搓拉结合,如先搓后拉、先拉后搓、搓中变推等,伺机突击。

### 四、双打

双打比赛是一项十分活跃且很有趣味的项目,它要求两名选手紧密配合、相互了解、相互信任、共同合作,发扬集体主义精神,这样才能取得好的成绩。

(一)双打的几种配对形式

(1)一名快攻与一名弧圈球选手配对,如邓亚萍和乔红,即一快二转、一前一后。

(2)一名快攻左手与一名快攻右手配对,形成一左一右移动走位。

(3)一名快攻正胶与一名快攻反胶配对,形成环形移动走位。

(4)两名削球选手配对,最好是一个站位稍前,一个站位稍远。

(二)双打的走位

(1)"八"字形走位。适用于一左手和一右手执拍进攻型选手配对时的走位。

(2)环形移动。适用于两名右手执拍选手配对时的走位。

(3)"T"字形走位。适用于一近台与一中远台选手配对时的走位。

(4)"∞"字形走位。适用于对方对本方一名选手交叉打两角时的走位。

(三)发球和接发球时的站位

(1)发球员与同伴站位:①平行站位,发球员站位偏右,让出3/4的位置给同伴居中近台站立;②前后站位,发球员站位偏右稍前,其同伴站位居中略后。

(2)接球员与同伴站位:①平行站位,多为一左一右执拍快攻型选手和快攻型选手采用反手接发球时采用;②前后站位,快攻型选手用正手接发球时采用,接球员站位近台偏中位置,同伴稍后错位站立。

# 第四节　乒乓球运动的竞赛规则

## 一、场地

场地应不小于14米长、7米宽、5米高,应有75厘米高的深色挡板围起。光源距地面不得少于5米。从台面高度测得的照明度不得低于1 000勒克斯,四周应为暗色。

## 二、球台

球台上层表面叫作"比赛台面",是与水平面平行的长方形,长2.74米,宽1.525米,距离地面高度为76厘米。球台四边应有一条2厘米宽的白线,各台区应由一条3毫米宽的白色中线划分为两个相等的"半区"。台面可用任何材料制作,但应具有均匀一致的弹性。

## 三、球网

球网包括悬网绳、网柱及将它们固定在球台的夹钳部分。整个球网的顶端距台面为15.25厘米,网长为183厘米。

## 四、球

球应为圆球体,重2.79克,直径40毫米,呈白色或橙色。应用赛璐珞或类似塑料制成,且无光泽。

## 五、球拍

球拍的大小、形状和重量不限。击球的拍面应用颗粒向内或向外的海绵胶覆盖,连同黏合剂,厚度不得超过4毫米,必须无光泽,如为两面粘胶皮,其中一面为鲜红色,另一面则须为黑色。

## 六、发球、接发球和方位的选择

选择发球、接发球和这一方、那一方的权利应由抽签来决定。中签者可以选择先发球或先接发球,或选择先在某一方或者要对方先行选择。

## 七、比赛次序

在单打中,首先由发球员合法发球,再由接发球员合法还击,然后两者交替合法还击。在双打中,首先由发球员合法发球,再由接发球员合法还击,然后由发球员的同伴合法还击,再由接发球员的同伴合法还击。此后,运动员按此次序轮流合法还击。

## 八、一场比赛

一场比赛采用五局三胜制或七局四胜制。

## 九、一局比赛

在一局比赛中,先得11分的一方为胜方。10∶10平后,先多得两分的一方为胜方。

## 十、合法发球

(1)发球时,球应放在不执拍手的手掌上,手掌张开和伸平。球应是静止的,在发球方的端线之后和比赛合面的水平面之上。

(2)发球员须用手把球几乎垂直地向上抛起,不得使球旋转,并使球在离开不执拍手的手掌之后上升不少于16厘米。

（3）当球从抛起的最高点下降时，发球员方可击球，使球首先触及本方台区，然后越过或绕过球网装置，再触及接发球员的台区。在双打中，球应先后触及发球员和接发球员的右半区。

（4）从抛球前球静止的最后一瞬间到击球时，球和球拍应在比赛台面的水平面之上。

（5）击球时，球应在发球方的端线之后，但不能超过发球员身体（手臂、头或腿除外）离端线最远的部分。

（6）运动员发球时，有责任让裁判员或副裁判员看清他是否按照合法发球的规定发球。

（7）如果裁判员怀疑发球员某个发球动作的正确性，并且他或者副裁判员都不能确信该发球动作不合法，一场比赛中此现象第一次出现时，裁判员可以警告发球员而不予判分。

（8）在同一场比赛中，如果运动员发球动作的正确性再次受到怀疑，不管是否出于同样的原因，不再警告而判失1分。

（9）无论是否第一次或任何时候，只要发球员明显没有按照合法发球的规定发球，他将被判失1分，无须警告。

（10）运动员因身体伤病而不能严格遵守合法发球的某些规定时，可由裁判员做出决定免予执行，但须在赛前向裁判员说明。

### 十一、合法还击

对方发球或还击后，本方运动员必须用球拍或执拍手手腕以下部分击球，使球直接越过或绕过球网装置，或触及球网装置后，再触及对方台区。

### 十二、重发球

回合出现下列情况应判重发球：

（1）如果发球员发出的球，在越过或绕过球网装置时，触及球网装置，此后成为合法发球或被接发球员或其同伴阻挡。

（2）如果接发球员或同伴未准备好时，球已发出，而且接发球员或其同伴均没有企图击球。

（3）由于发生了运动员无法控制的干扰，而使运动员未能合法发球、合法还击或遵守规则。

（4）裁判员或副裁判员暂停比赛。

（5）在双打时，运动员错发、错接。

### 十三、暂停比赛

（1）由于要纠正发球、接发球次序或方位错误。

（2）由于要实行轮换发球法。

（3）由于警告或处罚运动员。

（4）由于比赛环境受到干扰，以致该回合结果有可能受到影响。

### 十四、得分

除被判重发球的回合，下列情况运动员得1分：

（1）对方运动员未能合法发球。

（2）对方运动员未能合法还击。

(3)运动员在发球或还击后,对方运动员在击球前,球触及了除球网装置以外的任何东西。

(4)对方击球后,该球越过本方端线而没有触及本方台区。

(5)对方阻挡。

(6)对方连击。

(7)对方用不符合规定的拍面击球(如:用"光板"击球)。

(8)对方运动员或他穿戴的任何东西使球台移动。

(9)对方运动员或他穿戴的任何东西触及球网装置。

(10)对方运动员不执拍手触及比赛台面。

(11)双打时,对方运动员击球次序错误。

(12)执行轮换发球法时,接发球运动员或其双打同伴,包括接发球一击,完成了13次合法还击。

# 第十一章 网 球

## 第一节 网球运动概述

网球运动既是一种休闲、交友的娱乐项目,也是一种增进健康的手段,更是一种艺术追求和享受。它还是一种扣人心弦、极富欣赏价值的竞赛项目,可见网球运动的价值很高。正因如此,在我国老年和青年中,特别是高等学校中,出现了"网球热"的势头,群众性的网球运动正在悄然兴起。

### 一、网球运动的起源与发展

网球运动的起源与发展可以用四句话来概括:孕育在法国,诞生在英国,开始普及在美国,现在盛行全世界。早在12—13世纪,法国的传教士常常在教堂的回廊里,用手掌击打一种类似小球的物体,以此来调剂刻板的教堂生活。渐渐地这种活动传入法国宫廷,并很快成为王室贵族的一种娱乐游戏。当时,他们把这种游戏叫"jeu de paume"(法语,用手掌击球的意思),即"掌球戏"。后来人们开始把这种游戏移向室外。到了14世纪中叶,法国王储将这种游戏使用的球赠给英皇亨利五世,于是这种游戏便传入英国。之后又将球改制为斜纹的法兰绒,英国人将这种球称为"Tennis"(网球),并流传下来。直到现在,我们使用的球还保留着一层柔软的绒面。15世纪,这种游戏由用手掌击球改为用板拍打球,并很快出现了一种用羊皮做拍面的椭圆形球拍。16、17世纪是这种活动的兴旺时期,由于这种活动只是在法国和英国的宫廷中流行,所以网球运动又称为"宫廷网球"和"皇家网球"。1873年,英国的温菲尔德少校改进了早期网球的打法,并将场地移向草坪地,提出了一套接近于现代网球的打法。1875年,英国板球俱乐部修订了网球比赛规则后,于1877年7月举办了第一届温布尔登草地网球锦标赛。至此,现代网球正式形成,并很快在欧美盛行起来,成为一项深受人们喜爱的球类运动。1896年在雅典举行的第一届奥运会上,网球的男子单打与双打被列为正式比赛项目。后来,由于国际奥委会和国际网球联合会在"业余运动员"的定义上的分歧,致使连续七届奥运会都进行的网球比赛被取消,直到1984年的洛杉矶奥运会上,网球被列为表演项目,1988年的汉城奥运会上,网球重新被列为正式比赛项目。

我国的网球运动是在19世纪后期,由英、美、法等国商人、传教士随西方近代体育的传播而发展起来的。在旧中国举行的第一届全运会上,男子网球被列入正式比赛项目,而女子网球比赛是从第三届全运会开始的。男子网球队参加了1915年的第二届至1934年的第十届远东运动会,女子队则参加了第六届至第十届的远东运动会网球表演赛。1922年到1946年,旧中国先后参加了6次戴维斯杯网球赛。1953年中国成立了网球协会,同年在天津首次举办了包括网球在内的球类运动会(篮球、排球、网球、羽毛球);1956年举办了全国网球锦标赛;1957年我国第一次派网球队出访斯里兰卡;中国网球协会在1980年被国际网球联合会接纳为正式会员。

## 二、网球运动的锻炼价值

网球运动场地较大,球速快,而且是手握球拍击球,这就要求打球者必须集中注意力,准确判断来球的方向和落点,迅速移动,并根据来球的高度、速度,调整身体的位置和姿势挥拍应变处理。长期坚持打网球对提高人的速度、力量、耐力、灵敏、协调等素质有积极的作用。网球是一项老少皆宜的运动项目,下至七八岁的儿童,上至七八十岁的老人都可根据自身的情况,从事这项运动。网球运动是隔网对抗的项目,没有身体接触,安全、文雅。另外,打网球需要有对手或球友,这样通过打网球可以增进友谊,可以加强团结、交流球艺、开展社交活动。

## 三、重要网球赛事

(一)四大网球公开赛

(1)澳大利亚网球公开赛(澳网)。每年1月底至2月初举行的澳大利亚网球公开赛,创建于1905年,赛地在墨尔本,是每年最早开赛的赛事。

(2)法国网球公开赛(法网)。每年5月底至6月初举行的法国网球公开赛,始于1891年,在法国巴黎西部罗兰-卡洛斯的大型体育馆内进行比赛。法国网球公开赛,除两次世界大战被迫停赛11年外,其余年份均每年一届,开始只限于本国人参加,1925年以后,对外开放,成为公开赛。

(3)温布尔登草地网球锦标赛(温网)。每年6月底至7月初举行的温布尔登草地网球锦标赛,是现代网球史上最早的比赛,首次正式比赛于1877年7月9日在温布尔登总部举行,比赛只设男子单打。1879年增加了男子双打,1884年增加了女子单打,1899年增加了女子双打和混合双打。1968年国际网联同意职业选手参赛后,随着体育商业化进程的发展,温布尔登网球锦标赛奖金逐年提高,1984年男子冠军奖金为10万英镑,女子单打冠军为9万英镑;而根据2017年公布的最新数据,温网男女单打冠军将分别获得280万美元的奖金。

(4)美国网球公开赛(美网)。每年8月底至9月初举行美国网球公开赛,第一届于1881年在美国罗得岛新港举行,开始名为"全美网球冠军赛"。1915年移至纽约林山国立网球中心进行比赛,1968年被列为四大公开赛之一,1970年改名为"全美网球公开赛"。据世界网球杂志统计,1989年美国网球公开赛涉及的金钱往来总额已超过1亿美元。

(二)戴维斯杯

戴维斯杯是国际网联主办的国际男子网球团体赛,由美国人戴维斯倡议举办,1900年在美国波士顿举办第一届。戴维斯杯比赛采用淘汰赛。每年举办一届,其中因两次世界大战停办10年,另有两届(1901年、1910年)因故未办,至2003年,已举办了92届。1928年到1949年,旧中国曾先后六次参加戴维斯杯赛。中华人民共和国成立后,在1983年3月组成戴维斯杯中国网球队,开始参加比赛。

(三)联合会杯

联合会杯也称为联邦杯或协会杯,是国际网联主办的国际女子网球团体赛,1963年为纪念国际网联成立50周年而举办。之后每年举办1届,至今已举办了39届。中国1981年首次组成联合会杯中国网球队,参加第十九届联合会杯赛。

## 第二节 网球运动的基本技术

### 一、握拍法

网球拍有三种基本的握拍方式,即东方式、西方式和大陆式。下面以右手为例介绍网球拍的握法。

(一)东方式

东方式握拍法俗称"握手式"握拍法,其中包括正手握拍和反手握拍(见图11-2-1)。

图11-2-1 东方式正手、反手握拍方法

正手握拍时拇指与食指形成的"V"形虎口处在球拍的右上斜面。反手握拍法是在正手握拍法的基础上,虎口沿逆时针旋转两个平面。

东方式正手握拍法适用于正手上旋击球。此方式握拍就像在与别人握手一样,比较自然,易于控制球拍,不易导致伤痛。局限之处在于,击反手球时需要换握成东方式反手。

东方式反手握拍法适用于反手上、下旋击球及发球。打下旋球时,可令拍面自然打开,使发出的球有强烈的旋转。局限之处在于,击正手球时需要换握成东方式正手。

(二)西方式

西方式握拍法俗称"一把抓",虎口处在拍柄的右平面(见图11-2-2)。

西方式适用于正反手上旋击球。采用此方式握拍时,正反手击球之间不必换握,但拍面的控制需要一个习惯和适应的过程。

(三)大陆式

大陆式握拍法俗称"握锤式"握拍法,虎口处在拍柄的上平面(见图11-2-3)。

大陆式握拍法适用于击打任何类型的球,在发球,打截击球、过顶球、削球及防守球时采用这种握拍效果更好。

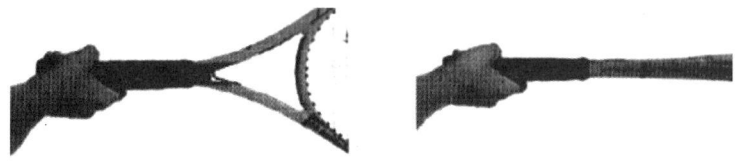

图11-2-2 西方式握拍方法　　图11-2-3 大陆式握拍方法

## 二、站位姿势

网球运动中有4种站位姿势,即开放式、半开放式、中间式和关闭式。这里以钟表盘为例对站位姿势进行介绍。

### (一)开放式

开放式站位是左右脚几乎平行的站位姿势。以钟表盘为基准,右脚站在钟表盘的中间,左脚站在8点到10点这个区间。击球时,主要是靠右脚蹬地和转腰带动的力量。此站位便于击球后的回位,可以适应快节奏的比赛。它是当今网坛很多人的主要步法,如大小威廉姆斯、费德勒等一线选手。

### (二)半开放式

半开放式的站位时,右脚站在中间,左脚站在10点到11点之间。半开放式站位容易发力,击球后相对容易回位。

### (三)中间式

右脚站在钟表盘的中间,左脚站在11点到12点的位置,这种站位被称为中间式。它发力容易,然而威力却不小,因此,中间式更适合业余选手和网球新手去学习。

### (四)关闭式

右脚踩在钟表盘的中间,左脚踩在12点到3点的位置,这样的击球方式称为关闭式击球。这个步法在网球运动初期,使用的人非常多。但是,此类步法不适合回位,因此,现在不提倡大家使用。

在网球比赛中,往往不是单纯的某一种脚步运用,而是各种步法的交叉综合。远距离时,可以用大步、快跑;近距离时,一般用小步;接近球时,用小碎步进行调整。

## 三、常见发球方法

发球是网球运动中很重要的一项技术,一般发球姿势见图11-2-4。

图11-2-4 网球一般发球姿势

发球时多采用大陆式或东方式握拍方法,发球一般有平击发球、切削发球和旋转发球三种。

### (一)平击发球

平击发球时,击球点应在右眼的前上方,以拍面中心平直对准球,击球的后中上部,身体充分向上向前伸展,以获得最高击球点,提高发球命中率。这种发球方法不但球速快,而且反弹低,因此,又被称为"炮弹式发球"。

## (二)切削发球

切削发球是一种以右侧旋转(略带下旋)为主的发球法。发球时把球抛到右侧斜上方,球拍快速从球的右上方往左下方切削击球。切削发球不但球速快,威胁大,而且容易提高发球命中率,因此,切削发球被世界各国多数运动员所采纳。

## (三)旋转发球

旋转发球时把球抛到头后偏左的位置,击球时身体尽量后仰成弓形,利用杠杆力量对球进行迎击,球拍快速从左向右上方挥动,从下向上擦击球的背面,并向右带出,使球产生右侧上旋。

旋转发球上旋成分多于切削发球,发出去的球产生一个从上向下的弧形飞行轨迹过网,落地后会反弹到对方的左侧,迫使对方离位接球。

### 四、常见击球方法

和羽毛球运动一样,发球仅是网球运动中击球的开始,发球后的接发球和击球更为重要。常见的击球技术包括抽击球、截击球、高压球、挑高球和放小球。

## (一)抽击球

抽击球技术可分为正拍抽击球、反拍抽击球、侧身抽击球等。包括平击、上旋和下旋等各种抽击法。

1. 正拍抽击球

(1)来球时,向右侧转体,转动髋的同时转动双肩,同时,带拍后引,做弧线运动。

(2)肘关节弯曲并稍抬起,同时,左手向前自然伸出,以保持身体平衡。

(3)右脚向右转与端线平行,左脚成45°向右迈出。

(4)当来球在1米左右时,以肩为轴,借助转腰、髋及蹬腿的力量,挥动手臂,以拍面的中心击球的中部。

(5)击球后,球拍沿着球飞行的方向继续向上挥动,肘关节向前上方跟进前伸,身体由侧身对网转向正面对网,拍子随挥至左肩上方结束。

(6)动作放松,马上还原到回击下次来球的准备状态。

整个过程见图11-2-5。

图11-2-5 正拍抽击球

2. 反拍抽击球

(1)来球时,向左侧转体,转动髋的同时转动双肩,向后引拍。此时,右肩侧对网。

(2)右脚向左前方45°迈出,重心移向左脚。握拍手腕回勾,肘关节弯曲并贴近身体。

(3)击球时,手腕紧锁,肘关节外展,转腰回身,重心前移,挥拍由下向上至身体左前方。

(4)拍面垂直于地面,以拍面的中心击球。

(5)击球后,身体由侧身对网转向正面对网,拍子随挥至左肩上方结束。

(6)动作放松,马上还原到回击下次来球的准备状态。

整个过程见图11-2-6。

图11-2-6 反拍抽击球

3. 平击、上旋和下旋

平击球:球拍正对来球成直角击球。击出后,球并不旋转,但速度很快。在地面反弹时较低,易于控制球路和球速。

上旋球:打上旋球时,将球从下往上擦打。击出后,球飞行弧度高、下落快,落地后反弹较高。

下旋球:打下旋球时,将球从上往下擦打。击出后,球产生下旋并向前飘行,落地后反弹很低。

(二)截击球

截击球是指来球落地之前被凌空击回的技术,也被称为"拦网"。在现代网球比赛中,截击球是一项重要的技术。截击球技术包括中场截击和近网截击。

1. 中场截击

中场截击时一般站位于发球线中点附近。中场截击可分为正拍截击和反拍截击。下面以正拍截击为例介绍击球的技术要点。

(1)当对方击球时,脚跟提起,转胯转肩,同时,左脚向侧前方做45°跨步。以转肩来带动球拍后摆,但后摆动作不超过肩,肘关节微屈,手腕弯曲形成45°左右,拍面略开。

(2)截击时手腕紧固,击球点在左脚尖的沿长线上,以短促而有力的动作向前迎击来球,触球部位为球的中下部。

(3)由于中场截击球距离较长,所以击球后的跟进动作,随着球的行进路线要稍长些,但不能太长,否则会影响下次击球的准备动作。

(4)击球后,向网前迈进,准备近网截击或打高压球。

反拍截击时,准备姿势与正拍击球相同。所不同的是,击球时右脚向侧前方45°跨出,重心前移在后脚上,击球点位于右脚尖前面。

2. 近网截击

近网截击站位比中场截击要靠前,位于发球线前1.0~1.5米。它是在中场截击基础上网前得分的主要手段。判断落点的准确及击球的果断,能给对方以致命的一击。这里同样以正拍为例介绍技术要点。

(1)通过判断对方来球的质量(包括球速、球离网高度及球的角度)来迅速调整位置,控制拍面。

(2)身体重心向前,转体同时带动完成后摆动作,后摆动作小,击球点在身体侧前方。

(3)左脚应向侧前方跨出,同时重心落在左脚上,肘关节与身体距离不应太远。

(4)击球时,手腕紧固,以短促有力的动作向前向下击球。如来球快而平,拍面应稍开,击球中下部;如来球快而高并略带上旋,拍面应垂直于地面,击球中部。

(5)击球动作短促简单,因此,击球后随球动作小,应迅速准备下次截击。

反拍近网截击时,前期准备动作与正拍截击动作相同。所不同的是,击球时右脚跨出,重心转移至右脚上。

(三)高压球

高压球是在头上进行大力扣杀的一种击球方法。当自己上网时,对方挑高球,这时可在头部上空用扣杀动作还击来球。

高压球的握拍和击球与发球时动作相似。稍有不同的是,由于对方击过来的球下落速度要比发球快,所以击球时要以较小的身体动作、较短而直接的后摆收拍,完成击球动作。高压球的技术要点如下。

(1)确定对手在高挑球时,应马上侧身转体,抬头注视来球并用短促的垫步向后退,重心在两脚前脚掌上。

(2)持拍手上举至头部位,向后引拍,拍头下垂至肩后好像"骚背"。

(3)当球落至头前上方时,迅速挥拍击球,猛击球的后上方。

(4)击球结束,随挥动作尽量像发球结束动作一样完整,球拍落在身体左下方,并迅速保持好身体平衡。

如果跳起打高压球,应用后脚起跳,随后转体、收腹。击球后用左脚着地,同时右脚向前跨,准备再上网截击。

(四)挑高球

挑高球就是使球高高飞越球网,落入对方后场区域,它是比赛中常使用的战术。当对方上网时,可用挑高球迫使对方后退,为自己赢得回到场中有利位置的时间。

击球时拍面朝上,由后下方向前上方平缓挥拍击球,击球的中下部,动作要柔和,但手腕不能放松。为了更好地控制球的高度和深度,球拍在球上停留时间稍长一些。

(五)放小球

就是将球轻轻击到对方网前。和挑高球一样,放小球一般是比赛中的一种战略。当对方在端线以外的地方时,突然施放小球,将对方引至前场,消耗对方体力,同时造成心理上的压力。

当准备放小球时,击球前的准备动作与正、反拍抽击球动作相同,球拍后引,侧身对网,拍头高于设想的击球点。

击球时拍面稍开,动作柔和,击球的下部,使之产生下旋,并加以适当的前推或上托动作,使球有适当的弧线落在对方球场近网处,一般离网不超过 1.5 米。击球后,身体重心向前跟进,以自然协调的姿势完成随球动作。

# 第三节 网球运动的基本战术

## 一、单打战术

### (一)发球

发球要考虑落点、力量和旋转等因素的变化才能有良好效果。如果发出的球有角度,使球反弹出边线,迫使对手离开基本位置,则发球效果良好。若对手站位离中线较远,可发球至接发人的中线附近,以牵制对方。第一次发球应尽量利用大力发球,以加强攻击性,给对手造成压力。第二次发球应具有稳健性,以保持较高的成功率。

### (二)接发球

在第一回合较量中对手发角度大而弹出边线的球时,若球速慢,可用进攻方法还击,亦可还击大角度球,以牵制对手发球后抢攻。接大角度球时,不要向后跑,而应向前迎球,用拉球还击。接发球时应选择合适位置,其标志是使正手和反手各有1/2的机会接球。切忌在中场等球,应将中场视为接球时不站人的区域。

### (三)把球打深

把球打深是指打出的球,其落点要靠近球场端线附近。在单打比赛中,把球打深能将对手压在底线附近,这样可以防止对手上网。还能使自己有更充裕的时间为下次击球做好准备。另外,还能使对手回击的角度减小。对准备随球上网的运动员来说,将球打深也有重要作用。

### (四)调动对手

调动对手也就是把对手调离他能较好发力击球的位置,使其场上出现空当,争取比赛的主动权。一般通过打斜线球和打直线球达到调动对手的目的。

打斜线球有较高的安全系数,斜线球要通过球网上空的中间位置,故容易击球过网。打直线球对调动对手也有特殊意义,因为直线球距离比斜线球相对来说要短,故它能适当加快回击速度。当对手打来斜线球时,以直线球还击,可以左右调动对手。在对手出现空当时,用直线球还击,可增大击球的威胁性。

### (五)网前截击

当运动员处于较有利的网前位置时,可充分发挥网前快速截击的威力。截击时采用变线打法,若能打到空当,效果良好。所谓变线打法就是对手打斜线球,用直线球还击,或者对手打直线球,用斜线球还击。

## 二、双打战术

要取得双打比赛的胜利,制定合理的战术和与同伴的密切配合是非常重要的。因为双打战术有别于单打战术,两个一流的单打运动员未必是最理想的双打伙伴。

### (一)发球局战术

1. 战术原则

双打中的发球局与单打中的发球局一样,是直接对对方实施进攻并以发球带动网前抢网战术的运用。发球局战术包括：发球上网战术、发球上网抢网战术、澳大利亚网前战术。

（1）发球上网战术：用80%的力量发出平击、侧旋及上旋等不同旋转的球，提高一发球命中率，不断变换发球落点，然后快速扑网；二发也要利用旋转和落点的变化来为上网创造条件；上网后的中场第一拦网截击球要有深度或角度，如果出现高球，对方网前球员将会扑网。

（2）发球上网抢网战术：首先，网前的同伴可以在背后做手势，告诉发球员应发什么落点，抢与不抢。采取此战术可以干扰对方接发球，为发球上网后网前得分及抢网得分创造条件。其次，要强调发球员的发球质量、成功率和落点的变化。

（3）澳大利亚网前战术：澳大利亚网前战术能起到破坏对方接发球的节奏的作用，为发球上网后网前截击得分和抢网得分创造有利的条件。运用这一战术时，要求同伴给发球员手势，告诉发球员应发什么落点，抢与不抢。另外，发球员的一发命中率要高，这样战术才能得到充分的运用。

2. 练习方法及要求

方法：①练习固定线路上网；②通过各种固定线路和落点的发球进行击球；③由教练回不同线路和落点的球进行选择性击球。

要求：①掌握各种发球（旋转、速度）；②提高第一拦网截击球的质量；③加强与同伴的交流。

3. 易犯错误与纠正方法

（1）发球威胁不大，不易抢网。

纠正方法：加强发球落点、旋转的变化。

（2）战术意图过于明显。

纠正方法：加强交流，多通过交谈和手势进行沟通。

（二）接发球局战术

1. 战术原则

接发球局战术运用得成功与否，取决于接发球的质量。为了变被动为主动，接发球时不能只在底线被动挨打，而是要使用接发球争取主动进攻，积极上网。在运用接发球局战术时，要根据对方发球及网前的攻势和己方接发球的质量而灵活运用，防止瞎打瞎冲。接发球局战术包括接发球双上网战术、接发球网前抢网战术和接发球双底线战术等。

（1）接发球双上网战术：为了抢占网前有利位置，当发球方发球时，接发球员要判断准确，向前到底线里面去接球，然后随接发球上网。由于是向前迎击球，回接球的速度比较快，能给对方发球上网截击或抢网造成威胁。这种战术要求接发球员判断好，移动动作小，并向前向下顶压击球，朝发球上网者脚下或双打边线内击球。

（2）接发球网前抢网战术：在高水平的双打比赛中，接发球网前抢网战术经常被运用。此战术的运用能使对方发球上网者增加中场截击球的心理负担而回球失误或回球质量不高。在运用此战术时，接发球员与同伴要密切配合，当接发球员接了一个球时，应立即移动抢网，给对方致命一击；而另一接发球员发现同伴抢网，也应立即补位，防止对方截击直线球。接发球同样要注意不要移动过早，以免被对方发现而击直线。

（3）接发球双底线战术：双打比赛中，如对方发球很有威胁，网前又非常活跃，为了破坏对方快速进攻的节奏,可采用接发球双底线战术。由于两人都退至底线,使对方在网前截击产生一定的心理压力,不能马上得分,因此,对接发球员来说,首先应注意接发球的成功率,然后再寻找机会进行反击;破网要凶狠,以破中路和两边小斜角为主,并结合挑上旋高球。

2. 练习方法及要求

练习方法：

(1)先练习固定线路接发球。

(2)接各种固定线路和落点的发球,进行单一战术回球。

(3)由教练组织不同线路和落点的发球,进行选择性击球。

要求：

(1)掌握各种接发球技术。

(2)提高抢网能力。

(3)加强与同伴的交流。

3. 易犯错误与纠正方法

(1)接发球威胁不大,易被抢网。

纠正方法:加强接发球落点、旋转的变化。

(2)战术意图过于明显。

纠正方法:加强交流,多通过交谈和手势进行沟通。

## 第四节　网球运动的竞赛规则

### 一、单打规则

(一)球场

网球球场是一个长方形,长23.77米,宽8.23米。用球网将全场横隔为2个等区,球网悬挂在直径不超过0.8厘米的绳或钢丝绳上,球网两端悬挂在横截面直径不超过15厘米的圆形网柱或边长不超过15厘米的正方形网柱顶上。网柱高不得超过网绳顶部2.5厘米,网柱中心距边线外沿0.914米,网柱高度应使网绳或钢丝绳的顶部距地面1.07米。

当一兼有双打和单打的场地挂着双打球网用于单打时,球网必须用高度为1.07米的两根支柱支撑,这两根支柱称为单打支柱,它的横截面直径或边长不得超过7.5厘米。单打支柱中心距单打场地边线外沿0.914米。球网应充分展开,完全填满两柱之间的空隙,网孔大小以不让球穿过为准。球网中央高0.914米,并用不超过5厘米宽的白色中心带绷紧束于地面。网顶的绳或钢丝绳要用白色网边布包缝,每边宽不得少于5厘米,也不得多于6.3厘米。在球网、中心带、网边白布或单打支柱上均不得有广告。

球场两端的界线叫端线。球场两边的界线叫边线。在球网两侧6.40米(21英尺)处的场内各画一条与球网平行的横线,叫作发球线,连接两条发球线的中点画一条与边线平行的线,线宽5厘米(2英寸),叫作中线。中线与球网呈"十"字形,将发球线与边线之间的地面分成4个相等的区域,即发球区。在端线的中心,向场内画一条10厘米(4英寸)长、5厘米(2英寸)宽的垂直于端线的短线,此短线叫作中点。全场除端线可宽至10厘米(4英寸)外,其他各线的宽度均不得超过5厘米(2英寸),也不得少于2.5厘米(1英寸)。全场各区的丈量,除中线外都从各线的外沿计算。所有的线应是同一颜色。如在球场后面放置广告或其他物品,则不得使用白色或黄色。如广告放置在位于球场后面的司线员的座椅上,也不得使用白色或黄色。任何浅颜色,只有当其不妨碍运动员视线时,方可使用。需要说明的是,戴维斯杯或国际网联主办的其他正式网球锦标赛规定,端线以外至少要有6.40米(21英寸)的空地。边线以外至少要有3.657 6米(12英尺)的空地。司线员的座椅可安置在球场后面6.40米(21英尺)的空地内,或安置在球场旁边3.657 6米(12英尺)的空地内,只要座椅凸出该区不超过0.914米(3英尺)即可。

(二)球场固定物

球场固定物包括球网、网柱、单打支柱、绳或钢丝绳、中心带、网边白布,还包括球场周围的挡网、看台、固定的或可移动的座位或坐椅及场地所有者安置在场地周围上空的设备,以及在各自位置上的裁判员、辅助裁判员、脚误裁判员、司线员、拾球员等。

(三)球

球为白色或黄色,外表毛质均匀,接缝处没有鉴线。球的直径是6.35～6.67厘米,重量是56.7～58.5克。球的弹力为:从2.54米的高处自由落下时,能在混凝土地面上弹起1.35～1.47米;气温在20 ℃时,如果在球上加压8.165千克,推进变形应大于0.56厘米、小于0.74厘米,复原变形应大于0.89厘米、小于1.08厘米。

在海拔1 219米以上地方比赛时,可以使用另外两种球。第一种球落地后弹起的高度应大于121.92厘米、小于135厘米,其他规格同上所述,其球内压力应大于外界压力。这种球通常称为"有压球"。第二种球落地后弹起的高度应大于135厘米、小于147厘米,其他规格也同上所述,其球内压力几乎和外界压力相同,并且已置于特殊比赛的气压下60天或更长时间。这种球通常称为"零压球"或"无压球"。

(四)球拍

球拍的击球面必须是平的,由弦线上下交替编织或连接组成。每条弦线必须与拍框连接,特别是穿线后其中心密度不能小于其他任何区域密度。

弦线不应有附属物或突起物。如有附属物,只限于用以限制或防止弦线的磨损、振动或分散重力,其大小和布置均应合理。

拍框和拍柄的总长不得超过81.28厘米,总宽不得超过31.75厘米。拍框内沿总长不得超过39.37厘米,总宽不得超过29.21厘米,拍框及拍柄不应有附属物或设备。如有附属物或设备,只限于用以限制或防止拍框和拍柄的磨损、振动或分散重力。任何附属物或设备,其大小和布置必须合理。

拍框、拍柄和弦线,在比赛期间不应有任何可使运动员实质上改变其球拍形状或改变其重力分配的设备。

国际网联应裁决某一球拍是否符合以上规格或能否批准它在比赛中使用。这样的裁决可由国际网联提出,也可由当事人申请。当事人包括运动员、器材制造商、国家协会或其他会员。裁决与申请应根据国际网联适用的"回顾与听取程序"做出。

### (五)场地和发球的选择

场地的选择及在第一局中是发球员还是接球员,由掷币来决定。掷币获胜的一方可以选择或要求对方选择。如果比赛在开始前被推迟或暂停,掷币的结果仍然有效,但运动员可以重新选择发球或场地。选择发球或接发球者,应让对方选择场区。选择场区者,应让对方选择发球或接发球。

### (六)发球

发球员在发球前,应先站在端线后、中点和边线的假定延长线之间的区域里,然后用手将球向空中任何方向抛起,在球接触地面以前用球拍击球(仅能用一只手的运动员,可用球拍将球抛起),球拍与球接触,就算完成球的发送。

### (七)脚误

发球员在整个发球动作中,不得通过行走或跑动改变原站的位置,但发球员发球时两脚轻微移动而未变更原位,不算行走或跑动。两脚只准站在端线后、中点和边线的假定延长线之间,不能触及其他区域。

### (八)发球员的位置

每局开始发球时,发球员应先从右区端线后发球;得(失)1分后,应换到左区端线后发球。这样每得(失)1分就轮流交换发球位置。如发球位置错误而未察觉,比分仍然有效;一旦察觉,应立即纠正。

### (九)发球失误

发球时发生下列任何一种情况,均判失误。

(1)发球员违反上述(六)、(七)、(八)规则中的任何一项规定,都为失误。

(2)球抛出后挥拍击球但未击中球。

(3)发出的球在落地前触及固定物(球网、中心带、网边白布除外)。

### (十)发球时间

发球员须待接球员准备好后,才能发球。接球员做还击姿势就算已做好准备。如接球员表示尚未准备好,即使所发的球没有落到发球区内,他也不能要求判此球失误。

### (十一)重发球

发球时发生下列任何一种情况,应判发球无效,并重发球。

(1)合法的发球触及球网、中心带、网边白布后,仍落到对方发球区内,或发球触及球网、中心带、网边白布后,在落地时触及接球员身体或穿戴物件。

(2)不论发出的球成功还是失败,接球员均未做好准备。

若重发球,则前一次发球不予计算,但原先的发球失误不予取消。

### (十二)运动员交换场地

双方应在每盘的第一、三、五等单数局结束后,以及每盘结束双方局数之和为单数时,交换场地。如一盘结束,双方局数之和为双数,则不交换场地,须等下盘第一局结束后再进行交换。

如发生差错未按正常顺序交换场地,一经发现,应立即纠正场区,按原来顺序进行比赛。

### (十三)失分

发生下列任何一种情况,均判失分。

(1)在球第二次着地前未能还击过网。

(2)还击的球触及对方场区界线以外的地面、固定物或其他物件。

(3)还击空中球失败(站在场外击空中球失败也算失分)。

(4)在比赛进行中,运动员故意用球拍拖带或接住球,或故意用球拍触球超过一次。

(5)"活球"期间,运动员的身体、球拍(不论是否握在手中)或穿戴的其他物件触及球网、网柱、单打支柱、绳或钢丝绳、中心带、网边白布或对方场区以内的地面。

(6)来球尚未过网即在空中还击(过网击球)。

(7)除握在手中(不论单手或双手)的球拍外,运动员的身体或穿戴的物件触球。

(8)抛拍击球。

(9)比赛进行中,运动员故意改变其球拍形状。

(十四)有效还击

发生下列任何一种情况,都是有效还击。

(1)球触球网、网柱、单打支柱、绳或钢丝绳、中心带或网边白布后,从网上越过落入对方场区内。

(2)对方发出或还击的球,落到本方有效场区又反弹回去或被风吹回对方场区上空时,本方运动员挥拍过网击球,球落到对方场区内,其身体、衣服或球拍并未触及球网、网柱、单打支柱、绳或钢丝绳、中心带、网边白布或对方场区的地面。

(3)球从网柱或单打支柱以外还击至对方场区(不论还击的球是高于还是低于球网或是触及网柱或单打支柱)。

(4)合法击球后,球拍随球过网。

(5)对方发出或击出的球,碰到本方场区内的另一个球,而还击的运动员仍能回球到对方场区内。需要说明的是,单打比赛时,为了方便起见,可在双打场上另装单打支柱。单打支柱以外的球网、双打网柱、绳或钢丝绳及网边白布等都算固定物,不算单打网柱或球网的一部分。还击的球如果从单打支柱和双打网柱中间的钢丝绳下穿过,并且没有触及钢丝绳、球网或双打网柱而落到有效场区以内,算有效还击。

(十五)胜一局

运动员每胜一球得1分,胜第一分记分15,胜第二分记分30,胜第三分记分40,先得4分为胜一局。但遇双方各得3分时,则为"平分"。"平分"后,一方先得1分时,为"该运动员占先"。"占先"后再得1分,才算胜一局;如一方"占先"后,对方又得1分,则仍为"平分"。依此类推,直到一方在"平分"后净胜2分才结束该局。

(十六)胜一盘

一方先胜6局为胜一盘。但遇双方各胜5局时,一方必须净胜2局才算胜一盘。

决胜局计分制如下。

先得7分者为胜该局及该盘。若分数成6平时,比赛须延长到某方净胜2分时止。决胜局应全部采用数字计分制。

该轮及的发球员发第一分球,然后由对方发第二分及第三分球;此后轮流交替发球,每人连发两分球,直到决出该局与该盘的胜负为止。

该轮及的发球员在右区发第一分球后,即改由对方依次在左区和右区发第二、三分球;

此后轮流交替发球,每人连发两分球,其中第一分球均应在左区发球。如果出现从错误的半区发球,在发觉前已得的分数均有效,但在发觉后应立即纠正错误的站位。

运动员应在每6分及决胜局结束时交换场地。

更换新球时,决胜局作为一局计算。如逢该局更换新球应暂缓更换,待下一盘第二局开始时,再行更换。单打比赛的规定都适用于双打比赛。双打比赛的发球轮及发球的运动员发第一分球,此后发球次序仍按该盘比赛中原先的发球次序排定,每人轮流交替发两分球,直到决出该局与该盘的胜负为止。

(十七)临场官员的任务

比赛时如设裁判员,裁判员的判定就是最后的判定。比赛大会设有裁判长时,如运动员对裁判员涉及有关规定问题的判定有异议,可提请裁判长解决,裁判长的判定就是最后的判定。

比赛中设有司线员、司网和脚误裁判员等辅助人员时,对于具体发生的事例,他们的判定就是最后的判定。如果裁判员认为是明显误判,则有权纠正辅助人员的判定或指令该分重赛。当辅助人员不能做出判定时,应立即向裁判员示意,由裁判员做出判定。如裁判员对于具体发生的事例不能做出判定时,可指令该分重赛。

在戴维斯杯赛和其他团体赛中,球场上的裁判长有权更改任何判决,他还可以指示裁判员判该分重赛。裁判长认为天色黑暗或因场地、气候条件不能继续比赛时,可令比赛停止。补赛时双方运动员原有比分和原站方位仍然有效;经裁判长与双方运动员一致同意后,也可重赛。

(十八)连续比赛和休息时间

从第一次发球开始到全场结束,比赛应按下列规定连续进行。

(1)如第一次发球失误,发球员必须毫不延误地开始第二次发球。

(2)接球员必须按发球员合理的速度进行比赛,当发球员准备发球时,接球员必须准备去接球。

(3)交换场地时,从前一局结束至下一局第一分发球球拍击球时,最多有1分30秒的间歇。

(4)当有外界干扰使比赛无法连续进行时,裁判员可酌情处理。

(5)由国际网联承认的国际巡回比赛和团体赛的组织者,可以决定分与分之间允许间歇的时间,在任何时候,间歇的时间都不得超过25秒。

(6)决不应该为了使运动员恢复体力、调整呼吸而暂停、延误或干扰比赛,但是如运动员因事故而受伤,裁判员可允许一次暂停时间(3分)。

(7)由国际网联承认的国际巡回赛和团体赛的组织者,可以延长这次暂停时间,从3分延长至5分。

(8)若某些情况非运动员所能控制,如运动员的服装、鞋或器材(不包括球拍),因处理不当而不能或难以继续比赛时,裁判员可暂停比赛,直到处理好。

(9)当需要和适宜时,裁判员在任何时候都可以暂停或延缓比赛。

(10)男子比赛在第三盘打完之后,女子比赛在第二盘打完之后,双方球员可以有不超过10分的休息时间。如果在位于北纬15°与南纬15°之间的国家比赛,则休息时间不超过45

分。此外,当出现运动员无法控制的特殊情况时,裁判员有权暂停比赛适当的时间。

(11)如果比赛被暂停至第二天才能恢复,则在第二天打完第三盘之后(女子比赛打完第二盘之后)才有休息权。第一天未打完的一盘作为一盘计算。

(12)如果在同一天内,比赛被暂停超过10分,在比赛没有间断的情况下,要再连续打完3盘后(女子比赛打完2盘后)才有休息权。暂停前没有打完的一盘做一盘计算。任何国家和(或)委员会在组织锦标赛、一般比赛时,有权从竞赛规程中变更或取消这一条款,只要在比赛开始前宣布即可。但国际网球锦标赛(戴维斯杯赛和联合会杯赛)除外。

(13)锦标赛的委员会有权决定给运动员做准备活动的时间,但时长不可超过5分,并且必须在比赛开始前宣布。

(14)当使用批准的罚分制(三级罚分制)和不积累的罚分制(每次罚一分制)时,裁判员应在上述罚分制条款的范围内做出裁决。

(15)如果运动员违反了比赛应连续进行的原则,裁判员在发出警告后,有权取消犯规运动员的比赛资格。

(十九)更换断球

假如在规定的局数以后应换新球而未换,则应等到下一轮发球时予以纠正。此后,应按原先规定的两次换球间的局数来更换新球。

## 二、双打规则

除以下各条规定外,上述规则均适用于双打。

(一)球场和球网

双打球场应为10.97米(36英尺)宽,两发球线间的单打球场边线为发球区的边线。发球线与端线之间的单打边线,如认为需要,可以取消。

(二)发球次序

应在每盘开始之前,决定发球次序。

每盘第一局开始时,由发球方决定由何人首先发球,对方则同样地在第二局开始时决定由何人首先发球。第三局由第一局发球方的另一球员发球。第四局由第二局发球方的另一球员发球。此盘以下各局均按此次序发球。

(三)接球次序

应在每盘开始之前,决定接球次序如下。

先接球的一方,应在第一局开始时决定何人先接发球,并在这盘单数局继续先接发球。对方应在第二局开始时,决定何人先接发球,并在这盘双数局继续先接发球。他们的同伴应在同局中轮流接发球。若接球次序错误,发觉后仍按已错误的次序进行,等到下一接球局再行纠正。

(四)发球失误或得分

发出的球,如违反单打规则中的相关规定,或触及同队队员或其穿戴的物件时,都算失误。发出的球,在着地前触及接球员的同伴或其穿戴的物件时,应判发球方得分。

# 第十二章 健美操

## 第一节 健美操概述

### 一、健美操的概念

健美操是在音乐伴奏下运用各种不同类型的操化动作,融体操、舞蹈、音乐于一体的身体练习,既是健身美体、陶冶情操的大众健身方式,又是竞技运动的一个项目。

### 二、健美操的分类

根据健美操的目的和任务,可以将其分为健身健美操和竞技健美操两大类。

#### (一)健身健美操

以健身为目的,旨在全面活动身体、发展身体,其强度和难度相对较低,可为社会不同年龄、层次的人所采用。

#### (二)竞技健美操

以竞技为目的,有特定的竞赛规则和评分方法,须完成一些特定动作和特定要求,对人体的心肺功能、身体素质、技术技能和艺术表现能力有较高的要求。

### 三、健美操的特点

#### (一)健身美体的实效性

健美操是根据人体解剖学、运动生理学、体育美学等多学科理论,为使人体健康健美发展而编排的。因此,其动作内容丰富,形式多样,美观大方,单个动作都有针对性,每一套操都有一定的运动负荷,对人的身心锻炼较为全面。

#### (二)鲜明的节奏感和韵律感

健美操必须在音乐伴奏下进行练习,音乐是健美操的灵魂。与艺术体操相比,健美操更强调动作的力度。因此,它的音乐节奏更趋鲜明强劲,风格更趋热烈奔放。健美操音乐多取材于迪斯科、爵士、摇滚等现代音乐和具有上述特点的民族乐曲,使健美操体现出一种鲜明的现代韵律感。此外,节奏鲜明清晰,易于练习者随乐起舞。这种节奏、韵律的身体练习,能激发练习者好的情绪,使之不觉疲劳,产生一种轻松愉快的感觉,既得到了美的享受,又提高了协调性、节奏感、韵律感和表现力。

#### (三)广泛的群众性

健美操是时代的产物,它给人们带来热情奔放的情感体验,符合现代人追求健美、自娱自乐的需要。因此,深受广大群众的喜爱。同时,由于健美操的运动负荷和难度可以选择,不同年龄、性别、形体、素质、个性、气质的练习者都可酌情择项参加锻炼,并通过训练弥补自身的某些不足,因而为男女老幼所接受。此外,对场地、器材条件要求不高,练习起来简便安全,适合不同地区、不同条件的单位和部门开展与普及。

# 第二节　健美操的基本动作

## 一、手形
健美操的手形主要有掌和拳两种。
(一)掌
掌,包括分掌、合掌。
(1)分掌:五指用力分开,手腕保持一定的紧张程度(见图12-2-1)。
(2)合掌:五指并拢伸直(见图12-2-2)。
(二)拳
五指弯曲紧握,大拇指压在食指弯曲部位(见图12-2-3)。

图12-2-1　分掌　　　图12-2-2　合掌　　　图12-2-3　拳

## 二、身体各部位基本动作
(一)头、颈动作
由屈、转、绕、绕环动作组成(见图12-2-4)。

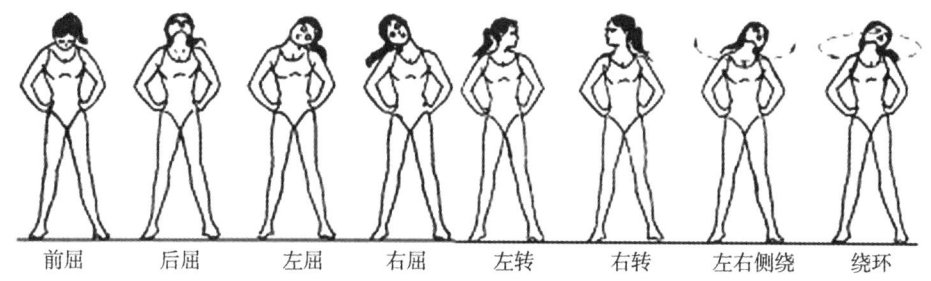

前屈　　后屈　　左屈　　右屈　　左转　　右转　　左右侧绕　　绕环
图12-2-4　头、颈动作

(1)屈:指头颈关节角度的弯曲,包括前屈、后屈、左右屈。
(2)转:指头颈部绕身体垂直轴的转动,包括左转、右转。
(3)绕:指头以颈为轴心的弧形运动,包括左、右绕。
(4)绕环:指头以颈为轴心的圆形运动,包括左、右绕环。
要求:上体保持正直,头颈移动的方向要准确,颈部被动肌群充分伸展。

（二）肩部动作

由提肩、沉肩、绕肩、肩绕环动作组成（见图12－2－5）。

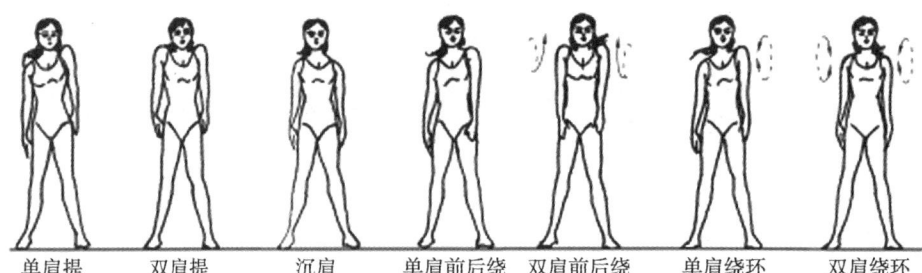

单肩提　　双肩提　　沉肩　　单肩前后绕　　双肩前后绕　　单肩绕环　　双肩绕环

图12－2－5　肩部动作

（1）提肩：指肩胛骨做向上的运动，包括单肩提、双肩同时提和依次提。

（2）沉肩：指肩胛骨做向下的运动，包括单肩沉、双肩同时沉和依次沉。

（3）绕肩：指以肩关节为轴做小于360°的弧形运动，包括单肩向前、后绕，双肩同时和依次向前、后绕。

（4）肩绕环：指以肩关节为轴做360°及360°以上的圆形运动，包括单肩向前、后绕环，双肩同时和依次向前、后绕环。

要求：提肩时尽力向上，沉肩时尽力向下，动作幅度大而有力，绕肩时上体不能摆动，颈与头不能前探。

（三）上肢动作

由举、屈、伸、摆、绕、绕环、振、旋等动作组成。

（1）举：指以肩为轴，臂的活动范围不超过180°而停止在某一部位的动作，包括单臂和双臂的前、后、侧、侧上、侧下举等（见图12－2－6）。

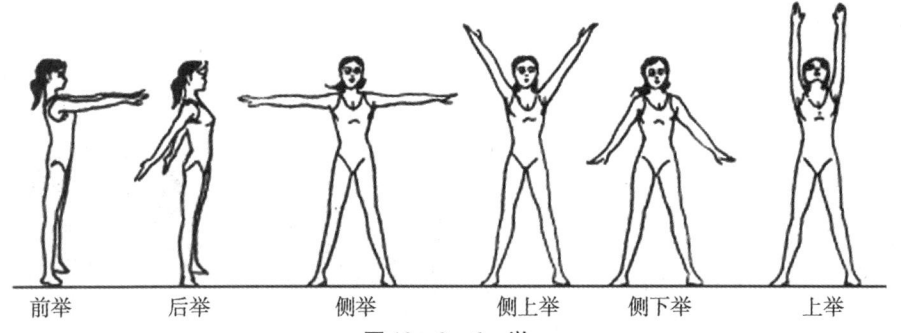

前举　　后举　　侧举　　侧上举　　侧下举　　上举

图12－2－6　举

（2）屈：指肘关节产生一定的弯曲角度，包括胸前屈、胸前平屈、肩侧屈、肩上侧屈、肩下侧屈、肩上前屈、腰间屈、头后屈（见图12－2－7）。

（3）绕：指双臂或单臂向内、外、前、后做180°以上、360°以下的弧形运动（见图12－2－8）。

（4）绕环：指以肩关节为轴，双臂或单臂向前、向后、向内的绕环（见图12－2－9）。

（5）振：指以肩为轴，臂用力摆至最大幅度，包括上举后振、下举后振、侧举后振（见图12－2－10）。

（6）旋：以肩或肘做臂内旋或外旋动作（见图12－2－11）。

要求：上体保持正直，位置要准确，幅度要大，力达身体最远端。

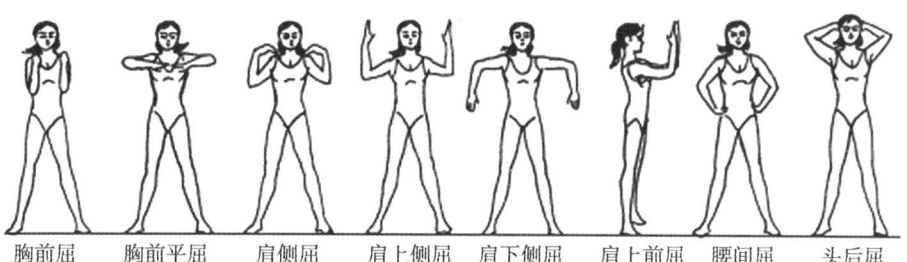

| 胸前屈 | 胸前平屈 | 肩侧屈 | 肩上侧屈 | 肩下侧屈 | 肩上前屈 | 腰间屈 | 头后屈 |

图12-2-7 屈

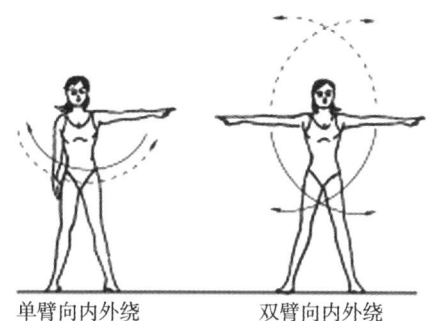

| 单臂向内外绕 | 双臂向内外绕 |

图12-2-8 绕

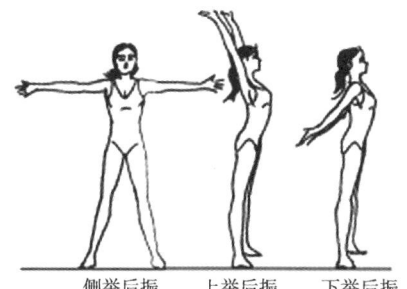

| 单臂前后绕环 | 双臂前后绕环 |

图12-2-9 绕环

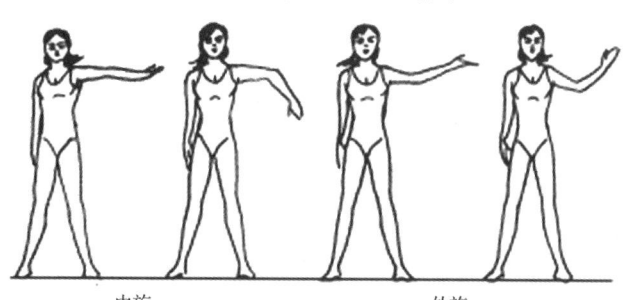

| 侧举后振 | 上举后振 | 下举后振 |            | 内旋 |            | 外旋 |

图12-2-10 振　　　　　　　图12-2-11 旋

（四）胸部动作

由含胸、挺胸、移胸动作组成。

（1）含胸：指两肩内合，缩小胸腔（见图12-2-12）。

（2）挺胸：指两肩外展，扩大胸腔（见图12-2-13）。

（3）移胸：指髋部固定，做胸左、右的水平移动（见图12-2-14）。

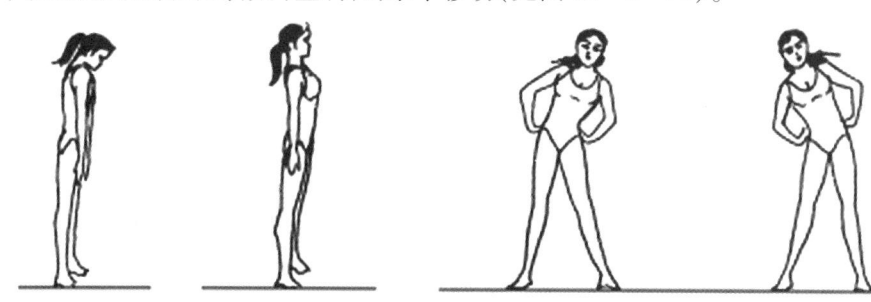

图12-2-12 含胸　　图12-2-13 挺胸　　　　　图12-2-14 移胸

要求:含、挺、移胸要到最大极限。

(五)腰部动作

由屈、转、绕和绕环动作组成。

(1)屈:指下肢不动,上体沿矢状轴和水平轴的运动,包括前屈,后屈,左、右侧屈(见图12-2-15)。

(2)转:指下肢不动,上体沿垂直轴的扭转,包括左转、右转(见图12-2-16)。

(3)绕、绕环:指下肢不动,上体沿垂直轴做弧形、圆形运动,包括左、右绕和绕环(见图12-2-17)。

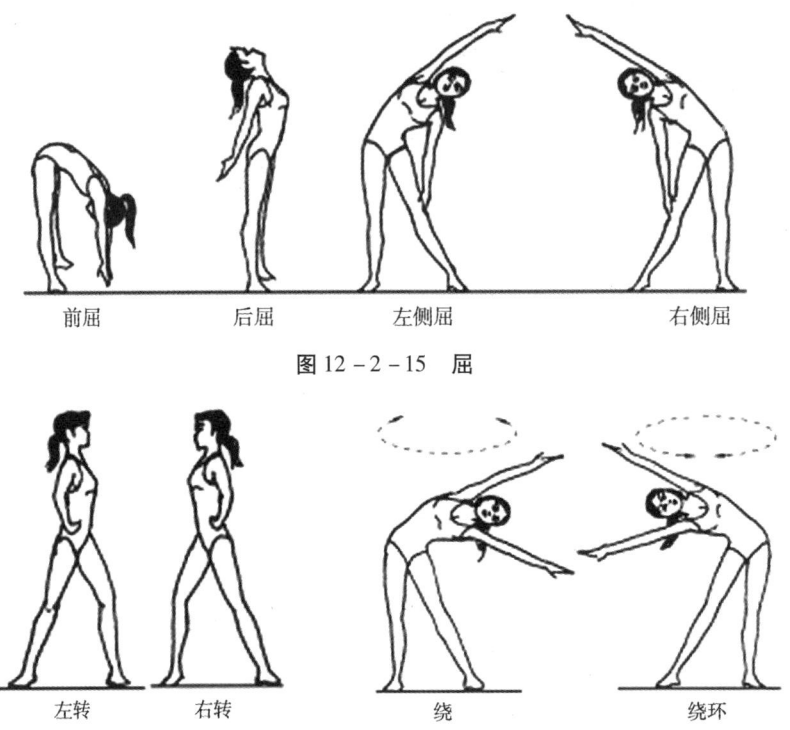

图12-2-15 屈

图12-2-16 转　　　图12-2-17 绕、绕环

要求:身体远端尽力向外延伸,绕环幅度要大,充分而连贯。

(六)髋部动作

由顶髋、提髋、绕髋和髋绕环动作组成。

(1)顶髋:指髋关节做急速的水平移动,包括左顶、右顶、前顶、后顶(见图12-2-18)。

(2)提髋:指髋关节急速向一侧上提的动作,包括左提、右提(见图12-2-19)。

(3)绕髋和髋绕环:指髋关节做弧形、圆形移动,包括向左、右的绕和绕环(见图12-2-20)。

要求:髋关节做顶、提、绕和绕环时应平稳、柔和、协调,稍带弹性。

(七)下肢动作

由弹踢、踢、蹲、屈伸、内旋和外旋动作组成。

图 12-2-18　顶髋

图 12-2-19　提髋　　　　图 12-2-20　绕髋和髋绕环

(1)弹踢:指弹踢腿屈膝抬起(大小腿呈90°),向各方向做弹伸的动作,包括向前、侧、后弹踢(见图12-2-21)。

(2)踢:指直腿向各方向做由下至上的加速摆动动作,包括前踢、侧踢、后踢(见图12-2-22)。

(3)蹲:全蹲时大小腿折叠,半蹲时大小腿形成夹角(见图12-2-23)。

(4)屈伸:指膝关节由直成屈再由屈伸直的动作,包括两腿同时或依次的原地和移动屈伸(见图12-2-24)。

(5)内旋和外旋:指以髋和膝为轴做腿的向内和向外的旋转动作,包括两腿同时或依次的内旋和外旋(见图12-2-25)。

要求:弹踢时力达最远端,半蹲时上体立直,屈伸要有弹性,内旋、外旋时以膝带动腿旋转。

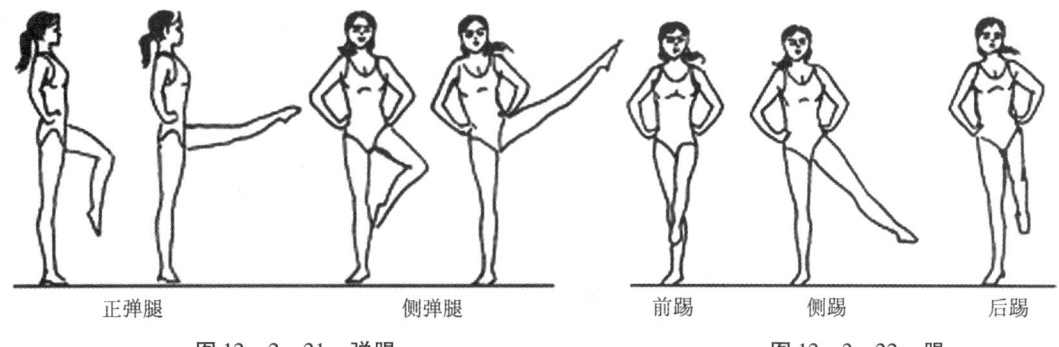

图 12-2-21　弹踢　　　　　　　　　　图 12-2-22　踢

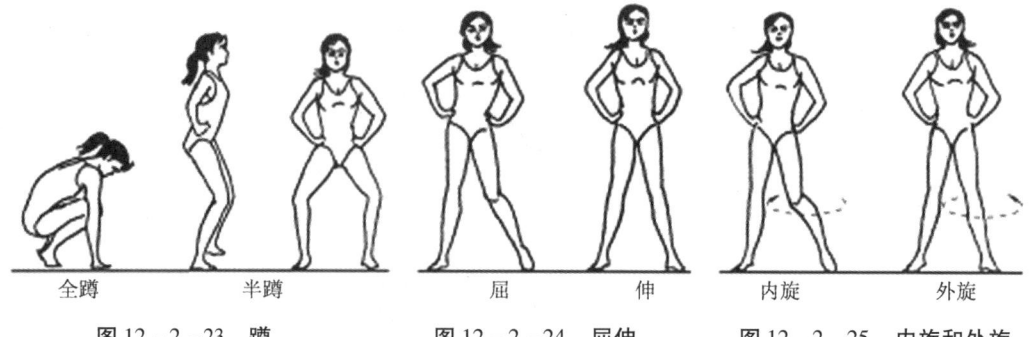

图 12-2-23 蹲　　图 12-2-24 屈伸　　图 12-2-25 内旋和外旋

# 第三节　健美操大众锻炼标准测试套路

## 一、健美操大众锻炼标准测试套路一级

(一)组合一:4×8×2

- 第一个八拍(见图 12-3-1)

1~8:右脚开始,原地踏步 8 次。双手握拳,拳心相对,在体侧前后自然摆动。

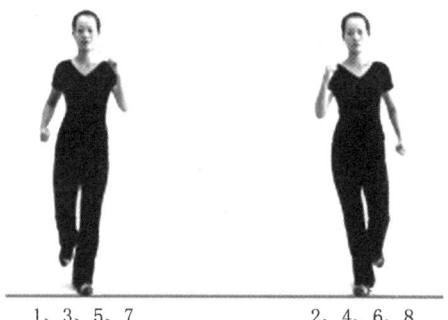

图 12-3-1　第一个八拍

- 第二个八拍(见图 12-3-2)

1~4:右脚开始向前走 3 步,第四步左脚并于右脚。双臂前后自然摆动。
5~8:右脚开始向后退 3 步,第四步左脚并于右脚。双臂前后自然摆动。

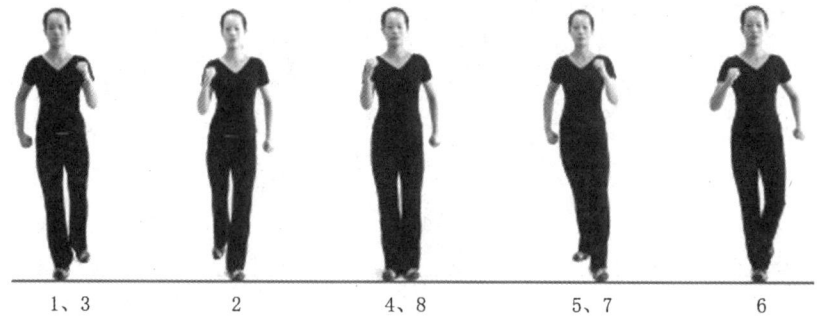

图 12-3-2　第二个八拍

- 第三个八拍

1~4:右脚开始向前走3步,第四步左脚并于右脚。双臂前后自然摆动。

5~8:右脚开始向后退3步,第四步左脚并于右脚。双臂前后自然摆动。

- 第四个八拍(见图12-3-3)

1~2:双腿半蹲一次。双臂屈肘,双手握拳,拳心正对两肩。

3~4:双腿半蹲一次。双臂胸前平屈,双手握拳,拳心向下。

5~8:同1~4。

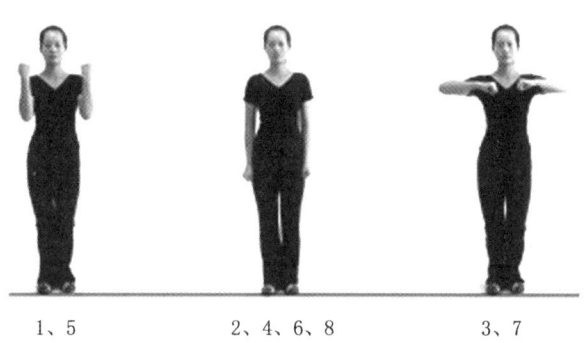

图12-3-3 第四个八拍

- 第五个八拍

1~8:左脚开始,原地踏步8次。双手握拳,拳心相对,在体侧前后自然摆动。

- 第六个八拍

1~4:左脚开始向前走3步,第四步右脚并于左脚。双臂前后自然摆动。

5~8:左脚开始向后退3步,第四步右脚并于左脚。双臂前后自然摆动。

- 第七个八拍

1~4:左脚开始向前走3步,第四步右脚并于左脚。双臂前后自然摆动。

5~8:左脚开始向后退3步,第四步右脚并于左脚。双臂前后自然摆动。

- 第八个八拍

1~2:双腿半蹲一次。双臂屈肘,双手握拳,拳心正对两肩。

3~4:双腿半蹲一次。双臂胸前平屈,双手握拳,拳心向下。

5~8:同1~4。

(二)组合二:4×8×2

- 第一个八拍(见图12-3-4)

1~2:向右侧并步一次。双臂经胸前平屈下压,双手握拳,拳心向下。

3~4:向左侧并步一次。双臂经胸前平屈下压,双手握拳,拳心向下。

5~8:同1~4。

- 第二个八拍(见图12-3-5)

1~4:向右连续两次侧并步。双臂经体侧至上举两次,双手并掌,掌心朝前。

5~8:向左连续两次侧并步。双臂经体侧至上举两次,双手并掌,掌心朝前。

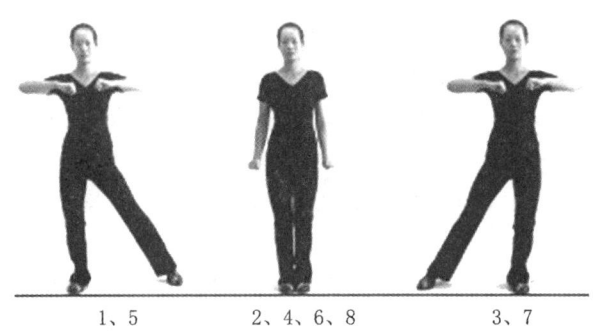

1、5　　　　　2、4、6、8　　　　3、7

图12-3-4　第一个八拍

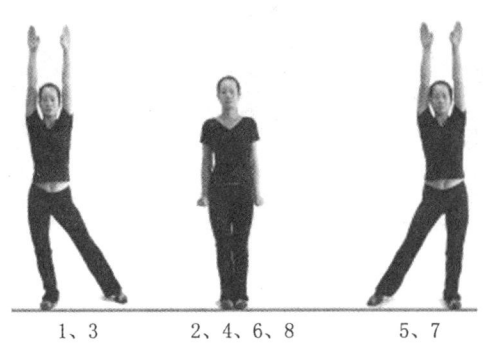

1、3　　　　　2、4、6、8　　　　5、7

图12-3-5　第二个八拍

- 第三个八拍（见图12-3-6）

1~4：向右交叉步一次。双臂由侧平举经体前交叉至侧平举,双手握拳,拳心向下。

5~8：向左交叉步一次。双臂由侧平举经体前交叉至侧平举,双手握拳,拳心向下。

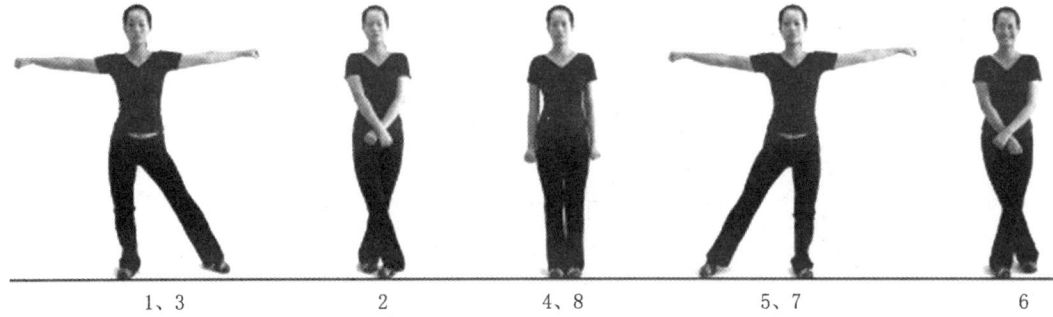

1、3　　　　2　　　　4、8　　　　5、7　　　　6

图12-3-6　第三个八拍

- 第四个八拍（见图12-3-7）

1~4：向右交叉步一次。双臂由侧平举经体前交叉至侧平举,双手握拳,拳心向下。

5~6：左脚向左侧迈一步,右腿后屈腿一次。双臂体侧屈肘前后摆动。

7~8：右脚向右侧迈一步,左腿后屈腿一次。双臂体侧屈肘前后摆动。

- 第五个八拍

1~2：向右侧并步一次。双臂经胸前平屈下压,双手握拳,拳心向下。

3~4：向左侧并步一次。双臂经胸前平屈下压,双手握拳,拳心向下。

图12-3-7 第四个八拍

5~8:同1~4。

- 第六个八拍

1~4:向左连续两次侧并步。双臂经体侧至上举两次,双手并掌,掌心朝前。

5~8:向右连续两次侧并步。双臂经体侧至上举两次,双手并掌,掌心朝前。

- 第七个八拍

1~4:向左交叉步一次。双臂由侧平举经体前交叉至侧平举,双手握拳,拳心向下。

5~8:向右交叉步一次。双臂由侧平举经体前交叉至侧平举,双手握拳,拳心向下。

- 第八个八拍

1~4:向左交叉步一次。双臂由侧平举经体前交叉至侧平举,双手握拳,拳心向下。

5~6:右脚向右侧迈一步,左腿后屈腿一次。双臂体侧屈肘前后摆动。

7~8:左脚向左侧迈一步,右腿后屈腿一次。双臂体侧屈肘前后摆动。

(三)组合三:4×8×2

- 第一个八拍(见图12-3-8)

1~4:右脚向前一字步。1~2双臂屈肘,双手握拳,拳心正对两肩;3~4双臂侧平举,双手握拳,拳心向下。

5~8:同1~4。

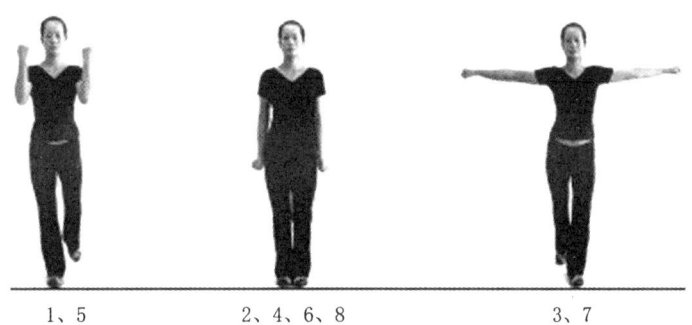

图12-3-8 第一个八拍

- 第二个八拍(见图12-3-9)

1~4:右脚开始的"V"字步。1右臂前侧举;2左臂前侧举;3双臂胸前交叉,肘与肩同高;4双臂还原至体侧。

5~8:同1~4。

图 12-3-9　第二个八拍

● 第三个八拍(见图 12-3-10)

1~2:右脚的小马跳。右臂侧平举,右手并掌,掌心向下,左臂屈肘,左手并掌,掌心贴于后脑勺。

3~4:左脚的小马跳。左臂侧平举,左手并掌,掌心向下,右臂屈肘,右手并掌,掌心贴于后脑勺。

5~8:同1~4。

图 12-3-10　第三个八拍

● 第四个八拍(见图 12-3-11)

1~2:右脚向右侧迈一步,左脚侧点地。左臂向前侧方冲拳,拳心向下,右手握拳收于腰间,拳心向上。

3~4:右脚侧点地。右臂向前侧方冲拳,拳心向下,左手握拳收于腰间,拳心向上。

5~6:分腿半蹲。双手按在两大腿上,两肘外开。

7~8:右腿并于左腿,直立。双手击掌两次。

图 12-3-11　第四个八拍

- **第五个八拍**

1~4:左脚向前一字步。1~2 双臂屈肘,双手握拳,拳心正对两肩;3~4 双臂侧平举,双手握拳,拳心向下。

5~8:同 1~4。

- **第六个八拍**

1~4:左脚开始的"V"字步。1 左臂前侧举;2 右臂前侧举;3 双臂胸前交叉,肘与肩同高;4 双臂还原至体侧。

5~8:同 1~4。

- **第七个八拍**

1~2:左脚的小马跳。左臂侧平举,左手并掌,掌心向下,右臂屈肘,右手并掌,掌心贴于后脑勺。

3~4:右脚的小马跳。右臂侧平举,右手并掌,掌心向下,左臂屈肘,左手并掌,掌心贴于后脑勺。

5~8:同 1~4。

- **第八个八拍**

1~2:左脚向左侧迈一步,右脚侧点地。右臂向前侧方冲拳,拳心向下,左手握拳收于腰间,拳心向上。

3~4:左脚侧点地。左臂向前侧方冲拳,拳心向下,右手握拳收于腰间,拳心向上。

5~6:分腿半蹲。双手按在两大腿上,两肘外开。

7~8:左腿并于右腿,直立。双手击掌两次。

(四)组合四:4×8×2

- **第一个八拍**(见图 12-3-12)

1~8:右脚开始,原地跑步 8 次。双手握拳,拳心相对,在体侧前后自然摆动。

1、3、5、7　　　　　　　　2、4、6、8

图 12-3-12　第一个八拍

- **第二个八拍**(见图 12-3-13)

1~4:开合跳一次。1~2 双臂侧平举,双手握拳,拳心向下;3~4 双臂体前交叉一次。

5~6:开合跳一次。5 双臂侧平举,双手握拳,拳心向下;6 双臂体前交叉一次。

7~8:开合跳一次。7 双臂侧平举,双手握拳,拳心向下;8 双臂还原至体侧。

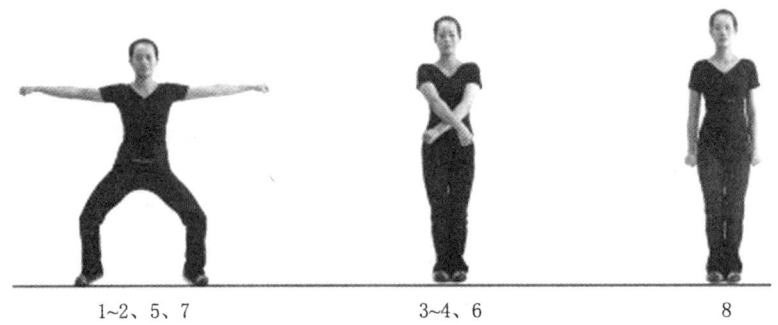

图 12－3－13　第二个八拍

- 第三个八拍（见图 12－3－14）

1～4：右脚向前迈一步，左腿吸腿一次。两臂体侧屈肘前后摆动。

5～6：左脚向前迈一步，右腿吸腿一次。两臂体侧屈肘前后摆动。

图 12－3－14　第三个八拍

- 第四个八拍（见图 12－3－15）

1～2：右脚脚跟前点地。双臂屈肘，双手握拳，拳心正对两肩。

3～4：左脚脚跟前点地。双臂屈肘，双手握拳，拳心正对两肩。

5～8：右脚脚尖侧点地两次。5 双臂侧下举，双手开掌，掌心向后；6 双臂体前交叉；7 双臂侧下举；8 双臂还原至体侧。

图 12－3－15　第四个八拍

- 第五个八拍

1～8：左脚开始，原地跑步8次。双手握拳，拳心相对，在体侧前后自然摆动。

- 第六个八拍

1～4：开合跳一次。1～2 双臂侧平举,双手握拳,拳心向下;3～4 双臂体前交叉一次。

5～6：开合跳一次。5 双臂侧平举,双手握拳,拳心向下;6 双臂体前交叉一次。

7～8：开合跳一次。7 双臂侧平举,双手握拳,拳心向下;8 双臂还原至体侧。

- 第七个八拍

1～4：左脚向前迈一步,右腿吸腿一次。两臂体侧屈肘前后摆动。

5～6：右脚向前迈一步,左腿吸腿一次。两臂体侧屈肘前后摆动。

- 第八个八拍

1～2：左脚脚跟前点地。双臂屈肘,双手握拳,拳心正对两肩。

3～4：右脚脚跟前点地。双臂屈肘,双手握拳,拳心正对两肩。

5～8：左脚脚尖侧点地两次。5 双臂侧下举,双手开掌,掌心向后;6 双臂体前交叉;7 双臂侧下举;8 双臂还原至体侧。

## 二、健美操大众锻炼标准测试套路二级

(一)组合一:4×8×2

- 第一个八拍(见图 12-3-16)

1～4：右脚开始的一字步。1 右臂胸前平屈,右手握拳,拳心向下;2 左臂胸前平屈,左手握拳,拳心向下;3 双手胸前击掌一次;4 双臂还原至体侧。

5～8：身体向右转 45°,右脚开始的一字步。5 右臂胸前平屈,右手握拳,拳心向下;6 左臂胸前平屈,左手握拳,拳心向下;7 双手胸前击掌一次;8 双臂还原至体侧。

图 12-3-16　第一个八拍

- 第二个八拍(见图 12-3-17)

1～4：右脚向前走 3 步,第四步左脚屈膝并于右脚。双臂由下经前举屈肘拉回至腰间两次,双手握拳。

5～8：左脚向后退 3 步,第四步右脚屈膝并于左脚,同时身体向左转 45°,面对前方。双臂由下经前举屈肘拉回至腰间两次,双手握拳。

- 第三个八拍(见图 12-3-18)

1～4：右脚开始的"V"字步。1 右臂屈肘,右手开掌,掌心贴于后脑勺;2 左臂屈肘,左手开掌,掌心贴于后脑勺;3～4 双臂由上经前至下,双手握拳。

5～8：同 1～4。

图 12 - 3 - 17 　第二个八拍

图 12 - 3 - 18 　第三个八拍

● 第四个八拍(见图 12 - 3 - 19)

1～4:向右的交叉步。双臂由下经前举屈肘拉回至腰间两次,双手握拳。

5～6:向左的侧并步一次。双臂经胸前平屈下压,双手握拳,拳心向下。

7～8:向右的侧并步一次。双臂经胸前平屈下压,双手握拳,拳心向下。

图 12 - 3 - 19 　第四个八拍

● 第五个八拍

1～4:左脚开始的一字步。1 左臂胸前平屈,左手握拳,拳心向下;2 右臂胸前平屈,右手握拳,拳心向下;3 双手胸前击掌一次;4 双臂还原至体侧。

5～8:身体向左转45°,左脚开始的一字步。5 左臂胸前平屈,左手握拳,拳心向下;6 右臂胸前平屈,右手握拳,拳心向下;7 双手胸前击掌一次;8 双臂还原至体侧。

● 第六个八拍

1~4：左脚向前走3步，第四步右脚屈膝并于左脚。双臂由下经前举屈肘拉回至腰间两次，双手握拳。

5~8：右脚向后退3步，第四步左脚屈膝并于右脚，同时身体向右转45°，面对前方，双臂由下经前举屈肘拉回至腰间两次，双手握拳。

● 第七个八拍

1~4：左脚开始的V字步。1左臂屈肘，左手开掌，掌心贴于后脑勺；2右臂屈肘，右手开掌，掌心贴于后脑勺；3~4双臂由上经前至下，双手握拳。

5~8：同1~4。

● 第八个八拍

1~4：向左的交叉步。双臂由下经前举屈肘拉回至腰间两次，双手握拳。

5~6：向右的侧并步一次。双臂经胸前平屈下压，双手握拳，拳心向下。

7~8：向左的侧并步一次。双臂经胸前平屈下压，双手握拳，拳心向下。

（二）组合二：4×8×2

● 第一个八拍（见图12-3-20）

1~2：右、左脚依次向右斜前方、左斜前方迈一步。双臂屈肘于体侧前后自然摆动，双手握拳。

3~4：右、左摆髋各一次。3双臂屈肘由下经右侧向侧上方摆动，双手握拳；4双臂屈肘由下经左侧向斜上方摆动，双手握拳。

5~6：同3~4。

7~8：右、左脚依次退回原位，第8拍身体向右转45°。双臂屈肘于体侧前后自然摆动，双手握拳。

图12-3-20 第一个八拍

● 第二个八拍（见图12-3-21）

1~4：1右脚向斜前方迈一步；2踢左腿；3左脚向斜后方退一步；4右脚继续向斜后方退一步成前弓步。双手握拳，拳心向下，1、3左臂前举，右手收于腰间；2、4右臂前举，左手收于腰间。

5~8：同1~4，第8拍身体向左转45°，面对前方。

图 12-3-21 第二个八拍

● 第三个八拍(见图 12-3-22)

1~4:向右的交叉步。双臂由侧平举经体前交叉至侧平举,双手握拳,拳心向下。

5~6:左脚侧点地。双臂左斜下举,双手握拳,拳眼朝前。

7~8:右脚侧点地。双臂右斜下举,双手握拳,拳眼朝前。

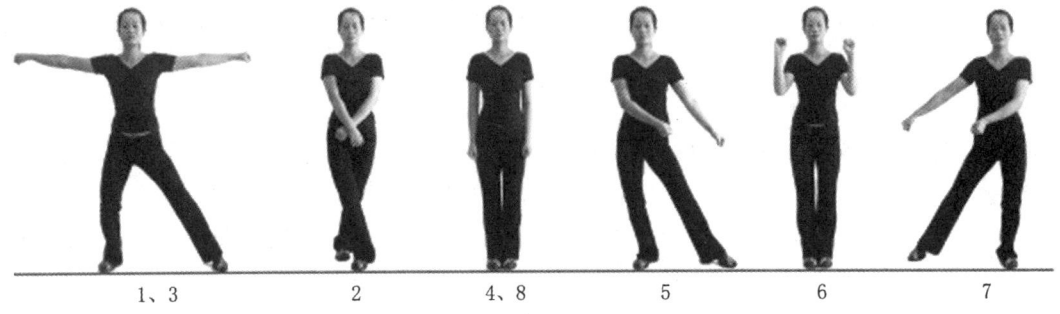

图 12-3-22 第三个八拍

● 第四个八拍(见图 12-3-23)

1~4:左腿吸腿跳两次。1、3 双臂胸前平屈,双手握拳,拳心向下;2 双臂上举,双手开掌,掌心朝前;4 双臂还原至体侧。

5~8:右腿吸腿跳两次。5、7 双臂胸前平屈,双手握拳,拳心向下;6 双臂上举,双手开掌,掌心朝前;8 双臂还原至体侧。

图 12-3-23 第四个八拍

- 第五个八拍

1~2:左、右脚依次向左斜前方、右斜前方迈一步。双臂屈肘于体侧前后自然摆动,双手握拳。

3~4:左、右摆髋各一次。3 双臂屈肘由下经右侧向侧上方摆动,双手握拳;4 双臂屈肘由下经右侧向斜上方摆动,双手握拳。

5~6:同 3~4。

7~8:左、右脚依次退回原位,第 8 拍身体向左转 45°。双臂屈肘于体侧前后自然摆动,双手握拳。

- 第六个八拍

1~4:1 左脚向斜前方迈一步;2 踢右腿;3 右脚向斜后方退一步;4 左脚继续向斜后方退一步成前弓步。双手握拳,拳心向下,1、3 右臂前举,左手收于腰间;2、4 左臂前举,右手收于腰间。

5~8:同 1~4,第 8 拍身体向右转 45°,面对前方。

- 第七个八拍

1~4:向左的交叉步。双臂由侧平举经体前交叉至侧平举,双手握拳,拳心向下。

5~6:右脚侧点地。双臂右斜下举,双手握拳,拳眼朝前。

7~8:左脚侧点地。双臂左斜下举,双手握拳,拳眼朝前。

- 第八个八拍

1~4:右腿吸腿跳两次。1、3 双臂胸前平屈,双手握拳,拳心向下;2 双臂上举,双手开掌,掌心朝前;4 双臂还原至体侧。

5~8:左腿吸腿跳两次。5、7 双臂胸前平屈,双手握拳,拳心向下;6 双臂上举,双手开掌,掌心朝前;8 双臂还原至体侧。

(三)组合三:4×8×2

- 第一个八拍(见图 12-3-24)

1~4:向右的侧并步跳一次,第四拍身体向右转 90°。双手握拳,1~3 双臂逆时针环绕一圈,4 双臂屈肘收至身体右侧。

5~8:向左的侧并步跳一次。双手握拳,5~7 双臂逆时针环绕一圈,8 双臂屈肘收至身体左侧。

图 12-3-24 第一个八拍

● 第二个八拍

1~4：向右的侧并步跳一次，第四拍身体向左转90°面对前方。双手握拳，1~3双臂逆时针环绕一圈，4双臂屈肘收至身体右侧。

5~8：向左的侧并步跳一次。双手握拳，5~7双臂顺时针环绕一圈，8双臂屈肘收至身体左侧。

● 第三个八拍（见图12-3-25）

1~4：右脚开始做漫步。1~2双臂前上举屈伸两次，双手握拳，拳心朝前；3~4双臂由上经前至下，双手握拳。

5~8：同1~4。

图12-3-25　第三个八拍

● 第四个八拍（见图12-3-26）

1~8：右脚向右斜前方迈一步，左腿吸腿4次。双手握拳，1、3、5、7双臂前上举，拳心朝前；2、4、6、8双臂屈肘收于腰间，拳心向下。

图12-3-26　第四个八拍

● 第五个八拍

1~4：向左的侧并步跳一次，第四拍身体向左转90°。双手握拳，1~3双臂逆时针环绕一圈，4双臂屈肘收至身体左侧。

5~8：向右的侧并步跳一次。双手握拳，5~7双臂逆时针环绕一圈，8双臂屈肘收至身体右侧。

● 第六个八拍

1~4：向左的侧并步跳一次，第四拍身体向右转90°面对前方。双手握拳，1~3双臂顺时针环绕一圈,4 双臂屈肘收至身体左侧。

5~8:向右的侧并步跳一次。双手握拳,5~7 双臂逆时针环绕一圈,8 双臂屈肘收至身体右侧。

- 第七个八拍

1~4:左脚开始做漫步。1~2 双臂前上举屈伸两次,双手握拳,拳心朝前;3~4 双臂由上经前至下,双手握拳。

5~8:同 1~4。

- 第八个八拍

1~8:左脚向左斜前方迈一步,右腿吸腿 4 次。双手握拳,1、3、5、7 双臂前上举,拳心朝前;2、4、6、8 双臂屈肘收于腰间,拳心向下。

(四)组合四:4×8×2

- 第一个八拍(见图 12-3-27)

1~4:右脚开始向前走 4 步。双臂屈肘于体侧前后自然摆动,双手握拳。

5~6:右腿向前弹踢腿一次。双臂前举,双手屈掌。

7~8:左腿向前弹踢腿一次。双臂前举,双手屈掌。

图 12-3-27　第一个八拍

- 第二个八拍(见图 12-3-28)

1~2:右脚向右斜后方侧并步跳一次。1 双臂侧平举,双手立掌;2 双手胸前击掌一次。

3~4:左脚向左斜后方侧并步跳一次。3 双臂侧平举,双手立掌;4 双手胸前击掌一次。

5~6:同 1~2。

7~8:同 3~4。

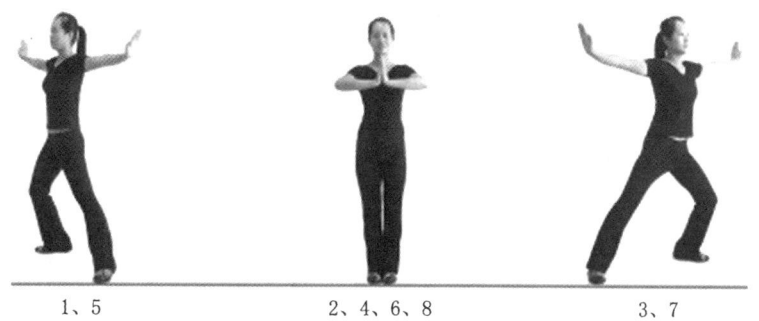

图 12-3-28　第二个八拍

- 第三个八拍(见图 12 – 3 – 29)

1~2:右脚向侧迈一步成摆腿跳。右臂侧上举,左臂侧平举,双手并掌,掌心向下。

3~4:左脚向右斜前方做漫步。双手叉腰。

5~6:左脚向侧迈一步成摆腿跳。左臂侧上举,右臂侧平举,双手并掌,掌心向下。

7~8:右脚向左斜前方做漫步。双手叉腰。

图 12 – 3 – 29　第三个八拍

- 第四个八拍(见图 12 – 3 – 30)

1~2:右脚向侧迈一步,左腿后屈腿一次。两臂体侧屈肘前后摆动。

3~4:左脚向侧迈一步,右腿后屈腿一次。两臂体侧屈肘前后摆动。

5~8:右脚向侧迈一步,左腿后屈腿两次。两臂体侧屈肘前后摆动。

图 12 – 3 – 30　第四个八拍

- 第五个八拍

1~4:左脚开始向前走4步。双臂屈肘于体侧前后自然摆动,双手握拳。

5~6:左腿向前弹踢腿一次。双臂前举,双手屈掌。

7~8:右腿向前弹踢腿一次。双臂前举,双手屈掌。

- 第六个八拍

1~2:左脚向左斜后方侧并步跳一次。1 双臂侧平举,双手立掌;2 双手胸前击掌一次。

3~4:右脚向右斜后方侧并步跳一次。3 双臂侧平举,双手立掌;4 双手胸前击掌一次。

5~6:同1~2。

7~8:同3~4。

- 第七个八拍

1~2:左脚向侧迈一步成摆腿跳。左臂侧上举,右臂侧平举,双手并掌,掌心向下。

3~4:右脚向左斜前方做漫步。双手叉腰。

5~6:右脚向侧迈一步成摆腿跳。右臂侧上举,左臂侧平举,双手并掌,掌心向下。

7~8:左脚向右斜前方做漫步。双手叉腰。

- 第八个八拍

1~2:左脚向侧迈一步,右腿后屈腿一次。两臂体侧屈肘前后摆动。

3~4:右脚向侧迈一步,左腿后屈腿一次。两臂体侧屈肘前后摆动。

5~8:左脚向侧迈一步,右腿后屈腿两次。两臂体侧屈肘前后摆动。

### 三、《全国健美操大众锻炼标准》第三套大众二级动作

- 组合一

| 1×8 | | | |
|---|---|---|---|
| 节拍 | | 下肢步伐 | 上肢动作 |
| 一 | 1~4 | 右脚十字步(box step) | 1 右臂侧举,2 右臂侧举,3 双臂上举,4 下举 |
| | 5~8 | 向后走四步(4 walk bwd) | 屈臂自然摆动,7~8 同 5~6 |
| 二 | 1~8 | 动作同第一个八拍,但向前走四步 | |

| 1×8 | | | |
|---|---|---|---|
| 节拍 | | 下肢步伐 | 上肢动作 |
| 三 | 1~6 | 6 拍漫步(baby mambo) | 1~2 右手前举,3 双手叉腰,4~5 左手前举,6 双手胸前交叉 |
| | 7~8 | 1/2 后漫步(1/2 mambo bwd) | 双臂侧后下举 |

| 1×8 | | | |
|---|---|---|---|
| 节拍 | | 下肢步伐 | 上肢动作 |
| 四 | 1~2 | 右脚向右并步跳(cha cha side) | 屈左臂自然摆动 |
| | 3~8 | 左脚向右前方做6拍前侧后漫步(baby mambo) | 3~4前平举弹动两次,5~6侧平举,7~8后斜下举 |

第五至八个八拍,动作相同,但方向相反

- 组合二

| 1×8 | | | |
|---|---|---|---|
| 节拍 | | 下肢步伐 | 上肢动作 |
| 一 | 1~2 | 右脚向右侧滑步(slide) | 右臂侧上举左臂侧平举 |
| | 3~4 | 1/2后漫步(1/2 mambo bwd) | 双臂屈臂后摆 |
| | 5~8 | 左脚开始向左前方做侧并步2次(2 step touch) | 5~6击掌3次,7~8双手叉腰 |

| 1×8 | | | |
|---|---|---|---|
| 节拍 | | 下肢步伐 | 上肢动作 |
| 二 | 1~4 | 左脚开始向左后方做侧并步两次 | 5~6击掌3次,7~8双手叉腰 |
| | 5~6 | 左脚向左侧滑步(slide) | 左臂侧上举,右臂侧平举 |
| | 7~8 | 1/2后漫步(1/2 mambo bwd) | 双臂屈臂后摆 |

| 1×8 | | |
|---|---|---|
| 节拍 | 下肢步伐 | 上肢动作 |
| 三 1~4 | 右转90°,上步吸腿两次(step two knee) | 双臂向前冲拳、向后下冲拳两次 |
| 5~8 | "V"字步左转90°(V step) | 双臂由右向左水平摆动 |

| 1×8 | | |
|---|---|---|
| 节拍 | 下肢步伐 | 上肢动作 |
| 四 1~4 | 左腿吸腿(侧点地)两次(double knee) | 1 双臂胸前平屈,2 左臂上举,3 同1,4 还原 |
| 5~8 | 5~8同1~4,但方向相反 | |

第五至八个八拍,动作相同,但方向相反。

- 组合三

| 1×8 | | |
|---|---|---|
| 节拍 | 下肢步伐 | 上肢动作 |
| 一 1~4 | 右脚侧并步跳(step jump) | 双臂上举 |
| 5~8 | 右转90°侧交叉步(grapevine) | 双臂屈臂自然摆动,第8拍,双臂侧下举,上体向左扭转90°,朝正前方 |

| 1×8 | 图1~4同前1~4拍动作,但方向相反 | |
|---|---|---|
| | 节拍 | 下肢步伐 | 上肢动作 |

| | 节拍 | 下肢步伐 | 上肢动作 |
|---|---|---|---|
| 二 | 1~4 | 向右侧并步跳(step jump) | 双臂上举 |
| | 5~8 | 左转90°左脚开始侧并步两次 | 5~6右臂前下举,7~8左臂前下举 |

| 1×8 | | |
|---|---|---|

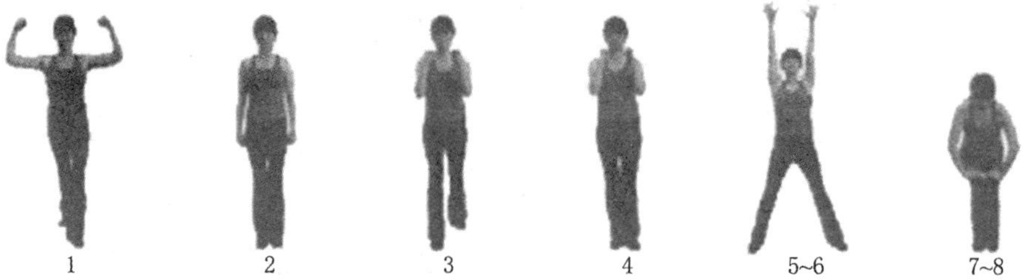

| | 节拍 | 下肢步伐 | 上肢动作 |
|---|---|---|---|
| 三 | 1~4 | 左脚向前一字步(easy walk fwd) | 1双臂肩侧屈,2双臂下举,3~4双臂胸前屈 |
| | 5~8 | 依次分并腿(open close) | 5~6双臂上举掌心朝前,7~8双手放膝上 |

| 1×8 | | |
|---|---|---|

| | 节拍 | 下肢步伐 | 上肢动作 |
|---|---|---|---|
| 四 | 1~4 | 向后一字步(easy walk fwd) | 1~2手侧下举,3~4胸前交叉 |
| | 5~8 | 依次分并腿2次(2 open close) | 双臂经胸前交叉1次侧上举,1次侧下举 |

第五至八个八拍,动作相同,但方向相反

- 组合四

| 1×8 | | |
|---|---|---|
| 节拍 | 下肢步伐 | 上肢动作 |
| 一 | 1~8 | 右脚开始小马跳4次,向侧向前呈梯形(4 pony) | 单臂体侧向内绕环,5~8同1~4 |

| 1×8 | | |
|---|---|---|
| 节拍 | 下肢步伐 | 上肢动作 |
| 二 | 1~4 | 向右后弧形跑四步,右转270°(4 jog) | 屈臂自然摆动 |
|   | 5~8 | 开合跳1次(jump jack) | 5~6双手放腿上,7击掌,8放于体侧 |

| 1×8 | | |
|---|---|---|
| 节拍 | 下肢步伐 | 上肢动作 |
| 三 | 1~4 | 右脚向右前上步后屈腿(step knee) | 1双臂胸前交叉,2右臂侧举、左臂上举,3同1,4双手叉腰 |
|   | 5~8 | 右转90°,左脚向前上步后屈腿(step curl) | 动作同1~4,但方向相反 |

| 1×8 | | | |
|---|---|---|---|
| 节拍 | | 下肢步伐 | 上肢动作 |
| 四 | 1~4 | 右、左侧点地各一次(2 tap side) | 1 右手左前下举,2 双手叉腰,3~4 动作相同,但方向相反 |
| | 5~8 | 右脚上步转髋,还原(hip twist) | 5 双臂胸前平屈,6 前推,7 同 5,8 放于体侧 |
| 第五至八个八拍,动作相同,但方向相反 | | | |

# 第十三章 武 术

## 第一节 武术概述

武术是以踢、打、摔、拿、击、刺等技术动作为素材,遵守攻守进退、动静疾徐、刚柔虚实等规律组成套路;或在特定条件和规则下,两人斗智斗力,形成搏击,以此来增强体质、培养意志、防身自卫的运动项目。武术在我国具有广泛的群众基础,是中华民族在长期生活斗争实践中逐渐积累和丰富起来的宝贵文化遗产。

### 一、武术的产生和发展

武术在我国历史悠久,它萌芽于先民的生产劳动中。在原始的低级生产力条件下,人们为了生存的需要,不但靠拳打、脚踢、躲闪、腾挪等徒手动作同野兽搏斗,还要拿起石头、木棒与野兽抗争。随着生产力的发展,人与人、部落与部落之间经常发生战争,武力就成了掠夺财富、争夺地位的一种主要手段。人们在各种抗争中,不断总结,反复模仿、演练,逐渐形成了初级武术动作。

武术作为独立的社会文化现象,是同中华文明的发展同步的,随着历史的不断发展,人们总结前人的技击技术编排成一定的套路,形成了独具特色的武术。武术随着时间的推移,逐渐向世界传播,目前武术运动已遍及世界各地,深受人们的喜爱。中华武术在不远的将来可能还将跻身奥运会。

### 二、武术分类

武术种类繁多,据不完全统计,我国各民族各地区的拳种达100余种,有些又有多种流派,按其运动形式可分为套路运动、搏击运动。

(一)套路运动

套路运动是以攻守进退、动静疾徐、刚柔虚实等矛盾运动的变化规律编成的套路练习形式,主要内容包括徒手、器械、对练、集体表演等。

1. 徒手

徒手套路主要有长拳、太极拳、南拳、形意拳、八卦掌、通臂拳、象形拳、少林拳等。下面简单介绍长拳和太极拳。

(1)长拳。长拳是以拳、掌、勾为主要手型,以弓步、仆步、虚步、歇步为基本步型,并由蹿蹦、跳跃、闪展、腾挪、起伏转身、跌扑滚翻等动作技术组成的姿势舒展、动作灵活、快速有力、节奏鲜明的拳术。

(2)太极拳。太极拳是一种柔和、缓慢、轻灵的拳术,它以掤①、捋、挤、按、采、挒②、肘、靠、进、退、顾、盼、定等为基本十三势。动作轻柔圆活,处处带有弧形,绵绵不断,势势相承。传统太极拳有陈式、杨式、吴式和武式等较有影响的流派。

2. 器械

器械分为长器械、短器械、双器械、软器械。

3. 对练

对练是在单练基础上,由两人或两人以上、在预定条件下进行的攻防练习。对练包括徒手对练、器械对练等。

4. 集体表演

集体表演以表演为目的,具有很强的观赏性,一般以6人以上的徒手或器械集体演练为主。可根据不同的情况变换队形、图案,采用音乐伴奏,动作整齐,协调一致。

(二)搏击运动

搏击是两人在一定条件下按照一定的规则进行的攻防对抗、斗智较力的练习形式。我国的搏击运动主要有散打、推手。

# 第二节　武术的基本动作

一、手型

(一)拳

四指并拢握拳,拇指紧扣食指和中指的第二指节(见图13-2-1)。

(二)掌

四指并拢伸直,拇指弯曲紧扣于虎口处(见图13-2-2)。

(三)勾

五指第一指节捏拢一起,屈腕(见图13-2-3)。

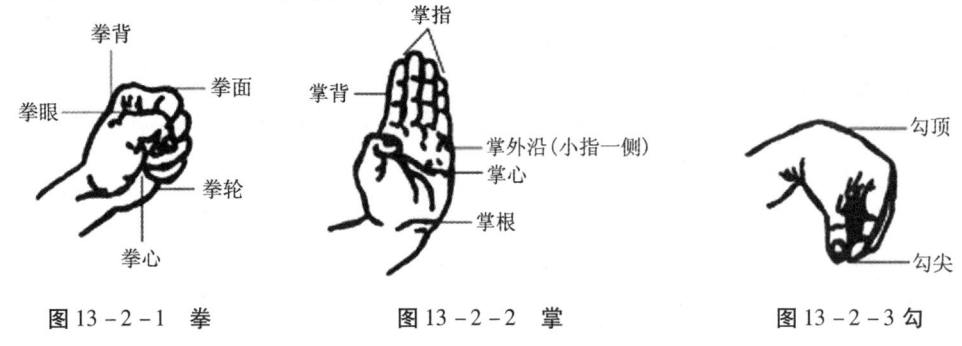

图13-2-1　拳　　　　图13-2-2　掌　　　　图13-2-3　勾

---

① 读 bīng。

② 读 liè。

## 二、手法

### (一)冲拳

冲拳分平拳、立拳两种,平拳拳心向下,立拳拳眼向上。

动作要领:挺胸、收腹、直腰,拳从腰间向前冲出,转腰、顺肩,在肘过腰后手臂内旋。力达拳面,臂要伸直,高与肩平。

### (二)架拳

动作要领:以右拳为例,右拳向下、向左、向上经头前向右上方画弧架起,拳眼向下,眼看左方。

### (三)推掌

动作要领:以右掌为例,右拳变掌,前臂内旋,并以掌根为力点向前猛力推击。推击时要转腰顺肩,臂要伸直,高与肩平。

### (四)亮掌

动作要领:右(左)拳变掌,经体侧向右、向上画弧,至头部右(左)前上方时,抖腕亮掌,臂成弧形。掌心向前,虎口朝下,眼随右(左)手动作转动。

## 三、步型

### (一)弓步

左脚向前一大步,脚尖微内扣,左腿屈膝半蹲,大腿接近水平,膝与脚尖垂直。右腿挺膝伸直,脚尖内扣斜向前,两脚全脚着地。上体正对前方,眼向前平视,两手抱拳于腰间(见图13-2-4)。

### (二)马步

两脚平行开立与肩同宽,脚尖正对前方,屈膝半蹲,膝部不超过脚尖。大腿接近水平,全脚着地,全身重心落在两腿之间,上体保持正直(见图13-2-5)。

### (三)虚步

两脚前后开立,右脚外展45°,屈膝半蹲;左脚脚跟离地,脚面绷直,脚尖稍内扣,虚点地面。膝微屈,重心落于后腿上,成左虚步(见图13-2-6)。

### (四)仆步

两脚左右开立,右腿屈膝全蹲,大腿和小腿靠紧,臀部接近小腿,右脚全脚着地,脚尖和膝关节外展。左腿挺直平仆,脚尖内扣,全脚着地。两手抱拳于腰间,眼向左方平视,成左仆步(见图13-2-7)。

图13-2-4　弓步　　图13-2-5　马步　　图13-2-6　虚步　　图13-2-7　仆步

（五）丁步

并步站立,两腿屈膝半蹲,右脚全脚着地,左脚脚跟提起,脚尖里扣并虚点地面,脚面绷直,贴于右脚脚弓处,重心落于右脚上。左脚尖点地为左丁步,右脚尖点地为右丁步(见图13-2-8)。

（六）歇步

两腿交叉靠拢全蹲,左脚全脚着地,脚尖外展,右脚全脚掌着地。膝部贴近左脚外侧,臀部坐于右腿接近脚跟处。两手抱拳于腰间。左脚在前为左歇步,右脚在前为右歇步(见图13-2-9)。

（七）坐盘

两脚交叉,右腿屈,大小腿均着地,脚跟接近臀部,左腿在身前横跨于右腿上方,左大腿贴近臀部(见图13-2-10)。

图13-2-8　丁步　　　　　图13-2-9　歇步　　　　　图13-2-10　坐盘

## 四、步法

（一）击步

上体前倾,后脚离地提起,前脚随即蹬地前纵。在空中应后脚向前碰击前脚,落地时,后脚先落,前脚后落(见图13-2-11)。

（二）垫步

后脚离地提起,脚掌向前脚处落步,前脚立即以脚掌蹬地向前上跳起,让重心留于后脚,然后再屈膝提脚向前落步(见图13-2-12)。

图13-2-11　击步　　　　　　　　　　　图13-2-12　垫步

## 五、肩部功

（一）单臂绕环

成前弓步站立,左手按于左膝上(也可脚开立,左手叉腰),右臂垂于体侧。右臂由上向后、向下、向后绕环,为向后绕环(见图13－2－13)。右臂由上向前、向下、向后绕环,为向前绕环。

图13－2－13 单臂绕环

(二)双臂绕环

1.向后绕环

两脚开立,与肩同宽,两臂垂于体侧,左右两臂依次做绕环。左臂由下向前、向上、向后做向前绕环,右臂由上向后、向下、向前做向后绕环。然后再做反向的绕环(见图13－2－14)。

图13－2－14 双臂向后绕环

2.左右绕环

左右两臂同时向右、向上、向左、向下画立圈绕环(见图13－2－15)。

3.交叉绕环

两臂垂直上举,左臂向前、向下、向后,右臂向后、向下、向前,同时于身侧画立圈绕环(见图13－2－16)。练习时可左右交替进行。

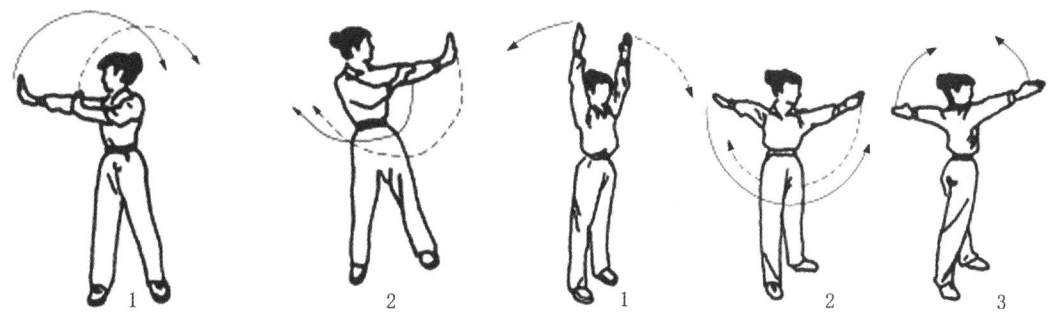

图13－2－15 双臂左右绕环　　　　图13－2－16 双臂交叉绕环

4.仆步抡拍

预备姿势：两脚开立，略宽于肩，两臂垂直体侧。

动作要领：左脚向左迈出一步成左弓步，上体随之左转，同时右臂向左前下方伸出；左掌掌心向里，掌指向下，插于右臂肘关节处。上动不停，上体右转成右弓步，同时右臂直臂由左向上、向右抡臂画弧至右上方，左掌下落至左下方。上体右后转，同时右臂直臂向下、向后抡臂画弧至后下方，左臂直臂向上、向前抡臂画弧至前上方。上体左转成右仆步，同时右臂直臂向上、向右、向下抡臂画弧至右腿内侧拍地；左臂向下、向左抡臂画弧停于左上方（见图13-2-17）。左仆步抡臂动作，称左仆步抡拍，反之为右仆步抡拍。

图13-2-17　仆步抡拍

## 六、脚部动作

（一）正踢腿

预备姿势：两脚并立，两手立掌或握拳，两臂侧平举。

动作要领：左腿向前上半步，左腿支撑，右脚脚尖勾起向前额处猛踢，两眼向前平视（见图13-2-18）。练习时左右腿交替进行。

（二）斜踢腿

预备姿势：与正踢腿同。

动作要领：右腿向前半步，右腿支撑，左脚勾紧脚尖向异侧耳际猛踢，两眼向前平视（见图13-2-19）。练习时左右腿交替进行。

（三）侧踢腿

预备姿势：与正踢腿同。

动作要领：右脚向前上半步，脚尖外展，左脚脚跟稍提起，身体略右转，左臂前伸，右臂后举。左腿脚尖勾紧向左耳侧踢起，同时右臂屈肘上举亮掌，左臂屈肘立掌于右前或垂于裆前，两眼向前平视（见图13-2-20）。踢左腿为左侧踢，踢右腿为右侧踢。

图13-2-18　正踢腿　　图13-2-19　斜踢腿　　图13-2-20　侧踢腿

（四）外摆腿

预备姿势：与正踢腿同。

动作要领：右腿向右前方上半步，左脚尖勾紧向右侧上方踢起，经面前向左侧上方摆动，直腿落在右腿旁，两眼向前平视。左掌可在左侧上方击响，也可不做击响（见图13－2－21）。练习时左右腿交替进行。

（五）里合腿

预备姿势：与正踢腿同。

动作要领：右脚向右前方上半步，左脚脚尖勾起里扣并向左上方踢起，经面前向右侧方直腿摆动，落于右脚外侧。右手掌可在右侧上方迎击左脚掌，也可不做击响动作，两眼向前平视（见图13－2－22）。练习时，左右腿交替进行。

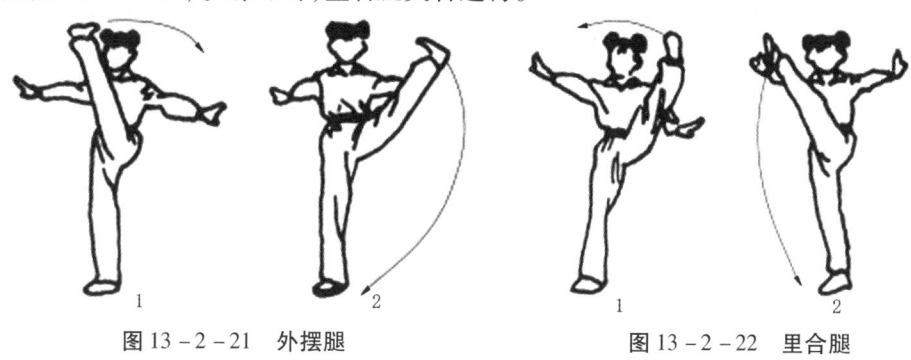

图13－2－21　外摆腿　　　　　图13－2－22　里合腿

（六）弹腿

预备姿势：两腿并立，两手叉腰。

动作要领：右腿屈膝提起，大腿与腰平，右脚绷直。提膝接近水平时，要迅速猛力挺膝，向前平踢（弹击），力达脚尖。大腿与小腿成一直线，高与腰平，左腿伸直或微屈支撑，两眼平视（见图13－2－23）。

（七）蹬腿

预备姿势：与弹腿同。

动作要领：与弹腿同，唯脚尖勾起，力达脚跟（见图13－2－24）。

（八）侧踹腿

预备姿势：两脚并立，两手叉腰。

动作要领：两腿左右交叉，右腿在前，稍屈膝。随即右腿伸直支撑，左腿屈膝提起，左脚里扣，脚跟用力向左侧上方踹出，高与肩平，上体向右侧倒，眼视左侧方（见图13－2－25）。

图13－2－23　弹腿　　　图13－2－24　蹬腿　　　图13－2－25　侧踹腿

## 七、跳跃动作

(一)腾空飞脚

预备姿势:并步站立。

动作要领:右脚上步,左腿向前、向上摆踢,右脚蹬地跃起,身体腾空。两臂由下向前、向头上摆起,右手背迎击左手掌。在空中,右腿向前上方弹踢,脚面绷直,右手迎击右脚面;同时左脚屈膝,左脚收控于右腿侧,脚面绷直,脚尖向下。左手在击响的同时摆至左侧方变勾手,勾尖向下,略高于肩。上体微前倾,两眼平视前方(见图13-2-26)。

图13-2-26 腾空飞脚

(二)旋风脚

预备姿势:开步站立。

动作要领:

1. 高虚步亮掌

右臂向前上方弧形摆掌,同时左臂屈肘,左掌收于左腰间,上体微左转,目随右掌。右掌经体前向左、向下、向右、向头抖手腕亮掌,掌心向前,掌指朝左;同时左掌从右臂内穿出,经胸前向上、向左摆至左肩,掌指朝上,高与肩平。右脚在右臂抖腕亮掌的同时收于体前,脚尖虚点地面,成高虚步。头部左转,两眼随右掌抖腕亮掌转视左侧(见图13-2-27)。

图13-2-27 高虚步亮掌

2. 旋风脚

左脚向左上步,同时左手向前、向上摆起,右臂伸直向后、向下摆动。右腿随即上步,脚尖内扣,准备蹬地踏跳。左臂向下摆动并屈肘收至右胸前,同时右臂向上、向前抢摆,上体向左旋转前俯。重心右移,右腿屈膝蹬地跳起,左腿提起向左上方摆动,上体向左上方翻转,同时两臂向下、向左上方抢摆。身体旋转一周,右腿做里合腿,左手在面前迎击右脚掌,左腿自然下垂(见图13-2-28)。

图13-2-28　旋风脚

### 八、平衡动作

平衡动作分为持久平衡和非持久平衡两种。持久平衡要求动作完成后,保持两秒以上的静止状态;非持久平衡没有时间上的要求,只要求完成动作后出现静止状态。做好平衡动作,不仅要求腰、髋有较好的柔韧性,而且要求有较好的肌肉控制力量。

(一)提膝平衡

动作要领:右腿伸直支撑,左腿屈膝提起(过腰),脚面绷直,并垂扣于右腿前侧。两眼向左平视(见图13-2-29)。

(二)燕式平衡

动作要领:右腿屈膝提起,两掌在身前交叉,掌心向内。然后,两掌向两侧直臂分成平举,上体前俯,右脚向后蹬伸,成平衡(见图13-2-30)。

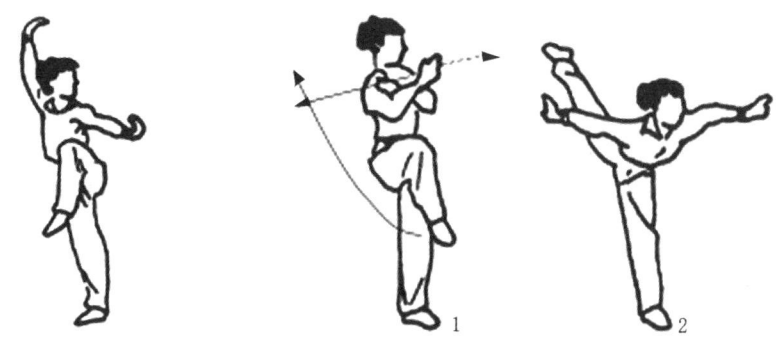

图13-2-29　提膝平衡　　　图13-2-30　燕式平衡

### 九、跌仆滚翻动作

(一)抢背

动作要领:右脚在前,左脚在后,两脚交错站立。左脚从后向上摆起,右脚蹬地跳起,团身向前滚翻,两腿屈膝(见图13-2-31)。

（二）鲤鱼打挺

动作要领：仰卧屈体使两腿上摆，两手扶按两膝。两腿下打，挺腹成弓曲，振摆而起（见图 13-2-32）。

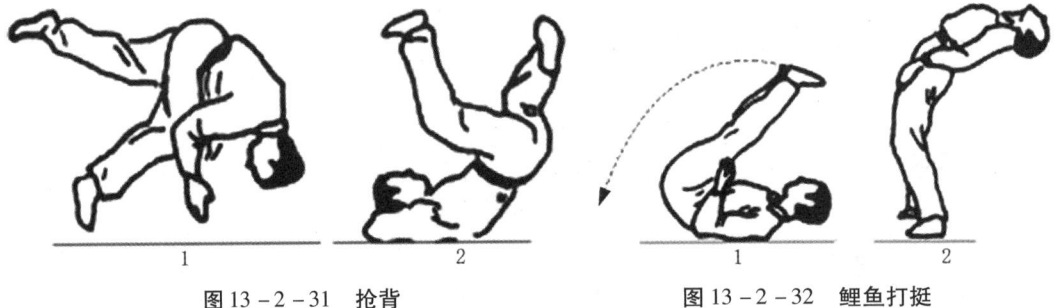

图 13-2-31　抢背　　　　　　　图 13-2-32　鲤鱼打挺

### 十、劈腿动作

（一）竖叉

动作要领：两手左右扶地或两臂侧平举，两腿前后分开成直线。左腿后侧着地，脚尖勾起，右腿的内侧或前侧着地（见图 13-2-33）。

（二）横叉

两手在体前扶地，两腿左右分开成直线，脚内侧着地（见图 13-2-34）。

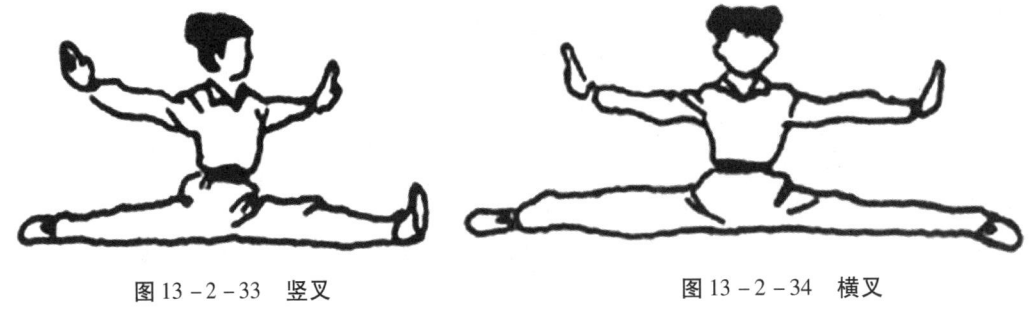

图 13-2-33　竖叉　　　　　　　图 13-2-34　横叉

### 十一、组合练习

（一）弓步与马步的组合练习

动作：弓步推掌—拗弓步冲拳—马步冲拳—并步抱拳。

预备姿势：并步抱拳（见图 13-2-35）。

弓步推掌：左脚向左迈出一步成左弓步，同时左拳变掌由腰间向前推出成立掌，手指向上，眼看左手（见图 13-2-36）。

拗弓步冲拳：弓步不动，右拳由腰间向前冲出成平拳，同时左掌收回腰间抱拳，两眼平视（见图 13-2-37）。

马步冲拳：上体向右转 90°成马步，右拳收至腰间；同时左拳由腰间向左冲出成平拳，两眼向左平视（见图 13-2-38）。

并步抱拳：左脚收回靠拢，同时左拳收回腰间成并步抱拳（同图 13-2-35）。

右势动作相同，方向相反。

要求与要点：弓步换马步时，以左脚跟和右脚掌为轴，迅速转动成马步。重心移动时，弓马步姿势不要有起伏。推掌要顺肩,冲拳要拧腰、顺肩、沉膝。

图13-2-35　预备姿势　　图13-2-36　弓步推掌　　图13-2-37　拗弓步冲拳　　图13-2-38　马步冲拳

(二)仆步与虚步的组合练习

动作:提膝穿掌—仆步穿掌—虚步挑掌。

预备姿势:并步抱拳(见图13-2-39)。

提膝穿掌:左拳变掌经下向上、向右按掌,随即左腿屈膝提起;同时右拳变掌由左手背上向右上方穿出,手心向上;左手顺势收于右腋下,上身微右转,目视右掌(见图13-2-40)。

仆步穿掌:右腿屈膝下蹲,左腿迅速伸直成左仆步;同时左手经胸前向下沿左腿内侧穿掌至脚面,右手成侧立掌,手指向上,眼看左手(见图13-2-41)。

虚步挑掌:右脚向上一步成右虚步,同时右手经下画弧上挑,掌指与肩平;左手经上向后画弧成正勾手,略高于肩,两眼平视(见图13-2-42)。

继续练习,动作相同,方向相反。

收势:两脚并拢,并步抱拳(见图13-2-43)。

图13-2-39　预备姿势　　图13-2-40　提膝穿掌　　图13-2-41　仆步穿掌

图13-2-42　虚步挑掌　　图13-2-43　收势

要求与要点：左提膝与右穿掌要同时完成，仆步要拧腰、转头，穿掌动作要协调一致。上步变虚步时，重心要落于后腿，前脚尖虚点地面。

（三）歇步与马步的组合练习

动作：歇步亮掌—转身抡臂正踢—马步盘肘—歇步下冲拳。

预备姿势：并步抱拳（见图13-2-44）。

歇步亮掌：左脚横跨一步，同时右拳变掌向右侧画弧上举，手心向上，眼视右手（见图13-2-45）。

右脚向左腿后插步成歇步，同时左拳变掌由下向上从右臂内穿出并向左、向右画弧成反勾手；右臂向左、向下、向右画弧至右侧上方亮掌，眼向左看（见图13-2-46）。

转身抡臂正踢：身体起立并右转90°，右臂稍向下、向前成侧上举，同时左勾手变掌侧下举（见图13-2-47）。身体向右后转180°，同时右臂向后、向下画弧一周至头部右上方成亮掌；左手向前、向上、随体转向下画弧一周成反勾手，随即左腿向前上方踢起，目视前方（见图13-2-48）。

马步盘肘：左脚落地向右转体90°成马步，右掌抱拳收回腰间，左勾手变拳由外向里平胸盘肘，拳心向下，两眼向前平视（见图13-2-49）。

歇步下冲拳：左脚外撇，身体左转90°，右脚前跟成歇步。右拳向前下冲拳，同时左拳收回腰间抱拳，目视前下向（见图13-2-50）。

继续练习，动作相同，方向相反。

收势：右脚上步向左脚靠拢，并步抱拳（见图13-2-51）。

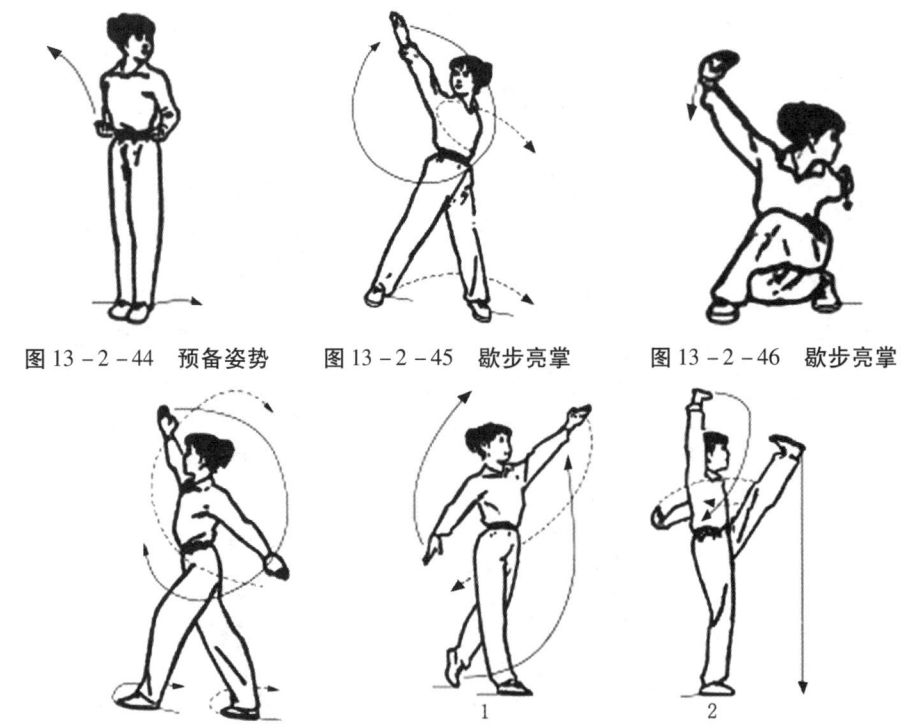

图13-2-44　预备姿势　　图13-2-45　歇步亮掌　　图13-2-46　歇步亮掌

图13-2-47　转身抡臂正踢　　图13-2-48　转身抡臂正踢

图 13-2-49　马步盘肘　　图 13-2-50　歇步下冲拳　　图 13-2-51　收势

要求与要点：做歇步时两腿靠拢，后膝紧贴前小腿外侧。抡臂转身要以脚掌为轴，腰为主，动作要快。踢腿时支撑要稳，挺胸收腹。正踢变马步时，以脚掌为轴，膝盖微内扣，挺胸立腰。转歇步下蹲时，后膝盖必须紧贴前小腿后侧。起伏转折，要求协调一致。

（四）插步、坐盘与弓步的组合练习

动作：插步双摆掌—翻身抡臂坐盘崩拳—弓步靠身掌。

预备姿势：并步抱拳（见图13-2-52）。

插步双摆掌：左脚向左迈一步，脚尖外展，上体左转。同时两拳变掌向左推出，左手在前，右掌贴于左上臂内侧，眼向前看（见图13-2-53）。右脚向前上步，同时两手向下、向左、向上弧形摆掌，上体随之左转。上动不停，左腿向右腿后插步，同时两手由上向右弧形摆掌，右手在前，高与肩平成侧立掌，左掌贴于右上臂内侧，两掌心向后，掌指向上。头部右转，目视右方（见图13-2-54）。

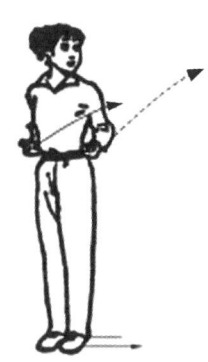  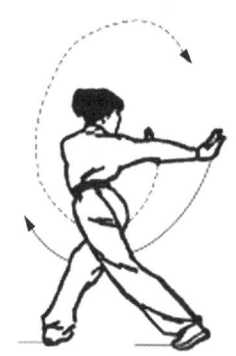

图 13-2-52　预备姿势　　图 13-2-53　插步双摆掌　　图 13-2-54　插步双摆掌

翻身抡臂坐盘崩拳：上体左转翻身下坐成坐盘；同时左臂向下随翻身向上、向左抡臂，右掌紧随左臂向右、向上、向下、向上崩拳，手心向下，左手紧握右手腕（见图13-2-55）。

弓步靠身掌：两腿起立，同时右拳变掌收抱于胸前，左臂屈肘，左掌在右臂内贴于右胸前，右臂伸直外旋，右脚向前一步成右弓步。同时右手上靠略高于肩，左手下按，眼视右上方（见图13-2-56）。

继续练习，动作相同，方向相反。

收势：两脚靠拢，并步抱拳。

要求与要点：与歇步、马步组合练习动作要求相同，唯双摆掌时，臂要直并走立圆。做靠身掌时,肩要前靠,臂向上挑。

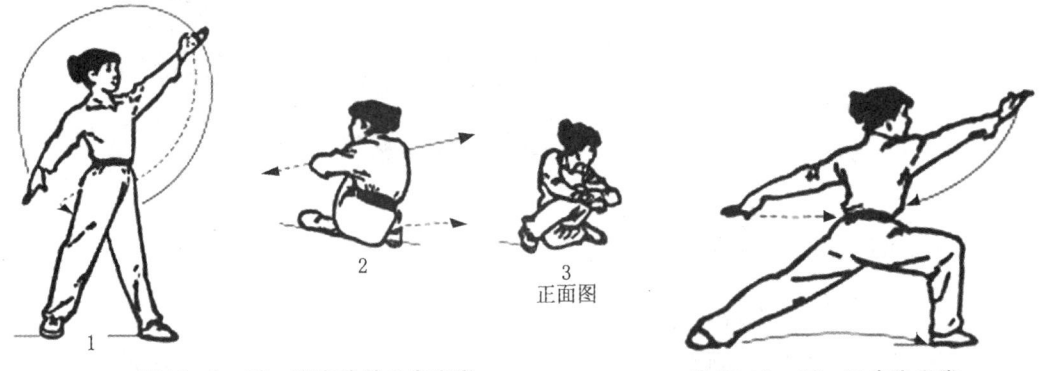

图 13-2-55　翻身抡臂坐盘崩拳　　　图 13-2-56　弓步靠身掌

(五)五种步形的组合练习(简称五步拳)

动作:拗弓步冲拳—弹腿冲拳—马步架打—歇步盖打—提膝仆步穿掌—虚步挑掌。

预备姿势:并步抱拳(见图 13-2-57)。

拗弓步冲拳:左脚向左迈出一步,成弓步,同时左手向左平搂并收回腰间抱拳,右拳向前冲拳成平拳,目视前方(见图 13-2-58)。

弹腿冲拳:重心前移,右腿向前弹踢,同时左拳由腰间向前冲拳成平拳,右拳收回腰间,目视前方(见图 13-2-59)。

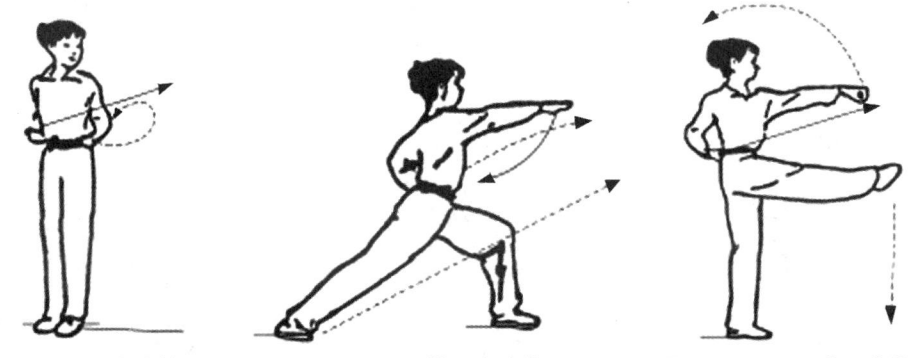

图 13-2-57　预备姿势　　　图 13-2-58　拗弓步冲拳　　　图 13-2-59　弹腿冲拳

马步架打:右脚落地向左转体 90°,两腿下蹲成马步;同时左拳变掌,屈臂上架,右拳由腰间向右冲拳成平拳。头部右转,目视右前方(见图 13-2-60)。

歇步盖打:左脚向右脚后插一步,同时右拳变掌经头上向左下盖,掌外沿向前,身体左转 90°,左掌收回腰间抱拳,目视右手。上动不停,两腿屈膝下蹲成歇步;同时左拳向前冲出成平拳,右掌变拳收回腰间,目视左拳(见图 13-2-61)。

提膝仆步穿掌:两腿起立,身体左转。随即左拳变掌,手心向下,右拳变掌,手心向上,由左手背上穿出。同时左腿提膝,左手顺势收至右腋下,目视右手(见图 13-2-62)。

左脚落地成仆步,左手掌指朝前沿左腿内侧穿出,目视左掌(见图 13-2-63)。

虚步挑掌:左腿屈膝前弓,右脚蹬地向前上步,成右虚步;同时左手向上、向后画弧成正勾手,略高于肩,右手由后向下、向前顺右腿外侧向上挑掌,掌指向上,高与肩平,目视前方(见图 13-2-64)。

继续练习,动作相同,方向相反。

收势:两脚靠拢,并步抱拳(见图13－2－65)。

图13－2－60　马步架打　　图13－2－61　歇步盖打　　图13－2－62　提膝仆步穿掌

图13－2－63　提膝仆步穿掌　　图13－2－64　虚步挑掌　　图13－2－65　收势

要求与要点:五步拳组合五种步形、步法和三种手形,要求与要点均与前面组合练习一样。

(六)高虚步上冲拳—击步挑掌—腾空飞脚—仆步亮掌

预备姿势:并步抱拳(见图13－2－66)。

高虚步上冲拳:右脚向右侧跨一步,同时左拳变掌由下向左前上方举起,掌心向右。右拳在左掌上举的同时由下向身后摆动,上体微右转,目随左掌。左掌向右、向下经面前屈肘收于右胸前,拇指一侧贴胸,掌指朝上。同时右臂微内旋,屈肘贴身向上冲拳,拳心朝左前方。在右拳上冲的同时,重心右移,左脚收于身前,脚尖虚点地面成高虚步,头部左转视左前方(见图13－2－67)。

图13－2－66　预备姿势　　图13－2－67　高虚步上冲拳

击步挑掌：左脚向左上步，同时右拳变掌由上向下沿左肩前直臂向前、向下切掌，掌指朝前，掌心向左。左掌在右掌下切的同时插入右腋下，上体侧对前方，目视前方。左脚蹬地跳起，在空中以右脚碰击左脚，同时两臂于体前交叉，前后分摆：右臂向下摆至体后，掌心向右；左臂于右臂内侧贴身向下、向前挑掌，掌指朝前，掌心朝右，左肩前顺。随即右脚落地，左脚随之前摆在体前落步，目随左掌，平视前方（见图13-2-68）。

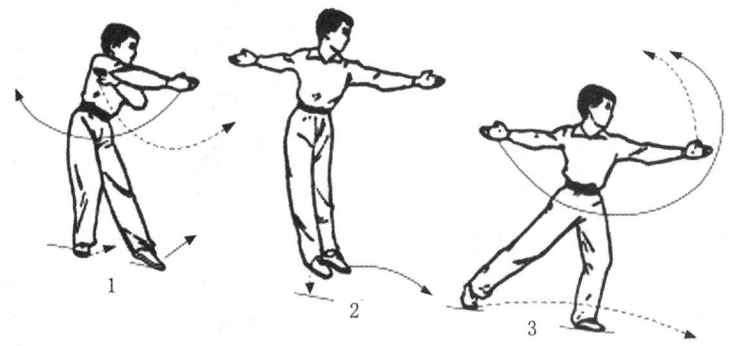

图13-2-68　击步挑掌

腾空飞脚：右脚随即上步，前蹬地跳起，同时左腿向前、向上摆起。两臂在上挑的同时，由下向前、向上摆动，到头顶上方时，用右手背迎击左手掌。在空中，右脚向前、向上弹踢，脚面绷平，并以右手掌迎击右脚面，同时左掌分摆到左侧面变勾手，勾尖向下。左腿在击响的一刹那，屈膝收控于胸前（右腿侧），上体前倾，目视前方。左脚落地，右脚下落至身前微提控制（见图13-2-69）。

仆步亮掌：右脚在身前落步，随之右臂外旋并向右前方举起，左掌收于左腰间，右肩前顺，目视右手（见图13-2-70）。

右掌继续向上、向左、向下、向右屈肘抖腕，在头部右上方亮掌；同时左掌从右臂内穿出，经右胸前向前、向左、向后画弧，摆至左腰后侧变勾手。右腿在亮掌的同时，屈膝下蹲，左腿伸直平仆成左仆步。上体左转，目随右手，转视左前方（见图13-2-71）。

要求与要点：

(1)向上冲拳时注意上臂贴身，冲拳、转头、拧腰三个动作要同时完成。上体要挺拔，精神要集中。

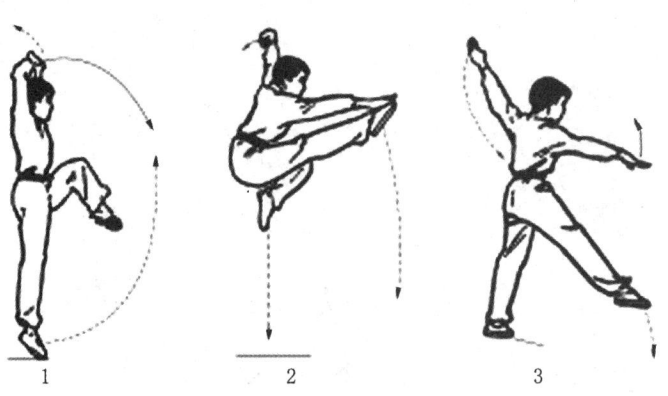

图13-2-69　腾空飞脚

图 13 - 2 - 70　仆步亮掌

图 13 - 2 - 71　仆步亮掌

（2）击步时两脚要在空中相碰，向前要有冲力，同时要注意屈膝，以便使重心下降。上体要顺肩直腰。

（3）仆步亮掌注意抖腕亮掌、转体、下势变换仆步三者要协调一致。上体挺胸直腰，微前倾。

（4）由击步挑掌衔接腾空飞脚、仆步亮掌时，步法要清晰，中间勿附加、勿停滞。

（七）高虚步亮掌—旋风脚—提膝亮掌

预备姿势：高虚步亮掌（见图 13 - 2 - 72）。

旋风脚：左脚向左上步，同时左手向前微摆，右臂伸直向后平摆。右脚随即上步，脚尖内扣，左臂屈肘收至右胸前，同时右臂向上、向前抡摆。上体向左旋转并前俯，重心右移，右腿屈膝蹬地跳起，左腿提起向左后上方摆动。在空中，身体旋转一周，右腿做里合腿，左手在面前迎击右脚掌（见图 13 - 2 - 73）。

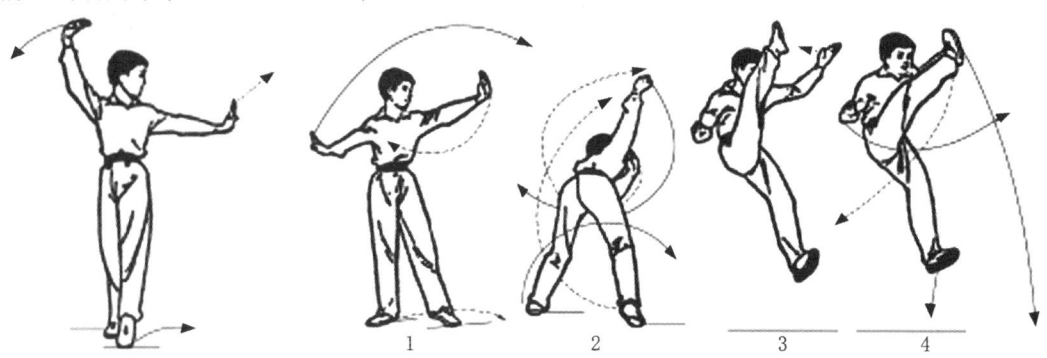

图 13 - 2 - 72　预备姿势　　　　图 13 - 2 - 73　旋风脚

提膝亮掌：左脚落地，右脚相继于身前落地。随右臂前伸，左臂外旋，左掌同时向左、向后分摆至体后。上体左转，右肩前顺，目随右掌。右掌继续向上、向左、向下、向右画弧，屈肘、抖腕于头部右上方亮掌。同时左掌由后向前、向上从右臂内穿出并向左、向后画弧至体后变反勾手，高与肩平。左腿在右手抖腕亮掌的同时屈膝上提，脚面绷平，脚尖下垂内扣，右腿伸膝直立。上体左转，目视前方（见图 13 - 2 - 74）。

要求与要点：

（1）上接旋风脚时，上步踏跳与抡臂要协调一致。

（2）旋风脚落地接提膝亮掌时，注意降低重心。提膝亮掌时的穿手、提膝、转身和亮掌等要协调一致。

12-2-74　提膝亮掌

(八)高虚步挑掌—弧形步亮掌—腾空摆莲—弓步架栽拳

预备姿势:高虚步挑掌(见图13-2-75)。

弧形步亮掌:左脚向前上半步,随之右手向下摆动。右脚相继向前进一大步,右掌在进右步的同时,向下、向右弧形回收至腰间,左臂由后经上摆至头前上方,目随右掌转视。右脚蹬地单足跳起,左腿随之屈膝提起收扣于身前,身体腾空。右掌在跳起的同时,经左臂内侧向上弧形上架于右上方,左臂顺势摆向身后,两眼随右掌转视左侧。头部左转,右肩前顺(见图13-2-76)。

图13-2-75　预备姿势　　　　　　图13-2-76　弧形步亮掌

腾空摆莲:右脚落地,左脚随之在身前落步,右脚再上一步,脚尖外展。右臂同时下落,左臂前摆。右腿蹬地跳起,同时左腿向左上方里合踢摆,两手于头上击响,上体向右转动,身体腾空。右腿外摆,两手先左后右击拍右脚面,左腿屈膝或直腿收控于身体左侧,上体微右前倾,两眼随视两手。左脚落地,右脚随体转向右前落地(见图13-2-77)。

弓步架栽拳:右脚向右上半步屈膝半蹲,左腿蹬直成右弓步。同时右掌变拳,向下、向右、向上架于头部右上方,左掌变拳由左向上、向右下栽拳,左前臂内旋,拳面附着在右膝上。上体左转,目随右拳,转视左方(见图13-2-78)。

要求与要点:

(1)行步成弧形,踏跳时,脚尖要外展,摆莲要腾空。

(2)衔接不要有附加动作,落地要稳健。

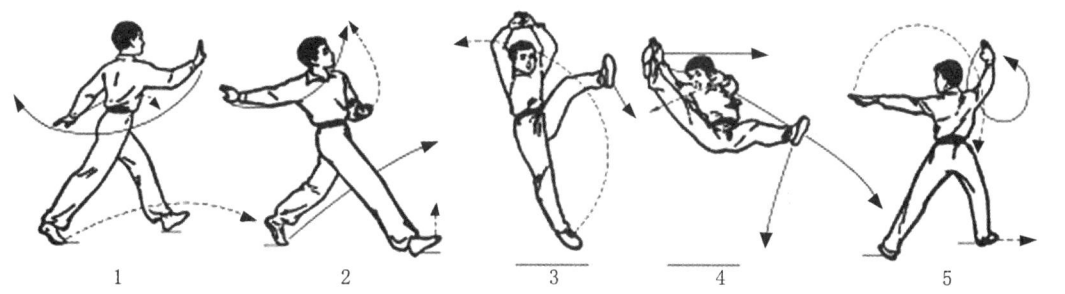

图 13-2-77 腾空摆莲

图 13-2-78 弓步架栽拳

# 第三节 少年拳(第二套)

● 预备姿势

两脚并拢直立,两手握拳屈肘抱于腰侧,两肩后展,拳心向上,下颌微收,头向左转,目视左前方(见图 13-3-1)。

图 13-3-1 预备姿势

一、抡臂砸拳

(1)左脚向左跨一步,以前脚掌着地,上体右转,左拳变掌向右前下方伸出,掌心向下。

263

(2)上动不停,向左后方转体180°,同时左手向上、向左、向下绕环屈臂外旋,使掌心向上置于腹前;右手向右后、向上抡起下砸,以拳背砸击左掌心作响,同时右腿屈膝提起,在砸拳的同时下跺震脚成并步半蹲,上体稍前倾,目视前下方(见图13-3-2)。

动作要点:转体、绕环、抡臂的动作要协调一致,砸拳与震脚要同时完成。

攻防含义:左手抡臂掳抓,右拳抡起下砸。

图13-3-2 抡臂砸拳

## 二、望月平衡

右脚后撤一步起立,同时右拳变掌,两手左右分开上摆,左手在头左斜上方抖腕亮掌;右手至右侧平举部位抖腕成立掌,掌心向右;左腿屈膝,小腿向右上提贴于右膝窝,脚面向下。眼随左掌转动,在抖腕亮掌的同时向右转头,目向右平视(见图13-3-3)。

动作要点:抖腕、转头、提腿的动作要同时进行。

攻防含义:回顾身后。

图13-3-3 望月平衡

## 三、跃步冲拳

(1)上体左转前倾,左腿向前提起,左手向左下后摆至体后;右手以掌背向左下后挂至左膝外侧,掌心均向内,目视左下方。

(2)左脚向前落步,右腿屈膝向前上提,左脚随即蹬地向前跃出,两臂向前向上绕环摆动,目视右掌。

(3)右脚落地全蹲,左脚随即落地向前伸直平铺地面成仆步;两臂同时继续由上向右、向下绕环,右掌变拳收抱于右腰侧;左掌屈臂成立掌停于右胸前。目视前方。

(4)左掌经左脚面向外横搂,同时重心前移,右腿蹬直成左弓步;左掌变拳收抱于腰侧,右拳向前冲出,拳心向下,目视右拳(见图13-3-4)。

动作要点:跃步要远,落地要轻。跃步时要与两手的动作自然相随。

攻防含义:跃步接近对方后,右拳前击。

图13-3-4 跃步冲拳

### 四、弹踢冲拳

重心移至左腿,右腿屈膝提起,在膝盖接近水平时,脚面绷平猛力向前弹踢;右掌收抱于腰侧,左拳向前冲出,拳心向下,目向前平视(见图13-3-5)。

动作要点:弹踢时力点达于脚面,支撑腿可微屈。

攻防含义:接上势向前踢打。

### 五、马步横打

右脚向前落步,脚尖内扣,左拳收抱于腰侧,右拳臂内旋向右后伸出,在向左转体90°成马步的同时,向前平摆横打。目视右拳前方(见图13-3-6)。

动作要点:横打与转体的动作要协调一致,并要借转体拧腰的力量发力。

攻防含义:接上势,右拳横贯对方头部。

图13-3-5 弹踢冲拳

图13-3-6 马步横打

### 六、并步搂手

右脚向左脚并拢下蹲,右拳变掌直接向右小腿外侧下搂,至右小腿旁变勾手继续后摆停于体侧后方,勾尖向上,目视右方(见图13-3-7)。

动作要点:并步与搂手要同时进行,上体正直微前倾。

攻防含义:抄搂对方踢击之脚。

265

### 七、弓步推掌

上体向左转体90°,左脚前上一步成左弓步;同时右勾变拳收抱于腰侧,左拳变掌向前推出,掌心向前,目视前方(见图13－3－8)。

动作要点:转体、上步与推掌的动作要协调一致。

攻防含义:转身前推对方胸部。

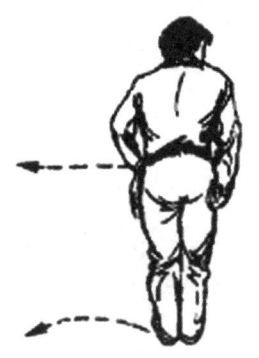

图13－3－7　并步搂手

图13－3－8　弓步推掌

### 八、搂手勾踢

(1)右拳变掌经下直臂向上、向前绕环落于左腕上交叉,同时重心移至左腿。

(2)上动不停,两臂向下后摆分掌搂手,至体侧后反臂成勾手,勾尖向上,同时右脚尖上勾,脚跟擦地面,向左斜前方踢出。身体随之半面向左转。目视左前方(见图13－3－9)。

动作要点:两腕交叉和分掌搂手的动作要连贯,勾踢时力点达于脚腕内侧。

攻防含义:下搂对方抓己之左手的同时,勾踢其前脚。

图13－3－9　搂手勾踢

### 九、缠腕冲拳

(1)两勾手变掌前摆于腹前,左手抓握右手腕,右腿屈膝,小腿自然下垂。

(2)上动不停,右手翻掌缠腕,在向右转体的同时臂外旋用力屈肘后拉于右腰侧抱拳,右脚跺地震脚下蹲,左腿屈膝提起。

(3)左脚向左侧跨一大步,右脚蹬地随之滑动,两腿下蹲成马步,同时左手变拳经左腰侧向左冲出,拳眼向上,目视左掌前方(见图13－3－10)。

动作要点:屈肘后拉与转体、跨步与冲拳要同时,抓握、缠腕、屈肘后拉、转体、震脚要连贯。

攻防含义：缠拿对方捉己之右腕，随即左拳冲其头部。

图 13-3-10　缠腕冲拳

### 十、转身劈掌

(1) 右脚蹬地屈膝上提向右转体 90°，随身体直立两拳变掌直接上举，在头前上方以右手背击左掌心作响，目视前方。

(2) 上动不停，继续向右后转体 180°，右脚向前落步成右弓步，同时左掌变拳收抱于腰侧，右掌下劈成侧立掌，小指一侧向前，目视前方（见图 13-3-11）。

动作要点：转体以左脚掌为轴转 270°，动作要连贯、平稳；右脚落步要下踩并与劈掌动作一致。

攻防含义：转身后右掌下劈对方面部。

图 13-3-11　转身劈掌

### 十一、砸拳侧踹

(1) 右脚蹬地屈膝上提，重心移至左腿并向左转体 90°，成提膝直立姿势；同时左拳变掌置于腹前，掌心向上，右掌变拳上举至头前上方，在右脚下踩震脚成并步下蹲的同时，以拳背砸击左掌作响，目视右拳前下方。

(2) 右腿直立，左腿屈膝上提，脚尖上勾，以脚跟向左下方踹出，与膝盖同高，上体稍向右倾斜；同时左掌变拳收抱于腰侧，右拳上举横架于头前斜上方，拳心向上，目视左方（见图 13-3-12）。

动作要点：砸拳与震脚要同时完成，侧踹要快速有力，身体要稳定。

### 十二、撩拳收抱

(1) 左脚向左落地并向左转体 90° 成左弓步；右拳由上、向后、向下，以拳面撩出停于左

图 13 – 3 – 12　砸拳侧踹

膝前上方；左拳变掌拍击右拳背作响，目视右拳。

（2）左脚蹬地起立向右转体 90°；两臂上举，两手变掌于头前上方交叉，掌心向前，目视前方。

（3）上动不停，左脚收回与右脚并拢，两掌变拳左右分开后，屈肘收抱于腰侧，头看左前方（见图 13 – 3 – 13）。

动作要点：撩拳要有力，拍击要响亮，收抱动作要连贯。

攻防含义：下撩对方裆部。

图 13 – 3 – 13　撩拳收抱

- 还原势

直立。两拳变掌，直臂下垂，头向右转，目视前方（见图 13 – 3 – 14）。

图 13 – 3 – 14　还原势

# 第四节 二十四式简化太极拳

### 动作名称

**第一组**
（一）起势
（二）左右野马分鬃
（三）白鹤亮翅

**第二组**
（四）左右搂膝拗步
（五）手挥琵琶
（六）左右倒卷肱

**第三组**
（七）左揽雀尾
（八）右揽雀尾

**第四组**
（九）单鞭
（十）云手
（十一）单鞭

**第五组**
（十二）高探马
（十三）右蹬脚
（十四）双峰贯耳
（十五）转身左蹬脚

**第六组**
（十六）左下势独立
（十七）右下势独立

**第七组**
（十八）左右穿梭
（十九）海底针
（二十）闪通臂

**第八组**
（二十一）转身搬拦捶
（二十二）如封似闭
（二十三）十字手
（二十四）收势

● 第一组

（一）起势

（1）身体自然直立，两脚开立与肩同宽，两臂自然下垂，两手放在大腿外侧，双眼平视前方（见图13-4-1）。

要点：头颈正直，下颏微向后收，不要故意挺胸或收腹，精神集中。

（2）两臂慢慢向前平举，两手高与肩平，手心向下（见图13-4-2、图13-4-3）。

（3）上体保持正直，两腿屈膝下蹲，两肘下垂与两膝相对，两眼平视前方（见图13-4-4）。

图13-4-1 起势　　图13-4-2 起势　　图13-4-3 起势　　图13-4-4 起势

要点：两肩下沉，两肘松垂，手指自然微屈，重心落于两腿中间。屈膝松腰，臀部不可突出。两臂下落要和身体下蹲的动作协调一致。

（二）左右野马分鬃

（1）身体微向右转，重心移至右腿上。同时右手收在胸前平屈，手心向下；左手经体前向右下画弧放在右手下，手心向上，两手相对成抱球状。左脚随之收到右脚内侧，脚尖点地，眼看右手（见图13－4－5、图13－4－6）。

（2）上体左转，左脚向左前方迈出，右脚跟后蹬成左弓步。同时左右手慢慢分别向左上、右下分开，左手高与眼平（手心斜向上），肘微屈；右手落下右胯旁，手心向下，指尖向前，眼看左手（见图13－4－7～图13－4－9）。

图13－4－5　　图13－4－6　　图13－4－7　　图13－4－8　　图13－4－9
动作分解　　动作分解　　动作分解　　动作分解　　动作分解

（3）上体慢慢后坐，重心移至右腿上，左脚尖翘起微向外撇，随即左腿慢慢前弓，身体左转，重心再移至左腿上。同时左手翻转向下，收在胸前平屈，右手向左上画弧放在左手下，两手心相对成抱球状；右脚随之收到左脚内侧，脚尖点地；眼看左手（见图13－4－10～图13－4－12）。

（4）右腿向右前方迈出，左脚跟后蹬成右弓步；同时左右手分别慢慢向左下、右上分开，右手高与眼平（手心斜向上），肘微屈；左手放在左胯旁，手心向下，指尖向前，眼看右手（见图13－4－13、图13－4－14）。

图13－4－10　　图13－4－11　　图13－4－12　　图13－4－13　　图13－4－14
动作分解　　动作分解　　动作分解　　动作分解　　动作分解

（5）与（3）解同，唯左右相反（见图13－4－15～图13－4－17）。

（6）与（4）解同，唯左右相反（见图13－4－18、图13－4－19）。

要点：上体勿前俯后仰，两手分开要保持弧形，身体转动要以腰为轴，做弓步与分手的速度要一致。做弓步时，迈出的脚脚跟先着地，然后慢慢踏实，膝盖不要超过脚尖；后腿稍后蹬，使该腿与地面保持约45°角，前后脚的脚跟在直线两侧，两脚横向距离（身体的正前方为纵轴，其两侧为横向。下同）应为10～30厘米。

图 13-4-15　动作分解　　图 13-4-16　动作分解　　图 13-4-17　动作分解　　图 13-4-18　动作分解　　图 13-4-19　动作分解

（三）白鹤亮翅

（1）上体微向左转，左手翻掌向下在胸前，右手向左上画弧，手心转向上，与左手成抱球状（见图 13-4-20）。

（2）右脚跟进半步，上体后坐，重心移至右腿上；左脚稍向前移，脚尖点地。同时两手慢慢地分别向右上、左下分开，右手上提停于头部右侧（偏前），手心向左后方，左手落于左胯前，手心向下，两眼平视前方（见图 13-4-21、图 13-4-22）。

图 13-4-20　动作分解　　图 13-4-21　动作分解　　图 13-4-22　动作分解

要点：胸部不要挺出，两臂上下都要保持半圆形，左膝要微屈，体重后移和右手上提要协调一致。

- 第二组

（四）左右搂膝拗步

（1）右手从体前下落，由下向后上方画弧至右肩部外侧，臂微屈，手与耳同高，手心向上，左手上起由左向上、向右下方画弧至右胸前，手心向下。同时上体微向左再向右转，眼看右手（见图 13-4-23～图 13-4-25）。

（2）上体左转，左脚向前（偏左）迈出成左弓步。同时右手屈回由耳侧向前推出，高与鼻尖平，左手向下由左膝前搂过落于左胯旁，眼看右手手指（见图 13-4-26、图 13-4-27）。

| 图 13-4-23 | 图 13-4-24 | 图 13-4-25 | 图 13-4-26 | 图 13-4-27 |
| 动作分解 | 动作分解 | 动作分解 | 动作分解 | 动作分解 |

（3）上体慢慢后坐，重心移至右腿上，左脚尖翘起微向外撇；随即左腿慢慢前弓，身体左转，重心移至左腿上，右脚向左脚靠拢，脚尖点地。同时左手向外翻掌由左后向上平举，手心向上；右手随转体向上、向左下画弧落于左肩前，手心向下，眼看左手（见图 13-4-28～图 13-4-30）。

（4）与（2）解同，唯左右相反（见图 13-4-31、图 13-4-32）。

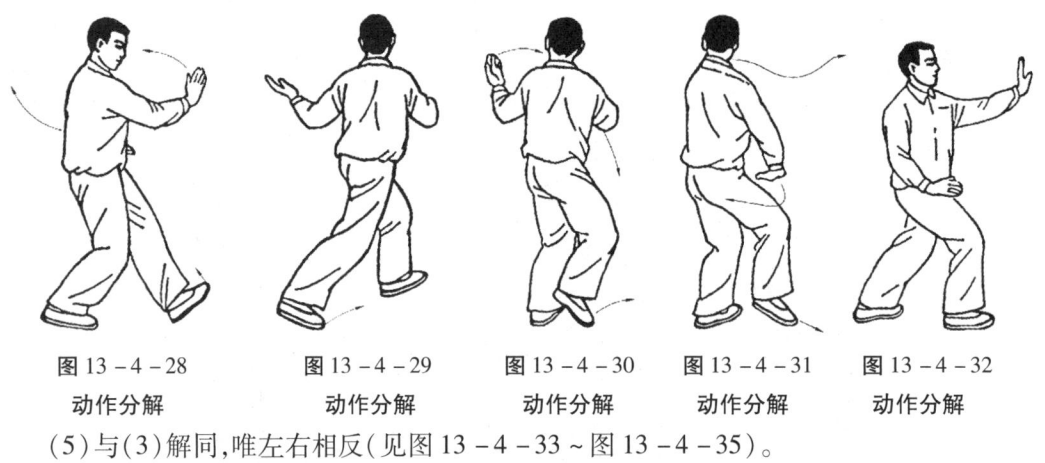

| 图 13-4-28 | 图 13-4-29 | 图 13-4-30 | 图 13-4-31 | 图 13-4-32 |
| 动作分解 | 动作分解 | 动作分解 | 动作分解 | 动作分解 |

（5）与（3）解同，唯左右相反（见图 13-4-33～图 13-4-35）。

（6）与（2）解同（见图 13-4-36、图 13-4-37）。

| 图 13-4-33 | 图 13-4-34 | 图 13-4-35 | 图 13-4-36 | 图 13-4-37 |
| 动作分解 | 动作分解 | 动作分解 | 动作分解 | 动作分解 |

要点：手推出后，身体不可前俯后仰，要松腰松胯，推掌时须沉肩垂肘，坐腕舒掌必须与

松腰、弓腿协调一致。做弓步时,两脚跟的横向距离一般不少于30厘米。

(五)手挥琵琶

右脚跟进半步,上体后坐,身体重心移至右腿上;左脚略提起稍向前移,变成左虚步,脚跟着地,膝部微屈。同时左手由左下向上举,高与鼻尖平,臂微屈;右手收回放在左臂肘部里侧;眼看左手食指(见图13-4-38~图13-4-40)。

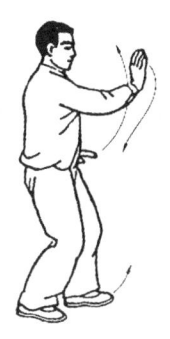  

图13-4-38 动作分解　　图13-4-39 动作分解　　图13-4-40 动作分解

要点:身体要平稳自然,沉肩垂肘,胸部放松。左手上起时不要直向上挑,要由左向上、向前,微带弧形。右脚跟进时,前脚掌先着地,再全脚落实。体重后移和左手上起要协调一致。

(六)左右倒卷肱

(1)右手翻掌(手心向上)经腹前由下向后上方画弧平举,臂微屈;左手随之翻掌向上,左脚尖落地,眼随着向右转体先向右看,再转看左手(见图13-4-41、图13-4-42)。

(2)右臂屈肘回收,右手由耳侧向前推出,手心向前;左手回收经左肘外侧向后上画弧平举,手心向上;右手随之再翻掌向上。同时左腿轻轻提起向左后侧方退一步,脚尖先着地,然后慢慢踏实,重心在左腿上,成右虚步。眼随转体左看,再转看右手(见图13-4-43~图13-4-45)。

(3)与(2)解同,唯左右相反(见图13-4-46~图13-4-48)。

(4)与(2)解同(见图13-4-49~图13-4-51)。

(5)与(2)解同,唯左右相反(见图13-4-52~图13-4-54)。

图13-4-41 动作分解　　图13-4-42 动作分解　　图13-4-43 动作分解

图 13-4-44　动作分解　　图 13-4-45　动作分解　　图 13-4-46　动作分解

图 13-4-47　动作分解　　图 13-4-48　动作分解　　图 13-4-49　动作分解

图 13-4-50　动作分解　　图 13-4-51　动作分解　　图 13-4-52　动作分解

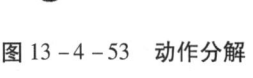

图 13-4-53　动作分解　　图 13-4-54　动作分解

要点:前推的手不要伸直,后手也不可直向回抽,仍走弧线。前推时,要转腰松胯,与两手的速度要一致,避免僵硬。退步时,脚尖先着地,再慢慢踏实,同时把前脚扭正,退左脚略向左后斜,退右脚略向右后斜,避免使两脚落在一条直线上。后退时,眼神随转体动作向左右看(约转90°),然后再转看前手。

- 第三组

（七）左揽雀尾

（1）身体慢慢向右转,左手自然下落经腹前画弧至右肋前,手心向上;右臂屈肘,手心转向下收至右胸前,两手相对成抱球状。同时右脚尖微向外撇,左脚收回靠拢右脚,左脚尖点地(见图13-4-55、图13-4-56)。

（2）左脚向左前方迈出,上体微向左转,右脚跟向后蹬,脚尖微向里扣成左弓步。同时左臂向左掤出(即左臂平屈成弓形,用前臂外侧和手背向左侧推出),高与肩平,手心向后;右手向右下落放于右胯旁,手心向下,眼看左前臂(见图13-4-57、图13-4-58)。

图13-4-55 动作分解　图13-4-56 动作分解　图13-4-57 动作分解　图13-4-58 动作分解

要点:推出时,两臂前后均保持弧形,分手与松腰、弓腿必须协调一致。

（3）身体微向左转,左手随之前伸翻掌向下,右手翻掌向上,经腹前向上、向前伸至左腕下方。然后两手下捋,上体稍向右转,两手经腹前向右后方画弧,直至右手手心向上,高与肩齐。左手手心向后平屈于胸前,同时重心移至右腿上,眼看右手(见图13-4-59、图13-4-60)。

要点:下捋时,上体不可前倾,臀部不要突出。两臂下捋须随腰旋转,仍走弧线。

（4）上体微向左转,右臂屈肘收回,右手附于左手腕里侧(相距约5厘米),双手同时向前慢慢挤出,左手心向后,右手心向前,左前臂要保持半圆。同时身体重心前移变成左弓步,眼看左手腕部(见图13-4-61、图13-4-62)。

图13-4-59 动作分解　图13-4-60 动作分解　图13-4-61 动作分解　图13-4-62 动作分解

要点：向前挤时,上体要正直,动作要与松腰、弓腿相一致。

(5)右手经左腕上方向前、向右伸出与左手齐,手心向下;左手翻掌向下,两手向左右分开,宽与肩同。然后上体后坐,重心移至右腿上,左脚尖翘起。两手屈肘回收至胸前,手心向前下方,眼向前平看(见图13-4-63~图13-4-65)。

(6)上式不停,两手向前、向上按出,手腕部高与肩平,同时左腿前弓成左弓步,眼平看前方(见图13-4-66)。

图13-4-63　　　图13-4-64　　　图13-4-65　　　图13-4-66
动作分解　　　　动作分解　　　　动作分解　　　　动作分解

(八)右揽雀尾

(1)上体后坐并向右转,重心移至右腿上,左脚尖里扣。右手向右平行画弧至右侧,然后由右下经腹前向左上画弧至右肘前,手心向上;左手翻掌向下平屈胸前与右手成抱球状。同时重心再移至左腿上,右脚向左脚靠拢,右脚尖点地(见图13-4-67~图13-4-70)。

图13-4-67　　　图13-4-68　　　图13-4-69　　　图13-4-70
动作分解　　　　动作分解　　　　动作分解　　　　动作分解

(2)同左揽雀尾(2)解,将左变为右即可(见图13-4-71、图13-4-72)。

(3)同左揽雀尾(3)解,将左变为右即可(见图13-4-73、图13-4-74)。

(4)同左揽雀尾(4)解,将左变为右即可(见图13-4-75、图13-4-76)。

(5)同左揽雀尾(5)解,将左变为右即可(见图13-4-77~图13-4-79)。

(6)同左揽雀尾(6)解,将左变为右即可(见图13-4-80)。

要点：均与左揽雀尾相同,唯左右相反。

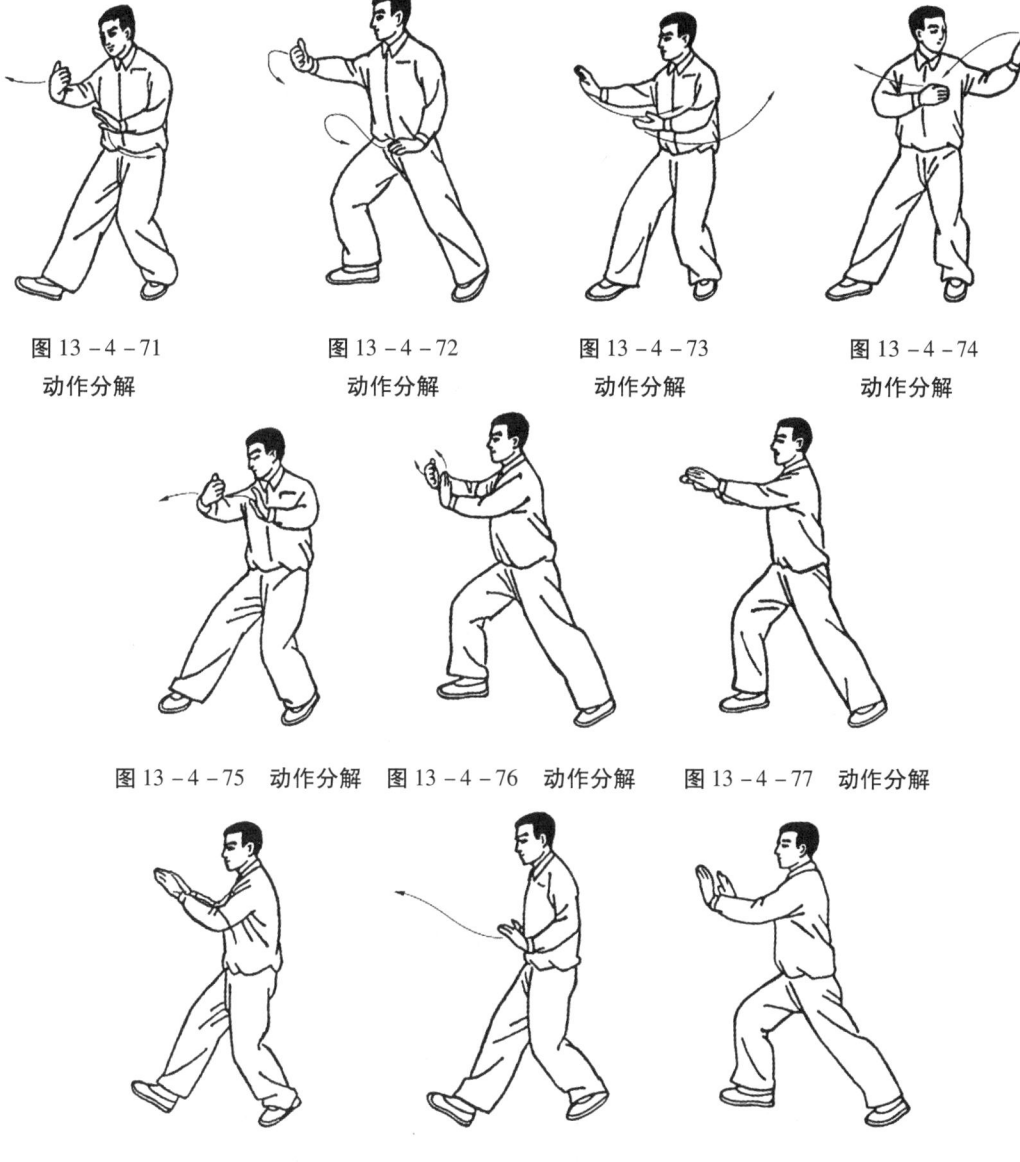

图 13-4-71 动作分解　图 13-4-72 动作分解　图 13-4-73 动作分解　图 13-4-74 动作分解

图 13-4-75 动作分解　图 13-4-76 动作分解　图 13-4-77 动作分解

图 13-4-78 动作分解　图 13-4-79 动作分解　图 13-4-80 动作分解

- 第四组

(九) 单鞭

(1) 上体后坐,重心逐渐移至左腿上,右脚尖里扣。同时上体左转,两手(左高右低)向左运转,直至左臂平举于左侧,右手经腹前运至左肋前(左手心向左,右手心向后上方),眼看左手(见图 13-4-81、图 13-4-82)。

(2) 身体重心再渐渐移至右腿上,左脚向右脚靠拢,脚尖点地。同时右手向右上方画弧至右侧方时变勾手,臂与肩平;左手向下经腹前向右上画弧停于右肩前,手心向后,眼看左手(见图 13-4-83、图 13-4-84)。

(3) 上体微向左转,左脚向左侧前方迈出,右脚跟后蹬成左弓步。在身体重心移向左腿的同时,左掌慢慢翻转向前推出,手心向前,手指与眼齐平,臂微屈,眼看左手(见图13-4-85、图13-4-86)。

要点:上体正直,松腰。右臂肘部稍下垂,左肘与左膝上下相对,两肩下沉。左手向外推时,要随转随推,不要翻掌太快。全部过渡动作上下要协调一致。

图13-4-81 动作分解　　图13-4-82 动作分解　　图13-4-83 动作分解

图13-4-84 动作分解　　图13-4-85 动作分解　　图13-4-86 动作分解

(十)云手

(1)重心移至右腿上,身体渐向右转,左脚尖里扣。左手经腹前向右上画弧至右肩前,手心斜向后,同时右手变掌,手心向右,眼看左手(见图13-4-87～图13-4-89)。

图13-4-87 动作分解　　图13-4-88 动作分解　　图13-4-89 动作分解

(2)身体重心慢慢左移,左手由面前向左侧运转,手心渐渐转向左方;右手由右下经腹前向左上画弧至左肩前,手心斜向后。同时右脚靠近左脚,成小开立步(两脚距离10～20厘米),眼看右手(见图13-4-90、图13-4-91)。

(3)右手继续向右侧运转,左手经腹前向右上画弧至右肩前,手心斜向后。同时右手翻转手心向右,左腿向左横跨一步,眼看左手(见图13-4-92～图13-4-94)。

(4)同(2)解(见图13-4-95、图13-4-96)。

(5)同(3)解(见图13-4-97～图13-4-99)。

(6)同(2)解(见图13-4-100、图13-4-101)。

要点:身体转动要以腰脊为轴,松腰、松胯,避免忽高忽低。两臂随腰运转,要自然、圆活,速度要缓慢均匀。下肢移动时,重心要稳定,眼的视线随左右手而移动。

图13-4-90 动作分解　　图13-4-91 动作分解　　图13-4-92 动作分解　　图13-4-93 动作分解

图13-4-94 动作分解　　图13-4-95 动作分解　　图13-4-96 动作分解　　图13-4-97 动作分解

图13-4-98 动作分解　　图13-4-99 动作分解　　图13-4-100 动作分解　　图13-4-101 动作分解

### (十一)单鞭

(1)右手继续向右运转,至右侧方时变成勾手,左手经腹前向右上画弧至右肩前,手心向后,眼看左手(见图13-4-102~图13-4-104)。

(2)上体微向左转,左脚向左侧方迈出,右脚跟后蹬成左弓步。在身体重心移向左腿的同时,左掌慢慢翻向前推出,成单鞭式(见图13-4-105、图13-4-106)。

要点:与前单鞭式相同。

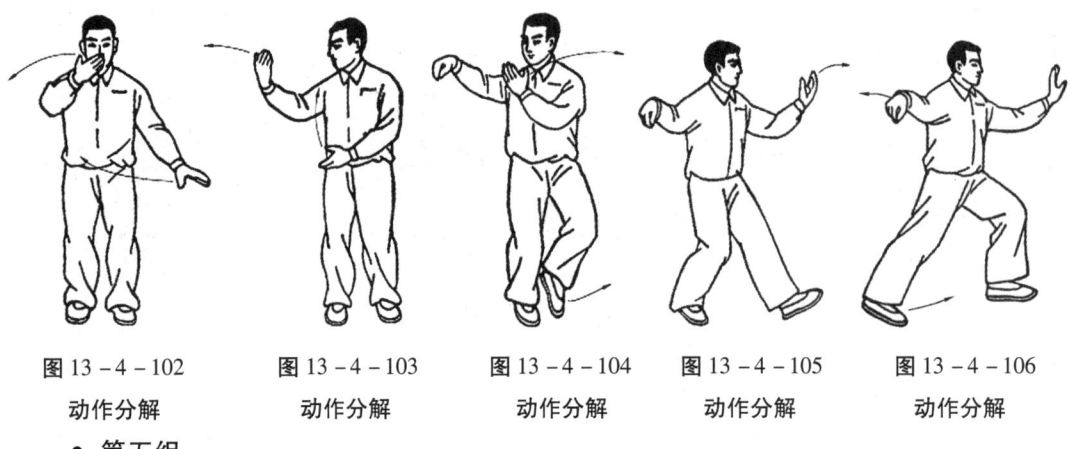

图13-4-102　　　图13-4-103　　　图13-4-104　　　图13-4-105　　　图13-4-106
动作分解　　　　动作分解　　　　动作分解　　　　动作分解　　　　动作分解

● 第五组

### (十二)高探马

(1)右脚跟进半步,身体重心移至右腿上。右勾手变成掌,两手心翻转向上,两肘微屈,同时身体微向右转,左脚跟渐渐离地,成左虚步。眼看左手(见图13-4-107)。

(2)上体微微左转,右掌经耳旁向前推出,手心向前,手指与眼同高。左手收至左侧腰前,手心向上,同时左脚微向前移,脚尖点地,眼看右手(见图13-4-108)。

要点:上体自然正直,双肩要下沉,右肘微下垂。

图13-4-107　动作分解　　　图13-4-108　动作分解

### (十三)右蹬脚

(1)左手手心向上,前伸至右手腕背面,两手相互交叉,随即两手分开自两侧向下画弧,手心斜向下,同时左脚提起向左前方进步成左弓步(见图13-4-109~图13-4-111)。

(2)两手由外圈向里圈画弧合抱于胸前,右手在外(手心均向后);同时右脚向左脚靠拢,脚尖点地,眼平看右方(见图13-4-112)。

（3）两臂左右分开平举，手心均向外，同时右脚提起向右前方慢慢蹬出，眼看右手（见图 13-4-113、图 13-4-114）。

要点：身体要平稳，两手分开时，腕部与肩齐平。左腿微屈，蹬脚时脚尖回勾，劲使在脚跟，分手和蹬脚须协调一致，右臂和右腿上下相对。

图 13-4-109　动作分解　　图 13-4-110　动作分解　　图 13-4-111　动作分解

图 13-4-112　动作分解　　图 13-4-113　动作分解　　图 13-4-114　动作分解

（十四）双峰贯耳

（1）右腿收回，膝盖提起，左手由后向上、向前下落，右手心也翻转向上，两手同时向下画弧分落于右膝盖两侧，手心均向上（见图 13-4-115、图 13-4-116）。

（2）右脚向右前方落下变成右弓步，同时两手下垂，慢慢变拳，分别从两侧向上、向前画弧至脸前成钳状，拳眼都斜向后（两拳相距 10～20 厘米），眼看右拳（见图 13-4-117、图 13-4-118）。

要点：头颈正直，松腰，两拳松握，沉肩垂肘，两臂均保持弧形。

图 13-4-115　动作分解　　图 13-4-116　动作分解　　图 13-4-117　动作分解　　图 13-4-118　动作分解

(十五)转身左蹬脚

(1)重心渐渐移至左腿上,右脚尖里扣,上体向左转,同时两拳变掌,由上向左右画弧分开平举,手心向前,眼看左手(见图13-4-119、图13-4-120)。

(2)重心再移至右腿上,左脚靠近右腿内侧,脚尖点地。同时两手由外圈向里圈画弧合抱于胸前,左手在外,手心均向后,眼平看左方(见图13-4-121、图13-4-122)。

(3)两臂左右分开平举,手心均向外,同时左脚提起向左前方慢慢蹬出,眼看左手(见图13-4-123、图13-4-124)。

图13-4-119 动作分解　　图13-4-120 动作分解　　图13-4-121 动作分解

图13-4-122 动作分解　　图13-4-123 动作分解　　图13-4-124 动作分解

要点:与右蹬脚式相同,唯左右相反。

- 第六组

(十六)左下势独立

(1)左腿收回平屈,右掌变成勾手,然后左掌向上、向右画弧下落,立于右肩前,眼看右手(见图13-4-125、图13-4-126)。

(2)右腿慢慢屈膝下蹲,左腿向左侧(偏后)伸出,成左仆步,左手下落向左下经左腿内侧穿出,眼看左手(见图13-4-127、图13-4-128)。

要点:右腿全蹲时脚尖微向外撇,左腿伸直时脚尖向里扣,脚掌全部着地。左脚尖与右脚跟在一条直线上,上体不可过于前倾。

(3)以左脚跟为轴,脚尖向外扭直(略外撇),随着右腿后蹬,左腿前弓,右脚尖里扣。上体微向左转并向前起身,同时左臂继续向前伸出(立掌),眼看左手(见图13-4-129)。

(4)右腿慢慢提起平屈(成独立式),同时右勾手下落变成掌,并由后下方顺右腿外侧向前摆出,屈臂立于右腿上方;肘与膝相对,手心向左,左手落于左胯旁,手心向下,眼看右手

(见图13-4-130、图13-4-131)。

图13-4-125 动作分解　图13-4-126 动作分解　图13-4-127 动作分解　图13-4-128 动作分解

图13-4-129 动作分解　图13-4-130 动作分解　图13-4-131 动作分解

要点:上体正直,独立的腿微屈,右腿提起时脚尖自然下垂。

(十七)右下势独立

(1)右脚下落于左脚前,脚尖点地,然后以左脚掌为轴向左转体,左脚微向外撇。同时左手向后平举变成勾手,右掌随着转体向左侧画弧,立于左肩前,眼看左手(见图13-4-132、图13-4-133)。

(2)同"左下势独立"(2)解,将左变为右即可(见图13-4-134、图13-4-135)。

图13-4-132 动作分解　图13-4-133 动作分解　图13-4-134 动作分解　图13-4-135 动作分解

(3)同"左下势独立"(3)解,将左变为右即可(见图13-4-136)。

(4)同"左下势独立"(4)解,将左变为右即可(见图13-4-137、图13-4-138)。

图 13-4-136 动作分解　　图 13-4-137 动作分解　　图 13-4-138 动作分解

要点：右脚尖触地后必须稍微提起，然后再向下仆腿，其他均与"左下势独立"相同，唯左右相反。

- 第七组

（十八）左右穿梭

（1）身体微向左转，左脚向前落地，脚尖外撇，右脚跟离地成半坐盘式，同时两手在左胸前成抱球状（左上右下）。然后右脚向左脚内侧靠拢，脚尖点地，眼看左前臂（见图 13-4-139～图 13-4-141）。

（2）右脚向右前方迈出成右弓步，同时右手由面前向上举并翻掌停在右额前，手心斜向上。左手先向左下再经体前向前推出，高与鼻尖平，手心向前，眼看左手（见图 13-4-142～图 13-4-144）。

图 13-4-139 动作分解　　图 13-4-140 动作分解　　图 13-4-141 动作分解

图 13-4-142 动作分解　　图 13-4-143 动作分解　　图 13-4-144 动作分解

(3)身体重心略向后移,右脚尖稍向外撇,随即体重再移至右腿上,左脚跟进,附于右脚内侧,脚尖点地。同时两手在右胸前成抱球状(右上左下),眼看右前臂(见图13－4－145、图13－4－146)。

(4)同(2)解,唯左右相反(见图13－4－147～图13－4－149)。

要点:推出后上体不可前俯,手向上举时,防止引肩上耸。前推时,上举的手和前推的手的速度,要与腰腿前弓上下协调一致。做弓步时,两脚跟的横向距离以不少于30厘米为宜。

图13－4－145　图13－4－146　图13－4－147　图13－4－148　图13－4－149
动作分解　　动作分解　　动作分解　　动作分解　　动作分解

(十九)海底针

右腿向前跟进半步,左腿稍向前移,脚尖点地,变成左虚步。同时身体稍向右转,右手下落经体前向后、向上提起,并由右耳旁斜向前下方插出,指尖向下。与此同时,左手向前、向下画弧落于左胯旁,手心向下,眼看前下方(见图13－4－150、图13－4－151)。

要点:身体要先向右转,再向左转,上体不可太前倾,避免低头和臀部外凸,左腿要微屈。

(二十)闪通臂

上体稍右转,左脚向前迈出成左弓步。同时右手由体前上提,掌心向上翻,右臂平屈于头上方,拇指朝下;左手上起向前平推,高与鼻尖平,手心向前,眼看左手(见图13－4－152～图13－4－154)。

要点:上体自然正直,松腰、松胯,左臂不要伸直,背部肌肉要伸展开,推掌与弓腿动作要协调一致。

图13－4－150　图13－4－151　图13－4－152　图13－4－153　图13－4－154
动作分解　　动作分解　　动作分解　　动作分解　　动作分解

- 第八组

（二十一）转身搬拦捶

（1）上体后坐，重心移至右腿上，左脚尖里扣，身体向右后转，然后重心再移至左腿上。在这时，右手随着转体而向右、向下（变拳）经腹前画弧至左肋旁，拳心向下；左掌上举于头前方，掌心斜向上，眼看前方（见图13－4－155、图13－4－156）。

（2）向右转体，右拳经胸前向前翻转撇出，拳心向上，左手落于左胯旁。同时右脚收回后再向前迈出，脚尖外撇，眼看右拳（见图13－4－157、图13－4－158）。

图13－4－155　动作分解　　　　图13－4－156　动作分解
　　　　　　　　　　　　　　　　　　正面

　　　　　　　　　　　正面
图13－4－157　动作分解　　　图13－4－158　动作分解

（3）身体重心移至右腿上，左脚向前迈一步。左手上起经左侧向前平行画弧拦出，掌心向前下方，同时右拳收到右腰旁，拳心向上，眼看左手（见图13－4－159、图13－4－160）。

（4）左腿前弓变成左弓步，同时右拳向前打出，拳眼向上，高与胸平，左手附于右前臂里侧，眼看右拳（见图13－4－161）。

图13－4－159　动作分解　　图13－4－160　动作分解　　图13－4－161　动作分解

要点:右拳松握,前臂先慢慢内旋后收,再外旋停于右腰旁,拳心向上。向前打出时,右臂随拳略向前引,沉肩垂肘,右臂微屈。

(二十二)如封似闭

(1)左手由右腕下向前伸,右拳变掌,两手心向上慢慢回收;同时身体后坐,左脚尖翘起,重心移至右腿,眼看前方(见图13-4-162~图13-4-164)。

(2)两手在胸前翻掌,向前推出,腕与肩平,手心向前,同时左腿前弓变成左弓步,眼看前方(见图13-4-165~图13-4-167)。

图13-4-162 动作分解　　图13-4-163 动作分解　　图13-4-164 动作分解

图13-4-165 动作分解　　图13-4-166 动作分解　　图13-4-167 动作分解

要点:身体后坐时,避免后仰,臀部不可凸出,两臂随身体回收时,肩、肘部略向外松开,不要直着抽回,两手宽度不要超过两肩。

(二十三)十字手

(1)身体重心移至右腿上,左脚尖里扣,向右转体。右手随着转体动作向右平摆画弧,与左手成两臂侧平举,肘部下垂;同时右脚尖随着转体稍向外撇,成右弓步,眼看右手(见图13-4-168、图13-4-169)。

(2)身体重心慢慢移至左腿上,右脚尖里扣,然后右脚向左收回与左脚成开立步,两脚距离与肩同宽。同时两手向下经腹前向上画弧交叉于胸前,右手在外,手心均向后,成十字手,眼看前方(见图13-4-170、图13-4-171)。

要点:两手分开和合抱时,上体勿前俯。站起后,身体自然正直,头微上顶,下颌稍向后收。两臂环抱时须圆满舒适,沉肩垂肘。

图 13－4－168 动作分解　　图 13－4－169 动作分解　　图 13－4－170 动作分解　　图 13－4－171 动作分解

（二十四）收势

两手向外翻掌,手心向下,慢慢下落于两胯外侧,眼看前方(见图13－4－172、图13－4－173)。

要点:两手左右分开下落时,全身注意放松,同时气徐徐向下沉(呼气略加长)。呼吸平稳后,把左脚收到右脚旁,再走动休息。

图 13－4－172　动作分解　　图 13－4－173　动作分解

二十四式简化太极拳的动作路线见图 13－4－174。

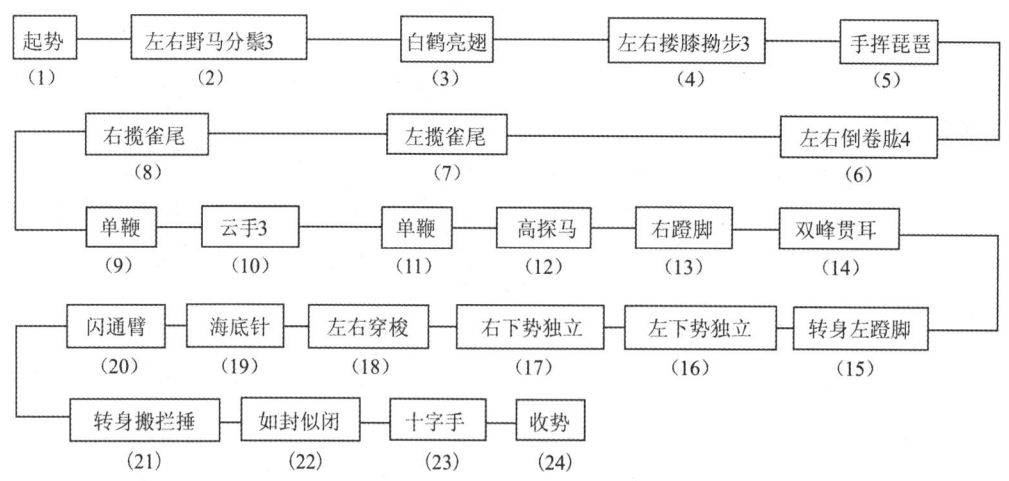

图 13－4－174　二十四式简化太极拳的动作路线

# 第五节 初级长拳

## 动作名称

**预备动作**
预备势
（一）虚步亮拳
（二）并步对拳

**第一段**
（一）弓步冲拳
（二）弹腿冲拳
（三）马步冲拳
（四）弓步冲拳
（五）弹腿冲拳
（六）大跃步前穿
（七）弓步击掌
（八）马步架掌

**第二段**
（一）虚步栽拳
（二）提膝穿掌
（三）仆步穿掌
（四）虚步挑掌
（五）马步击掌
（六）叉步双摆掌
（七）弓步击掌
（八）转身踢腿马步盘肘

**第三段**
（一）歇步抡砸拳
（二）仆步亮掌
（三）弓步劈拳
（四）换跳步弓步冲拳
（五）马步冲拳
（六）弓步下冲拳
（七）叉步亮掌侧踹腿
（八）虚步挑拳

**第四段**
（一）弓步顶肘
（二）转身左拍脚
（三）右拍脚
（四）腾空飞脚
（五）歇步下冲拳
（六）仆步抡劈拳
（七）提膝挑掌
（八）提膝劈掌弓步冲拳

**结束动作**
（一）虚步亮掌
（二）并步对拳

- **预备动作**

预备势：两脚并步站立，两臂垂于身体两侧，五指并拢贴靠腿外侧，眼向前平视（见图13－5－1）。

要点：头要端正，下颌微收，挺胸，塌腰，收腹。

（一）虚步亮掌

（1）右脚向右后方撤步成左弓步，右掌向右、向上、向前画弧，掌心向上。左臂屈肘，右掌提至腰侧，掌心向上，目视右掌（见图13－5－2）。

（2）右腿微屈，重心后移。左掌经胸前从右臂上向前穿出伸直；右臂屈肘，右掌收至腰侧，掌心向上，目视左掌（见图13－5－3）。

（3）重心继续后移，右脚稍向右移，脚尖点地，成右虚步，左臂内旋向

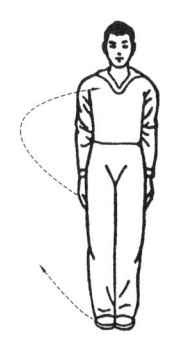

图13－5－1
**预备势**

左、向后画弧勾手,勾尖向上。右手继续向后、向右、向前画弧,屈肘抖腕,在头前上方成亮掌(即横掌),掌心向前,掌指向左,目视左方(见图13-5-4)。

图13-5-2 动作分解　　图13-5-3 动作分解　　图13-5-4 动作分解

要点:三个动作必须连贯。成虚步时,重心落于右腿上,右大腿与地面平行。左腿微屈,脚尖点地。

(二)并步对拳

(1)右腿蹬直,左腿提膝,脚尖里扣,上肢姿势不变(见图13-5-5)。

(2)左脚向前落步,重心前移。左臂屈肘,左勾手变掌经左肘前伸,右臂外旋向前下落于右掌右侧,两掌同高,掌心均向上(见图13-5-6)。

(3)右脚向前上一步,两臂下垂后摆(见图13-5-7)。

(4)左脚向右脚并步,两臂向外、向上经胸前屈肘下按,两掌变拳,拳心向下,停于小腹前,目视左侧(见图13-5-8)。

要点:并步后挺胸、塌腰。对拳、并步、转头要同时完成。

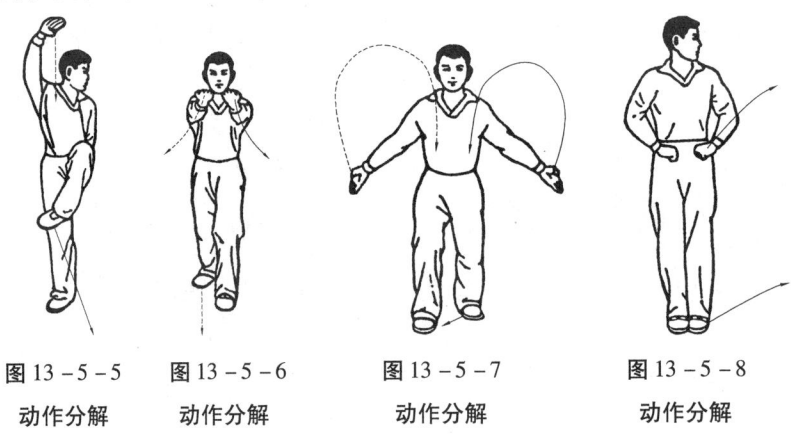

图13-5-5　　图13-5-6　　图13-5-7　　图13-5-8
动作分解　　动作分解　　动作分解　　动作分解

● 第一段

(一)弓步冲拳

(1)左脚向左上一步,脚尖向斜前方,右腿微屈成半马步。左臂向上、向左格打,拳眼向后,拳与肩同高;右拳收至腰侧,拳心向上,目视左拳(见图13-5-9)。

(2)右腿蹬直成左弓步,左拳收至腰侧,拳心向上。右拳向前冲出,高与肩平,拳眼向上,目视右拳(见图13－5－10)。

(二)弹腿冲拳

重心前移至左前腿,右腿屈膝提起,脚面绷直,猛力向前弹出伸直,高与腰平。右拳收至腰侧,左拳向前冲出,目视前方(见图13－5－11)。

图13－5－9 动作分解　　图13－5－10 动作分解　　图13－5－11 动作分解

要点:支撑腿可微屈,弹出的腿要有爆发力,力点达于脚尖。

(三)马步冲拳

右脚向前落步,脚尖里扣,上体左转。左拳收至腰侧,两腿下蹲成马步,右拳向前冲出,目视右拳(见图13－5－12)。

要点:成马步时,大腿要平,两腿平行,脚跟外蹬,挺胸、塌腰。

(四)弓步冲拳

(1)上体右转90°,右脚尖外撇向斜前方成半马步。右臂屈肘向右格打,拳眼向后,目视右拳(见图13－5－13)。

(2)左腿蹬直成右弓步,右拳收至腰侧,左拳向前冲出,目视左拳(见图13－5－14)。

要点:与本段的(一)弓步冲拳相同,唯左右相反。

图13－5－12 动作分解　　图13－5－13 动作分解　　图13－5－14 动作分解

(五)弹腿冲拳

重心前移至右腿,左腿屈膝提起,脚面绷直,猛力向前弹出伸直,高与腰平。左拳收至腰侧,右拳向前冲出,目视前方(见图13－5－15)。

要点:与"(二)弹腿冲拳"相同。

(六)大跃步前穿

(1)左腿屈膝,右拳变掌内旋,以手背向下挂至左膝外侧。上体前倾,目视右手(见图13-5-16)。

(2)左脚向前落步,两脚微屈。右掌继续向后挂,左拳变掌,向后、向下伸直,目视右掌(见图13-5-17)。

图13-5-15 动作分解　　图13-5-16 动作分解　　图13-5-17 动作分解

(3)右腿屈膝向前提起,左腿立即猛力蹬向前跃起,两掌向前、向上画弧摆起,目视左掌(见图13-5-18)。

(4)右脚落地全蹲,左脚随即落地向前铲出成仆步。右掌变拳抱于腰间,左掌由上向右、向下画弧成立掌,停于右胸前,目视左脚(见图13-5-19)。

要点:跃步要远,落地要轻,落地后立即接做下一个动作。

(七)弓步击掌

右腿猛力蹬直成左弓步,左掌经左脚面向后画弧至身后成勾手。左臂伸直,勾尖向上,掌指向上,掌外侧向前,目视右掌(见图13-5-20)。

图13-5-18 动作分解　　图13-5-19 动作分解　　图13-5-20 动作分解

(八)马步架掌

(1)重心移至两腿中间,左脚脚尖里扣成马步,上体右转。右臂向左侧平摆,稍屈肘,同时左勾手变掌由后经左侧从右臂内向前上穿出,掌心均朝上,目视左手(见图13-5-21)。

(2)右掌立于胸前,左臂向左上屈肘抖腕亮掌于头部左上方,掌心向前,目右转视(见图13-5-22)。

图 13-5-21 动作分解　　图 13-5-22 动作分解

- 第二段

(一)虚步栽拳

(1)右脚蹬地,屈膝提起;左腿伸直,以前脚掌为轴向右后转体180°。右掌由左胸前向下经右腿外侧向后画弧成勾手,左臂随体转动并外旋,使掌心朝右,目视右手(见图13-5-23)。

(2)右脚向右落地,重心移至右腿上,下蹲成左虚步。左掌变拳下落于左膝上,拳眼向里,拳心向后;右勾手变拳屈肘向上架于头右上方,拳心向前,目视左方(见图13-5-24)。

(二)提膝穿掌

(1)右腿稍伸直,右拳变掌收于腰侧,掌心向上,左拳变掌由下向左、向上画弧盖压于头上方,掌心向前(见图13-5-25)。

(2)右腿蹬直,左腿屈膝提起,脚尖内扣。右掌从腰侧经左臂内向右前上方穿出,掌心向上,左掌收至右胸前成立掌,目视右掌(见图13-5-26)。

要点:支撑腿与右臂充分伸直。

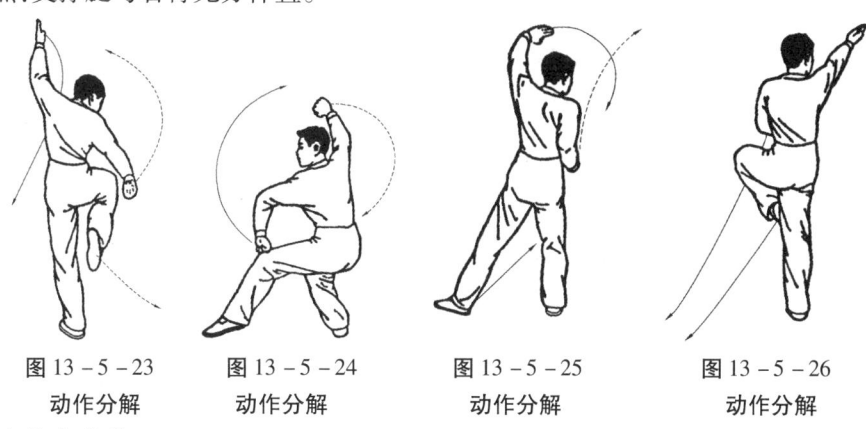

图 13-5-23　　图 13-5-24　　图 13-5-25　　图 13-5-26
动作分解　　动作分解　　动作分解　　动作分解

(三)仆步穿掌

右腿全蹲,左腿向左后方铲出成左仆步。右臂不动,左掌由右胸向下经腿内侧向左脚面穿出,目随左掌转视(见图13-5-27)。

(四)虚步挑掌

(1)右腿蹬直,重心前移至左腿,成左弓步,右掌稍下降,左掌随重心前移向前挑起(见图13-5-28)。

(2)右脚向左前方上步,左腿半蹲,成右虚步。身体随上步左转180°,左掌由前向上、向后画弧成立掌,右掌由后向下、向前上挑起成立掌,指尖与眼平,目视右掌(见图 13 - 5 - 29)。

要点:上步要快,虚步要稳。

图 13 - 5 - 27 动作分解　　图 13 - 5 - 28 动作分解　　图 13 - 5 - 29 动作分解

(五)马步击掌

(1)右脚落实,脚尖外撇,重心稍升高并右移,左掌变拳收至腰侧,右掌俯掌向外捋手(见图 13 - 5 - 30)。

(2)左脚向前上一步,以右脚为轴向右后转体 180°,两腿下蹲成马步。左掌从右臂上成立掌向左侧击出,右掌变拳收至腰侧,目视左掌(见图 13 - 5 - 31)。

要点:右手做捋手时,先使臂稍内旋、腕伸直,手掌向下向外转。接着臂外旋,掌手经下向上翻转,同时抓握成拳,收拳和击掌动作要同时进行。

图 13 - 5 - 30 动作分解　　图 13 - 5 - 31 动作分解

(六)叉步双摆掌

(1)重心稍右移,同时两掌向下、向右摆,掌指均向上,目视右掌(见图 13 - 5 - 32)。

(2)右脚向左腿后插步,前脚掌着地。两臂继续由右向上、向左摆,停于身体左侧,均成立掌,右掌停于左肘窝处,目随双掌转视(见图 13 - 5 - 33)。

要点:两臂要画立圆,幅度要大,摆掌与后插步配合一致。

(七)弓步击掌

(1)两腿不动,左掌收至腰侧,掌心向上;右掌向上、向右画弧,掌心向下(见图 13 - 5 - 34)。

(2)左腿后撤一步,成右弓步。右掌向下、向后伸直成勾手,勾尖向上;左掌成立掌向前推出,目视左掌(见图 13 - 5 - 35)。

图13-5-32 动作分解　　图13-5-33 动作分解　　图13-5-34 动作分解

(八)转身踢腿马步盘肘

(1)两脚以前脚掌为轴向左后转体180°,在转体的同时,左臂向上、向前画半立圆,右肩向下向后画半圆(见图13-5-36)。

(2)上动不停,两脚不动,右臂由后向上、向前画半立圆,左臂由前向下、向后画半立圆(见图13-5-37)。

图13-5-35 动作分解　　图13-5-36 动作分解　　图13-5-37 动作分解

(3)上动不停,右臂向下成反臂勾手,勾尖向上;左臂向上成亮掌,掌心向前上方。右腿伸直,脚尖勾起,向额前踢(见图13-5-38)。

(4)右脚向前落地,脚尖里扣。右手不动,左臂屈肘下落至胸前,左掌心向下,目视左掌(见图13-5-39)。

(5)上体左转90°,两腿下蹲成马步,同时左掌向前、向左平摆变拳收至腰侧,右勾手变拳,右臂伸直由体后向右、向前平摆,至体前时屈肘,肘尖向前,高与肩平,拳心向下,目视肘尖(见图13-5-40)。

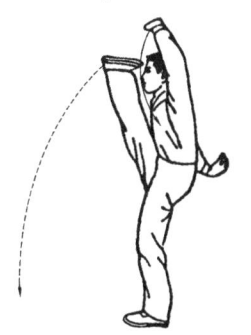  

图13-5-38 动作分解　　图13-5-39 动作分解　　图13-5-40 动作分解

要点:两臂抡动时要画立圆,动作连贯。盘肘时要快速有力,右肩前顺。

● 第三段

(一)歇步抡砸拳

(1)重心稍升高,右脚尖外撇。右臂由胸前向上、向右抡直,左拳向下、向左使臂抡直,目视右拳(见图13-5-41)。

(2)上动不停,两脚以前脚掌为轴,向右后转体180°。右臂向下、向后抡摆,左臂向上向前随身体转动(见图13-5-42)。

(3)紧接上动,两腿全蹲成歇步。左臂随身体下蹲向下平砸,拳心向上,臂部微屈;右臂伸直向上举起,目视左拳(见图13-5-43)。

图13-5-41 动作分解　　图13-5-42 动作分解　　图13-5-43 动作分解

(二)仆步亮掌

(1)左脚由右腿后抽出上前一步,左腿蹬直,右腿半蹲,成右弓步,上体微向右转,左拳收至腰侧,右拳变掌向下经胸前向右横击掌,目视右掌(见图13-5-44)。

(2)右脚蹬地屈膝提起,上体右转。左拳变掌从右掌上向前穿出,掌心向上;右掌平收至左肘下(见图13-5-45)。

(3)右脚向右落步,屈膝蹲下,左腿伸直成仆步。左掌向下、向后画弧成勾手,勾尖向上;右掌向右、向上画弧微屈,抖腕成亮掌,掌心向前。头随右手转动,至亮掌时,目视左方(见图13-5-46)。

图13-5-44 动作分解　　图13-5-45 动作分解　　图13-5-46 动作分解

(三)弓步劈拳

(1)右腿蹬地立起,左腿收回并向左前方上步,右掌变拳收至腰侧,左勾手变掌由下向前经胸前向左做搂手(见图13-5-47)。

(2)右腿经左腿前方向左绕上一步,左腿蹬直成右弓步。左手向左平掳后再向前挥摆,虎口朝前(见图 13-5-48)。

(3)在左手平掳的同时,右拳向后平摆,然后再向前、向上做抡臂拳,拳高与耳平,拳心向上,左掌外旋接扶右前臂,目视右拳(见图 13-5-49)。

要点:左右脚上步稍带弧形。

图 13-5-47 动作分解　　图 13-5-48 动作分解　　图 13-5-49 动作分解

(四)换跳步弓步冲拳

(1)重心后移,右脚稍向后移动。右拳变掌,臂内旋以拳背向下画弧挂至右膝内侧;左掌背贴靠右肘外侧,掌指向前,目视右掌(见图 13-5-50)。

(2)右腿自然上抬,上体稍向左扭转。右掌挂至体左侧,左掌伸向右腋下,目随右掌转视(见图 13-5-51)。

(3)右脚以全脚掌用力向下震踩,左脚同时急速离地抬起。右手由左向上、向前掳盖后变拳收至腰侧;左掌伸直向下、向上、向前屈肘下按,掌心向下。上体右转,目视左掌(见图 13-5-52)。

 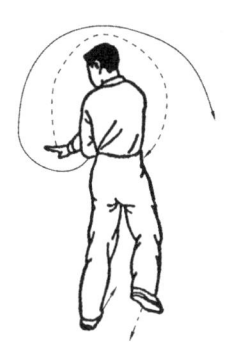 

图 13-5-50 动作分解　　图 13-5-51 动作分解　　图 13-5-52 动作分解

(4)左脚向前落步,右腿蹬直成左弓步。右拳向前冲出,拳高与肩平,左掌藏于右腋下,掌背贴靠腋窝,目视右拳(见图 13-5-53)。

要点:换跳步动作要连贯、协调。震脚时腿要弯曲,全脚掌着地,左脚离地不要高。

(五)马步冲拳

上体右转 90°,重心移至两腿中间成马步。右拳收至腰侧,左掌变拳向左冲出,拳眼向上,目视左拳(见图 13-5-54)。

(六)弓步下冲拳

右脚蹬直,左腿弯曲,上体稍向左转成左弓步。左拳变掌向下经体前向上架于头左上方,掌心向上,右拳自腰侧向左前斜下方冲出,目视右拳(见图13-5-55)。

图13-5-53 动作分解　　图13-5-54 动作分解　　图13-5-55 动作分解

(七)叉步亮掌侧踹腿

(1)上体稍右转,左掌由头上下落于右手腕上,右拳变掌,两手交叉成十字,目视双手(见图13-5-56)。

(2)右脚蹬地并向左腿后插步,以前脚掌着地。左掌由体前向下、向后画弧成勾手,勾尖向上;右掌由前向右、向上画弧抖腕亮掌,掌心向前,目视左侧(见图13-5-57)。

(3)重心移至右腿,左腿屈膝提起,向左上方猛力蹬出。上肢姿势不变,目视左侧(见图13-5-58)。

图13-5-56 动作分解　　图13-5-57 动作分解　　图13-5-58 动作分解

要点:插步时上体稍向右倾斜,腿、臂的动作要一致。侧踹高度不能低于腰,大腿内旋,着力点在脚跟。

(八)虚步挑拳

(1)左脚在左侧落地,右掌变拳稍后移,左勾手变拳由体后向左上挑,拳背向上(见图13-5-59)。

(2)上体左转180°,微含胸前俯。左拳继续向前、向上画弧上挑,右拳向下、向前画弧挂至右膝外侧,同时右膝提起,目视右拳(见图13-5-60)。

(3)右脚向左前方上步,脚尖点地,重心落于左脚,左腿下蹲成右虚步。左拳向后画弧收至腰侧,拳心向上;右拳向前屈臂挑出,拳眼斜向上,拳与肩同高,目视右拳(见图13-5-61)。

图 13-5-59 动作分解　　图 13-5-60 动作分解　　图 13-5-61 动作分解

● 第四段

（一）弓步顶肘

（1）重心升高,右脚踏实。右臂内旋向下直臂画弧,以拳背下挂至右膝内侧,左拳不变,目视前下方（见图 13-5-62）。

（2）左腿蹬直,右腿屈膝上抬。左拳变掌,右拳不变,两臂向前、向上画弧摆起,目随右拳转视（见图 13-5-63）。

（3）左脚蹬地起跳,身体腾空,两臂继续画弧至头上方（见图 13-5-64）。

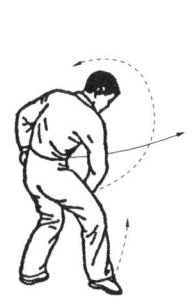  

图 13-5-62 动作分解　　图 13-5-63 动作分解　　图 13-5-64 动作分解

（4）右脚先落地,右腿屈膝,左脚向前落步,以前脚掌着地。同时两臂向右向下屈肘停于右胸前,右拳变掌,左掌变拳,右掌心贴靠左拳面（见图 13-5-65）。

（5）左脚向左上一步,左腿屈膝,右腿蹬直成左弓步。右掌推左拳,以左肘尖向左顶出,高与肩平,目视前方（见图 13-5-66）。

图 13-5-65 动作分解　　图 13-5-66 动作分解

要点：交换时不要过高，但要快，两臂抡摆时要成圆弧。

（二）转身左拍脚

（1）以两脚前脚掌为轴向右后转体180°。随着转体，右臂向上、向右、向下画弧抡摆，同时左拳变掌向下、向后、向前上抡摆（见图13－5－67）。

（2）左腿伸直向前上踢起，脚面绷平，左掌变拳收至腰侧，右掌由体后向上、向前拍击左脚面（见图13－5－68）。

（三）右拍脚

（1）左脚向前落地，左拳变掌向下、向后摆，右掌变拳收于腰侧（见图13－5－69）。

（2）右腿伸直向前上踢起，脚面绷平；左拳变掌，由后向上、向前拍击右脚面（见图13－5－70）。

要点：与转身左拍脚相同。

图13－5－67 动作分解　　图13－5－68 动作分解　　图13－5－69 动作分解　　图13－5－70 动作分解

（四）腾空飞脚

（1）右脚落地（见图13－5－71）。

（2）左脚向前摆起，右脚猛力蹬地跳起，左腿屈膝继续前上摆。同时右拳变掌向前、向上摆起，左掌先上摆而后下降拍击右掌背（见图13－5－72）。

（3）右腿继续上摆，脚面绷平。右手拍击右脚面，左掌由体前向后上举（见图13－5－73）。

要点：蹬地要向上，不要太向前冲，左膝尽量上提。击响要在腾空时完成，右臂伸直成水平。

图13－5－71 动作分解　　图13－5－72 动作分解　　图13－5－73 动作分解

（五）歇步下冲拳

（1）左右脚先后相继落地，左掌变拳收至腰侧（见图13－5－74）。

（2）身体右转90°，两腿全蹲成歇步。右掌抓握、外旋变拳收至腰侧；左拳由腰侧向前方冲出，拳心向下，目视左拳（见图13－5－75）。

图13－5－74 动作分解　　　图13－5－75 动作分解

（六）仆步抡劈拳

（1）重心升高，右臂由腰侧向体后直伸，左臂随身体重心升高向上摆起（见图13－5－76）。

（2）以右脚前脚掌为轴，左腿屈膝提起，上体左转270°。左拳由前向后下画立圆一周，右拳由后向下、向前上画立圆一周（见图13－5－77）。

（3）左腿向后落一步，屈膝全蹲，右腿伸直，脚尖里扣成右仆步。右拳由上向下抡劈，拳眼向上；左拳后上举，拳眼向上，目视右拳（见图13－5－78）。

要点：抡臂时一定要画立圆。

图13－5－76 动作分解　　图13－5－77 动作分解　　图13－5－78 动作分解

（七）提膝挑掌

（1）重心前移成右弓步。同时右拳变掌由下向上抡摆，左拳变掌稍下落，右掌心向左，左掌心向右（见图13－5－79）。

（2）左右臂在垂直面上由前向后各画立圆一周。右臂伸直停于头上，掌心向左，掌指向上；左臂伸直停于身后成反勾手。同时右腿屈膝提起，左腿挺膝伸直独立，目视前方（见图13－5－80）。

（八）提膝劈掌弓步冲拳

（1）下肢不动。右掌由上向下猛劈伸直，停于右小腿内侧，用力点在小指一侧；左勾手变掌，屈臂向前停于右上臂内侧，掌心向右，目视右掌（见图13－5－81）。

（2）右脚向右后落地，身体右转90°。同时左掌变拳收至腰侧，右臂内旋向右画弧做劈掌（见图13－5－82）。

(3)上动不停,左腿蹬直成右弓步。右手抓握变拳收至腰侧,左拳由腰侧向左前方冲出,目视左拳(见图13-5-83)。

图13-5-79 动作分解　　图13-5-80 动作分解

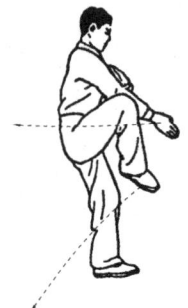

图13-5-81 动作分解　图13-5-82 动作分解　图13-5-83 动作分解

● 结束动作

(一)虚步亮掌

(1)右脚扣于左膝后,两拳变掌,两臂向上、向左下屈肘交叉于体左前,目视右掌(见图13-5-84)。

(2)右脚向右后落步,重心后移,右腿半蹲,上体稍右转。同时右掌向上、向右、向下画弧停于左腋下;左掌向左、向上画弧停于左胸前的右臂上,两掌心左下右上,目视左掌(见图13-5-85)。

(3)左脚尖稍向左移,右腿下蹲成左虚步。左臂伸直向左、向右画弧成反勾手;右臂伸直向下、向右、向上画弧抖腕亮掌,掌心向前,目视左手(见图13-5-86)。

图13-5-84 动作分解　图13-5-85 动作分解　图13-5-86 动作分解

(二)并步对拳

(1)左腿后撤一步,同时两掌从两腰侧向前穿出伸直,掌心向上(见图13-5-87)。

(2)右腿后撤一步,同时两臂分别向体后下摆(见图13-5-88)。

(3)左脚后退半步向右脚并拢。两臂由后向上经体前屈臂下按,两掌变拳,停于腹前。拳心向下,拳面相对,目视左方(见图13-5-89)。

(4)还原:两臂自然下垂,目视前方(见图13-5-90)。

图13-5-87 动作分解　　图13-5-88 动作分解　　图13-5-89 动作分解　　图13-5-90 动作分解

# 第十四章 其他各项体育运动

## 一、保龄球运动

保龄球又叫"地滚球",最初叫"九柱戏",是一种在木板球道上用球滚击木瓶的室内体育运动。起源于德国,流行于欧美地区及大洋洲和亚洲一些国家。

比赛分个人赛和多人赛。赛前,以抽签决定道次和投球顺序。比赛时,在球道终端放置10个木瓶成三角形,参加比赛者在犯规线后轮流投球撞击木瓶;每人均连续投击两球为1轮,10轮为1局;击倒一个木瓶得1分,以此类推,得分多者为胜。

规则规定,运动员投球时必须站在犯规线后面,不得超越或触及犯规线,违者判该次投球得分无效。投球动作规定用下手前送方式,采用其他方式为违例。

### (一)比赛

保龄球比赛以局为单位,1局分10轮,每轮有两次投球机会。如果第一次把10个木瓶全部击倒,就不能再投第二次。唯有第十轮不同,全中时继续投完最后两个球,补中时继续投完最后一个球,结束全局。

(1)比赛以抽签决定道次。每局在相邻的一对球道上进行比赛。每轮互换球道,直至全局结束。

(2)保龄球比赛时,均以6局总分决定名次。

### (二)计分

(1)保龄球按顺序每轮允许投两个球,投完10轮为1局。

(2)每击倒1个木瓶得1分。投完一轮将两个球的"所得分"相加,为该轮的"应得分",10轮依次累计为全局的总分。

(3)保龄球运动有统一格式的计分表。第一球将全部木瓶击倒时,称为"全中",应在计分表上部的左边小格内用符号表示,该轮所得分为10分。第二球不得再投。但按规则规定,应奖励下轮两个球的所得分。它们所得分之和为该轮的应得分。

(4)当第一球击倒部分木瓶时,应在左边小格内记上被击倒的木瓶数,作为第一球的所得分。如果第二球将剩余木瓶全部击倒,则称为"补中",应在计分表上部的右边小格内用符号"/"表示。它们所得分之和为该轮的应得分。

(5)第十轮全中时,应在同一条球道上继续投守最后两个球结束全局。这两个球的所得分应累计在该局总分内。

(6)第十轮为补中时,应在同一条球道上继续投守最后1个球结束全局。这个球的所得分应累计在该局总分内。

## 二、斯诺克台球运动

(1)斯诺克台球球台内沿长350厘米,内沿宽175厘米,高85厘米。22个彩球共分8种颜色,红色球15个(1分),黄色球1个(2分),绿色球1个(3分),棕色球1个(4分),蓝色球1个(5分),粉色球1个(6分),黑色球1个(7分),白色球1个(主球)。

(2)开球前主球可在开球区(D形区)内任选一点位置。开球必须首先直接或间接击中红球。按照击落一个红球再击落一个彩球的顺序直至红球全部落袋。其中彩球落袋后放回原置球点,然后按照彩色球的分值从低到高依次为黄、绿、棕、蓝、粉、黑色球击落袋中。

(3)当台面上只剩下黑球时,击球入袋或犯规都会使比赛结束,这时如果双方比分相等则重新放置黑球,进行决胜期比赛,此时无论谁击球入袋或犯规都使比赛结束。

(4)遇有下列犯规行为,应判罚分(分值小于4分按4分罚分,大于4分按自身的分值罚分):球未停稳就击球;击球时杆头触击主球一次以上;击成空杆;主球击目标球后自落;击球时双脚离地;开球时主球未放入开球区(D形区);击成跳球;击球出界;主球首先撞击非活球;击球时,球员的衣服、身体、球杆及佩戴物等触动台面上的球。

(5)下列犯规判罚7分:击红球入袋后,尚未指定球就开始击球;击进红球后,未报彩球又击打红球;不使用白球而使用其他任何一个球做主球。

### 三、轮滑运动

轮滑俗称"滑旱冰",是脚蹬四轮特制鞋在坚实平坦的地面上进行滑行运动,轮滑运动是一项融健身、竞技、娱乐、趣味、技巧、休闲、惊险于一体的风靡世界的运动,非常适合于大众健身,轮滑运动能锻炼身体、增强体质、消除疲劳、调解精神。轮滑包括速度轮滑、花样轮滑和轮滑球及单排轮滑和双排轮滑。在轮滑场上举行的轮滑项目即是花样轮滑。速滑分公路赛和场地赛两种。场地赛项目男子有500米、1 000米、1 500米、3 000米、5 000米、10 000米、20 000米等项;女子有500米、1 000米、3 000米、5 000米、10 000米等项。1980年,明尼苏达州两位热爱冰上曲棍球的兄弟,为了在球季之余能够继续练习,便将轮子装在刀底座之内,于是产生了第一双单排轮滑鞋。这种轮子排列成一条直线的溜冰鞋正式学名为"in-line skate",这就成了今天单排轮滑的正式名称。1995年,ESPN[①]第一届极限运动会便把特技单排轮滑运动推向了全世界。特技单排轮滑运动会起源于美国,其特技鞋也不同于普通单排轮滑,而是在单排轮滑上附加了许多配件。最终使单排轮滑更刺激。

(一)轮滑的基本技术

1. 站立

站立可采取外"人"字或"丁"字步站立方法。两脚左右开立,重心在两腿之间,膝部微屈,上体稍前倾,两臂在体侧自然下垂,以控制身体平衡,目视前方。

2. 踏步和行走

1)踏步

身体成基本站立姿势,上体稍前倾,大腿向上抬起,膝关节弯曲,小腿自然放松,重心移至支撑腿,脚腕用力控制轮子的滑动,以保持抬腿时身体重心前移和平衡。两腿交替进行踏步练习。

2)行走

掌握踏步技术后,即可进行行走练习。练习时,步幅不宜过大,行走中两脚呈"外八字"

---

① 娱乐与体育节目电视网,是24小时专门播放体育节目的美国有线电视联播网。

形,身体重心随摆动腿的上抬而向前移动,落地的支撑要稳,上体稍前倾,两臂自然摆动,目视前方。

3. 滑行

1)单蹬双滑

即单脚蹬地,双脚向前滑行。练习时左脚在前,"丁"字步站立,膝部弯曲,以右脚内侧轮向身体侧后方蹬地,左脚尖外撇向前滑出,重心随之移至左脚,同时右脚自然收至左脚旁成双足着地向前滑行。重复交替进行。滑行时要求上体前倾,肩部放松,两臂在体侧自然摆动。

2)交替单蹬单滑

即两脚交替蹬地,两脚交替单足向前滑行。左脚在前,"丁"字步站立,以右脚内侧轮向身体的侧后方蹬地,左腿屈膝向前滑出,重心逐渐移至左腿成单足支撑滑行。右脚蹬地后,在左脚侧后方自然做至靠近左脚旁落地滑出,脚尖稍向外展,再以左脚以内侧轮蹬地形成右脚单足支撑向前滑行,重复交替进行。

3)前压步滑行

前压步滑行技术用于转弯,左右脚皆可进行。以向左压步为例,右脚内侧轮蹬地,左脚以外侧轮蹬地并向前滑出,此时身体稍左转,重心偏向左脚外侧,右臂在前,左臂在后侧。滑行一段后,右脚内侧轮蹬地向前超越左脚在左前侧落地滑出。此时重心移至右脚内侧轮上,使内侧轮受力后向右内转弯滑出曲线。同时左脚用外轮在右后刨地,蹬后前移至左前侧,支撑滑行。

4)直道滑行

(1)匀速长滑:用中速或慢速均匀、长时间、长距离进行滑行,来体会直线滑行的动作要领。

(2)利用惯性滑行:起跑加大滑速以后,在获得较大惯性和蹬地力量不大的情况下,以惯性滑行来体会正确的技术动作,改进直线滑行技术,特别应注意动作的准确性、身体放松与协调能力。

(3)尾随滑行:选出技术好的学生或教师领滑,学生则尾随在后,强调技术要领,强化模仿技术动作,速度应适当。

(4)轮流滑行:在学生技术有明显提高后,可以高速或较高速地进行轮流领滑,注意在速度提高下的技术动作规格,强化技术动作。

5)弯道滑行

弯道滑行主要是在圆周上做高速运动,在向左侧改变运动方向的同时,两腿在大倾斜度下进行向外侧蹬地,是以交叉步伐形成的一种运动技术。弯道滑行的基本技术主要有:进弯道、压步蹬地、摆臂、出弯道几个环节。

(1)进弯道:进弯道滑行时,左脚外轮实着地做圆弧切线支撑,降低身体重心,使身体与体重完全压在左腿上,左右脚结束直线滑行的最后一步,滑轮的方向不能向右,应该朝正前方,并且不宜拉长,然后左脚以外轮实着地,右脚蹬地。

(2)压步蹬地:右脚蹬地结束后,身体姿势要低于直线滑行姿势,重心压在左腿上,身体向左倾斜,右腿从左脚上方交叉迈步落地。然后,左脚开始蹬地,身体重心倾移在右腿上,蹬地结束后,左腿收腿做圆弧的切线着地支撑,右腿再开始蹬地,交替形成弯道交叉步。

(3)摆臂:右臂在弯道滑行时摆动较大,以肩为轴,大臂带动小臂前后摆动,略高于肩。左臂与右臂不同,大臂贴身摆动,幅度较小,短促有力,协调摆动与直线相同。摆臂的目的都是为了身体重心加速前移,增强蹬地的力量。

(4)出弯道:出弯道最后一步是右脚滑出,右脚蹬地结束后,左脚支撑体重,使头、膝、踝三点为垂直线,保持身体正直,不要向左倾斜,右腿回收的同时,左脚开始蹬地,进入直线滑行。

4. 停止

1)"丁"字形停止法

用于横滑或后滑时的停止。以左脚在前为例,可以先用右脚滑行,然后,左脚抬起,足尖向外,足跟向里,放在右脚后呈"丁"字形,重心移至左腿,以增加滑行阻力,直至停止。

2)减速停止法

用于快速滑行中的逐渐减速,使两脚内侧轮呈"人"字形,从而停止滑行。

3)变向停止法

滑行中可采取改变滑行方向来达到急停目的。主要是向左或右转圈,停止滑行。

5. 倒滑

倒滑是花样轮滑的基本滑行技术之一。一般有单、双脚滑行,是衔接图形、跳跃、旋转等技术动作的主要滑法和助滑方法。

双脚平行倒滑:双腿弯曲,脚尖稍内扣,如用右脚向右蹬地滑行,则右脚尖前轮向前外侧蹬地,重心移向左脚,右脚蹬地腿伸直后,放在左脚旁随滑,然后,交替进行下一次蹬地动作,滑行时,上体正直,两臂随摆或伸开,前轮用力。

注意事项:①倒滑蹬地要向前外侧用力,以身体移动重心来加大滑速;②蹬地力量要与身体重心相协调,分力不要过大,使滑速下降;③注意不要只扭臀部而没有蹬地。

6. 倒滑压步

它是花样轮滑中跳跃、旋转、平衡等技术动作的速度来源,也是基本技术之一。

倒滑压步:上体正直,两臂斜下伸展,屈膝,重心落在鞋的前轮上。以向左侧滑行压步为例:左肩、臂在前,形成反弓形,右脚以内轮蹬地结束后,在左脚上方交叉着地,脚跟指向圆心,左脚以左外轮蹬地,身体继续向左移动,左脚蹬地结束后,收腿,脚跟指向圆弧顶,然后进行第二次压步,以此交替进行。向右压步时动作则相反。

注意事项:①压步时身体不要前倾;②如果压步时身体转不过来,可以采取头向外转来促进身体左肩领前,强化转身;③压步时后脚跟必须指向圆心。

7. 倒滑单脚内刃停止法

倒滑中两脚与肩同宽,微屈膝,停止时以右脚为例:左脚脚跟横收,左脚外转呈90°,以内轮切地,左脚后引伸直,下降重心,身体前倾,两胸制动,摩擦产生阻力停止滑进。右腿动作相反。

注意事项:后引腿内轮切地时,踝关节要收紧。

(二)轮滑练习指导

1. 轮滑练习方法

(1)原地做下蹲起立练习。

(2)扶栏杆进行移动重心练习。

(3)松手进行踏步练习。

(4)扶栏杆进行行走练习。

(5)在同伴帮助下,做牵手行走练习。

(6)由滑行走过渡到滑行练习。

(7)单足、双足交替滑行。

(8)在帮助下进行停止技术练习。

(9)结合站立、滑行、停止的完整练习。

2.轮滑练习的注意事项

(1)提高自我安全意识,避免受伤。

(2)提高失去平衡后的自我保护能力。

(3)练习前熟悉场地,检查轮滑鞋。

(4)练习中遵循由易到难、由简到繁的原则。

(三)轮滑运动常识与注意事项

1.轮滑鞋保养

(1)切勿在草地、泥地上经过,因这样会磨损轮子,损坏轴承。

(2)下雨天水泥地板很滑,水会使轴承生锈。

(3)如果轴承生锈,买一小瓶润滑油(汽油、机油也可),将轴承放进去泡三四天即可。

(4)如果鞋套太薄,可以买一个气囊鞋垫。

2.注意事项

(1)穿适合自己的鞋。对于初学者,大小合适的轮滑鞋至关重要,否则,轻则影响技术动作的掌握,重则引发伤害事故。并且要根据所参与的轮滑运动的类型选择轮滑鞋,速度轮滑、花样轮滑、轮滑球和极限轮滑对鞋的要求各不相同。

(2)要有正确的技术指导。学习任何一项运动,基础入门是最重要的。

(3)要有必要的安全保护措施。对于初学者,安全护具必不可少,主要包括护腕、护肘、护膝,其他护具如手套、护踝、护腿、护身,在参加不同的项目时可以有所选择地加以使用。

3.自我保护方法

自我保护除要求穿着必备的防护用品外,还应注意自身的保护防范措施:

(1)将要摔倒的一瞬间失去平衡后,不要用手硬性撑地和挣扎,要降低身体重心顺势倒下,团身。

(2)摔倒时要顺身体关节弯曲,以四肢收缩形成缓冲,减少下降的重力和速度。

(3)出现后摔要团身,收下颏,不要仰头,防止后脑着地。

(4)摔倒起来时,要先用一条腿弯曲撑地,然后再用另一条腿同时蹲稳,慢慢起来,以防止连续摔倒。

### 四、滑雪运动

滑雪是运动员把滑雪板装在靴底上在雪地上进行速度、跳跃和滑降的竞赛运动。滑雪板用木材、金属材料和塑料混合制成。滑雪竞赛主要有两种:北欧滑雪和高山滑雪。高山滑雪由滑降、小回转和大回转(障碍滑雪)组成。高山滑雪混合项目由上述三个项目组成。北欧滑雪(比赛)包括个人越野滑雪赛、男子接力赛和女子接力赛。此外还有跳台滑雪赛,以及北欧混合项目比赛,包括越野赛和跳台赛。

滑雪运动起源并发展于斯堪的纳维亚半岛。国际滑雪联合会成立于1924年。北欧滑雪项目列入了1924年在法国沙莫尼举行的第一届冬季奥运会。在世界滑雪运动中居领先地位的国家有斯堪的纳维亚各国,如挪威、瑞典、芬兰,还有西欧的阿尔卑斯山脉周围的国家,如法国、意大利、奥地利、德国和瑞典,以及美国、俄罗斯等。一般说来,斯堪的纳维亚国家在北欧滑雪项目上占优势,阿尔卑斯山脉周围的国家在高山滑雪项目上占优势。

(一)注意事项

(1)应仔细了解滑雪的高度、宽度、长度、坡度及走向。由于高山滑雪是一项处于高速运动中的体育项目,看起来很远的地方一眨眼就到了眼前,滑雪者不事先了解滑雪道的状况,滑行中一旦出现意外情况,根本就来不及做出反应,这一点对初学者尤其重要。

(2)了解滑雪索道的开放时间,在无工作人员看守时切勿乘坐,因为此时极有可能是工作人员乘坐的下班索道,在工作人员到达下车站后,索道即停止运行,如果在空中被吊上一夜,发生冻伤事故的概率是非常高的。

(3)要根据自己的水平选择合适的滑雪道,切不可过高估计自己的水平而贸然行事,要循序渐进,最好能请一名滑雪教练。

(4)在滑行中如果对前方情况不明了,或感觉滑雪器材有异常时,应停下来检查,切勿冒险。

(5)在结伴滑行时,相互间一定要拉开距离,切不可为追赶同伴而急速滑降,那样很容易摔倒或与他人相撞。初学者很容易发生这种事故。

(6)在中途休息时要停在滑雪道的边上,不能停在陡坡下,并注意从上面滑下来的滑雪者。

(7)滑行中如果失控跌倒,应迅速降低重心,向后坐,不要随意挣扎,可抬起四肢,屈身,任其向下滑动。要避免头朝下,更要绝对避免翻滚。

(8)视力不好的滑雪者,不要戴隐形眼镜滑雪,如果跌倒后隐形眼镜掉落,几乎没有找回来的可能性。要尽量佩戴有边框的由树脂镜片制造的眼镜,因为它在受到撞击后不易碎裂。

(二)器材的挑选

滑雪器材主要有滑雪板、杖、靴、各种固定器、滑雪蜡、滑雪装、盔形帽、有色镜、防风镜等。通常滑雪场有器材出租,游客不妨租借。

(1)雪板价钱有别。一般滑雪板有木质、玻璃纤维和金属之分。木质的轻而价格便宜,但易受潮变形,故使用前宜涂抹特制油脂,使不易粘雪及防止雪水浸入。玻璃纤维滑雪板适合任何雪质的雪地,但价格较高。铝合金的金属滑雪板在轻而燥的深雪及冰面上回转轻便,价格也较高。目前有将这三种材质混合制成的滑雪板,最受滑雪爱好者欢迎。

(2)雪杖保持平衡。雪杖的作用是帮助滑行及维持身体的平衡。选择时遵循质轻、不易折断、平衡感好、适合自己身高的原则。一般由拦雪轮算起,最长不过肩,最短不低于肋下。可将手穿过皮手环,以握杖挥动称手为佳。

(3)固定器避免滑雪伤害。所有的滑雪板上都有将滑雪靴固定在其上的装置,在滑雪者跌倒时固定器会迅速松脱,因此它是避免滑雪伤害的重要防护器具之一。

(4)滑雪装以实用为上。选用滑雪装应以保暖、防风雪、舒适合身、不妨碍行动及尽量减少风的阻力为原则。专业的滑雪装虽质量精良,但价格昂贵,因此一般只须购买实用的普通衣物即可。

(5)滑雪靴保暖合脚。初学者和业余者选择保暖合脚及防水的滑雪靴即可。最好选择靴筒较低的短靴,以免影响足踝的屈转。

(6)有色眼镜不可少。雪地上因阳光反射强烈,必须戴上有色眼镜来保护眼睛。镜架以塑胶制品较为安全;镜片颜色以黄色或茶色为佳。

### 五、赛艇运动

赛艇是用桨作为推动力使船在水上前进的水上运动项目。单桨赛艇是指每个人都使用单桨。而双桨赛艇,每个人都用较轻的双桨。双桨叫"sculls"。赛艇比赛称作划船比赛大会。

比赛在平静的水面上进行。奥运会标准的水道长度为2 000米。国际比赛项目有单人双桨、双人双桨、四人双桨,还有双人有舵手、四人有舵手、双人无舵手和四人无舵手,还有男子8人赛艇。

1892年以来国际赛艇比赛一直在国际赛艇联合会的领导下组织进行。1908年划船正式列入伦敦奥运会项目。世界赛艇联合会举办的第一次世界赛艇锦标赛在1962年。国际艇联的青年锦标赛起始于1970年。女子赛艇项目于1976年蒙特利尔奥运会第一次被列为奥运会项目。

在世界赛艇运动中处于领先地位的国家有德国、美国和一些东欧国家。赛艇运动需要力量、耐力、协作、平衡(协调)、节奏和果断等素质。

在此将赛艇运动知识简要介绍如下。

(1)重要的国际赛艇比赛:世界赛艇锦标赛、世界女子赛艇锦标赛和青年赛艇锦标赛。

(2)(赛艇)比赛的分级有男子重量级、男子轻量级、女子项目和青年比赛4种基本级别。

(3)青年赛艇桨手的年龄限制:青年赛选手限制到18岁,包括在比赛年度达到18岁年龄的选手。

(4)世界赛艇管理机构的名称:国际赛艇联合会。

(5)怎样才能(使艇)有资格参加决赛:他们必须在预赛中取胜。然而,如果他们在预赛中落选,他们仍有机会参加落选比赛。(它被)叫作"补充赛"。

(6)桨手的个人技术:包括良好的节奏感、协调平衡、通力协作、划桨平稳、腿部拉伸力量强、回桨动作快和划桨效率高。

(7)双桨划桨动作由提桨、拉桨、结束和回桨组成。

### 六、卡丁车运动

卡丁车即小型赛车,是世界流行的赛车运动,是培养职业赛车手的摇篮。我们熟悉的众多F1赛手如塞纳、舒马赫、威廉纽夫、希尔、普罗斯特等都是从卡丁车入门而成为世界顶级车手的,同时卡丁车也是一项极具魅力的户外休闲运动。这项流行于欧美的无车厢微型敞篷赛车,无减速风挡,能感觉到高于实际车速2~3倍,尤其是弯道上产生3~4倍于重力的横向加速度的超速感应,让你尽享追风逐电的快感。

卡丁车的结构十分简单,由钢管式车架、转向系统脚蹬、油箱、传动链护罩、车手座位和防撞保险杠等组成。卡丁车操作简便,车手戴上防护头盔和手套,只要记住左脚刹车,右脚加油门,方向盘是1∶1转向,即可驰骋于赛场。卡丁车底盘很低,离地仅4厘米,跑道光滑平整,使车手有风驰电掣般的感觉。一旦滑出跑道,卡丁车会自动熄火停止前进,不会翻车,保障了车手的安全。

驾驶卡丁车可以锻炼灵敏度,并对大脑、眼睛、手脚及身体其他部位进行很好的协调,是锻炼勇敢精神的最佳选择,是一项有益健康的体育娱乐活动。卡丁车作为赛车运动中最经济的一种,具备所有赛车运动的基本内容,加上结构简单、操作灵活、费用低廉、安全性好,成为适合大众化消费的赛车运动。每逢双休日,一些青年人纷纷奔向卡丁车赛场,在蜿蜒起伏的赛车道上风驰电掣地过把瘾,成为都市时尚。

### 七、射击运动

射击是用枪支对准目标打靶的竞技项目。国际比赛有男女个人项目,也有团体项目,使用枪支射击的人叫射手(射击运动员)或叫神枪手。射击运动员的技术叫射击术。

射击项目的基本类别有步枪(射击)、手枪(射击)、跑靶、抛靶(射击)和双向飞碟(射击)。步枪射击的姿势有立势、跪势和卧势。步枪和手枪的标准靶由10个靶环构成,排列是从1环到10环。最外面的靶环为1分,靶心为10分。

最初枪支用于狩猎和军事目的。现在,射击被当作一种娱乐活动。射击首次列入现代奥运会是在1896年举行的雅典奥运会。1897年举行了首届世界射击锦标赛。1907年世界射击联盟成立。

射击项目在世界上居于领先地位的国家有美国、中国、俄罗斯和德国。射击运动要求(运动员)具有平衡性好、注意力集中、协调能力强、视力精确、心理稳定和时间感觉好等项素质。

在此将射击运动知识简要介绍如下。

(1)世界性射击管理机构名称:国际射联(UIT)。

(2)最重要的国际射击比赛:世界射击锦标赛。

(3)卧姿(要领):射手采用卧姿射击时,平卧,腹部着地,用双肘支撑上体,枪托抵住肩部或腋窝,射手只能用双手托枪。

(4)手枪射击不同的几个项目:自选手枪射击,手枪速射,标准手枪射击,气手枪射击和运动手枪射击。

(5)手枪速射项目打60发子弹。HPS表示满分。手枪速射项目的满分是600分。

### 八、蹦极运动

蹦极源于英文"bungy"或者"bungee"。蹦极就是跳跃者站在40米以上(相当于10层楼高)高度的桥梁、塔顶、高楼、吊车甚至热气球上,把一端固定的一根长长的橡皮绳绑在踝关节处,然后两臂伸开,双腿并拢,头朝下跳下去。绑在跳跃者踝部的橡皮绳很长,足以使跳跃者在空中感受几秒的"自由落体"。当人体落到离地面一定距离时,橡皮绳被拉开、绷紧,阻止人体继续下落,当到达最低点时,橡皮绳再次弹起,人被拉起,随后又落下,这样反复多次,直到橡皮绳的弹性消失为止,这就是蹦极的全过程。

蹦极运动可按以下几种方法分类。

(一)按跳法分类

1. 绑腰后跃式

此跳法为绑腰站于跳台上采用后跃的方式跳下,为弹跳初学者的第一个规定基本动作。弹跳时仿佛掉入无底洞,约3秒后突然往上反弹,反弹持续4~5次,定神一看,自己已安全悬挂于半空中,整个过程约5秒,真是紧张而又刺激。

2. 绑腰前扑式

此跳法为绑腰站于跳台上采用前扑的方式跃下。此跳法为弹跳初学者的第一个基本动作尝试做的另一种跳法。此种跳法近似于绑腰后跃式,但弹跳者为面朝下,真正感受到视觉上的恐怖与无助,当弹跳绳停止反弹时能真正感受重生的欣喜。

3. 绑脚高空跳水式

此跳法为弹跳者表现英姿最酷的跳法,此种跳法是将装备绑于脚踝上,弹跳者站在跳台上面朝下,如奥运选手跳水时的姿态,弹跳者于倒数5,4,3,2,1后即展开双臂,向下俯冲,好像雄鹰展翅,气概非凡。

4. 绑脚后空翻式

此种跳法是弹跳跳法中难度大但也是最神气的跳法。此种跳法是将装备绑于脚踝上,弹跳者站于跳台上背朝后,弹跳者于倒数5,4,3,2,1后即展开双臂,向后空翻。此种跳法需要强壮的腰力及十足的勇气。

5. 绑背弹跳

此种跳法被弹跳教练喻为最接近死亡感受的跳法,弹跳者将装备绑于背上,于倒数5,4,3,2,1后双手抱胸双脚往下悬空一踩,仿佛由高空坠落,顿时感觉大地旋转,地面事物由小变大,整个过程仿佛向死神一步步逼近,真是刺激、过瘾到极点。

6. 双人跳

此种跳法是您向您的恋人宣誓爱的证言的最高境界,双人于空中反弹时,弹跳绳将两人紧紧扣在一起,此时是您许下诺言的最佳时刻。当然,我们要求其中一方必须要有弹跳经验才能进行此项甜蜜而又惊险的双人跳。

(二)按地点分类

1. 桥梁蹦极

在桥梁上伸出一个跳台,或在悬崖绝壁上伸出一个跳台。

2. 塔式蹦极

主要是在广场上建造一个斜塔,然后在塔上伸出一个跳台。

3. 火箭蹦极

将人像火箭一样向上弹起,然后上下弹跃。

(三)按操作方法分类

1. 绑腰跳

踏出弹跳的第一步。

2. 绑背跳

可体验电梯断线后的坠落。

3.绑脚跳

可体验奥运跳水选手俯冲的快感。

此外,按蹦极技巧和人数还分为自由式(可碰水)、前滚翻、后滚翻、单人跳、双人跳等,每种玩法都会让您有不同的感受。

## 九、自行车越野

时下许多年轻人已不仅仅把自行车当作自己上学或上班的代步工具,对于一些人来说,"B仔"或"BM仔"这个词一点都不陌生。我们讲的"B仔"的正确名字是"BMX",全名是"bicycle motocross"(自行车越野)。它是在20世纪70年代中后期在美国兴起的一种自行车越野运动。由于它的车型比较少,轮胎比较粗,而且比赛的赛道也和越野摩托车所用的赛道十分相似,所以才有了这个名字。这项运动很快在青年人中流行起来,到了80年代中期,大多数年轻人深受滑板文化的影响,觉得只在泥地里比赛太过单一了,于是开始把"BMX"拿到平地、滑板的场地里玩,而且玩的花式比滑板更多,跳得更高,更刺激了,它的名字也变成了"freestyle"(自由式BMX自行车)。

"freestyle"具体分为五种:

第一种,是最原始的泥地竞速比赛。

第二种(dirt jump,泥地跳跃比赛),利用泥土做成的坡度进行跳跃花式比赛。

第三种(street,街道),利用模仿街道障碍的道具场地进行比赛。

第四种(half pipe,半管道),在半管道场地里进行跳跃花式比赛。

第五种(fatland,平地花式),在指定的平地里利用BMX车做各种平衡滑行的动作进行比赛。

平地花式是最基础的,也是最重要的,它的动作有上百种,其中最基本的是车上静平衡,如后轮点地跳、前轮点地跳、擦轮、定车、飘、过桥等。初学者在提高静平衡能力后才能练习更高难度的动平衡,即在自行车运动中做动作。

"BMX"的车身一般采用合金制成,可以承受从几米高的地方摔下的冲力。设计上也有许多特殊之处,如不受车闸线的限制,可以做360°转动的车把,前后轮都有可供脚踩的"火箭筒"等。一辆车只要换一些小的零件就可以做出不同的玩法,可以满足不同性格的人的需要。

## 十、棒球运动

棒球是以9人为一方,在室外场地使用球棒和球进行的一项球类运动。这既是一项业余竞技运动项目,也是一项职业运动项目,比赛的目标是赢得比对方更多的分。当一名运动员跑完全部垒位,并未被判出局即得1分。棒球场分为内场和外场,正方形的内场的4个角上各有一个垒位,内场也叫"方块"。内场是由界内地区与临界外场的两个边和界外地区另外两个边围成。

棒球的球棒是坚硬、光滑的木制棒,一般为3英尺6英寸长(1.668米)。圆球的表层是用马皮包裹的。棒球被当作美国的国球(全国性娱乐)。国际棒球联合会是业余棒球运动的世界管理机构。在1992年巴塞罗那奥运会上棒球第一次被列入国际性综合运动会的正式比赛。

棒球要求(运动员)具有速度和力量、平衡与协调、柔韧与灵活等项素质。作为一名队员与全队的配合能力是重要的,个人技术如击球、投球和防守也很重要。

在此将棒球运动知识简要介绍如下。

(1)世界性业余棒球运动管理机构的名称。国际棒球联合会是世界业余棒球管理机构,简称"IBA"。

(2)棒球比赛中的裁判。裁判人员包括1名主裁判(司球裁判)、3名司垒裁判和若干名计分员。司球裁判员负责使用规定手势同时喊出"球"或"击"。司垒裁判员判定安全和出局。

(3)棒球队的组成。一个棒球队由9名队员组成。实际上一个队可以有20名队员,但只能有9名队员上场(替补队员没数量限制,但是替补队员不能第二次上场比赛)。

(4)棒球场地的规格。简要地说,球场分为内场和外场。内场为正方形,四个角上各有一个垒位,内场也叫"方块"。内场是由界内地区与界外场临界的两个边和界外地区另外两个边围绕而成。换一种说法为:内场呈正方形,其中两个边紧接外场院(属界内地区),另两个边紧接界外地区。

(5)本垒打。击球员能打出跑完各垒回到本垒的球叫本垒打。多数本垒打球都从界内外场地区飞出围栏。

(6)棒球运动员的个人基本技术。包括击、投、守、准确传球、跑垒和偷垒。

(7)投球技术。可以使用各种不同的握球方法投出,如曲线球、滑球、指节球和快速球等。

(8)成功击球的要领。最重要的是击球的站立姿势,向后引棒,伸踏,挥棒,中球和后继动作。

(9)棒球比赛防守位置。有投手,接手,一垒手,二垒手,三垒手,游击手,左外场员,中外场员,右外场员。

### 十一、拳击运动

拳击是戴(拳击)手套进行格斗的运动项目。它既是一项业余的也是一项职业的运动项目。比赛的目标是要比对方获得更多的分以战胜对方或者将对方打倒而结束比赛。与此同时,比赛者(拳击运动员)要力图避开对方的打击。

拳击比赛在由三条绳围绕的拳击台上进行。一场业余拳击比赛有三回合,每回合3分。拳击运动员要戴(拳击)手套。其他用具包括头盔、护齿、运动短裤和护裆。拳击运动员的比赛按体重分级。

赤手的拳术,古希腊人和古罗马人当作一种为自卫而习练的技艺,而且被列入古代奥运会。1867年英国采用了昆斯伯里拳击规则,比赛者要戴(拳击)手套进行比赛。1880年业余拳击联合会在英国成立。1946年国际业余拳击联合会成立。

在世界拳击运动中处于领先地位的国家有美国、古巴、英国和俄罗斯。拳击运动要求(运动员)具有力量、耐力、速度、灵活、凶猛、协调、果断和勇敢等素质。

在此将拳击运动知识简要介绍如下。

(1)世界性业余拳击运动管理机构的名称是国际业余拳联(简称AIB)。

(2)主要的国际拳击比赛有美国业余拳击锦标赛和欧洲业余拳击锦标赛。

(3)拳击比赛裁判人员包括1名台上裁判员,若干名台下评判员和1名计时员。台上裁判员的职责是控制整个比赛。计时员打铃表示每一局比赛开始或结束。

(4) 构成犯规的动作包括打腰以下部位、击打脑后勺或颈背和击打已倒地的对手。

(5) 犯规时要扣掉犯规者的分数,直至取消比赛资格。

(6) 击倒(对方)获胜和技术获胜的区别:击倒获胜是指一名拳击手被击倒在地,并在裁判数10个数之前站不起来的情况;技术获胜是指裁判员停止比赛的情况。

(7) 打分时明显地以(拳击)手套手指关节(正前部)部分击中对手时给计分。

(8) 拳击运动的技术包括攻击、躲闪、上下移动、扭斗技术和善于反击。

(9) 攻击技术包括左直拳、左刺拳、左勾拳、右上勾拳和右交叉拳,另外还有组合拳,如1～2连击组合拳套路。

# 参 考 文 献

[1]《田径》编写组.田径[M].北京:高等教育出版社,1994.
[2]孙民治.球类运动——篮球[M].3版.北京:高等教育出版社,2001.
[3]朱梅.大学生健康教程[M].南京:南京大学出版社,1999.
[4]张惠钦,苏坎.乒乓球[M].北京:人民体育出版社,1993.
[5]王崇喜.球类运动——足球[M].北京:高等教育出版社,2001.
[6]黄志远.怎样打羽毛球[M].广州:广东科技出版社,2001.
[7]刘清黎.体育与健康[M].北京:高等教育出版社,2002.
[8]丁英俊,崔伟,林克明.大学生体育与健康[M].开封:河南大学出版社,2002.
[9]朱柏宁,李伟民.高校体育与健康教程[M].上海:同济大学出版社,2002.
[10]王朝辉.大学体育理论教程[M].北京:海洋出版社,2002.
[11]赵公春,张伟华.大学体育教程[M].北京:经济日报出版社,2004.
[12]张瑞林.排球运动[M].2版.北京:高等教育出版社,2010.
[13]林志超.新世纪体育与健康教程[M].北京:北京体育大学出版社,2005.
[14]游春栋,李明,陶弥锋.体育与健康[M].北京:清华大学出版社,2006.
[15]陈洪.新体育教程[M].北京:新华出版社,2005.
[16]代云鹏,隋晓航,杨萍.大学健康体育[M].北京:中国传媒大学出版社,2007.
[17]钟海明,张仕.新编大学体育与健康[M].北京:航空工业出版社,2010.
[18]井文华.新编体育与健康[M].天津:天津科学技术出版社,2011.
[19]陈平.新编大学体育与健康教程[M].青岛:中国海洋大学出版社,2011.
[20]《健美操运动教程》编写组.健美操运动教程[M].北京:北京体育大学出版社,2014.
[21]毛振明.现代大学体育[M].北京:教育科学出版社,2015.
[22]马宏霞,阳红林,王猛.大学体育与健康[M].北京:航空工业出版社,2009.